KB139949

산업안전보건법론

산업안전보건법론

정진우 지음

■ 머리말

산업안전보건법은 방대한 분량의 기술적인 내용으로 구성되어 있는 것을 큰 특징으로 한다. 그래서인지 우리나라에서 산업안전보건법은 그동안 기술적인 내용 위주로 연구되고 법학적 관점에서는 거의 접근되거나 연구되지 않는 경향이 있어 왔다. 그러다 보니 산업안전보건법의 취지나 배경 등 법의 이념과 법리에 대한 이해가 사회 전반적으로 많이 부족한 상태이다.

필자는 오래전부터 산업안전보건정책을 담당하면서 산업안전보건법의 이념과 법리의 중요성을 누구보다도 많이 느껴 왔다. 그리고 우리나라에서 산업안전보건법의 법적 체계, 위상 및 성격 등 산업안전보건법을 법학적 시각에서 체계적으로 분석한 책자와 논문이 존재하지 않는 데 대해 많은 아쉬움을 가져왔다.

우리나라의 산업안전보건법에 대한 이론적 발전과 인식이 낮은 것은 우리나라에서 사회법의 역사 자체가 매우 짧고, 산업안전보건법이 도입될 당시 충분한 논의과정이 생략된 채 정부 주도로 외국법을 직수입하는 형태로 이루어진 데 크게 기인할 것이다. 거기에 우리 노동법 학계의 학문적 편식성도 부분적으로는 원인 제공을 하였다고 생각한다.

그러나 산업안전보건법의 구조에 대한 체계적인 이론적 해명이 이루어지지 않는 상황에서는, 산업안전보건에 관한 정책수립뿐만 아니라 법리개발이나 법해석을 할 때에도 많은 어려움이 수반될 것이라고 생각한다. 산업안전보건법이 전문적이고 기술적인 성격을 가지고 있는 이상 이공학적인 관점에서 미시적으로 연구되는 것도 필수불가결한 과정이지만, 이에 못지않게 산업안전보건법을 종합적이고 폭넓은 관점에서 거시적으로 논의하는 것도 매우 중요하다고 생각된다. 숲 전체의 모습을 살펴보지 않고는 숲 속에 있는 나무의 생태를 정확하게 파악할 수 없는 것과 같은 이치이다.

필자는 이러한 문제의식하에 산업안전보건법을 이론적으로 정립하고자 나름대로 오랫동안 많은 탐구를 하여 왔다. 그 과정에서 본인이 가장 많이 관심을 기울인 것은 우리나라보다 산업화의 역사가 긴 선진 외국에서 정립되어 있거나 논의되고 있는 산업안전보건에 관한 법리이다. 황무지를 개척한다는 생각으로 외롭고 힘겹게 걸어 왔다. 처음에는 언어적 장벽에 좌절하기도 하였지만, 지적 호기심과 사명감이 이러한 장애를 극복해 주었다.

선진국의 경험으로 비추어 보건대, 산업안전보건법은 감독업무 등 실무를 중심으로 매우 중요한 위치를 차지하고 있다. 특히 구미 각국에서는 근로감독행정의 대부분을 산업안전보건분야에 할애하고 있다. 이러한 외국의 예를 참고하더라도 산업안전보건법을 법이론적으로 체계화하는 작업은 더 이상 늦출 수 없는 과제라고 말할 수 있다. 이러한 상황에서 필자는 산업안전보건법 이론화 작업의 한 방편으로, 산업안전보건법에서의 근로자의 법적 지위를 중심으로 비교법적 관점에서 산업안전보건법제를 구체적으로 연구하기로 오래전에 마음먹었다. 이러한 주제에 관하여 외국의 법리를 체계적으로 소개하는 책자나 논문이 나와 있지 않고 학문적 논의 또한 진행되고 있지 않은 우리나라의 상황에서 매우 의미 있는 작업이라고 생각하였다.

그리고 우리나라의 경우, 많은 기업에서 사업장 안전보건관리의 길잡이라 할 수 있는 산업안전보건법을 소홀히 하고 있거나 피상적으로 이해하고 있는 현상도 이 책을 집필하게 한 또 하나의 동인이었다.

참고로, 이 책은 필자의 법학박사 학위논문(고려대학교)이 그 기초가 된 종전의 '산업안전보건법상 근로자의 법적 지위' 책에 최근의 산업안전보건법령 개정내용을 반영하는 한편, 내용이 불분명하거나 오해의 소지가 있는 부분을 명확히 하고, 외국의 법제를 중심으로 내용을 보필(補筆)하는 등 책의 내용을 전체적으로 보완하면서 새롭게 출간하는 형식을 취하였다.

　아무쪼록 이 책이 우리나라 산업안전보건법제를 선진화하고 우리 사회의 산업안전보건법에 대한 이해와 관심을 높이는 데 하나의 디딤돌이 될 수 있기를 바라면서, 이 조그마한 성과를 조심스럽게 세상에 내놓는다.

2014년 5월

정 진 우

CONTENTS

머리말 · 5

제1장 서론 / 17

　제1절 사회환경 변화와 산업안전보건법 / 19
　제2절 이 책의 과제와 목적 / 24

제2장 근로자의 근로환경권과 산업안전보건 체계 / 31

　제1절 우리나라에서 근로자의
　　　　근로환경권과 산업안전보건 체계 / 33
　　Ⅰ. 근로자의 근로환경권의 헌법적 기초 / 33
　　　1. 서 설 / 33
　　　2. 근로의 권리의 새로운 구성 / 35
　　　3. 근로조건기준 법정주의와 국가의 기본권 보호의무 / 40
　　　4. 생명권 및 건강권 / 42
　　　5. 재해예방을 위한 국가의 과제 / 45

　　Ⅱ. 안전보건에 관한 근로의 권리·의무의 법적 근거 / 46
　　　1. 문제의 소재 / 46
　　　2. 공법(산안법)상 근로자의 권리 / 48
　　　　가. 우리나라 산안법 체계의 개관 / 48
　　　　나. 산안법의 법적 성격: 사법적(私法的) 효력의 유무 / 53
　　　　다. 공법상의 권리 / 56
　　　3. 사법상 근로자의 권리: 사용자의 안전배려의무의 이론 구성 / 66
　　　　가. 안전배려의무의 개념과 근거 / 66
　　　　나. 안전배려의무의 성질 및 내용 / 67
　　　　다. 안전배려의무 위반의 효과 / 71
　　　4. 산안법상 권리와 사법상 권리의 관계 / 79

5. 근로자의 의무 / 81
  가. 서 론 / 81
  나. 산안법상 근로자의 의무 / 83
  다. 근로계약상 근로자의 주의의무 / 86
  라. 사용자 의무와 근로자 의무의 차이 / 91
  마. 근로자 의무위반의 효과 / 92

제2절 산업안전보건 체계에 관한 비교법적 검토 / 93
Ⅰ. 각국의 산안법 체계 개관 / 93
  1. 독 일 / 93
    가. 법령의 전체적 구조 / 93
    나. 일반적으로 인정된 기술규정 / 100
    다. 기술·의학·위생규준 / 101
    라. 확립된 노동과학상의 인식 / 102
  2. 미 국 / 102
    가. 법령의 전체적 구조 / 102
    나. 일반적 의무조항 / 105
    다. 산업안전보건기준 / 106
    라. 민간규격의 기준 준용 / 108
  3. 일 본 / 109
    가. 법령의 전체적 구조 / 109
    나. 노안위법의 특징 / 112

Ⅱ. 산안법상 근로자의 법적 지위 개관 / 116
  1. 독 일 / 116
    가. 근로자 권리의 이중적 효력 / 116
    나. 사업장의 안전보건에 관한 일반적 권리 / 123
    다. 근로자의 의무 / 125
  2. 미 국 / 128
    가. 근로자의 권리 / 128
    나. 근로자의 의무 / 131

CONTENTS

3. 일 본 / 133
　가. 근로자의 권리 / 133
　나. 근로자의 의무 / 140

제3절 근로환경권 보장의 효과 / 147
　Ⅰ. 산재예방활동의 실효성 및 효율성 제고 / 148
　Ⅱ. 근로자의 산재예방 동기유발 및 안전의식 제고 / 149
　Ⅲ. 사용자의 산재예방활동 감시 / 150
　Ⅳ. 근로자의 인간성 회복 / 150

제3장 산업안전보건법상 근로자의 권리 / 153

제1절 공법상의 권리 / 155
　Ⅰ. 직접적인 공법상의 권리 / 155
　　1. 관여권 / 155
　　　가. 독 일 / 156
　　　나. 미 국 / 172
　　　다. 일 본 / 179
　　2. 신고권 / 182
　　　가. 독 일 / 183
　　　나. 미 국 / 187
　　　다. 일 본 / 192

　Ⅱ. 간접적인 공법상의 권리: 알 권리 / 196
　　1. 독 일 / 197
　　　가. 직접적 유해위험정보권 / 197
　　　나. 간접적 유해위험정보권 / 209
　　2. 미 국 / 215
　　　가. OSH Act에 근거한 유해위험정보권 / 215

　　　나. NLRA에 근거한 유해위험정보권 / 238
　　　다. 보통법상의 유해위험정보권 / 240
　　3. 일 본 / 241
　　　가. 안전보건정보의 제공 / 241
　　　나. 안전보건교육 / 249

Ⅲ. 소 결 / 254

제2절 사법상의 권리 / 258
Ⅰ. 이행청구권 / 258
　　1. 독 일 / 258
　　　가. 학 설 / 258
　　　나. 판 례 / 260
　　2. 미 국 / 262
　　3. 일 본 / 265
　　　가. 학 설 / 266
　　　나. 판 례 / 271

Ⅱ. 작업거절권 / 274
　　1. 독 일 / 274
　　　가. 채권법상의 작업거절권 / 274
　　　나. 공법상의 작업이탈권(Entfernungsrecht) / 277
　　2. 미 국 / 280
　　　가. 연방법 / 280
　　　나. 주법(州法) / 287
　　　다. 보통법 / 287
　　3. 일 본 / 288
　　　가. 공법상의 작업중지·대피권 / 288
　　　나. 채권법상의 작업거절권 / 289
　　　다. 작업거절권의 기타 근거 / 291
　　　라. 작업거절권의 법적 효과 / 292

CONTENTS

Ⅲ. 손해배상청구권 / 293
  1. 독 일 / 293
  2. 미 국 / 296
  3. 일 본 / 298

Ⅳ. 소 결 / 300

제4장 산업안전보건법상 근로자의 의무 / 303

제1절 총 설 / 305
  Ⅰ. 독 일 / 305
  Ⅱ. 미 국 / 307
  Ⅲ. 일 본 / 309
  Ⅳ. 비교법적 검토를 통한 근로자 의무의 유형 / 312

제2절 대응적 의무 / 313
  Ⅰ. 독 일 / 313
    1. 근로자 자신의 안전에 대한 주의 / 313
      가. 가능성과 한계 / 313
      나. 자기책임(Eigenverantwortung) / 314
    2. 규정에 적합한 작업장비 사용 / 315

    3. 기 타 / 316
  Ⅱ. 미 국 / 317
  Ⅲ. 일 본 / 320
    1. 사용자의 안전보건조치에 협력할 의무 / 320
    2. 기왕력, 업무력 등의 조사협조의무 / 322
    3. 건강진단의 수진의무와 의사선택의 자유 / 323

제3절 독립적 의무 / 326

Ⅰ. 독 일 / 326
1. 자기위험 회피(Eigengefahrabwendung) / 326
2. 동료, 사용자 및 제3자에 대한 배려 / 326
3. 위험 및 결함에 대한 즉각적인 보고 / 327
4. 산업의 및 안전관리자 지원 / 329
5. 기 타 / 330

Ⅱ. 일 본 / 330
1. 근로제한업무 근로금지 / 330
2. 직업선택의 자유와 자기건강관리의무 / 331
3. 건강이상(異常)의 고지의무 / 333
4. 일상적 자기건강관리의무 / 334

제4절 근로자의 의무위반에 대한 책임 / 335

Ⅰ. 독 일 / 335
1. 관할관청의 조치 및 행정행위 / 335
2. 과태료 및 형법 / 336
3. 노동법상의 책임 / 337
Ⅱ. 미 국 / 338
Ⅲ. 일 본 / 341

제5절 소 결 / 344

CONTENTS

제5장 산업법상 근로자의 법적 지위 정립의 방향성 / 347

제1절 비교법적 분석 및 시사점 / 349
　Ⅰ. 사법상의 권리 인정 여부 / 349
　Ⅱ. 근로자의 관여권 / 352
　Ⅲ. 신고권 등 / 355
　Ⅳ. 알 권리 / 358
　Ⅴ. 사용자의 의무위반의 사법적 효과 / 361
　　1. 안전배려의무의 법적 성격 / 361
　　2. 이행청구권 / 363
　　3. 작업거절권 / 364
　　4. 손해배상청구권 / 366

　Ⅵ. 근로자의 의무 / 366

제2절 산안법 재구축을 통한 근로자의 법적 지위 정립방안 / 369
　Ⅰ. 근로환경권에 입각한 근로자의 법적 권리 재구축 / 369
　Ⅱ. 근로자의 관여권 확대 / 371
　Ⅲ. 신고권의 활성화 / 375
　Ⅳ. 알 권리의 확대 및 실효성 강화 / 376
　Ⅴ. 안전배려의무의 확장을 위한 법리 구성 / 379
　Ⅵ. 사전예방조치권의 명확화 / 382
　Ⅶ. 근로자 의무의 다양한 구성 / 390

제6장 결론 / 395

제1절 요 약 / 397
제2절 정책적 과제 / 400

참고문헌 / 404

제1장 서론

제1절 사회환경 변화와 산업안전보건법

1981년에 제정된 우리나라 「산업안전보건법」(이하 '산안법'이라 한다)은 다발하는 산업재해를 종합적이고 계획적으로 감소시키는 것을 목적으로 당시 「근로기준법」(이하 '근기법'이라 한다)에 규정되어 있던 안전과 보건에 관한 조문을 대부분 분리, 독립시켜 체계화하는 방식으로 창설되었다. 본 법은 근로자의 안전과 보건을 확보하기 위하여 사용자[1])에게 다양한 작위·부작위를 의무 지우고 감독제도와 법위반에 대한 벌칙 적용에 의해 그 실효성을 담보하려고 하고 있다.

한편 강제명령적인 수단인 산안법과 나란히 근로자의 안전보건을 담보해 온 또 다른 수단은 협약자치의 당사자로서의 자율규제자(self regulator)인 노동조합이라고 할 수 있다. 노동조합은 단체교섭을 수단으로 기업 내에서의 안전보건상태에 대한 감시기능을 함으로써 근로자의 안전보건을 확보하는 데 중요한 역할을 담당하여 왔다.

다시 말하면, 지금까지 우리나라의 산업안전보건은 감독행정에 근거하여 제도설계·운영된 산안법과 노동조합의 조직률 및 교섭력을 기반으로 하는 협약자치라는 두 축에 의해 보장되는 구조를 취하여 왔다고 할 수 있다.

이것을 배경으로 하여, 산업재해에 의한 사상자수가 산안법 제정 당시부터 꾸준히 감소되는 경향을 보이고 있는 등 산안법과 노동조합은 우리나라의 산업안전보건의 수준을 향상시키는 데 일정한 기여를 하여 왔다고 생각된다.

그러나 지금까지 우리나라에서 근로자의 안전보건 확보를 지탱하여

---

1) 우리나라의 산안법과 일본의 노동안전위생법은 '사용자'가 아니라 '사업주'라는 용어를 사용하고 있지만, 이 글에서는 비교 대상 국가 간에 용어의 통일을 기하기 위하여 기본적으로 '사용자'라는 용어를 사용하고, 구체적인 법조문에 입각한 설명을 할 때에만 '사업주'라는 용어를 사용하는 것으로 한다.

온 감독행정에 의한 산안법과 협약자치에 의한 노동조합의 양 기능이 경제의 세계화(globalization) 흐름, 시장원리와 기능을 중시하는 신자유주의 정책 등의 영향으로 서서히 약체화되어 가고 있다.

먼저 생산공정의 다양화·복잡화로 감독행정의 필요성은 더욱 커지고 있지만 행정당국의 예산 및 인원은 재정상의 제약 등으로 많은 사업장을 대상으로 감독활동을 활발히 전개하는 것이 현실적으로 어려운 상황에 있다. 특히 최근에는 인원삭감을 중시하는 행정(구조)개혁, 작은 정부 이데올로기 등의 영향 때문에 감독인원과 예산을 증가시키는 것이 이전보다 한층 어려워지고 있다. 그 때문에 앞으로도 많은 사업장은 산업재해가 발생한 후에 비로소 감독행정의 대상이 되는 '뒷북행정'의 상태를 벗어나기 어렵다고 생각된다(감독행정의 빈곤).

그리고 우리나라의 산업안전보건을 지탱하여 온 또 하나의 축인 노동조합도, 산업구조의 변화, 고용·취업형태의 다양화 및 근로관계의 개별화 등의 진행으로 점점 약화되는 추세를 보이고 있다. 노동조합의 조직률은 매년 하락하고 있고[2] 그 숫자 이상으로 존재감을 상실하고 있다. 조직화가 어려운 비정규 고용의 증가경향, 근로조건의 개별화 등을 감안하면, 이러한 상황은 앞으로도 당분간 계속될 것으로 예상된다. 따라서 협약자치에 의한 근로자의 안전보건의 확보는 현실적으로 어려운 상황에 있다고 말할 수 있다.[3]

---

2) 우리나라의 노조조직률은 1989년 19.8%로 정점에 이른 뒤 지속적으로 하락하고 있고, 2010년에는 처음으로 10% 아래인 9.8%까지 떨어졌다. 특히 비정규직은 계속 늘어나고 있는 데 반해, 이들의 노조조직률은 1.7%에 불과하다(고용노동부, 『전국 노동조합 조직현황』, 2011 참조).

3) 게다가 우리나라는 상당수의 EU국가와는 달리 단체협약 적용률도 낮아 미조직 근로자를 보호하는 것은 커다란 한계를 가지고 있다. 우리나라는 단체협약 적용률이 약 12%에 불과한 데 반해(박지순 외, 『우리나라 단체협약 적용률에 관한 실태파악과 외국사례(학술연구보고서)』, 고용노동부, 2010, 159쪽), 독일, 프랑스, 이탈리아 등의 EU국가는 산업별 노동조합을 배경으로 하여 80% 이상의 높은 협약적용률을 보이고 있다[島田陽一 外 『欧米の社会労働事情』 日本ILO協会(2005年) 87

근로자의 안전보건 확보의 기축이라고 할 수 있는 감독행정과 노동조합이 위와 같이 행정집행자원의 과소와 노동조합의 조직률·기능 저하라는 현실적 제약에 직면하고 있다는 것은 근로자의 안전과 건강을 확보하는 데 있어서 커다란 공백이 발생하였다는 것을 의미한다. 이 같은 공백을 다른 수단에 의해 메우지 않으면, 앞으로 우리나라 근로자의 안전보건 확보는 더욱 곤란하게 될 것으로 예상된다. 산업재해 발생률이 재해예방 선진국보다 3～4배 정도 높은[4] 우리나라로서는 이러한 상황은 선진국과의 격차를 줄이는 데 있어 많은 제약이 될 것으로 판단된다.

산안법을 둘러싼 이러한 환경변화에 직면하여, 근로자의 안전보건을 유효하게 확보하고 우리나라의 산업안전보건 상태를 선진국 수준으로 끌어올리기 위해서는 앞으로 어떠한 내용과 방향성을 가진 법정책을 설정하여야 할 것인가. 이것이 필자가 연구 당초부터 가지고 있던 기본적인 문제의식이다.

이 책은 이에 대한 해결책의 하나로 산재예방활동에서의 근로자의 역할과 활동을 중시하는 관점에서 산업안전보건법제를 새롭게 재구성할 필요가 있다는 제안을 하고자 한다. 근로자가 산재예방활동에 주체적이고 적극적으로 관여할 수 있도록 하는 요소를 법체계 중에 자리매김시키고 이를 지원하는 다양한 제도를 충실히 마련·정비함으로써 사용자의 산재예방활동을 감시·견인하고 감독행정과 노동조합 감시기능의 부족을 부분적으로 충전(充塡)하는 역할을 할 수 있다. 다시 말해

頁, 147頁; 脇田滋 「労働条件個別化と過労死促進の法改正」 経済 135号(2006年) 15頁 参照].

4) 산재발생률의 국가 간 비교에서 가장 객관적인 기준이라 볼 수 있는 산재사고 사망만인율을 산재통계 적용대상을 기준으로 비교하면(각국별 공식발표자료에 의한다), 2008년 현재 우리나라는 1.07(노동부, 『산업재해 분석』, 2009)로서 일본 0.23(http://www.jaish.gr.jp), 미국 0.38(http://stats.bls.gov /iif/oshcfoiarchive.htm), 독일 0.20(http://www.baua.de) 등과 비교하여 매우 높은 발생률을 보이고 있다.

서 근로자의 역할을 강화·확대함으로써 사업장의 유해위험상태의 발견능력을 제고하는 한편 산재예방활동을 전개하는 데에 근로자의 지식·아이디어를 적극 활용하고 근로자의 안전보건의식을 높이는 효과를 거둘 수 있다. 게다가 본래 산업안전보건의 영역은 안전·위생공학에서부터 의학, 노동생리에 이르기까지 폭넓은 전문성이 요구되는 매우 복잡한 영역이기 때문에 사용자 주도의 산재예방활동만으로 대처하는 것은 산재예방의 효과를 거두는 데 본질적으로 한계를 가지고 있다. 근로자가 산재예방활동을 위한 중요 자원으로 최대한 역량을 발휘하거나 활용될 수 있도록 산업안전보건법제를 정비할 필요가 있다.

그리고 산재예방의 목적을 온전히 실현하기 위해서는 사용자의 의무 준수와 더불어 사용자의 조치에 대한 근로자의 협력이 필수적이라는 점을 감안할 경우, 근로자의 안전보건기준에 대한 적극적인 준수를 이끌어 내지 않고는 산재예방에 본질적인 한계를 가질 수밖에 없다. 특히 사회문제가 되고 있는 '과로사'와 같은 작업 관련성 질환의 경우, 업무적 요인과 개인적 요인가 복합적으로 작용하여 발생하는 질환의 특성상 이러한 질환의 실효성 있는 예방을 위해서는 사용자의 재해예방노력과 병행하여 근로자 개인의 주체적인 의식과 실천이 필수불가결하다. 따라서 근로자를 재해예방활동의 실질적인 주체로 끌어올리기 위해서는 근로자의 안전보건에 대한 권리뿐만 아니라 안전보건에 대한 책임도 합리적인 범위 내에서 함께 정립될 필요가 있다. 이를 위해서는 근로자의 의무에 대한 법제 정비 및 법리 개발·발전이 조속히 이루어져야 할 것이다.

이와 같은 관점에서 우리나라의 산업안전보건법제를 고찰할 때 우리나라의 근로자는 대체로 수동적 이익의 향유 주체로 자리매김되어 있다. 근로자는 감독행정에 의한 이익실현을 그저 '기다리고 있는 존재'이고, 근로자 자신이 그 실현에 관여하는 것은 거의 상정되어 있지 않다. 즉 우리나라의 산업안전보건법제에는 근로자의 주체적(능동적) 역할을 가능하게 하는 관여권, 알 권리 보장, 그리고 근로자가 이 같은 활동을 하기 위한 법적 전제조건이 미흡하다고 생각된다.[5] 그리고 산안법에는 근로자의 의무도 나름대로 다양하게 규정되어 있지만, 이것의 무게중심은 어디까지나 사용자가 강구하는 조치에 대한 협조적 대응의무에 기울어져 있다.[6]

이에 반해, 이 책에서의 비교연구대상인 재해예방 선진국에서는 전체적으로 볼 때 산재예방의 실효성을 제고하기 위해 근로자를 산재예방활동의 적극적 주체로 인식하고, 산재예방활동에 근로자를 적극적으로 관여시키는 법제도가 근로자의 다양한 의무와 더불어 형성되어 있다고 평가된다. 특히 독일에서는 관여권, 알 권리를 비롯한 근로자의 안전보건에 관한 권리의 구조를 산재예방의 '실효성'의 관점뿐만 아니라 '노동의 인간화'를 도모하는 관점에서 선구적으로 구성하고 있고, 근로자의 의무에 있어서도 근로자를 재해예방활동의 능동적 주체로 인식함에 따라 그에 관한 내용이 법률상 풍부하게 규정되어 있다. 이러한 의미에서, 이 책의 중심내용으로서 재해예방 선진국에서의 '산안법(Arbeitsschutzrecht)[7]상 근로자의 법적 지위'와 우리나라에서의 그것을 비교법적으로 검토하는 것은 우리나라의 산안법에서의 근로자의

---

5) 여기에서 강조하고 싶은 것은, 근로자의 역할의 강화·확대가 산업안전보건 입법 및 감독행정과 대체관계에 있는 것은 아니라는 점이다. 오히려 근로자의 역할의 강화·확대는, 국가가 이것을 가능하게 하는 전제조건이 되는 물적·인적 최저기준법제를 정비함으로써 이를 뒷받침하여야 한다는 점에서, 산업안전보건 입법 및 감독행정과 상호 보완관계에 있다고 보아야 할 것이다. 따라서 필자는, 산업안전보건 입법 및 감독행정의 전개는 금후에도 계속적으로, 아니 오히려 지금까지보다 더욱더 중요한 위치를 점하여야 한다는 입장에 서 있다.

6) 예를 들면, 산업안전보건기준에 관한 규칙 제511조 제2항은 "근로자는 제1항에 따라 지급된 보호구를 사업주의 지시에 따라 착용하여야 한다."라고 규정하고 있다.

7) 이 책의 제목인 '산안법상 근로자의 법적 지위'에서의 산안법(Arbeitsschutzrecht)은 실정법(공법)상의 산안법(Arbeitsschutzgesetz) 외에 사법(私法) 및 법리상 도출되는 산안법을 포함하는 광의의 개념이다.

법적 지위에 대한 이해를 깊게 하고 법정책의 방향성을 도출하는 데 있어 그 의의가 크다고 생각된다.

이상의 문제의식에서 각국에서의 산안법상의 근로자의 법적 지위를 비교 검토하는 데 있어, 이 책에서는 사용자의 의무와 권리의 관점이 아니라 근로자의 권리8)와 의무의 관점을 취하는 것으로 한다. 왜냐하면, 근로자의 법적 지위를 구체적으로 파악하는 데 있어서는, 사용자의 의무(예를 들면, 안전배려의무)의 관점보다도 그 위반의 효과로서 근로자에게 인정되는 권리(예를 들면, 손해배상청구권, 이행청구권, 작업거절권)의 관점을 취하는 방법이 보다 효과적이고, 게다가 근로자의 권리 중에는 사용자의 의무의 관점에서는 포착되지 않는 권리, 즉 사용자의 의무와 상관관계에 없는 권리(예를 들면, 감독기관의 사업장 감독에의 참가권,9) 감독기관에의 신고권10))도 있을 수 있기 때문이다.

제2절 이 책의 과제와 목적

산업안전보건 영역에서 근로자는 주로 권리의 향유 주체이지만 이

---

8) 법적 권리라고 하여도 여기에는 다종다양한 권리가 있고, 특히 현대법하에서는 권리개념의 확산이 나타나고 있어 이들의 공통적인 특질에 대해 무언가의 통일적인 이론을 제시하는 것이 점점 곤란하게 되고 있지만[田中成明『法理学講義』 有斐閣(1994年) 155頁], 이 책에서는 근로자의 권리를 청구권능의 부여 여부와 관계없이 사법(私法)상의 권리를 비롯하여 공법상의 법규 및 법리에 근거하는 권리를 포함하는 광범위한 의미를 가지는 개념으로서 사용하기로 한다.

9) 미국의 산안법에서는 근로자가 사업장 감독에 참가하는 권리가 사용자의 의무가 아니라 국가의 의무의 형태로 보장되어 있다. 이 외에도 미국의 산안법에서의 근로자의 권리 중에는 사용자의 의무와 상관되지 않는 근로자의 권리가 많이 발견된다(예를 들면, 법원에 직무집행영장의 발행을 청구할 권리, 감독기관에 의해 이루어진 시정조치 기간의 합리성에 항변을 제기할 권리 등).

10) 감독기관에의 신고권도 사용자의 의무와 관계없이 근로자에게 직접적으로 인정되는 권리이다.

와 동시에 의무의 당사자이기도 한다. 근로자의 권리와 의무 중 상대적으로 어느 쪽에 무게중심을 두느냐에 따라 근로자의 법적 지위는 달라질 수 있다.

비교법적으로 산업안전보건에서의 근로자의 권리에는 다양한 권리가 존재한다. 이 책에서는 그중 재해예방활동에서 근로자에게 일정한 역할을 부여하는 권리로서 기업 또는 사업장 차원의 권리를 주된 검토대상으로 한다.[11] 따라서 근로자 또는 그 단체가 전국적 또는 지역적 차원에서 행사할 수 있는 권리는 제외하기로 한다. 그리고 이 책은 전술한 바와 같이 협약자치가 당분간 활성화되기 어렵다는 현실을 전제하고 그 바탕 위에서 근로자의 안전보건을 확보할 수 있는 방안을 모색하는 데 주된 관심이 있기 때문에 협약자치[12]를 전제로 한 검토는 제외하기로 한다.[13]

재해예방활동에서 근로자에게 일정한 역할을 부여하는 권리로는 다음과 같은 것이 존재할 수 있다. 첫째로는, 공법인 산업안전보건법규에서 주로 입법상의 조치로서 근로자에게 그 권능 또는 역할을 직접적 또는 명시적으로 부여하는 방식을 통하여 창설된 권리이다(제1유형, 이 책에서는 이러한 유형의 권리를 '직접적인 공법상의 권리'라 한다).[14] 이러한 권리의 대표적인 예로서는, '관여권'(공동결정권, 참가권 등), '신고권'이 있는데, 입법례에 따라서는 '알 권리'에 관한 규정 중에도

---

11) 근로자의 산업안전보건에 관한 권리에는, 근로자에게 일정한 역할을 부여하는 권리 외에, 공법에 의해 사용자에게 의무가 부과된 결과 근로자가 상응의 이익을 수동적으로 받는 것과 같은 형태의 권리도 존재하지만, 이 책에서는 전자의 권리를 주된 검토대상으로 한다.

12) 단체협약 체결권 또한 근로자단체인 노동조합이 '공동결정'의 방식으로 산업안전보건에 관여하는 기회를 제공하는 중요한 권리의 하나이다.

13) 그리고 이 책이 비교법적 연구를 주된 관심으로 하고 있는 점 또한, 단체협약체결권과 같이 국제적으로 보편화된 권리에 대해서는 단체협약체결권 그 자체의 중요성에도 불구하고 연구범위에서 제외하는 또 다른 이유이다.

14) 이와 같은 형태의 권리는 후술하는 독일과 미국 등의 산안법에서 많이 발견된다.

이 유형에 해당하는 것이 있을 수 있다.

둘째로는, 공법인 산업안전보건법규에서 사용자에게 의무를 부과하는 방식을 통하여 근로자에 대해 인정된 법률상의 힘으로서의 권리(이 책에서는 이러한 유형의 권리를 '간접적인 공법상의 권리15)'라 한다) 중 근로자의 주체적 재해예방활동과 밀접한 관계를 가지는 권리가 있을 수 있다(제2유형). 입법례에 따라서는 사용자의 의무가 일정한 채널을 통해 근로계약상의 내용이 되어 근로자의 사법적 권리가 되는 경우가 있을 수 있다. 이 책에서는 이 유형에 해당하는 권리 중 근로자가 산재예방을 위하여 주체적으로 행동하는 데 있어 그 전제가 된다고 말할 수 있는 '알 권리'를 그 대표적인 예로서 검토하는 것으로 한다.

셋째는, 사용자의 사법(私法)상의 의무(안전배려의무)16)에 위반하는 경우 이에 대한 법적 효과로서 근로자에게 발생하는 사법(私法)적 권리이다(제3유형). 이 유형에 해당하는 대표적인 권리로서는 '이행청구권, 작업거절권, 손해배상청구권'이 열거될 수 있는데, 이들 권리 모두 근로자가 직접적으로 구체적 행동을 취하는 형태의 권리에 해당한다. 이 중 이행청구권은 근로자가 사용자에 대해 유해위험상태의 시정을 요구하는 권리이고, 작업거절권은 근로자가 유해위험업무의 근로를 거절하고 작업장소에서 대피를 행할 권리라는 점에서, 이 두 권리는 특히 근로자의 주체적 예방활동을 촉진시키는 권리로서의 성격이 강하다고 말할 수 있다. 환언하면, 이행청구권과 작업거절권은 감독기관

---

15) 이 책에서는, 이 '간접적인 공법상의 권리'와 상기의 '직접적인 공법상의 권리' 모두를 공법으로서의 산안법의 입법조치에 의해 창설된 권리라는 의미에서, 이 두 가지 권리를 합하여 '공법상의 권리' 또는 '법률상의 권리'라고 호칭하기로 한다.

16) 사용자는 근로자에 대하여 독일과 일본에서는 '근로계약상의 '안전배려의무'를 부담하고, 미국과 영국의 경우에는 '보통법'(common law)상의 과실의 불법행위(negligence) 소송 시 문제가 되는 주의의무로서의 '안전에 대한 합리적 배려의무'(duty of reasonable care of safety)를 부담하는 것으로 알려져 있다. 미국과 영국에서의 이 의무는 사용자와 근로자에 대해서만 부과되는 것이 아니고 사람 일반에 대해서 부과되는 것이다.

을 통한 수동적 이익향유자로서의 근로자를 주체적이고 능동적인 권리 행사자로 전환시켜 주는 매개체로서의 역할을 한다. 그리고 이행청구권은 사용자 의무의 형태를 띠고 있는 위의 간접적인 공법상의 권리에 해당하는 사항에 대해 근로자가 감독기관을 통하지 않고 이를 사용자에게 직접적으로 요구할 수 있도록 매개해 주는 성격도 아울러 가지고 있다. 한편 작업거절권의 경우, 입법례에 따라서는 이 유형이 아니라 공법상으로 근로자의 권리로서 명문의 규정을 두고 있거나(제1유형), 또는 공법상의 사용자의 의무가 근로자의 사법적 권리가 되는 형태로 도출되는 경우(제2유형)도 있을 수 있다.

그런데 국가별로 법체계 및 근로자의 권리구조가 서로 다르기 때문에, 일정한 근로자의 권리가 상기 유형 중 어떠한 유형에 속할지는 국가에 따라 다소 다를 수 있고, 일부의 권리는 두 가지 이상의 유형에 걸치는 것도 있다. 그러나 이 책에서는 이 같은 유형화의 한계를 인식하면서도, 근로자의 권리에 대한 이해를 높이기 위해 기본적으로 상기 유형을 염두에 두면서, 각 유형의 권리 중 대표적인 예에 해당하는 권리를 개별적으로 비교분석하는 것으로 한다.

한편, 근로자의 권리와 더불어 근로자의 법적 지위의 다른 축이라 할 수 있는 근로자의 의무가 각국의 산안법에 어떠한 내용과 성격으로 어떻게 반영되어 있는가에 대해서도 구체적으로 고찰한다.

요컨대, 이 책에서는 각국의 산안법상 근로자에게 일정한 역할을 부여 또는 부과하는 권리와 의무의 비교검토 대상으로서 '권리'의 경우 산업안전보건법령에 근로자의 직접적인 공법상의 권리로서 규정되어 있는 권리(관여권, 신고권), 공법인 산안법상의 사용자 의무가 근로자의 사법(私法)적 권리로 전환되는 형태로 근로자에게 발생하는 권리(알 권리), 그리고 사용자의 사법상의 의무위반의 법적 효과로서 근로자에게 발생하는 권리(이행청구권, 작업거절권, 손해배상청구권)를, 그리고 '의무'의 경우 공법으로서의 산안법에 반영되어 있는 법률상의 각종 규정과 계약상의 의무구조론에서의 위치를 각각 채택·포착하여, 이것들을 중심으로 논구하는 것으로 한다. 이렇게 함으로써 각국의 산업안전보건법제 속에서 근로자가 어떠한 지위를 부여받고 있는가에 대해서 전체적인 구조를 파악하는 것이 가능하게 될 것이다.

한편 우리나라에서 산업안전보건문제는 종래 주로 사용자 의무의 관점을 중심으로 논구되고 근로자 권리와 의무의 관점에서는 다루어져 오지 않은 경향이 있다. 특히, 산업안전보건에서의 근로자의 관여권, 신고권, 알 권리 등 근로자 권리에 관한 법학 차원의 본격적인 연구는 사실상 거의 이루어지지 않아 왔다. 사용자의 계약상의 의무 위반에 대한 사법적(私法的) 효과로서 부여되는 사법적 권리에 대해서도 민법학계를 중심으로 안전배려의무 위반에 대한 손해배상청구권을 중심으로 단편적으로 논의되어 왔을 뿐이다. 한편 산안법에는 사용자와 더불어 근로자 역시 산재예방의 주체로서 다른 노동관계법과는 달리 근로자에게 다양한 의무가 부과되어 있다. 그러나 동법상의 근로자 의무에 대해서도 법학적 관점에서의 논의가 전개되고 있지 않는 상황이다.

이와 같이 산안법상 근로자의 권리와 의무에 대한 국내 논의가 사실상 전무한 상황에서 근로자의 법적 지위에 대한 면밀한 파악을 위해서는 근로자의 권리와 의무에 대한 법적 규율과 논의가 오래전부터 전개되어 오고 있는 국가들에서의 법적 상황을 조사·규명하는 것이 가장 효과적일 것으로 생각된다.

이를 위해 이 책에서는 재해예방활동에 있어서 근로자에게 일정한 역할을 부여 또는 부과하는 권리와 의무의 전체적 구조 및 구체적 내용을 대상으로 하여, 우리나라 근로자의 산업안전보건에 관한 권리의 법적 기초와 체계를 먼저 살펴본 후, 그다음으로 비교대상국으로서 대륙법계 국가의 대표적인 국가인 독일, 영미법계의 대표적인 국가인 미국, 그리고 우리나라 산안법의 체계와 내용에 많은 영향을 미친 일본을 각각 선정하여, 이들 국가의 산안법 체계에 대한 비교분석을 토대로 비교대상 국가와 우리나라에서 근로자에게 일정한 역할을 부여・부과하는 권리와 의무를 둘러싼 구체적인 법상황을 비교법적으로 고찰하는 것을 목표로 한다.

그리고 이 책에서는 산업재해 예방에서 근로자 또한 적극적인 역할이 중요하다는 관점하에서 각국의 산업안전보건법제에서 근로자가 어떠한 위치에 놓여 있는지(즉 근로자가 어떠한 역할을 부여받고 있는지), 또 우리나라의 산업안전보건법제에서 근로자에게 일정한 역할을 부여・부과하는 권리와 의무가 다른 재해예방 선진국과 비교하여 어떠한 점을 결여하고 있는지를 기본적인 문제로 의식하면서 분석하는 것으로 한다. 또한 이 책의 비교법적 고찰에 있어서는 근로자의 권리와 의무의 성격을 정확하게 파악하기 위하여 각국의 산업안전보건법제가 어떠한 체계로 구성되어 있으며, 이 체계하에서 근로자의 권리와 의무가 어떻게 자리매김되어 있는지를 포함하여 검토하는 것으로 한다.

나아가 근로자의 권리와 의무의 각국 비교를 유효하게 하기 위하여 구체적 분석이 필요한 '권리'에 대해서는 근로자의 산안법상 법적 지위를 대표적으로 파악할 수 있는 주제(관여권, 신고권, 알 권리, 사법적 권리)를 통일적으로 설정하는 것으로 하였다. 마지막으로, 이상의 비교법적 고찰을 토대로 우리나라에 있어서 근로자의 안전보건에 관한 권리와 의무에 대해 어떠한 입법정책과 법해석이 바람직한지를 제시하는 것으로 한다.

제2장 근로자의 근로환경권과 산업안전보건 체계

환경권'과 근로자 개인의 입장에서 구체화되는 '근로자 건강권'으로 구성된다.[1]

근로자의 근로환경권을 제창하는 실익은 근로자의 안전과 건강을 확보하기 위한 실천적 의미 외에 이행소송 등 예방청구소송을 위한 권리구성에 있다. 이를 통해 근로자는 사용자에게 작업환경조건을 문제제기하면서 작업환경개선을 요구하거나 개별·구체적으로 사고 또는 질병 발생의 전 단계에서 사업장에서의 사고와 건강피해의 가능성을 문제로 삼을 수 있게 된다. 즉 근로환경권은 현장근로자가 직접적으로 사용자에 대하여 산재예방조치를 요구하는 이론적 지주가 될 수 있다. 나아가 이를 통해 국가가 행하는 산재예방 감독행정의 불철저를 보완할 수 있다.

2. 근로의 권리의 새로운 구성

우리나라 「헌법」 제10조는 인간의 존엄과 가치·행복추구권을 규정하고 있고, 이는 헌법에 있어서 최고의 가치규범인 동시에 최고의 헌법적 구성원리이다.[2] 그리고 「헌법」 제34조 제1항은 인간다운 생활권(생존권)을 규정하고 있고, 이는 사회적 기본권에 관한 이념적·총칙적 규정이다. 그리고 「헌법」 제32조 제1항은 인간의 존엄과 가치와 인간다운 생활권을 실현하기 위한 수단적 권리의 하나로 '근로의 권리'(이하 '근로권'이라 한다)를 보장하고 있다. 즉 근로권은 일차적으로 인간다운 생활권, 궁극적으로는 인간의 존엄과 가치를 바탕으로 하고 있다. 특히 근로자에게 있어 근로권은 인간다운 생활권의 중핵을 이루

---

1) 필자가 이 책에서 '작업환경권'이라는 개념 대신에 '근로환경권'이라는 개념을 사용하는 이유는, 작업환경권이 근로자 개인 단위에서 이루어지는 건강관리와 작업관리를 포괄하지 못하는 내용적 한계와 '작업'환경권 용어가 뉘앙스상 주로 제조공장과 건설현장으로 협소하게 의미 전달되는 형식적 한계 때문이다.
2) 권영성, 『헌법학원론(개정판)』, 법문사, 2010, 379쪽 참조.

는 것이라고 보아야 한다. 그리고「헌법」제32조 제3항은 근로권을 구체적으로 실현하기 위하여 근로조건의 기준에 대해서는 인간의 존엄성을 보장하도록 법률로 정한다고 규정하고 있는데(근로조건기준 법정주의), 이「헌법」제32조 제3항을 구체화하는 대표적인 법률이 근기법3)과 산안법이다.4) 근기법이 근로조건에 대하여 '근로자의 기본적 생활'의 보장·향상을 목적으로 하고 있는 것(제1조)은 인간다운 생활권의 이념을 강조한 것인데, 이 근기법 제1조는 근기법의 부속법인 산안법에도 그대로 적용된다고 보아야 한다.

「헌법」제32조 제3항의 취지는 산안법 등의 제정·운영을 통하여 근로자에게 인간다운 존엄성을 보장하는 데 필요한 안전보건조건 등을 '권리'로서 보호하는 것이고, 단순히 은혜적인 보호를 부여하려고 하는 것이 아니다. 산안법의 성격은 이러한 견지에서 이해되어야 하기 때문에, 산안법의 다수규정은 단순히 사용자의 국가에 대한 공법상의 의무를 설정한 것으로서만 파악할 것이 아니고, 동시에 사용자에 대한 근로자의 권리를 정한 것 또는 노사 간에 있어서의 사법상의 효력을 동시에 발생시키는 것으로 해석하여야 한다.5)

그런데 근로자가 사용자에 대하여 인간으로서 건강유지가 가능한 근로환경을 요구할 권리(근로환경권)는 실정법으로 구체화된 것이 주된 내용이 되겠지만, 이것에 한정되는 것은 아니다. 근로자는 산업안전보건에 관한 사항으로서 산안법에서 규정하고 있지 않은 조치의 이행에 대해서도, 즉 산안법상의 기준을 초과하는 내용까지도 헌법상의

---

3) 근기법 역시 근로시간, 휴게 등의 규정을 통하여 근로자의 안전과 보건의 유지·증진에 직간접적으로 관련되는 내용을 규율하고 있지만, 이 책에서는 근로자의 안전과 보건에 관련되는 법규를 총칭하는 표현으로 '산안법'이라는 용어를 사용하기로 한다.

4)「헌법」제32조 제3항에 따라 제정된 입법으로서는 근기법, 산안법 외에 임금채권보장법, 남녀고용평등법, 산업재해보상보험법, 근로자퇴직급여보장법, 선원법 등이 있다.

5) 片岡曻(村中孝史補訂)『労働法(1)(第4版)』有斐閣(2007年) 31頁 参照.

근로권을 근거로 사용자에게 요구할 수 있다고 보아야 한다. 이를 위해 근로권은 종래 학설이 주장하여 온 내용에 일보 나아간 것을 추가하여 구성되어야 한다.

근로권은 근로의 자유를 국가가 빼앗지 않는다는 자유권적 성격만을 가지고 있는 것은 아니며, 근로자에게 근로의 기회를 제공하고 이것이 불가능하면 생활자금을 급부하여야 할 국가의 정치상의 책무를 정한 것에 불과한 것도 아니다. 근로권의 내용을 실업상태의 해소 또는 근로상태의 유지라고 해석하는 것만으로는 오늘날의 근로자의 근로상태를 감안한 근로자 보호로서는 불충분하다. 왜냐하면, 자본주의 사회에서의 실업의 위험은 오늘날도 존속하고 있다고는 하지만 경제공황에 대처하는 경제재정정책의 발달과 완전고용정책이 각국에서 채택되어 있고, 또한 일단 근로상태에 들어간 근로자에 대한 해고에 대해서도 각국은 입법 또는 판례에 의해 정당한 사유 없는 해고를 규제하는 경향에 있기 때문이다. 인간다운 생활권을 바탕으로 하는 근로권은 인간다운 생활권의 권리내용이 시대가 직면하는 현실의 요구에 응하여 국민의 규범의식에 의한 승인으로 지지를 받으면서 양적 확대와 질적 진화를 달성하고 전개해 가는 것처럼, 근로권 역시 금일 우리 시대가 직면한 근로 현실의 요구에 맞추어 양적 확대와 질적 발전을 해나가야 하는 가변적 권리이다.

그렇다고 하면, 장시간근로와 높은 산업재해율 등의 문제가 심각한 우리나라 근로실태를 볼 때 가장 보호를 필요로 하는 것은 산업재해의 위험으로부터의 보호이다. 이것은 안전하고 쾌적한 작업환경에서 일할 권리, 즉 근로환경권을 근로자에게 보장하는 것이다. 근로권의 보장 내용이 단순한 고용기회의 보장을 넘어, 안전하고 쾌적한 작업환경까지를 포함하는 질적인 고용기회 보장으로 해석되어야 하는 이유이다. 즉 근로권이 확보되기 위해서는 단순한 고용 여부가 아니라 어떻게 고용되어 있느냐 하는 문제도 고려되어야 한다. 이를 헌법과의 관계에서 말하자면, 근로는 제10조와 제34조 제1항의 요소를 구비한 것이지 않으면 안 된다. '고용의 질'의 권리의 이념은 '인간의 존엄성 원리'와 '인간다운 생활권'의 구체화로서 근로권의 불가결한 이념이 되어야 한다.6) 결국, 근로권은 '일할 자리에 관한 권리'만을 의미하는 것이 아니라 '일할 환경에 관한 권리'로서 근로환경권도 함께 내포하는 권리이다.7) 헌법재판소도 근로권에는 일할 환경에 관한 권리(근로환경권)가 포함되어 있다고 판시하고 있다.8)

오늘날에는 안전하고 쾌적한 작업환경이 보장되어야만 비로소 근로자의 생존(인간다운 생활)이 확보된다고 할 수 있을 것이다. 안전하고 쾌적한 작업환경은 근로자의 생존(인간다운 생활)을 위한 수단에 해당한다. 따라서 헌법상의 생존권(인간다운 생활권)도 안전하고 쾌적한 작업환경에 대한 권리(근로환경권)의 근거로 된다. 즉 근로환경권에는 생존권 원리가 관철되어야 한다. 결국 우리나라 헌법질서는 생존권 원리가 근로권에 투영되고, 근로권은 다시 근로환경권에 반영되는 구조라 할 수 있다. 이 관점은 생존권이 생활보장법의 기초로만 이해되던 시대에서 국민의 건강을 지키는 환경법·보건법 등의 근거로도 이용될 수 있도록 고도화되어야 할 시대적 요청에도 부응하는 것이다. 그

---

6) 이것은 ILO의 '일다운 일'(decent work)의 사고에 가깝다. ILO가 제시하는 일다운 일의 개념은 노동의 존엄성(dignity at work)의 요소를 포함한다. 그리고 이 개념을 기초로 구성된 지표에는 안전한 작업환경(safe work environment)이 포함되어 있는데, 안전한 작업환경은 근로자의 기초적인 건강과 생명을 보호한다는 점에서 인간의 존엄성을 확보하는 가장 근본적인 수단이 된다(황준욱, 「ILO의 '일다운 일'에 대한 발전적 논의」, 월간 노동리뷰, 2005년 4월호, 23~25쪽 참조).

7) 이승우, 『헌법학』, 두남, 2009, 722~723쪽; 전광석, 「근로의 권리의 실현구조」, 『허영 박사 화갑기념 논문집-한국에서의 기본권 이론의 형성과 발전』, 박영사, 1997, 451쪽; 허영, 『한국헌법론(전정6판)』, 박영사, 2010, 518~520쪽; 헌재 2007.8.30. 2004헌마670; 헌재 2009헌마351 참조.

8) 헌재 2007.8.30. 2004헌마670; 헌재 2011.9.29. 2009헌마351.

리고 이 근로환경권은 현실적인 청구권이 인정되는 구체적 청구권으로서의 성격이 인정된다.[9]

한편, 이 근로환경권은 기본권인 근로권의 일부로서 제3자인 사용자에 대해서도 사법상의 일반원칙(신의성실, 공서양속 등)을 통해서 간접적으로 효력(제3자적 효력)을 가지는 것으로 해석된다.[10] 헌법재판소도 "우리 헌법은 제10조에서 국가는 개인이 가지는 불가침의 기본적 인권을 확인하고 이를 보장할 의무를 진다고 규정함으로써, 소극적으로 국가권력이 국민의 기본권을 침해하는 것을 금지하는 데 그치지 아니하고, 나아가 적극적으로 국민의 기본권을 타인의 침해로부터 보호할 의무를 부과하고 있다."[11]라고 설시함으로써 사실상 이러한 해석을 뒷받침하고 있다. 결국 근로환경권은 근로자가 사법의 일반원칙을 매개로 사용자에게 각종 안전보건조치를 할 것을 요구할 수 있는 근거가 된다.

이 경우, 근로자는 사용자에게 '산재예방'을 위한 최저기준에 해당되는 조치를 할 권리뿐만 아니라, 이를 넘어 '쾌적한 직장환경'을 위한 휴게시설, 세척시설 등 편익시설을 갖출 권리 역시 근로권 중 근로환경권으로부터 도출된다. 그리고 근로자의 근로환경권은 산안법상의

---

9) 김철수, 『헌법학개론(제17전정판)』, 박영사, 2005, 837쪽; 권영성, 앞의 각주(2)의 책, 674쪽; 양건, 『헌법강의』, 법문사, 2009, 683쪽; 허영, 앞의 각주(7)의 책, 518쪽 등. 다만, 김철수 교수, 권영성 교수, 양건 교수 등은 일할 환경에 대한 권리(근로환경권)가 근로권에 포함되는지에 대해서는 명확하게 밝히고 있지 않다.

10) 근로권의 제3자효를 인정하는 것이 우리나라의 지배적인 학설이다. 강경근, 『헌법(신판)』, 법문사, 2004, 805쪽; 김철수, 앞의 각주(9)의 책, 838~839쪽; 성낙인, 『헌법학(제9판)』, 법문사, 2009, 705쪽; 장영수, 『헌법학(제4판)』, 홍문사, 2009, 839쪽; 전광석, 「근로의 권리의 실현구조」, 『허영 박사 화갑기념 논문집 ─ 한국에서의 기본권 이론의 형성과 발전』, 박영사, 1997, 451쪽; 허영, 앞의 각주(7)의 책, 522쪽; 홍성방, 『헌법학(개정3판)』, 현암사, 2009, 567쪽 등 참조. 그리고 근로권의 제3자효 인정설 중에서도 근로권과 관련하여 명시하고 있지는 않지만, 사법규정을 통해 간접적으로만 사인 간에 적용된다는 간접적용설이 우리나라 판례(대법원 2010.4.22. 선고 2008다38288 판결)와 다수설의 입장이다(허영, 앞의 각주(7)의 책, 265쪽 참조).

11) 헌재 1997.1.16. 90헌마110 · 136(병합).

최저기준에 해당하는 사용자 의무로 한정되지 않고, 일정한 조치 필요성에 대한 인식의 심화와 구체적 상황 등에 따라 법정 최저기준으로 규정되어 있지 않은 조치에 대해서도 권리를 가질 수 있다.

3. 근로조건기준 법정주의와 국가의 기본권 보호의무

「헌법」 제32조 제3항은 근로의 권리가 실효적인 것이 될 수 있도록 "근로조건의 기준은 인간의 존엄성을 보장하도록 법률로 정한다."라고 하여 근로환경, 근로시간, 재해보상 등 근로조건의 기준을 법률로 정할 것(근로조건기준 법정주의)을 내용으로 하는 정책의무의 부담을 선언하고 있다.[12] 그리고 우리 헌법은 제10조에서 "국가는 개인이 가지는 불가침의 기본적 인권을 확인하고 이를 보장할 의무를 진다."라고 규정함으로써(국가의 기본권 보호의무), 소극적으로 국가권력이 국민의 기본권을 침해하는 것을 금지하는 데 그치지 않고, 나아가 국가에 적극적으로 국민의 기본권을 타인에 의한 부당한 침해로부터 보호해야 할 의무를 부과하고 있다. 국민의 기본권에 대한 국가의 적극적 보호의무는 궁극적으로 입법자의 입법행위를 통하여 비로소 실현될 수 있는 것이기 때문에, 입법자의 입법행위를 매개로 하지 아니하고 단순히 기본권이 존재한다는 것만으로 헌법상 광범위한 방어적 기능을 갖게 되는 기본권의 소극적 방어권으로서의 측면과 근본적인 차이가 있다. 즉 기본권에 대한 보호의무자로서의 국가는 국민의 기본권에 대한 침해자로서의 지위에 서는 것이 아니라 국민과 동반자로서의 지위에 서는 점에서 서로 다르다.[13]

산안법은 이러한 국가의 기본권 보호의무에 따라 근로자가 제3자인

---

12) 김형배, 『노동법(제20판)』, 박영사, 2011, 125쪽 참조.
13) 헌재 1997.1.16. 90헌마110 · 136(병합).

국민, 특히 사용자에 의해 근로환경권을 침해받지 않도록 하기 위한 입법조치로서 「헌법」 제32조 제3항을 기초로 제정된 것이다. 다시 말해서, 국가는 근로환경권이라는 기본권의 보호의무를 다하기 위해 최소한의 안전보건기준으로서 산안법을 제정한 것이다. 다만, 국가가 근로환경권을 보장할 의무를 어떻게 이행할 것인지는 원칙적으로 한 나라의 정치·경제·사회·문화적인 제반 여건과 재정사정 등을 감안하여 입법정책적으로 판단하여야 하는 입법재량의 범위에 속한다.[14]

한편, 기본권은 국가권력에 대한 국민의 방어권이지만 또한 객관적인 가치질서를 의미하기 때문에 사법을 포함한 모든 법영역에 그 영향을 미치는 것이므로 사인 간의 사적인 법률관계라 할지라도 기본권의 파급효과가 미치게 된다. 다만 이 기본권 규정은 성질상 사법관계에 직접 적용될 수 있는 예외적인 것을 제외하고는 사법상의 일반원칙을 규정한 「민법」 제2조(신의성실), 제103조(반사회질서의 법률행위) 등의 내용을 형성하고 그 해석기준이 되어 간접적으로 사법관계에 효력을 미치게 된다.[15] 따라서 근로환경권의 경우 신의성실의 원칙 등을 통해 근로자와 사용자의 근로관계에도 적용된다고 볼 수 있다.

비교법적으로 보면, 산안법이라는 공법상의 의무규정이 사법상의 의무로 전화(轉化)될 수 있는지에 대해 논쟁이 있는데, 이것의 매개체로 주장되는 것이 판례와 학설에 의해 인정되고 있는 안전배려의무이다. 이 안전배려의무는 신의성실의 원칙에서 도출된다는 데 이견이 없는바, 이 경우 신의성실의 원칙의 해석에 있어서는 기본권인 근로환경권, 근로권, 인간의 존엄과 가치의 이념이 필수적인 기준으로 고려되어야 할 것이다.

---

14) 헌재 1997.1.16. 90헌마110 · 136(병합) 참조.
15) 허영, 앞의 각주(7)의 책, 263쪽; 대법원 2010.4.22. 선고 2008다38288 판결 참조.

4. 생명권 및 건강권

노동과정에서의 위험으로부터 안전하게 일할 권리인 근로환경권이 보호하고자 하는 법익은 근로자의 생명과 신체상 안전 및 건강(생명권과 건강권)이다. 생명권은 우리 헌법에는 명문의 규정이 없으나, '신체를 훼손당하지 아니할 권리'(신체불가침) 및 신체적 이동의 자유를 보장하는 「헌법」 제12조의 '신체의 자유'와 함께 인간의 존엄성을 실현하기 위하여 필수적인 기본조건, 즉 인간 생존의 신체적 기본조건을 보호하는 기본적 권리이다.[16] 인간의 신체적 생존이 정신적 생존의 근거이자 다른 기본권을 행사하기 위한 전제조건이라는 점에서 생명권, 신체를 훼손당하지 아니할 권리(건강권), 신체의 자유는 특별한 의미가 있다.[17]

헌법재판소[18]는 "헌법 제10조는 "모든 국민은 인간으로서의 존엄과 가치를 가지며, 행복을 추구할 권리를 가진다. 국가는 개인이 가지는 불가침의 기본적 인권을 확인하고 이를 보장할 의무를 진다."고 규정하여, 모든 국민이 인간으로서의 존엄과 가치를 지닌 주체임을 천명하고, 국가권력이 국민의 기본권을 침해하는 것을 금지함은 물론 이에서 더 나아가 적극적으로 국민의 기본권을 보호하고 이를 실현할 의무가 있음을 선언하고 있다. 또한 생명·신체의 안전에 관한 권리는 인간의 존엄과 가치의 근간을 이루는 기본권일 뿐만 아니라, 헌법은 "모든 국

---

16) 헌재 1996.11.28. 95헌마1. "인간의 생명은 고귀하고, 이 세상에서 무엇과도 바꿀 수 없는 존엄한 인간 존재의 근원이다. 이러한 생명에 대한 권리, 즉 생명권은 비록 헌법에 명문의 규정이 없다 하더라도 인간의 생존본능과 존재목적에 바탕을 둔 선험적이고 자연법적인 권리로서 헌법에 규정된 모든 기본권의 전제로서 기능하는 기본권 중의 기본권이다."

17) 한수웅, 『헌법학』, 법문사, 2011, 577쪽. 허영 교수는 생명권과 신체적 완전성 및 신체활동의 임의성에 관한 권리(신체의 자유)를 인신권이라 지칭하고 있다(허영, 앞의 각주(7)의 책, 357쪽).

18) 헌재 2008.12.26. 2008헌마419·423·436(병합).

민은 보건에 관하여 국가의 보호를 받는다."고 규정하여 질병으로부터 생명·신체의 보호 등 보건에 관하여 특별히 국가의 보호의무를 강조하고 있으므로(제36조 제3항), 국민의 생명·신체의 안전이 질병 등으로부터 위협받거나 받게 될 우려가 있는 경우 국가로서는 그 위험의 원인과 정도에 따라 사회·경제적인 여건 및 재정사정 등을 감안하여 국민의 생명·신체의 안전을 보호하기에 필요한 적절하고 효율적인 입법·행정상의 조치를 취하여 그 침해의 위험을 방지하고 이를 유지할 포괄적인 의무를 진다 할 것이다."라고 판시하고 있다.

생명권은 최고의 가치를 가지는 법익으로서 이것이 침해된 경우 그 침해는 회복이 불가능한 결과를 초래하기 때문에 생명에 대한 국가의 책임, 즉 타인의 침해로부터 생명을 보호해야 할 국가의 보호의무는 매우 중요하다. 국가는 법규범의 제정과 적용을 통하여 국민(근로자)의 생명을 침해하는 사인(구체적으로는 사용자)의 행위를 방지하고 통제함으로써 국민의 생명을 보호해야 한다. 자유권으로서의 생명권은 자유권의 포괄적인 방어기능으로 인하여 국가에 의한 제한이 엄격하게 금지되어야 하지만, 생명권에 대한 보호의무의 이행에 있어서는 국가기관에게 선택의 여지를 허용한다. 그리고 국가가 보호의무를 이행하기 위하여 내린 결정에 대해서는 사법적 심사가 제한적으로만 이루어진다. 또한 국가가 이러한 보호의무를 이행하기 위한 방법으로서 생명을 침해하는 구체적인 행위방식에 대하여 일정한 범위 내에서 형사적 처벌을 요청하게 된다.[19] 이러한 측면에서 생명침해에 대한 형사처벌을 규정하고 있는 산안법 제66조의 2 "제23조 제1항부터 제3항까지 또는 제24조 제1항을 위반하여 근로자를 사망에 이르게 한 자는 7년 이하의 징역 또는 1억 원 이하의 벌금에 처한다."는 규정은 헌법적으로 정당화된다. 이러한 형사적 제재는 기본권의 보호기능을 실현하기

---

19) 한수웅, 앞의 각주(17)의 책, 579~580쪽.

위한 다양한 결정가능성 가운데 하나의 방법으로 간주되며, 이러한 입법자의 결정은 국가의 보호의무의 이행으로 간주된다.

한편 건강권,[20] 즉 신체불가침권 또는 신체를 훼손당하지 아니할 권리는 그 성질상 오로지 자연인의 권리이고 국적과 관계없이 인정되는 인권으로서 생명권과 마찬가지로 모든 인간에게 보장된다.[21] 신체불가침권이란 개인의 건강(신체의 완전성)을 보호하고자 하는 기본권으로서 생체학적 의미의 건강 및 정신적 의미의 건강을 함께 보호법익으로서 포함한다. 즉 신체를 훼손당하지 아니할 권리는 개인의 건강권이라 할 수 있다. 여기서 건강이란 질병이 없는 상태라는 좁은 의미가 아니라 신체적·정신적 건강을 모두 포함하는 포괄적인 개념이기 때문에 건강을 해치거나 위협하는 행위는 물론이고 신체에 고통을 가하는 조치를 비롯한 정신적 학대, 생체학적 건강을 해치지 않는 신체에 대한 침해까지도 포함한다. 건강권은 위의 생명권과 마찬가지로 대국가적 방어권의 기능보다는 오히려 국가의 보호기능이 더욱 중요한 의미를 가진다. 따라서 건강권은 객관적 보호규범으로서 사인으로부터 발생하는 신체불가침권에 대한 침해, 나아가 산업사회에서 건강을 위협하는 산업시설 등으로부터 발생하는 침해로부터 개인의 건강을 보호해야 할 국가의 의무를 포함한다.[22]

---

20) 헌법학에서는 주로 신체불가침권 내지 신체를 훼손당하지 않을 권리라는 표현을 사용하지만, 이 책에서는 이를 의미상의 차이가 없기 때문에 건강권이라고 표현한다. 다만, 신체와 정신의 완전성 또는 온전성의 보호(신체를 훼손당하지 않을 권리의 보호)는 건강의 보호보다 넓다는 견해가 있으며, 이 견해는 건강은 침해되지 않더라도 몸이나 정신의 완전성에는 침해가 있을 수 있기 때문이라고 설명하고 있다(정종섭, 『헌법과 기본권』, 박영사, 2010, 252쪽).

21) 이러한 측면에서 외국인근로자에 대해서도 체류자격의 불법과 합법을 불문하고 산안법이 적용된다.

22) 한수웅, 앞의 각주(17)의 책, 584쪽. 국가의 보호의무의 이행 여부와 관련하여, 한수웅은 "오늘날의 산업사회에서 기술적 설비의 운영으로부터 발생하는 어느 정도의 위험은 '현대인의 불가피한 생존조건'으로서 수인되어야 한다. 기술적 설비의 허가와 운영으로부터 발생할 수 있는 국민건강에 대한 위협을 절대적으

5. 재해예방을 위한 국가의 과제

근로의 권리에 대해서 구체적 권리로서의 성격을 부여하거나 불완전하나마 구체적인 권리라고 이해하는 입장도 근로의 권리의 실현은 부분적으로는 입법적인 활동에 종속되어 있다는 점을 인정한다. 그리고 전술한 바와 같이 국가에게는 기본권 보호의무가 있는 점을 감안할 때, 기본권으로서의 근로환경권은 국가가 재해예방을 위한 정책을 마련하는 데 있어서 헌법적 방향지표로서의 기능도 아울러 갖는다고 할 수 있다. 이 점과 관련하여, 「헌법」 제34조 제6항은 "국가는 재해를 예방하고 그 위험으로부터 국민을 보호하기 위하여 노력하여야 한다."라고 규정하여 국가에게 재해예방 등을 위한 노력의무를 부과하고 있다.[23]

「헌법」 제34조 제6항의 규정은 인간다운 생활권(제34조 제1항)의 보장내용을 구체화하기 위하여 사회국가의 과제와 의무를 부과한 것이며, 국민에 대한 생존적 배려와 사회적 약자에 대한 사회보장에 그치지 않고 사회에서 발생하는 각종 재해에 적절하게 대처해야 할 의무를 포함하고 있다. 보다 구체적으로, 본 규정은 자연재해 외에 산업사회에서 생명과 건강을 위협하는 산업시설, 화학물질 등 잠재적 유해위험원으로부터 국민을 보호하여야 할 '국가'의 의무를 규정한 것이다.[24] 따라서 「헌법」 제34조 제6항은 국가활동의 목표를 제시하거나 이를 위한 객관적 의무만을 국가에 부과하고 있을 뿐, 개인에게 국가에 대

로 예방하고 제거하는 규정을 입법자에게 요구하는 것은 인간의 인식능력의 한계성을 간과하는 것이고, 나아가 현대 사회에서 불가결한 모든 기술의 이용을 저해할 것이다. 따라서 위험의 발생을 저지하고 예방하기 위한 입법적 조치가 건강의 보호에 있어서 현저하게 불충분한 것이 아니라면, 국가의 보호의무를 다한 것으로 보아야 한다."고 설명한다(한수웅, 앞의 각주(17)의 책, 585쪽).

23) 1987년(제9차 개헌) 헌법은 '여자의 복지와 권익향상'(제3항), '노인과 청소년의 복지향상'(제4항) 외에 '재해예방과 위험으로부터 보호'(제6항)를 추가하였다.
24) 한수웅, 앞의 각주(17)의 책, 992쪽 참조.

하여 사회보장·사회복지 또는 재해 예방 등과 관련한 적극적 급부의 청구권을 부여하고 있다거나 그것에 관한 입법적 위임을 하고 있는 것은 아니다.[25]

우리나라 헌법학자들은 상기의 의무를 이행하기 위한 입법으로서 「재난 및 안전관리기본법」, 「재해구호법」을 대표적인 예로 제시하고 있으나, 노동생활 또는 노동과정에서의 재해예방을 위한 산안법도 이러한 입법 중의 하나로 보아야 할 것이다.

II. 안전보건에 관한 근로자의 권리·의무의 법적 근거

1. 문제의 소재

자본주의 경제의 고도의 발전과정에서 나타난 시민의 실질적 불평등을 시정하기 위하여 국가는 본래 시민의 사적 자치에 속하는 사항을 조정할 목적으로 공법적 규제를 하게 되었다. 이 영역은 사회법이라고 지칭되고 있으며 노동법은 그중 가장 대표적인 법이다. 노동법은 본래는 사법(민법상의 제 원칙·규정과 계약, 합의)에 의해 규율될 근로자와 사용자의 관계에 대해 양자의 실질적 평등을 도모하기 위하여 국가가 권력적으로 규제를 하는 법률이다. 따라서 노동법의 하나인 산안법이 산재예방을 위해 사인인 사용자 등에 대해 국가가 필요하다고 생각되는 조치를 취할 의무를 부과하고 이를 행정형벌·질서벌 및 행정적 감독·유도의 방법에 의해 담보하는 공법적 성질의 법규라는 것은 의심의 여지가 없다. 그러나 산안법이 사용자와 근로자의 근로계약관계 등 사인 간의 권리의무관계를 규율함으로써 사인과 사인의 관계에 있

---

25) 헌재 2003.7.24. 2002헌바51.

어서 권리를 설정하고 의무를 부담하게 하는 사법적 성질의 법규인지는 명확하지 않다.[26]

비교법적으로 보면, 공법으로서의 산안법에는 산안법의 사법적 효력 여부와 관계없이 입법상의 조치로서 근로자에게 사업장의 안전보건에 관하여 일정한 권리, 즉 공법상의 권리를 부여하는 내용이 규정되어 있다. 그중 대표적인 것은 관여권과 신고권이고, 입법례에 따라서는 알 권리도 여기에 해당되는 권리이다. 관여권은 다시 근로자에게 의사결정과정에 동의 또는 거부할 권능을 부여하는 공동결정권, 산업안전보건에 일정한 형태로 참여할 권능을 부여하는 참가권, 산업안전보건문제에 사용자에게 제안하거나 사용자로부터 청취를 받을 권리 등이 있을 수 있다.

한편, 이러한 공법상의 권리는 산안법이 사법적 효력을 가질 경우에는 사법상의 권리로도 될 수 있다. 그리고 산안법이 사법적 효력을 가지고 있지 않더라도 공법상의 권리가 어떤 형태로든 사법상(계약상)의 안전배려의무의 내용을 구성하게 되면, 이 안전배려의무를 통해 사법상의 권리가 될 수 있다. 그러나 산안법이 사법적인 효력을 가지고 있지 않거나 안전배려의무가 사법상(계약상)의 의무로 인정되지 않는 법체계하에서는 공법상의 권리는 사법상의 권리가 될 수 없다. 한편, 신고권과 같이 당사자 간의 근로계약의 내용에 적합하지 않은 권리는 산안법의 사법적 효력 여부와 관계없이 당연히 사법상의 권리가 될 수 없을 것이다.

---

[26] 小畑史子 「労働安全衛生法規の法的性質(1)」 法学協会雑誌 112巻 5号(1995年) 221〜222頁 参照.

2. 공법(산안법)상 근로자의 권리

가. 우리나라 산안법 체계의 개관

1) 산안법의 특징: 근기법과의 관계를 중심으로

산안법은 1981년에 근기법 제6장이 분리되는 형태로 의원입법(민정당 김집 의원 외 35인 발의)으로 제정되었다. 산안법 제정 이유는, 그 당시 근기법이 직접적인 고용관계만을 규정하고 있어 제조·유통단계에서의 안전성 확보가 불가능하고 하청·항만 하역 등 특수고용관계 하에서 재해예방책임 한계가 불명확하며, 당시 근기법에는 산업안전보건에 관한 사항이 10개 조항에 불과하여 근기법 체제로는 산업재해를 근원적으로 예방하는 데 한계가 있다는 점이 제시되었다. 그리고 근기법의 목적은 제반 근로조건의 최저기준의 설정 및 확보이므로 동법으로는 산업재해의 급속한 발전에 적응이 곤란하고 적극적이며 종합적인 산재예방대책을 추진하는 데 불충분하다고 생각된 점 또한 산안법의 제정 필요성으로 언급되었다.27) 산안법 제정 당시에는 근로자의 안전과 보건에 관하여 근기법 제6장에 여러 조문을 두면서, 이와 별도로 산안법을 제정하여 함께 시행하였다. 그리하여 안전과 보건에 관해서는 근기법과 산안법의 이중적 규율체제로 되어 있었으나, 1990년 근기법과 산안법의 개정에 의하여 근기법에 '제6장 안전과 보건'이 남겨지고, 동법 제76조에서 "근로자의 안전과 보건에 관하여 산업안전보건법에서 정하는 바에 따른다."라고 규정함으로써 산안법의 단일체제가 확립되었다. 이와 같은 법 개정에 의하여 산안법은 근기법으로부터 독립한 법으로서 근기법의 '부속법 또는 자매법'이라고 할 수 있게 되었다.

---

27) 제11대 국회 제108회 제20차 보건사회위원회 회의록(1981년 12월 9일) 11쪽 참조.

산안법은 근로조건의 기준을 정함으로써 근로자의 기본적 생활을 보장, 향상시키는 것 등을 목적(근기법 제1조)으로 최저기준을 정하고 있는(근기법 제3조) 근기법과 동일하게 사용자에 대하여 행정기관의 지도감독, 형벌을 토대로 최저기준을 준수하기 위한 감독(단속)법으로서, 산업재해를 예방하고 쾌적한 작업환경을 조성함으로써 근로자의 안전과 보건의 유지·증진을 목적(산안법 제1조)으로, 사용자에 대하여 산업재해 예방을 위한 기준을 지키고, 해당 사업장의 안전·보건에 관한 정보를 근로자에게 제공하며, 쾌적한 작업환경을 조성하고 근로조건을 개선하는 의무를 부과하고 있다(산안법 제5조). 이 안전과 보건의 유지·증진의 내용은 당연히 근로자의 기본적인 생활을 보장·향상시키는 것이어야 하고 근로자와 사용자가 동등한 지위에서 자유의사에 따라 결정되어야 한다(근기법 제1조, 제4조).

근로자의 안전과 보건은 산안법에서 주로 규율하고 있지만 근기법상의 근로시간과 휴식 등의 규정도 근로자의 안전보건과 밀접한 관련이 있다. 따라서 근로자의 안전보건권의 실현을 위해서는 산안법의 기준과 근기법의 기준의 공조체제가 필요하다.

그러나 산안법에는 근기법과 달리 최저기준뿐만 아니라 최저기준을 초과하는 '작업환경의 쾌적'을 추구하는 기준 또는 적극적으로 근로자의 '건강증진'을 도모하는 기준 등 사용자의 폭넓고 유연한 행동을 촉구하는 규정이 포함되어 있다. 이를 위해 산안법은 기술상의 지침 또는 작업환경의 표준을 정하여 사용자에게 지도·권고하는(제27조 제1항) 등 다양한 이행방법을 규정하고 있다. 또한 중소기업 등의 사용자에 대한 보조·지원 등을 규정하고 있는 점도 근기법에서는 볼 수 없는 산안법의 특징이라고 할 수 있다.

한편, 사업장 안전보건에 관한 법령은 산업현장의 다종다양한 유해위험요인에 대한 전문적·기술적인 조치를 사전적이고 구체적으로 규정하여야 하기 때문에 복잡하고 방대한 점을 주요한 특징으로 한다. 이 점은 외국의 산업안전보건법령에서도 공통적으로 발견되는 현상이다. 그 결과 우리나라 산업안전보건법령 역시 산안법 그 자체와 이에 부속된 시행령(이하 '영'이라 한다)·시행규칙(이하 '시행규칙'이라 한다), 산업안전보건기준에 관한 규칙[28](이하 '규칙'이라 한다), 유해위험작업의 취업제한에 관한 규칙, 고시 등을 모두 포함하면 해당되는 조항이 수천 조에 달할 정도로 그 양이 매우 많다는 특징을 가지고 있다.

2) 다양한 의무 수규자

산안법상의 의무 주체는 다음과 같이 크게 3가지로 분류된다. ① 근로자를 사용하여 사업을 행하는 사업주, ② 사업주에 사용되는 근로자, ③ 사업주 및 근로자 외에 근로자의 안전과 보건의 확보 및 쾌적한 직장환경의 조성에 관계있는 자가 그것이다.

이 중 산안법의 의무를 부담하는 중심적 존재는 근로자를 사용하여 사업을 행하는 '사업주'이다. 즉 산안법에서는 사용종속관계에 주목하여 '사업주'에게 자기의 사업을 위하여 사용하는 근로자에 대한 안전보건 확보의무를 부과하는 것을 목적으로 '사업주'를 그 중심적인 의무 주체로 하고 있다. 따라서 산안법의 대부분의 조문은 "사업주는…… 하여야 한다."는 형식을 취하고 있다. 산안법에서 근기법과 달리 사업주라는 용어를 사용하는 이유는 사업경영의 이익의 귀속 주체를 산안법의 의무 주체로 함으로써 산업안전보건상의 책임소재를 명확히 하기 위해서이다. 이 사업주라 함은 법인기업이면 법인 자체로서 법인의 대표자를 의미하지 않으며, 개인기업의 경우에는 경영자 개인을 가리킨다. 근기법에서의 '사용자'는 "사업주 또는 사업 경영 담당자,

---

28) '산업안전보건기준에 관한 규칙'은 종전 '산업안전기준에 관한 규칙'과 '산업보건기준에 관한 규칙'이 2011.7.6. 전부개정(통합)되어 제정된 규칙이다.

그 밖에 근로자에 관한 사항에 대하여 사업주를 위하여 행위하는 자를 말한다."라고 되어 있기 때문에 법인 그 자체는 물론 사장, 부장, 과장 모두가 포함될 수 있다. 그러나 이렇게 되면 본래의 책임자이어야 할 사업주의 책임이 불명확하게 되는 경우도 있을 것이다. 의무 주체가 기업 내부에서의 그 이행의 실질적인 '의무의 위임'과 '권한의 부여' 상황 여하에 따라 상대적으로 흔들리게 되고, 경우에 따라서는 기업관리 조직의 말단에 위치하는 계장도 사용자에 해당하는 경우도 있을 수 있다. 이에 반해 산안법에서는 주된 의무 주체를 사업주로 함으로써 사업경영과 근로자의 안전보건 확보가 일체적으로 전개되어야 한다는 것을 법률상 명확히 하였다.

한편 산업안전보건상의 목적을 완전하게 달성하기 위해서는 위험한 기계, 유해한 물질이 유통되는 것을 근원적으로 억제하는 것이 가장 효과적이다. 이를 위해서는 이와 같은 기계, 물질이 제조되거나 판매되는 것 등을 금지할 필요가 있다. 산안법 제5조 제2항에 의하면, "기계·기구와 그 밖의 설비를 설계·제조 또는 수입하는 자, 원재료를 제조·수입하는 자, 건설물을 설계·건설하는 자는 설계·제조·수입 또는 건설을 할 때 이 법과 이 법에 따른 명령으로 정하는 기준을 지켜야 하고, 그 물건을 사용함으로 인하여 발생하는 산업재해를 방지하기 위하여 필요한 조치를 하여야 한다." 사업주에게 부과하고 있는 의무를 보다 실효성 있게 하고 산업노동현장에서 발생하는 여러 가지 종류의 산업재해를 확실하고 효과적으로 방지하기 위하여, 산안법에서는 가장 적당한 자에게 가장 적절한 조치를 강구하도록 사업주 이외의 자를 광범한 범위에 걸쳐 다면적으로 의무 주체로 설정하고 있는 것이다. 사업주뿐만 아니라 산업재해의 예방에 관계가 있는 자를 폭넓게 규제하고 있는 점 역시 산안법이 근기법 등 다른 노동관계법과 다른 점이라 할 수 있다.[29] 현재 산안법에서 사업주 이외의 자로서 산재예방의 의무주체로 설정되어 있는 자를 구체적으로 살펴보면 다음과 같다.

동일한 장소에서 행하여지는 사업의 일부를 타인에게 도급하는 자(제29조 제1항 내지 제3항), 건설공사 등의 사업을 타인에게 도급하는 자(제29조 제6항), 건설업, 선박건조·수리업 등의 사업을 타인에게 도급하는 자와 이를 자체사업으로 하는 자(제30조), 유해하거나 위험한 작업을 필요로 하거나 동력으로 작동하는 기계·기구 등을 양도·대여하는 자(제33조 제1항), 기계·기구·설비 및 건축물 등을 타인에게 대여하거나 대여받는 자(제33조 제2항), 의무안전인증대상 기계·기구 등을 제조·수입하는 자(제34조 제1항), 자율안전확인대상 기계·기구 등을 제조·수입하는 자(제35조 제1항·제2항), 황린성냥 등 특히 해롭다고 인정되는 물질을 제조 등 하는 자(제37조 제1항), 디클로로벤지딘 등 허가기준에 해당하는 물질을 제조하는 자(제38조 제1항), 건축물이나 설비를 철거하거나 해체하려는 경우 해당 건축물이나 설비의 소유주 또는 임차인 등(제38조의 2 제1항), 화학물질 또는 화학물질을 함유한 제제(製劑)[30]를 양도 등을 하는 자(제41조 제1항·제4항), 화학물질을 함유한 제제를 용기 또는 포장하여 양도 등 하는 자(제41조 제2항), 건강진단 등을 하는 과정에서 업무상 비밀을 알게 된 자(제63조) 등이 그것이다. 그리고 「파견근로자 보호 등에 관한 법률」에 의해서도 파견근로자와 고용관계에 있지 않은 사용사업주에게 산안법상의 의무가 부과되어 있다(제35조).

그러나 직장에서 근로자의 안전과 건강을 확보하기 위해서는 사업

---

29) 근기법에서 사용자 외의 자에게 의무를 부과하고 있는 것은 제9조의 '중간착취의 배제' 단 하나의 조문으로서 중간착취에 관계하는 모든 자에게 부작위의무를 부과하고 있다["누구든지 법률에 따르지 아니하고는 영리로 다른 사람의 취업에 개입하거나 중간인으로서 이익을 취득하지 못한다."(밑줄은 필자)].

30) 제제(製劑)란 어떤 물질의 유용성을 이용할 수 있도록 물리적으로 가공된 물질을 말하고, 이용이 끝나 그 유용성을 상실한 것은 이것에 포함되지 않는다.

주와 산업재해의 예방에 관계가 있는 자만의 노력으로는 완전하지 않다. 예를 들면, 고소작업 때에 추락을 방지하기 위하여 사업주가 근로자에 대해 안전대를 착용하도록 지시하더라도 근로가 그것에 협력하여 안전대를 착용하지 않으면 추락재해를 완전히 방지하는 것은 불가능하다. 따라서 산안법은 직장에서의 근로자의 안전과 건강을 확보하기 위하여 근로자에 대해서도 규제조항을 두고 있다. 근로자에게 의무를 부과하는 점 역시 근기법 등 다른 노동관계법에서는 찾아볼 수 없는 산안법만의 고유한 특징이라고 할 수 있다.

또한 산안법은 정부에 대해서도 기본적인 책무를 규정하고 있고(제4조), 관련 조항에서 정부에 대하여 건강관리수첩 발급(제44조 제1항), 산재예방사업 보조·지원에 대한 관리·감독(제62조 제1항) 등의 각종 의무를 구체적으로 규정하고 있다.

나. 산안법의 법적 성격: 사법적(私法的) 효력의 유무

산안법이 근기법과 독립적인 법체계로 분리되면서 산안법상의 규정이 사법적 효력을 갖는지가 쟁점이 될 수 있다. 우리나라에서는 아직 산안법이 사법적 성격을 가지고 있느냐에 대한 논의가 본격적으로는 전개되고 있지 않지만, 일부이나마 이를 승인하는 주장[31]과 이를 부정하는 의견[32]이 발견된다.

산업안전보건에 관한 규정이 근기법 안에 있다고 하면 동법 제15조(이 법을 위반한 근로계약)에 의하여 안전보건에 관한 규정이 사법적

---

[31] 김형배, 『채권각론(신정판)』, 박영사, 2001, 597쪽(각주2); 김형배, 앞의 각주(12)의 책, 323~324쪽; 박종희 외, 『산업안전보건법 집행의 효율성 강화를 위한 개선방안에 관한 연구(학술연구보고서)』, 한국산업안전공단 산업안전보건연구원, 2006, 83~84쪽; 이영희, 『노동법』, 법문사, 2001, 464쪽.

[32] 김형배, 앞의 각주(12)의 책, 473쪽 이하.

효력을 갖는 데에 의문의 여지가 없을 것이지만, 산안법은 근기법 제15조와 같은 규정을 직접적으로는 가지고 있지 않기 때문에 동법의 사법적 효력에 대하여 논란이 발생할 수 있다. 그러나 근기법 제6장(안전과 보건) 제76조에서 "근로자의 안전과 보건에 관해서는 산업안전보건법에서 정하는 바에 따른다."라고 규정하여 산안법이 근기법의 일부로 구성되어 있는 점(근기법의 부속법), 산업안전보건기준은 그 성격에 있어서 근로기준의 일부내용을 이루고 있는 점, 산안법 소정의 안전보건에 관한 사항은 사용종속관계를 전제로 하는 조항에 관한 한 최저근로조건기준으로서 근기법 규정과 동일한 성격을 가진다고 해석되는 점, 산업재해 예방은 근기법상의 근로시간 등의 근로조건과 밀접하게 관련되어 있어 산안법은 근기법과 일체로 운영되어야 하는 점, 그리고 산안법의 해석 및 운영에 있어서 근기법 제1조(목적), 제3조(근로조건의 기준)와 제4조(근로조건의 결정)는 당연한 전제를 이루는 점 등에 비추어 보면, 산안법이 비록 근기법과 독자적인 법체계로 분리되었지만 여전히 넓은 의미에서의 근기법의 일부라고 볼 수 있기 때문에 근기법 제15조가 산안법상의 규정에도 적용된다고 보아야 할 것이다. 그리고 부수적으로, 근기법 제17조 및 동법 시행령 제8조에 따라 명시해야 할 근로조건에 '안전과 보건에 관한 사항'이 포함되어 있고, 이에 따라 명시된 안전과 보건에 관한 사항이 사실과 다를 경우에 근로자는 근기법 제19조에 따라 이의 위반을 이유로 손해배상을 청구할 수 있으며 즉시 근로조건을 해제할 수 있는 점을 감안하면, 산안법상의 안전보건조건이 근기법의 근로조건과 근거법이 다르다고 하여 양 법의 사법적 효력을 다르게 보는 것은 타당하지 않다고 판단된다.

한편 노동보호법에 근거한 사용자의 의무가 계약상의 의무라는 것에 대해서는, 이를 명시하는 법률규정이 존재하지 않더라도 사용자의 의무가 계약상의 약정 대상이 되기에 적합하다면, 이것은 자명한 것이라고 보아야 한다.33) 노동보호법은 근로조건, 작업환경에 대한 공법적 규제에서 출발하여 점차 사법의 차원에서도 그 관철을 지향하는 방향으로 발전하여 왔다고 말할 수 있다. 이것은 근로자를 단순한 보호의 객체가 아니라 자신의 운명에 스스로 영향을 미치는 능동적 계약 주체로서 법질서에 편입하고자 하는 현대 노동법의 발전방향에 부응하는 것이다. 그리고 이와 같이 공법과 사법의 결합을 통해 목적의 달성을 도모하는 점에 노동법의 기본적 특질이 있다.34) 근로자는 안전보건기준의 공법적 실현에 있어서는 감독기관에 대한 신고라는 형태로 간접적으로 관여할 수 있고, 안전보건기준의 사법적 실현에 있어서는 소송제기의 직접적인 주체가 된다. 그러나 양자의 우열은 없다. 양자의 수단이 각각의 특성을 최대한으로 발휘하고 안전보건기준의 관철에 가장 적절하게 기여하는 것이 산안법이 의도하는 바라고 해석하여야 할 것이다.35)

따라서 산안법은 근기법과 마찬가지로 국가에 대한 사용자와 근로자의 의무를 규정하고 벌칙으로 이를 강제하는 공법적 성격을 지니고 있는 동시에, 사용자와 근로자 간의 사법적 관계를 규율하는 성격을 가지고 있다고 볼 수 있다. 다시 말해서, 사용자는 산안법에 의해 국가에 대해서뿐만 아니라 근로자에 대해서도 안전보건에 대한 각종 의무를 부담하는 것이고, 근로자는 사용자가 산안법상의 규정을 준수하지 않으면 이 규정의 준수에 대하여 사법상의 청구권을 가지게 된다고 보아야 할 것이다. 요컨대, 공법과 사법의 엄격한 분리론을 전제로 산안법의 규정이 공법적인 단속규정에 불과하다고 해석하는 것은 적절하지 않고, 산안법에서 요구되고 있는 조치는 사용자의 계약상의 의무이

33) Herschel, Zur Dogmatic des Arbeitsschutzrechts, RdA 1978, S. 72.

34) 西谷敏「労働基準法の二面性と解釈の方法」『労働保護法の研究』有斐閣(1994년) 2頁.

35) 西谷・前揭注(34)書 4頁 参照.

기도 하다고 보는 것이 타당하다.

이러한 산안법의 사법적 성격으로부터 근로자의 의무 또한 사용자의 의무와 마찬가지로 국가에 대한 공법상의 의무임과 동시에 사용자에 대한 사법상의 의무로서 효력이 발생한다. 즉 산안법상 근로자의 의무는 사법상의 의무로 전환되어 근로자가 이를 위반할 경우 근로자는 공법상의 벌칙 외에도 사법상(계약상)의 불이익을 받을 수 있다.

다. 공법상의 권리

1) 서 설

산업안전보건 분야에서 근로자가 가지는 법률상의 권리는 산안법이 공법으로서의 성격을 가지고 있기 때문에 공법상의 권리라고도 말할 수 있다. 그리고 우리나라 산안법에서 근로자에게 창설적으로 부여되어 있는 이 공법상의 권리는 직접적인 공법상의 권리와 간접적인 공법상의 권리로 구분될 수 있다. 전자는 관여권으로서 공동결정권(동의권, 의결권), 참가권, 제안·청문권(청취권) 및 신고권이 있을 수 있고, 후자는 알 권리가 이에 해당하는 권리이다.

공법상의 권리 중 직접적인 공법상의 권리에 해당하는 권리들은 근로자가 입법상의 조치에 의해 일정한 법적 권능을 직접적으로 부여받고 있는 권리이기 때문에 근로자에게 일정한 역할을 부여하는 권리로 자리매김될 수 있는 성격의 권리들이다. 그리고 산안법규에서 사용자에게 의무를 부과함으로써 근로자에게 법적 이익이 부여되는 간접적인 공법상의 권리 중에도 알 권리와 같이 당해 권리 자체로서의 실효성뿐만 아니라 직접적인 공법상의 권리의 실효성을 담보하는 기능을 함으로써 근로자의 역할과 활동을 지지하는(support) 성격의 권리도 있다. 한편, 간접적인 공법상의 권리의 대부분은 사법상의 이행청구권·작업거절권(특히, 이행청구권)과 단체교섭을 활용하지 않고는 현실적으로 행사할 수 없고 감독기관을 통해서만 상응하는 이익을 수동적・간접적으로 받게 되는 권리들이다.

우리나라 산안법에서 발견되는 직접적인 공법상의 권리의 대표적인 예로서는, ① 산재예방활동 과정에 관여하는 권리(의결권, 동의권, 참가권, 청취권), ② 산안법규를 공법적으로 실현하기 위한 신고권이 있다. 그리고 앞 권리 외에 간접적인 공법상의 권리에 해당하는 예로서는, 산안법이 사용자에게 안전보건의무(예를 들면, 건강진단 실시의무, 추락재해 방지를 위한 작업발판 설치의무)를 부과함으로써 근로자에게 부여되는 법적 이익으로서의 권리(예를 들면, 사용자로부터 건강진단을 받을 권리, 추락재해 방지를 위한 작업발판을 설치 받을 권리)가 열거될 수 있다.

이하에서는 산재예방활동에 있어서 근로자에게 일정한 역할을 부여하는 관여권, 신고권과 이들 권리 행사의 전제라고 할 수 있는 앞 권리를 둘러싼 우리나라 법상황을 살펴보기로 한다.

2) 관여권

산업안전보건문제는 작업현장에서 일상적으로 실천되어야 하기 때문에 사용자 측의 일방적인 의사결정과 실천만으로는 실효성을 거두기 어려운 성질을 가지고 있다. 따라서 근로자 측의 관여가 가장 필요한 분야가 바로 산업안전보건분야라 할 수 있다. 근로자 또는 그 대표는 작업장 사정에 익숙하고 개별 종업원의 경험을 가장 잘 활용할 수 있다. 또한 작업현장에서 안전보건규정의 준수를 촉진할 수 있는 위치에 있다. 따라서 사업장의 안전보건 확보를 위하여 근로자대표 기능과 역할을 확대할 필요가 있다. 근로자 또는 그 대표의 산업산업안전보건 참여는 문제인식과 계획수립(의사결정)과정, 실행과정 및 평가과정의 전 영역에 걸쳐서 이루어질 수 있다. 그런데 사업장 근로자대표가 안전보건에 관한 의사결정과정 등에 관여할 기회가 보장되더라도 안전보건에 대한 전문성이 충분하지 않으면 자신의 대표권한을 제대로 행사할 수 없을 것이다.

우리나라 산안법에서 보장하고 있는 근로자 또는 그 대표의 관여권에 관한 사항을 망라하여 정리하면 다음과 같다. 먼저, 근로자 측은 노사 동수로 구성되는 산업안전보건위원회를 통하여 사업장 산재예방계획·안전보건교육, 작업환경 점검, 근로자 건강관리 등에 대한 심의·의결에 참여할 수 있다(제19조).

그다음으로, 근로자대표[36](또는 산업안전보건위원회)의 동의·입회·의견청취권이 여러 규정을 통하여 규정되어 있다. 이에 해당되는 규정으로는, 안전보건관리규정 작성·변경 시 산업안전보건위원회의 심의·의결 또는 근로자대표의 동의(산안법 제21조 제1항), 자체검사·작업환경측정·건강진단·역학조사·안전보건진단에의 근로자대표 입회(산안법 제36조, 제42조 제3항, 제43조 제1항, 시행규칙 제107조의 2 제3항, 산안법 제49조 제2항), 산업안전보건위원회 또는 근로자대표의 작업환경측정·건강진단결과 설명청취(산안법 제42조 제5항, 제43조 제6항), 공정안전보고서 작성 시 산업안전보건위원회 심의 또는 근로자대표 의견청취(산안법 제49조의 2 제2항), 안전보건개선계획 수립 시 산업안전보건위원회 심의 또는 근로자대표 의견청취(산안법 제50조 제3항), 사업장 감독 시 근로자대표(또는 명예산업안전감독관) 참여(감독관집무규정 제11조 제5항), 산업재해조사표 근로자대표 확인(시행규칙 제4조 제3항) 등이 있다.

---

36) 근로자대표란 근로자의 과반수로 조직된 노동조합이 있는 경우에는 그 노동조합을, 근로자의 과반수로 조직된 노동조합이 없는 경우에는 근로자의 과반수를 대표하는 자를 말한다(산안법 제2조 제4호).

그런데 위의 사항 중 입회 및 설명청취에 관한 권리는 근로자대표의 요구가 있는 경우에 한하여 사용자가 이에 응하여 근로자대표를 입회시키거나 설명회를 개최해야 하는 청구주의 형식을 취하고 있고, 사업장 감독 시 근로자대표(또는 명예산업안전감독관)의 참여는 대외적 효력(구속력)이 없는 고용노동부 내부규정인 훈령에 규정되어 있어 근로자대표의 권리라고는 할 수 없다. 그리고 산업안전보건위원회는 적용대상 업종이 제조업 중심으로 한정되어 있고, 형식적으로 운영되고 있는 측면이 강하며, 그 실천방법과 유효성이 사업장 등에 제대로 알려져 있지 않다. 게다가 명예산업안전감독관의 산재예방활동에의 참여규정(산안법 제61조의 2)은 명예산업안전감독관의 위촉 자체가 의무적인 것이 아니라 임의적인 것이어서 이 역시 근로자 측의 권리라고는 할 수 없을 것이다.

우리나라의 산안법상 근로자의 관여권과 관련하여, 보다 구체적으로는 다음과 같은 점이 문제점으로 지적될 수 있다.

(1) 사회 전반적으로 근로자 측이 안전보건문제에 관여할 필요성에 대한 인식이 결여되어 있다. 노·사·정 3주체 모두 근로자의 안전보건 관여 개념에 대한 구체적인 인식과 관여 제도 자체에 대한 이해가 부족하고, 산재예방활동은 사용자의 일방에 의해 추진하는 것으로 이해하고 근로자의 역할을 재해예방의 대상으로 객체화하고 있다.

노·사는 안전보건 관여를 (공동)결정참가라는 좁은 의미로만 생각하고 있다. 노동계는 정보제공을 받는 관여와 협의에 참가하는 관여보다는 결정에 참가하는 관여에 집착하는 경향이 있다. 그리고 근로자 측에게 있어 안전보건문제는 임금, 복지, 근로시간 등 분배문제와 비교하여 부차적 관심사항으로 밀려 있는 등 안전보건에 대한 근로자의 권리의식도 상대적으로 부족한 실정이다. 사용자 측 역시 '참가'라고 하면 의례히 결정 참가형의 관여로 인식하고 수동적으로만 대응하고 있는 실정이다.

또한 사용자 측은 산재예방활동 및 투자에 대한 의지가 부족하여 근로자가 안전보건활동에 관여하는 것을 사치스러운 것으로 생각하는 경향이 있는데, 이러한 현상은 소규모 사업장일수록 만연되어 있다. 게다가 가부장적인 유교문화의 영향과 안전보건에 대한 의지와 관심의 부족으로 근로자의 안전보건 참여에 대해 소극적이거나 부정적인 편이다. 정부 역시 안전보건 정보제공, 협의 등 산재예방분야에서의 근로자 관여의 필요성에 대한 인식과 추진의지가 부족한 실정이다.

(2) 근로자 관여권의 제도적 보장이 미흡하고 제도운영이 형식화되어 있다. 현행 산안법에 이미 근로자 참여권 규정을 중심으로 근로자 관여권 규정이 일정 정도 도입되어 있으나 이를 현장에서 실질적으로 작동케 하는 제도적 기제와 수단이 미흡하다. 그 결과, 노조가 있는 대규모 사업장을 제외하고는 대부분 사업장에서 안전보건 관여제도가 다분히 형식적으로 운영되고 있는 실정이다. 즉 근로자 관여에 관한 법적 규정과 현실 간에 괴리가 발생하고 있다.

특히 노조가 없는 사업장의 경우, 산업안전보건위원회 위원이나 근로자대표로 선출된 근로자가 사용자 측과 대립하여 근로자의 권리와 이익을 관철하는 것은 현실적으로 곤란하다. 따라서 근로자 측의 규제력 한계를 감안한 노동보호법적 지원이 필요하다.

한편, 산업안전보건위원회의 경우 일부 업종이 적용대상에서 제외되어 있고[37] 적용규모도 상시근로자 50인 또는 100인 이상 사업장으로 제한되어 있어, 많은 사업장의 근로자가 산업안전보건위원회를 통한 사업장 안전보건문제에의 참가로부터 배제되어 있다.

(3) 근로자대표기구의 법적 지위가 모호하고 그 운영이 형해화되어

---

37) 2013.8.6 산업안전보건법 시행령이 개정되어 산업안전보건위원회 적용업종이 종전의 제조업, 건설업 중심에서 많은 업종으로 확대되었지만, 여전히 공공행정, 국방 및 사회보장행정, 교육서비스업, 국제·외국기관이 적용대상에서 제외되어 있다.

있다. 근로자대표 제도의 적용 및 운영을 보장할 수 있는 의미 있는 수단이 없으면 근로자대표 제도의 실효성을 기대하기 어려울 것이다. 현재 근로자대표에 대해서는 불완전한 정의규정만 있을 뿐 근로자대표의 선출절차, 대표방법, 근로자들의 의견수렴, 활동보장 등에 대해서는 아무런 규정이 없어 그 운영이 형식적으로 운영되고 있다. 그리고 산업안전보건위원회의 일상적 활동 기능이 미흡하고 동 위원회 위원의 전문성 및 자기정체성(identity)이 부족한 상태이다. 개별근로자가 근로자대표를 통하여 사업장의 안전보건에 실질적으로 관여할 수 있도록 하는 법적 보장이 필요하다.

3) 신고권

근로자의 보호는 궁극적으로 근로자가 관계법령의 내용을 잘 알고 있어서 그것에 위반되는 행위를 관계당국에 고발할 때 비로소 실제적인 효과를 거둘 수 있다. 근로자 보호가 제대로 이루어지기 위해서는 정부의 규제와 더불어 근로자의 적극적인 자기보호(self protection) 노력이 필요하다. 나아가 산업안전보건에 관한 규제가 실효를 거둘 수 있기 위해서도 근로자 스스로의 권리의식과 자구의식의 강화가 요긴하다. 정부 차원에서 근로자의 권리에 대한 메시지를 전달하는 활동을 포스터, 리플릿, 웹사이트 등을 통해 다양하게 전개할 필요가 있다.[38]

그리고 근로자의 신고·고발 등에 대해서는 당해 근로자가 원할 경우 비밀이 철저히 보장되는 가운데 확실한 보호를 받을 수 있도록 하여야 한다. 해고 등 불이익에 대한 공포가 근로관계에 있어서의 근로자의 지위를 현저하게 약하게 하고 신고 등 권리 행사를 어렵게 하기 때문이다. 신고 등을 이유로 한 불이익으로부터 근로자를 보호하기 위

---

38) 미국, 영국 등에서는 정부 차원에서 근로자의 권리 행사와 내부고발을 활성화하기 위한 활동을 제도적·공식적으로 전개하고 있다.

해 현행 산안법은 제52조에서 근로자에게 사업장에서 산안법령을 위반한 사실이 있으면 그 사실을 노동부장관 또는 근로감독관에게 신고할 수 있고, 사용자는 이 신고를 이유로 해당 근로자에 대하여 해고나 그 밖에 불리한 처우를 하지 못한다고 규정하고 있다.

한편 2011년 3월 29일 제정된 「공익신고자보호법」에 의하면, 공익침해행위에 산안법상의 위반행위도 포함되고(법 제2조 제1호, 시행령 제2조 별표1), 공익침해행위가 발생하였거나 발생할 우려가 있다고 인정되는 경우에는 누구든지 조사기관에 신고할 수 있으며(제6조), 공익신고를 이유로 한 불이익조치로부터 보호를 받을 수 있다(제15조)고 규정하고 있다. 보호대상이 공익신고를 한 모든 자로 되어 있어 산안법상의 보호대상(근로자)보다 그 외연을 확대하고 있다. 그리고 불이익조치에는 물품계약 또는 용역계약의 해지, 그 밖에 경제적 불이익조치를 주는 조치(법 제2조 제6호 자목)도 포함되어 있어 납품업자 등도 산안법 위반 또는 그 위반 우려가 있다고 인정되는 사항을 감독기관 등에 신고를 할 수 있다.

4) 알 권리

알 권리는 사용자가 근로자에게 정보를 제공하거나 관련 지식을 부여하는 내용에 관한 권리로서, 근로자와 사용자 사이에 정보가 비대칭적으로 존재하는 상황 속에서 근로자로 하여금 사전에 유해위험을 인지하도록 하여 사고나 직업병을 예방할 수 있게 한다는 점에서, 산업안전보건 영역에서는 근로자에게 중요한 권리로 인정되고 있다. 다시 말해서, 알 권리의 중요성은 산업안전보건문제의 상당 부분이 유해위험에 대한 근로자의 정보부족, 정보판단의 미숙, 그 밖의 무지에서 비롯되는 것이라는 인식에 근거한다. 이는 근로자에 대해 보다 많은 정보를 제공하고 교육훈련을 통하여 안전의식을 고취시키게 될 때 사고를 상당히 감소시킬 수 있다고 보는 것이다. 또한 근로자의 알 권리의 중요성은, 사용자의 안전보건에 대한 관심과 의지가 부족할 때뿐만 아니라 산업안전보건문제에 대한 노동조합과 정부의 태도가 불만족스러울 때, 근로자 스스로가 안전보건에 대한 지식을 좀 더 심화시키고 보다 현명해질 필요가 있다는 인식에도 기초한다.

우리나라 산안법도 이 점을 인식하고 사용자의 일반적 의무로 사용자에게 해당 사업장의 안전보건에 관한 정보를 근로자에게 제공하도록 규정하고 있는 등(산안법 제5조) 알 권리에 관련되는 다종다양한 규정을 두고 있다.

먼저, 법령·정보 등의 통지·주지의무로서는, 근로자의 알 권리에 관한 일반적 규정에 해당한다고 볼 수 있는 사용자의 안전보건정보 제공의무가 있고(법 제5조 제1항), 그 외에 법령요지 주지(법 제11조 제1항), 근로자대표의 안전보건사항 통지요청권(법 제11조 제2항), 산업안전보건위원회 회의결과 주지(영 제25조의 6), 안전보건관리규정의 주지(법 제20조 제1항), 안전보건교육(법 제31조), 물질안전보건자료(Material Safety Data Sheet: MSDS)교육(법 제41조 제7항), 작업환경측정결과 및 건강진단결과의 근로자에 대한 통지(법 제42조 제3항, 제43조 제4항), 유해성 등의 주지(규칙 제449·460·502·519·591·595·614·655·661조), 작업계획서 등의 주지(규칙 제38조 제2항·제3항), 운전방법 등의 주지(규칙 제160조), 밀폐공간작업 시 안전한 작업방법 등의 주지(규칙 제641조), 작업자세의 주지(규칙 제666조) 등의 규정이 있다.

이 중 안전보건교육 및 물질안전보건자료교육에 관한 권리는 근로자가 노출될 수 있는 모든 잠재적 위험과 자신을 보호하는 방법에 대하여 교육을 받을 권리로서, 사용자가 근로자에 대하여 실시하여야 할 교육의 내용은 그 근로자가 담당하는 업무에 관하여 객관적으로 필요하다고 인정될 정도로 구체적인 것이어야 하고, 단순히 일반적인 안전보건상의 주의를 주는 정도의 것이어서는 안 된다.

그리고 일정사항의 게시·표시의무에 해당하는 규정으로서, 안전·보건표지의 설치·부착(산안법 제12조), 안전보건관리규정의 게시·비치(산안법 제20조 제1항), 물질안전보건자료의 게시·비치 및 경고표시(산안법 제41조), 감독결과 조치명령사항 게시(법 제51조 제6항), 출입금지 표시(규칙 제446·457·505·569·622조), 유해물질 명칭 등의 게시(규칙 제442·459조), 중량의 표시(규칙 제665조) 등이 있다.

이 중 경고표시제도는 근로자에게 주의를 환기시키는 것이 특히 필요한 물질에 대하여 필요최소한의 유해성의 등의 정보를 알리게 하는 것이 목적이다. 이에 대해 물질안전보건자료 제도는 근로자에게 건강장해를 일으킬 우려가 있는 물질에 대하여 사용자로 하여금 근로자의 건강장해 방지조치를 적절하게 행하도록 하기 위하여 상세한 정보를 제공하는 것 등을 목적으로 하고 있다.

이러한 알 권리는 크게 배타적 알 권리와 청구권적 알 권리로 구분할 수 있다. 먼저 전자에 해당하는 권리로는, 법령 요지를 상시 각 사업장에 게시하거나 비치하여 근로자로 하여금 알게 하도록 하는 규정(법 제11조)과 안전보건관리규정, 작업환경측정결과 및 건강진단결과를 근로자에게 알리도록 하는 규정(법 제20조 제1항, 제42조 제3항, 제43조 제4항), 그리고 건강진단기관으로 하여금 건강진단을 실시한 결과 질병유소견자가 발견된 경우에는 건강진단을 실시한 날로부터 30일 이내에 해당 근로자에게 의학적 소견 및 사후관리에 필요한 사항과 업무수행의 적합성을 설명하도록 한 규정(시행규칙 제105조) 등이 있다. 그리고 후자에 해당하는 권리로는, 근로자대표에게 산업안전보건위원회 의결사항, 안전보건관리규정 내용 등 일정한 사항을 사용자에게 요청할 수 있도록 한 규정(법 제11조 제2항), 산업안전보건위원회 또는 근로자대표에게 사용자를 대상으로 건강진단결과에 대한 설명을 요청할 수 있도록 한 규정(법 제43조 제6항) 등이 있다.

근로자의 알 권리와 관련하여 우리나라에서 가장 문제가 있는 것으로 지적되는 것은 사업장에서 안전보건교육을 실시하는 것 자체가 저조하고 교육내용이 산업현장과 괴리되어 있으며, 법적 규제를 형식적으로 준수하기에 급급하여 실효성이 저하되어 있는 점이다.[39] 산안법에서 가장 중요하고 기본적이면서도 산업현장에서 가장 잘 지켜지지 않는 부분이 안전보건교육이라는 것은 현장관계자와 많은 전문가들에 의해 오래전부터 자주 지적되어 왔다.

또한 근로자가 알 권리를 실제로 행사하는 데 있어 그 기반이라 할 수 있는 사용자의 기록보존의무, 근로자의 기록접근권 등에 대한 제도적 장치가 미흡하여 근로자가 이를 현실에서 행사하는 사례는 거의 찾아볼 수 없다. 그리고 알 권리의 중요성에 대해 감독기관에서조차 제대로 이를 인식하지 못하여 사업장 감독 시 알 권리에 관한 사항은 외면되고 있거나 외형적 준수 여부의 확인에 그치고 있다. 그 결과, 대기업을 포함한 많은 사업장에서 정보제공의 중요성에 대한 인식이 부족하여 알 권리 규정이 준수되지 않고 있거나 그 준수가 다분히 형식화되어 있다. 그리고 현행 알 권리에 대한 규정 자체가 정교성과 현실적합성이 부족하여 이의 미준수를 조장하는 측면도 있다. 게다가 산업안전보건위원회와 안전보건관리규정 조항의 적용대상에서 일부 업종과 규모(상시근로자 50인 또는 100인 이상 사업장)의 사업장이 제외되어 있어 산업안전보건위원회 회의결과와 안전보건관리규정의 주지(周知)규정은 적용상의 한계를 가지고 있다.

---

39) 박종희 외, 앞의 각주(31)의 연구보고서, 70쪽.

3. 사법상 근로자의 권리: 사용자의 안전배려의무의 이론 구성

가. 안전배려의무의 개념과 근거

우리나라 실정법은 사용자의 안전배려의무에 대하여 어디에서도 이를 명문으로 규정하고 있지 않지만[40] 신의칙을 근거로 이것을 인정하는 것이 판례와 학설의 입장이다.

종래 우리나라 학설과 판례는 이 안전배려의무의 개념에 대해 보호의무와 사실상 동일시하거나 보호의무와 혼용하여 사용하면서, 노무자가 노무를 제공하는 과정에서 생명, 신체, 건강을 해치는 일이 없도록 인적·물적 환경을 정비하는 등 필요한 조치를 강구하여야 할 의무라고 하는 데 일치하고 있다.[41] 그리고 많은 학자들(김형배, 임종률, 하경효 등)이 안전배려의무는 근로자의 생명·신체·건강을 침해해서는 안 된다는 소극적 의무뿐만 아니라, 예상되는 생산시설의 위험으로부터 근로자를 안전하게 보호하기 위하여 적절한 조치를 강구해야 하는 적극적인 의무도 포함하고 있다고 하면서 안전배려의무의 적극적 성격을 강조한다.[42] 요컨대, 안전배려의무는 '사용자가 근로자의 생명, 건강 등을 유해 위험으로부터 보호하기 위해 배려할 의무'라고 정의할 수 있다.

---

40) 안전배려의무는 2006년 6월 2일에 발표한 민법 개정안 제655조의 2항에 규정된 적이 있었으나, 최종 개정에까지는 이르지 못하였다.

41) 학설로는 김형배, 앞의 각주(12)의 책, 322쪽; 송오식, 「사용자의 안전배려의무」, 법률행정논총, 제23집 제1호, 2003, 153쪽; 이은영, 『채권각론(제5판)』, 박영사, 2005, 503쪽; 하경효, 「민법 제655조 주해」, 『주석민법(채권각칙(4))(제3판)』, 한국사법행정학회, 1999, 78~79쪽 등이 있고, 판례로는 대법원 1997.4.25. 선고 96다53086 판결; 대법원 1998.1.23. 선고 97다44676 판결; 대법원 1998.2.10. 선고 95다39533 판결; 대법원 1999.2.23. 선고 97다12082 판결; 대법원 2000.5.16. 선고 99다47129 판결; 대법원 2001.7.27. 선고 99다56734 판결; 대법원 2006.9.28. 선고 2004다44506 판결; 광주지법 2010.9.29. 선고 2008가단693 판결 등이 있다.

42) 김형배, 앞의 각주(12)의 책, 322~323쪽; 임종률, 『노동법(제8판)』, 박영사, 2009, 337쪽; 하경효, 앞의 각주(41)의 논문, 78~79쪽.

나. 안전배려의무의 성질 및 내용

1) 성 질

우리나라에서는 안전배려의무의 성질에 대해서는 그다지 논증되지 않고 있고 진행되고 있는 논의마저도 다소 혼란스러운 상태라고 말할 수 있지만, 안전배려의무를 근로계약에 수반되는 신의칙상 부수의무로 파악하는 것이 판례[43]와 다수설[44]의 입장이다.[45] 그러나 근로자의 근로환경권을 생각할 때에는, 근로계약관계가 노무급부와 임금지불의 일회적인 교환관계가 아니고 계속성을 가지고 있는 점(계속성의 존중), 노무가 근로자의 신체와 분리할 수 없는 점(노무와 신체의 불가분성), 노무수행과정에 항상 위험이 내재되어 있고 근로자는 이것을 회피할 수 없는 점(노무수행과정의 특수성), 근로자의 생명과 건강이라는 법익은 일단 침해되면 회복이 불가능하거나 지극히 곤란한 점(침해·보호법익의 특수성), 감독기관의 신고만으로는 제도상의 불완전성으로부터 안전과 건강에 관한 근로자의 권리보호로서 충분하지 않은 점(감독기관의 기능의 불완전성) 등 근로관계의 특수성에 대한 인식부터 출발할 필요가 있다.

일반적으로 채권채무관계의 당사자 간에 있어서는 급부의무 외에

---

43) 대법원 2000.5.16. 선고 99다47129 판결; 대법원 2001.7.27. 선고 99다56734 판결; 대법원 2006.9.28. 선고 2004다44506 판결 등.

44) 김형배, 앞의 각주(12)의 책, 322쪽; 박일훈, 「안전배려의무의 적용실태와 약간의 검토」, 노동법논총 제3권, 2000, 48쪽; 이은영, 『채권총론(제4판)』, 박영사, 2009, 193쪽; 윤용석, 「안전배려의무」, 재산법연구 제19권 제1호, 2002, 102쪽; 하경효, 앞의 각주(41)의 논문, 78쪽 등.

45) 이러한 판례와 다수설의 입장에 대해, 일부에서는 안전배려의무는 계약관계에서의 채권자와 채무자 간의 의무라고 하면서 그 적용영역이 고용계약의 범주를 초월하여 확대되어 가고 있는 현실적인 입장에서 안전배려의무는 급부의무로서의 성격을 갖는 경우도 있고, 부수의무나 보호의무로서의 성격을 갖는 경우도 있다고 하여 안전배려의무를 이분하여 파악하는 주장이 제기되고 있다[류재남, 「민법상 안전배려의무에 관한 연구(동아대 박사학위논문)」, 1992, 221].

이것과 나란히 신의칙에 근거하여 계약상대방의 생명·신체·건강 등을 위험으로부터 보호하도록 배려하여야 할 안전배려의무(보호의무)를 부담하고 있고, 이 안전배려의무는 계약 본래의 급부의무에 부수하는 것으로서 그 법적 성격은 급부의무가 아니며, 급부의무가 아닌 이상 이 안전배려의무에 대해서는 사후적 구제수단인 손해배상만이 인정되고 사전예방청구권으로서의 이행청구권과 급부거절권은 인정되지 않는다고 해석될 수도 있다.[46] 그러나 당사자 일방이 타방의 지배종속하에 두어지는 근로관계에서의 안전배려의무는 근로의 제공과 이것에 대한 보수의 지불이라는 급부의무 이행의 전제를 이루고 논리적으로 이것에 선행하는 것이므로, 다른 계약유형의 안전배려의무와는 달리 이것의 법적 성격을 부수적 의무가 아니라 본질적 의무이자 급부의무 그 자체라고 보아야 할 것이다. 따라서 사용자는 고용계약관계에 있어서는 근로자의 근로제공에 대하여 임금지불의무와 안전배려의무라는 두 가지의 급부이행의무를 부담한다고 해석하는 것이 상당하다고 해석된다. 이와 같이 해석하는 것이 위에서 언급한 근로관계의 특수성에 합치하는 것이라고 말할 수 있다.

안전배려의무의 개념은 그 의무의 내용이 인체에 대한 배려라든가 보호라는 점에 착안하여 명칭을 붙인 것인 반면에, 급부의무나 부수의무는 그것이 계약상의 채무로서 어떤 위치를 차지하고 있는 점에 초점을 맞춘 개념이다. 안전배려의무는 그것이 '특정한 계약에서 갖는 위치'에 따라서 급부의무도 될 수 있고 부수의무도 될 수 있다고 보아야 할 것이다.[47] 근로계약에서의 안전배려의무는 위에서 설명한 근로계약의 특수성을 고려할 경우 급부의무로 해석되어야 한다.

---

46) 우리나라에서는 안전배려의무에 대한 논의가 주로 손해배상과의 관련에서 전개되고 있고 손해배상 이외의 법적 효과에 대해서는 어떠한 법리를 전개할 것인지를 명확히 하고 있지 않다.

47) 이은영, 앞의 각주(44)의 책, 192쪽.

한편, 사용자가 근로자에 대하여 근로계약, 취업규칙, 단체협약 등에서 이 안전배려의무를 부담하지 않는다는 약속을 한 경우, 이것은 어떤 효력을 갖는 것일까. 이와 같은 판단을 한 판례는 보이지 않지만, 안전배려의무가 계약자유의 원칙하에서 성립하는 것이 아니고 동 의무의 내용이 생명·안전에 관련되는 의무라는 성격을 감안할 때 동 의무는 당사자의 합의에 의해 배제될 수 없으므로, 안전배려의무를 면제하는 합의로서의 이러한 근로계약, 취업규칙, 단체협약은 어떤 방법과 형식을 취한다 하더라도 노동법상의 '사회질서' 위반(「민법」 제103조)으로서 무효가 된다고 해석하여야 할 것이다.

2) 내 용

우리나라 학설·판례상의 안전배려의무 개념에 의하면, 안전배려의무는 물리적 환경의 정비와 인적 환경의 정비로 유형화될 수 있다. 그리고 지금까지의 판례를 중심으로 물리적 환경의 정비와 인적 환경의 정비의 내용을 구체적으로 살펴보면, 전자에는 근무제공장소에 안전한 작업시설을 설치할 의무, 근무제공의 도구·수단으로서 안전한 기계·기구, 재료를 선택할 의무, 설비·기계 등에 안전장치를 설치할 의무 등이 해당된다. 예를 들면, 공장현장에서 추락방지를 위한 설비를 갖추는 의무, 공작기계에 안전장치를 설치할 의무가 그 전형적인 예이다. 후자는 안전보건을 확보하기 위한 인적 관리를 적절하게 행할 의무로서, 위험작업 시 충분한 자격·경험을 가진 근로자를 배치할 의무, 안전교육을 실시할 의무, 불안전행동에 대해 엄중히 주의조치를 할 의무, 위험을 회피하기 위한 작업관리를 할 의무 등이 있다.

안전배려의무의 구체적 내용은, 근로자의 직종, 근무내용, 근로제공장소, 시설 등 구체적 상황 등에 의해 결정되는 것이지만, 안전배려의무의 내용을 특정하는 데 있어서는 일반적으로 산안법[48]에서의 사용자의 의무가 원용되는 경우가 많을 것이다. 산안법상의 많은 의무는 그 내용이 근로계약상 합의가 되는 데 적합하다면 안전배려의무의 내용이 될 수 있다. 그러나 이들 법규가 정하는 의무의 내용은 근로자의 안전보건 확보를 위한 것으로서 이것을 준수하고 있으면 일반적으로 산업재해는 회피할 수 있지만, 산안법은 앞서 언급한 바와 같이 행정단속을 통하여 일반적으로 적용되는 것을 예정한 획일적인 것이고 개별 사안에서의 안전배려의무의 내용과는 일치하지 않는 경우가 있다. 예를 들면, 법령상의 의무를 준수하고 있어도 상황에 따라서는 보다 고도의 안전배려조치가 필요한 경우도 있을 수 있다.

또한 근로자의 사생활상의 건강장해, 이른바 사병(私病)이라 하더라도 업무 때문에 그것이 악화되지 않도록 배려하는 것도 안전배려의무의 내용에 포함된다고 보아야 할 것이다.49) 이와 관련하여 산안법 제45조는 전염병, 심장·신장·폐 등의 질환으로 '근로로 인하여 병세가 크게 악화될 우려'가 있는 질병에 대해서 작업금지를 명하고 있다. 그러나 이와 같은 조치는 최저기준이고, 근로자의 질병이 상기 이외의 경우라 하더라도 사용자는 근로자의 신청의 유무에 관계없이 신속하게 근로자를 휴양하게 하든지 다른 업무로 배치전환을 하는 등의 조치를 취하는 의무를 진다고 보아야 한다. 요컨대, 안전배려의무는 그 구체적 내용으로 최소한 산안법 등이 정하는 근로자의 안전과 건강을 확보하기 위한 조치를 강구함과 아울러, 나아가 개개인의 근로자의 구체적 사정에 따라 다양한 배려를 한다는 매우 포괄적이고 고도의 내용을

---

48) 안전배려의무와 관련해서는 산안법상의 안전보건조건과 더불어 근로시간, 휴게, 작업밀도 등 근기법상의 근로조건도 밀접하게 연관되어 있다. 이 책에서는, 근기법상의 이러한 의무도 근로자의 안전보건 확보를 위한 것이라는 점에서 넓은 의미에 있어서의 산안법의 일부라고 보아 근기법상의 이 부분도 광의의 산안법 개념에 포함되는 것으로 본다.

49) 그렇다고 사용자가 근로와는 관계없는 근로자의 사생활상의 건강과 안전의 관리에 대해서까지 안전배려의무를 지는 것은 아니다.

포함하는 의무라 할 수 있다.

이와 같이 사용자의 안전배려의무가 광범위하고 고도의 내용을 포함하게 되면, 사용자가 이 의무를 완전히 이행하기 위해서는 근로자의 협력이 필요한 경우가 발생하고, 사용자는 합리적인 범위에서 근로자에 대하여 협력을 요구할 수 있다고 생각한다. 이 경우 근로자는 신의칙상의 협력의무를 부담하게 되고, 사용자의 안전배려의무 이행이 근로자의 협력의무 이행을 전제로 하는 경우에는 사용자는 그에 대응하는 범위에서 안전배려의무 위반의 책임을 감경 또는 면제받을 수 있게 된다고 보아야 할 것이다.

다. 안전배려의무 위반의 효과

1) 개 설

사용자의 안전배려의무 위반의 효과로서 근로자에게 발생할 수 있는 권리로서는 손해배상청구권과 이행청구권, 작업거절권 및 고용관계의 해지권이 있다. 그런데 우리나라 학설과 판례는 이제까지 안전배려의무 위반에 대한 사법상의 청구권은 주로 적극적 계약침해(「민법」제390조) 또는 불법행위(제750조)에 근거한 손해배상청구권 중심으로 논의가 이루어져 왔다. 작업거절권과 이행청구권에 대해서는 학설, 판례 모두 법적 요건 등에 대한 구체적인 법리 전개가 이루어지지 않고 있고, 이를 방증으로라도 인정하는 판례도 아직까지 나오지 않고 있다. 그리고 고용관계의 해지와 관련해서는, 근로관계의 경우 위험회피의 방법으로서 근로자의 퇴직을 기대하는 것은 상당하지 않기 때문에, 이것의 행사가 현실적으로 문제되는 일은 없을 것이다.

비교법적으로 보면, 사용자가 안전배려의무를 이행하지 않아 근로자의 생명·건강에 대한 유해위험이 현실적으로 존재하거나 유해위험 발생의 개연성이 높은 경우에 유해위험의 제거 또는 예방조치를 적극적으로 요구하는 '이행청구권'과 채권자(사용자)의 안전배려의무 위반에 대해 근로자(채무자)가 채무불이행 책임을 부담하는 것 없이 자신의 채무의 이행을 거절할 수 있는 '작업거절권'의 인정 여부가 문제될 수 있다.

2) 이행청구권

사용자의 안전배려의무 위반에 대하여 근로자에게 동 의무의 이행을 청구 내지 소구할 수 있는 권리가 인정되느냐가 문제로 될 수 있다. 전술한 바와 같이 우리나라 판례와 다수설은 사용자의 안전배려의무를 근로계약에 수반되는 신의칙상의 부수의무라고 보고 있다. 판례에서는 안전배려의무 위반에 대하여 이행청구권이 다루어진 사례는 아직까지 보이지 않는다. 다수설이 안전배려의무를 부수의무로 보고 있는 이상 안전배려의무 위반에 대하여 이행청구권을 인정하지 않는 견해가 많을 것으로 생각되지만, 노동법학자를 중심으로 동 의무를 부수의무라고 하면서도 이행청구권을 인정하는 주장도 있다.50) 그리고 민법학계에서는 안전배려의무 위반에 대한 이행청구권과 관련하여 본격적인 논의가 진행되고 있지 않은 가운데, 안전배려의무의 이중성에 착안하여 노무자의 생명·건강에 대한 위험의 제거를 위하여 특히 고용계약상의 사용자에게 발생하는 급부의무로서의 안전배려의무와 통상의 계약관계에서 발생하는 일반적 보호의무로서의 안전배려의무를 구별하고, 전자의 경우에는 구제방법으로서 손해배상청구권 외에 이행청구권과 작업거절권이 인정된다고 보는 입장이 있다.51)

---

50) 김형배, 앞의 각주(12)의 책, 323쪽; 박홍규, 『고용법·근로조건법(제2판)』, 삼영사, 2005, 264쪽; 임종률, 앞의 각주(41)의 책, 330~332쪽. 이들은 이행청구권을 인정하고 있지만 이에 대한 구체적인 논증은 제시하고 있지 않다.

51) 류재남, 「민법상 안전배려의무에 관한 연구(동아대 박사학위논문)」, 1992, 353쪽 이하 참조; 최창렬, 「안전배려의무에 관한 연구」, 부동산법학 제10집, 2004, 126

근로제공을 둘러싼 법률관계에 있어서 근로자는 사용자에 대하여 임금지불청구권과 함께 안전배려의무에 대하여 이행청구권을 가진다고 해석하는 것이 상당하다. 특히 근로자의 장래의 건강침해가 문제가 되거나 개별근로자의 피해가 아니라 집단적인 근로조건의 형성이 다투어지는 경우에는 손해배상 등의 다른 수단으로는 문제를 해결하기 어렵기 때문에 이행청구권을 별도로 인정할 가치가 있다고 생각된다. 안전배려의무는 근로상황에 따라 내용이 불확정적이거나 가변적일 수 있지만, 이 같은 경우에는 강제집행에 맞지 않는 경우가 있을 수 있는 것에 불과하고 강제집행에 맞지 않는 구체적 안전배려의무에 대해서도 이행청구권을 부정하여야 할 합리적 이유는 없다. 비교법적으로 보면, 독일의 경우 안전배려의무를 채권법상의 교환관계의 부수적 의무(보호의무)로 보면서도 안전배려의무 위반에 대하여 이행청구권, 작업거절권이 인정된다고 해석하는 것이 판례와 학설의 지배적인 견해이다.

3) 작업거절권

(가) 서 설

작업 중에 급박한 위험 등이 있는 때에는 근로자가 작업을 거절하는 것 외에 달리 사고를 면할 수 있는 방법이 없는 경우도 있다. 이와 같은 경우에는 근로자는 작업을 거절할 수 있는 것일까. 이 문제는 노동계와 경영계 모두에게 큰 관심사이고, 특히 노동계에서 많은 관심을 가지고 있는 것으로서 지금도 노사단체 양측의 단체협약지침의 중요 내용으로 포함되어 있다.[52]

쪽. 이러한 견해는 일본 민법학계로부터 많은 영향을 받은 것으로 생각된다.

52) 전국민주노동조합총연맹, 『2011 민주노총 요구와 과제』, 2011, 281쪽 이하; 한국노동조합총연맹, 『2011년도 한국노총 공동임단투 지침』, 2011, 286쪽; 한국경영자총협회, 『2011년 산업안전보건 단체협약 체결지침』, 2011, 51쪽 이하.

근로자가 안전사고의 위험을 이유로 사용자가 지시하는 근로의 전부 또는 일부를 거부하는 작업거절권의 법리가 긍정되면, 근로자는 이행청구권의 법리와 함께 사용자를 대상으로 산재예방에의 대처를 적극적으로 요구할 수 있는 법적 근거를 가질 수 있게 된다. 이 점에 대해 생명·신체·건강에 대한 위험이 있을 때에는, 근로자는 긴급피난으로서 작업거절권을 갖는다는 것에 대해서는 이견이 없을 것이다. 문제는 생명·신체·건강에 대한 긴박한 위험이 없더라도 어떠한 경우와 어떠한 근거에 의해 작업거절권을 가지는가이다. 독일, 미국, 일본에서는 이미 오래전부터 작업거절권을 인정하는 구체적 법리가 전개되고 있지만, 우리나라에서는 아직까지 작업거절권 법리에 대한 구체적인 논의가 전개되고 있지 않다.[53]

이하에서는 우리나라에서 인정될 수 있는 작업거절권 법리로서 그 법적 근거와 효과를 논구하기로 한다.

(나) 법적 근거

현행 산안법은 제26조에서 근로자의 작업거절에 대해 사업주의 의무 형식으로 "사업주는 산업재해가 발생할 급박한 위험이 있을 때 또는 중대재해가 발생하였을 때에는 즉시 작업을 중지시키고 근로자를 작업장소로부터 대피시키는 등 필요한 안전·보건상의 조치를 한 후 작업을 다시 하여야 한다."라고 규정하고 있다. 이 사업주의 의무에 대응하여 근로자에게는 작업거절권으로서 작업중지·대피권이 발생한다고 할 수 있다. 사용자는 산안법 제26조에 반하는 계약을 체결할 수

---

53) 김형배 교수와 많은 민법학자는 구체적인 논증은 없지만 작업거절권을 인정하고 있다(김형배, 앞의 각주(31)의 책, 597쪽; 이은영, 「산업재해와 안전의무」, 인권과 정의 1991년 9월호, 변호사협회, 1991, 27쪽; 송오식, 「사용자의 안전배려의무」, 법률행정논총 제23집 제1호, 2003, 157쪽; 최창렬, 「안전배려의무에 관한 연구」, 부동산법학 제10집, 2004, 126쪽 등).

없고, 근로자는 제26조의 존재를 전제로 동 조의 요건을 충족하는 상황에서는 작업을 정당하게 거절할 수 있다고 판단된다. 따라서 당해 작업거절을 이유로 근로자에 대하여 불이익처분을 하는 것은 위법이 된다. 요컨대, 본 규정은 입법형식상 사용자 의무의 형태로 되어 있지만 사법(계약법)으로의 전환에 적합한 규정의 하나로서 사용자의 계약상의 의무로 전환될 수 있기 때문에 근로자는 사용자에 대하여 작업거절을 할 수 있는 권리를 가지게 된다.

그런데 근로자가 작업을 거절할 수 있는 구체적 범위에 대해서는 여러 가지 곤란한 문제가 있을 수 있다. 산안법은 이에 대한 하나의 기준이 될 수 있다고 생각된다. 근로자가 다음과 같이 위법한 명령을 받은 경우 당해 작업명령은 위법한 명령으로서 무효라고 할 수 있으므로 해당 근로자는 그 명령에 대해서 작업을 거절할 수 있다고 보아야 할 것이다.[54]

먼저, 작업이 제한되어 있는 업무(산안법 제47조 및 유해·위험작업의 취업제한에 관한 규칙)에 무자격자로 하여금 작업을 하도록 명령받은 경우가 대표적인 예이다. 그리고 금지되어 있는 작업방법(규칙 제389조 등)에 의해 작업을 하도록 명령받은 경우, 출입이 금지되어 있는 장소(규칙 제622조 등)에 출입을 하도록 명령받은 경우 또는 착용의무가 있는 보호구(규칙 제32조 등)를 착용하지 않은 채 작업을 하도록 명령받은 경우 등도 이에 해당하는 예가 될 것이다. 또한 안전장치를 장착시켜야 할 기계에 장착하지 않은 상태에서 그것을 사용하여 작업하도록 명령받은 경우, 안전인증을 받지 않은 기계 등(산안법 제

---

54) 1981년 6월에 채택된 직업상의 안전보건 및 작업환경에 관한 ILO 협약(제155호) 제13조는 "생명 또는 건강에 절박하고 중대한 위험이 존재한다고 생각하기에 합리적인 정당성이 있는 작업상황으로부터 이탈한 근로자는 국내조건 및 국내관행에 따라 부당한 결과로부터 보호되어야 한다."라고 규정하고 있다. 우리나라는 본 협약을 2008년 2월에 비준하였다.

34조)의 사용을 명령받은 경우, 규정된 방호장치를 구비하지 않은 기계 등(산안법 제33조)을 사용하여 작업하도록 명령받은 경우, 제조 등이 금지된 물질(산안법 제37조)의 취급을 명령받은 경우, 특별교육을 행하여야 할 유해위험업무(산안법 제31조)에 교육을 실시하지 않고 작업하도록 명령받은 경우, 보호복을 갖추어 두어야 할 작업(규칙 제451조 등)에 그것을 갖추지 않고 작업하도록 명령받은 경우, 밀폐설비 또는 국소배기장치를 설치하여야 할 분진작업을 행하는 실내작업장(규칙 제607조)에서 국소배기장치 등이 없거나 가동되지 않는 유해환경 하에서 작업하도록 명령받은 경우, 방사성물질이 다량으로 누출된 경우 등 사업주가 작업중지 등의 조치를 해야 하는데도(산안법 제26조 참조) 그것을 하지 않는 경우 또한 작업거절을 할 수 있는 사례에 해당된다고 보아야 할 것이다.

한편, 근로자는 산안법에 규정된 것과 같은 급박한 위험이 있는 경우가 아니더라도 통상적인 위험에 대해서도 이를 무릅쓰면서까지 근로할 의무는 없기 때문에 작업을 거절할 수 있는 범위는 산안법상의 규정으로 한정되지 않고 이보다 넓게 인정될 수 있다. 이 주장은 근로자의 권리가 경우에 따라서는 공법인 산안법의 규정을 넘어 발생할 수 있다는 법리로부터 도출될 수 있다. 다시 말해서, 산재발생의 급박한 위험이 있는 경우 외에도 생명·건강에 대한 위험이 현실적으로 존재하고 있는 경우에는 산재발생의 위험이 급박하지 않더라도 작업을 거절하는 권리가 채권법상의 구성, 즉 안전배려의무의 법리로부터 도출될 수 있다.

이 점에 대해서는, 안전배려의무는 노무급부의무와 대가적 견련관계에 있는 것은 아니지만 안전배려의무를 다하지 않는 경우에는 근로자는 노무제공을 거절할 정당한 이유가 있다고 보아야 할 것이다. 사용자가 안전배려의무를 이행하지 않으면서 근로자의 근로를 청구하는 것은 공평에 반한다고 해석하는 것이 상당하기 때문에, 사용자의 안전배려의무와 근로자의 근로제공 채무는 쌍무적 견련관계에는 있지 않지만 공평의 관념과 신의칙을 근거로 하는「민법」제536조 제1항의 동시이행의 항변권을 유추적용하여,[55] 생명·신체·건강의 위험을 회피하기 위하여 그 한도에서 작업거절권을 가진다고 보아야 할 것이다.

이 경우 안전배려의무에 대해 급부의무 구성을 하지 않고 별도의 법적 구성을 하더라도 작업거절권은 인정될 수 있다. 안전배려의무는 '사용자가 근로자의 생명, 건강 등을 유해위험으로부터 보호하기 위해 배려할 의무'라고 정의할 수 있다. 따라서 근로자에게 근로제공의 의무는 있지만, 건강·생명의 위험을 동반할 수 있는 업무에 대해서는 아무리 사용자의 업무명령이라 하더라도 해당 작업을 거절할 수 있다는 것은 안전배려의무에서 충분히 도출될 수 있기 때문에, 안전배려의무를 급부의무가 아닌 부수적 의무로 구성하더라도 근로자의 작업거절권은 인정된다고 보는 것이 타당할 것이다.

(다) 법적 효과

근로자의 작업거절권 행사와 관련하여 문제가 될 수 있는 것은 임금지불과 해고, 기타 불이익처분일 것이다.

(1) 임금청구권

먼저 임금지불과 관련해서는 작업거절이 근기법 제46조(휴업수당)에서 말하는 사용자의 귀책사유에 의한 휴업에 해당하는 경우에는 휴업수당으로서 평균임금의 100분의 70 이상의 청구권이 발생하고,「민법」제538조 제1항의 채권자 귀책사유로 인한 이행불능에 해당하는 경우에는 근로자에게 임금 전액에 대한 청구권이 발생한다. 따라서 사

---

55) 곽윤직, 『채권각론(제6판)』, 박영사, 2005, 61쪽; 대법원 1992.8.18. 선고 91다 30927 판결 참조.

용자의 고의·과실이 인정되는 사유에 의한 작업거절의 경우에는 근기법 제46조에 의한 휴업수당 청구권과 민법의 규정에 의한 임금 전액에 대한 청구권이 동시에 발생되어 이 두 청구권은 경합관계에 서게된다. 이때 휴업수당 청구권의 한도 내에서는 민법상의 청구권은 소멸하고, 임금지급이 평균임금의 100분의 70 이상이 되는 부분에 관해서는 휴업수당 청구권이 소멸한다고 해석하여야 한다.[56] 요컨대, 정당한 작업거절은 사용자의 귀책사유에 의한 노무의 수령불능으로서 사용자가 그 위험을 부담해야 하기 때문에 근로자는 노무급부를 거절하더라도 채무불이행책임을 지지 않고 임금청구권을 상실하지 않는다. 그리고 그 당시에 제공되지 않은 노무는 사장되어 소멸한다고 해석된다. 후일에 제공되는 노무는 그날분의 노무이지 전일분의 노무는 아니다.[57]

(2) 기 타

근로자의 정당한 작업거절로 인해 해고, 기타 불이익 문제가 발생할 경우에는 우선적으로 공서양속 위반에 해당하는 것으로 보아 「민법」제103조의 반사회질서의 법률행위를 적용할 수 있으나, 근로자의 구제가 용이하게 될 수 없는 문제가 있다. 이 점을 고려하여 현행 산안법(제26조)은 작업거절과 이것에 의한 불이익취급의 금지에 관한 조항을 명문으로 규정하고 있다.[58] 그런데 이 불이익취급 금지규정은 작업거절권의 보장 속에 포함되는 불이익취급 금지의 사법규범을 공법적으로 확인한 것이라고 해석된다.

한편, 근로자의 개인적인 작업거절은 쟁의행위가 아니므로 쟁의행위가 금지되어 있는 근로자도 작업거절이 당연히 가능하다고 보아야

---

56) 김형배, 앞의 각주(12)의 책, 374~375쪽.

57) 이은영, 앞의 각주(41)의 책, 502쪽.

58) 근로자의 작업거절에 관한 규정은 1981.12.31. 산안법 제정 시부터 규정되어 있었고, 불이익취급 금지 규정은 1996.12.31. 산안법 제6차 개정 시에 반영되었다.

할 것이다.

4. 산안법상 권리와 사법상 권리의 관계

산안법상 권리와 사법상 권리의 관계는 산안법상 의무와 안전배려의무의 관계라는 표현으로 대신할 수 있다. 산안법은 행정단속법이면서 행정형법의 성격을 가지고 있어 사용자에게 동법 위반이 있는 경우에는 사용자는 과태료가 부과되거나 형사사건으로 이행하게 되어 형사책임이 추급된다. 따라서 산안법이 정하는 사용자의 조치의무의 내용은 산업안전보건의 중핵적 부분이라고 말할 수 있다. 이에 대하여, 사용자의 계약상의 안전배려의무는 민사손해배상 등에서 이용되는 근로계약에 근거한 의무로서 사업장의 작업환경에 대해 사용자가 어떤 행위를 하여야 하는가라는 관점에서 상당히 광범위한 내용이 인정된다. 그리고 이 안전배려의무는 당사자의 약정이나 취업규칙 또는 단체협약을 근거로 산안법의 규정을 초과하는 내용으로 구성될 수 있고, 나아가 이러한 규정이 없는 경우에는 개별적 근로관계의 성질 및 구체적 실태와 관련하여 거래상 타당하다고 판단되는 범위 내에서 산안법에 규정되어 있지 않는 내용이더라도 안전배려의무가 인정될 수 있을 것이다. 또 여자근로자, 연소근로자, 임산부근로자 또는 기타 특별한 보호를 필요로 하는 근로자에 대해서는 일반근로자에 비해 높은 정도의 안전배려의무를 부담하여야 한다.[59] 그리고 안전배려의무의 내용은 구체적인 사안에 따라 정해지는 것이므로, 근로자 개인의 체질 때문에 특정 유해물질에 특히 민감한 근로자와 같이 특별한 근로자에 대해서는 사용자가 기대 가능한 범위에서[60] 특별한 보호조치를 할 의무를

---

59) 김형배, 앞의 각주(12)의 책, 596~597쪽 참조.
60) 대법원 2001.7.27. 선고 99다56734 판결; 대법원 2006.9.28. 선고 2004다44506

부담하는 것 또한 안전배려의무의 내용에 포함되어야 한다. 따라서 안전
배려의무의 내용은 최저기준으로서 산안법상 부과되어 있는 조치의무에
국한되지 않고 이것의 내용보다 더 광범위하다고 보아야 할 것이다. 요
컨대, 산안법에 의해 사용자에게 정해져 있는 조치의무는 민사상의 안전
배려의무의 중심부분을 구성하거나 양자가 실질적으로 상당 정도 중첩
될 수는 있지만, 양자가 일치되는 관계라고는 볼 수 없을 것이다.

이와 같은 관점에 서면 산안법상의 조치의무를 다하더라도 안전배
려의무 위반이 없다고는 말할 수 없다. 그리고 산안법의 조치의무 위
반이 있으면, 일반적으로는 민사상의 안전배려의무 위반이 인정될 것
이다. 그러나 산안법의 규정 중 계약상의 규율대상이 될 수 없는 규정,
즉 근로계약상의 합의내용으로 되기에 적합하지 않은 규정은 개별근
로자의 근로계약내용, 즉 안전배려의무의 내용으로는 될 수 없을 것이
다. 예를 들면, 감독과 명령에 관한 조항, 행정관청에의 보고의무와 같
은 조직적·질서적 규정, 훈시적·추상적 노력의무규정 등이 이에 해
당할 것으로 생각된다.

산안법이 독자적인 사법적 효력을 갖는다고 하면 산안법이 정하고
있는 근로자의 생명·건강 및 안전 확보를 위한 여러 규정은 그것이
안전배려의무의 구체화에 적합하다면 직접적으로 사법상의 의무, 즉
근로계약상의 의무인 안전배려의무의 내용이 될 것이다. 결국 사용자
는 근로자에 대하여 최저기준으로서의 산안법이 정하는 안전보건조치
를 취하여야 한다.

그러나 산안법의 독자적인 사법적 효력이 부정된다 하더라도 산안
법의 안전보건조치에 관한 규정은 안전배려의무의 내용으로서 충분히
참작되거나 안전배려의무의 위반 여부와 내용에 관한 판단 또는 해석
기준으로서 고려되어야 하기 때문에, 이 경우에도 산안법의 많은 조치

판결 참조.

규정은 근로계약상의 의무인 안전배려의무를 매개로 하여 간접적으로 사법적 효력을 가질 수 있게 된다.

5. 근로자의 의무

가. 서 론

산업재해의 방지책임은 두말할 것도 없이 대부분은 사용자가 져야 하는 것이지만, 사업의 성질상 근로자의 협력에 기대지 않으면 안 되는 측면도 있다. 그리고 많은 안전사고와 직업병은 근로자의 부주의한 행동에도 기인한다고 보고되고 있다.[61] 그렇다면 산업안전보건 확보를 위한 책임을 전적으로 사용자에게만 부과하는 것은 안전사고와 직업병의 감소에 크게 도움이 되지 않는다. 다시 말하면 사용자의 노력에 추가하여 근로자의 주의의무가 수반되지 않으면 안전사고와 직업병은 여전히 발생할 수 있다는 것이다.

산업안전보건 분야에서의 근로자의 의무는 실정법상의 의무와 근로계약상의 의무로 나눌 수 있다. 먼저 실정법상의 의무는 산업안전보건법령에서 사용자의 의무와 함께 다양한 형태와 내용으로 규정되어 있다. 그리고 근로계약상의 의무는 비교법적으로 보면, 주된 급부의무인 근로제공의무 외에 근로계약상의 부수적 의무의 문제로서 논의되고 있다. 우리나라에는 근로자가 이 부수적 의무를 부담하는 근거가 되는 노동법상의 실체규정은 존재하지 않지만, 근로자는 근로제공의무의 수행에 있어 「민법」 제2조의 신의칙의 적용을 받고, 그 결과 근로제공의무에 부수하는 의무로서 성실의무(Treuepflicht)를 진다는 것은 많은

---

61) J. R. Chellius, Workplace safety and Health: The Role of Workers' Compensation 8∼9(1977).

연구자들에 의해 인정되고 있다.62) 또 근로자의 의무를 비독립적인 종된 급부의무와 독립적인 부수의무로 구분하여 논구한 연구도 발견된다.63) 그러나 우리나라에서 산업안전보건과 관련하여 근로자가 구체적으로 어떠한 의무를 가지는지에 대해서는 본격적인 논의는 진행되고 있지 않다. 따라서 이 책에서의 근로자 의무에 대한 논의도 외국에서 전개되고 있는 법리를 그 바탕으로 한다.

산업안전보건에서의 근로자의 의무의 내용을 가장 종합적이고 압축적으로 제시한 것은 1989년 6월에 EU에서 채택된 '직장에서의 근로자의 안전과 보건의 개선을 촉진하는 조치의 도입에 관한 기본지침'(Rahmenrichtlinie) (89/391/EWG, 이하 'EU 산업안전보건 기본지침'이라 한다)이다. 본 기본지침 제13조는 근로자의 의무로 근로자 자신의 안전보건뿐만 아니라 자신의 행위에 의해 영향을 받는 다른 근로자들의 안전보건을 위하여 사용자에 의해 실시되는 훈련과 지도에 따라 가능한 한 모든 주의를 기울여야 할 의무를 부과하고 있다. 구체적으로는, ① 기계, 장비, 기구, 위험물질, 운반장구 및 다른 생산수단을 정확하게 사용하여야 한다. ② 근로자에게 지급되는 개인보호구를 정확하게 착용 또는 사용하여야 하며, 사용 후 적절한 장소에 보관하도록 하여야 한다. ③ 기계, 장비, 기구, 공장이나 시설물에 부착된 각종 안전장치를 임의로 분리·제거하거나 변형시키지 않고 정확히 사용하여야 한다. ④ 중대하고 급박한 위험이 발생한 경우와 안전보건상 보호조치에 이상이 발견된 경우, 근로자는 즉시 이를 사용자와 안전보건 담당자에게 알려야 한다. ⑤ 안전보건에 대해 해당 당국으로부터 강제된 조치와 요건에 부합하기 위하여 필요한 조치를 취하는 경우에 대해서, 근로자는 국가

---

62) 곽윤직, 『채권각론(제6판)』, 박영사, 2005, 245쪽; 김형배, 앞의 각주(12)의 책, 303쪽; 이영희, 『노동법』, 법문사, 2001, 469쪽; 이정, 『노동법 강의』, 한국외국대학교출판부, 2009, 67쪽; 임종률, 앞의 각주(42)의 책, 330쪽 등.

63) 박종희 외, 앞의 각주(31)의 연구보고서, 86쪽.

의 관행에 따라 사용자 및 안전보건 담당자와 협력하여야 한다. ⑥ 사용자가 근로자들의 직무분야에서 작업환경과 작업조건을 안전하고 위험이 없도록 하기 위하여 필요한 범위에서 근로자는 국가의 관행에 따라 사용자와 안전보건 담당자에게 협력하여야 한다는 내용이 근로자의 의무로 기술되어 있다.

나. 산안법상 근로자의 의무

근로자는 산업재해의 발생으로부터 보호를 받는 입장에 있지만 근로자 또한 산업재해 예방에 대해서 함께 노력하지 않으면 산업재해를 예방하는 것은 곤란하다. 즉 산업재해 예방은 사용자만의 일방적 행태에 달려 있는 것이 아니라 근로자와 사용자의 공동협력에 의해서만 달성될 수 있다. 따라서 우리나라 산안법은 근로자에 대해서도 많은 의무사항을 규정하고 있다.

산안법 제6조는 근로자의 일반적 의무에 대하여, "근로자는 이 법과 이 법에 따른 명령으로 정하는 기준 등 산업재해 예방에 필요한 사항을 지켜야 하며, 사업주 또는 근로감독관, 공단 등 관계자가 실시하는 산업재해 방지에 관한 조치에 따라야 한다."라고 규정하고 있다. 벌칙은 수반되어 있지 않지만 근로자의 의무에 관한 산안법의 성격을 이해하는 데 있어 중요한 규정이다. 한편 근기법 제5조는 "근로자와 사용자는 각자가 단체협약, 취업규칙과 근로계약을 지키고 성실하게 이행할 의무가 있다."라고 규정하고 있는데, 이는 근로자가 사용자와 함께 산업재해 방지와 같은 근로조건 확보에 대해 중요한 당사자임을 확인하는 규정이라 할 수 있다.

산안법 제6조에서 규정하고 있는 근로자의 준수의무는 두 개의 유형으로 구별된다. 하나는 산재예방을 위하여 산안법령으로 정하고 있는 기준 등을 준수하여야 할 의무이고, 다른 하나는 사용자 또는 기타 관계자가 실시하는 각종 산재예방조치에 협력하여야 할 의무이다. 후자가 사용자 등의 조치를 전제로 이에 협력해야 하는 대응의무라고 한다면, 전자의 의무는 다른 자의 조치와는 관계없이 근로자가 독자적으로 취해야 하는 독립의무이다. 이러한 근로자의 의무는 근로관계의 당사자 쌍방이 상대방의 이익을 고려하고 성실하게 행동하는 것이 요청되는 신의성실의 원칙에서도 도출될 수 있는바, 특히 후자의 의무는 근로계약상의 안전배려의무의 채권자인 근로자도 근로계약의 상대방(채무자)인 사용자의 이익을 배려하여 형평에 어긋나거나 신뢰를 저버리는 내용 또는 방법으로 권리를 행사하여서는 안 된다는 의미의 신의성실의 원칙64)이 적용됨을 확인하는 규정이라고 할 수 있다.

먼저 전자에 해당하는 것으로서 산안법령에서 현재 근로자에게 부과되어 있는 의무는 다음과 같다. 산업안전보건위원회가 심의·의결 또는 결정한 사항을 성실하게 이행할 것(법 제19조 제4항), 안전보건관리규정을 준수할 것(법 제22조 제1항), 산업재해가 발생할 급박한 위험으로 인하여 작업을 중지하고 대피하였을 때에는 지체 없이 그 사실을 바로 위 상급자에게 보고할 것(법 제26조 제2항), 건설업 안전보건 협의체가 심의·의결 또는 결정한 사항을 성실하게 이행할 것(법 제29조의2 제7항), 건강관리수첩을 타인에게 양도하거나 대여하지 않을 것(법 제44조 제2항), 공정안전보고서의 내용을 준수할 것(법 제49조의2 제5항), 안전보건개선계획을 준수할 것(법 제50조 제4항), 방호조치를 해체한 후 그 사유가 소멸된 경우 지체 없이 원상으로 회복시킬 것, 방호조치의 기능이 상실된 것을 발견한 경우 지체 없이 사업주에게 신고할 것(시행규칙 제48조 제1항 제2·3호) 등이 그것이다.

---

64) 대법원 1989.5.9. 선고 87다카2407 판결; 대법원 1992.5.22. 선고 91다36642 판결; 대법원 1993.2.9. 선고 92다30382 판결 등 참조.

후자에 해당하는 규정으로서는, 사용자가 한 조치로서 고용노동부령인 산업안전보건기준에 관한 규칙에서 구체적으로 정하는 각종 조치사항[65]을 준수할 것(법 제25조), 사용자가 실시하는 건강진단을 받을 것(법 제43조 제3항), 고용노동부장관이 실시하는 역학조사에 적극적으로 협조할 것(법 제43조의2 제2항), 같은 장소에서 행하여지는 사업의 일부를 도급을 주어 하는 사업의 도급인의 조치에 따를 것(법 제29조 제7항), 방호조치를 해체하려는 경우 사전에 사용자의 허가를 받고 방호조치를 해체할 것(시행규칙 제48조 제1항 제1조) 등이 있다.

한편, 후자에서 말하는 관계자에는 사용자 외에 국가, 지방자치단체, 산재예방단체, 노동조합 등 근로자의 산업재해를 방지하기 위하여 활동하고 있는 모든 자가 포함된다.

이상의 의무는 근로자가 부담하는 공법상의 의무로서, 근로자가 동 의무를 위반한 경우에는 공법상의 벌칙(과태료)을 부과받게 된다. 그리고 이외에도 공법상의 의무가 사법상의 의무로 전환되어 근로자는 계약법상의 불이익을 부담할 수 있다. 즉 근로자가 사용자 또는 제3자(예컨대, 동료근로자나 고객)의 생명·신체·건강 등에 손해를 가한 경우, 원칙적으로 민법상의 책임규정에 따라 인과관계 있는 모든 손해에 대하여 손해배상(「민법」 제390조, 제750조)을 해야 한다. 또한 안전보건기준을 위반한 근로자에 대해서는 취업규칙, 안전보건관리규정 등의 사규에 의하여 징계대상이 될 수 있다.

그러나 근로자가 안전보건에 관한 의무를 부담한다고 하여 이것이 사용자의 의무가 배제되거나 축소되는 변명거리로 이용될 수는 없다.[66] 근로자가 부담하는 의무는 사용자의 안전조치의무를 보충하거

---

65) 산업안전보건기준에 관한 규칙에는 보호구 착용, 유해위험장소 출입금지, 흡연 및 음식물섭취 금지 등 근로자에 대하여 많은 의무가 규정되어 있다.

66) Vgl. Kollmer, Arbeitsschutzgesetz und -verordnungen: Ein Leitfaden für die betriebliche Praxis, 3. Aufl., 2008, Rdnr. 211.

나 지원하는 성격을 가진다. 근로자의 의무위반이 성립하기 위해서는 근로자는 그와 같은 의무의 존재를 알았거나 알 수 있어야 한다. 따라서 근로자가 정상적으로 안전보건에 관하여 교육을 받고 또한 사용자의 지시를 받아 이를 숙지하고 있는 상태이어야 한다. 이를 위하여 사용자는 미리 안전보건에 관한 법령의 게시나 설명, 교육 등 자신의 의무를 이행하여야 한다.[67]

한편, 근로자의 고의·자해행위나 범죄행위 또는 그것이 원인이 되어 발생한 부상·질병·장해 또는 사망은 「산업재해보상보험법」 제37조 제2항의 규정에 의하여 업무상의 재해로 보지 아니한다. 그리고 산업재해 발생이 근로자의 과실에 원인이 있는 경우로서 타인에게까지 피해가 미치면 형법상의 업무상과실 책임이 추급되는 경우가 있을 수 있고, 민사적 측면에서는 과실상계로 손해배상액이 감액되는 경우도 있다. 이러한 근로자의 불이익을 산안법에서 경감시키는 것은 불가능한 것일까. 근로자가 산안법에 규정된 의무를 이행하지 않은 경우에는 물론 처벌의 대상이 될 것이다. 그러나 사용자에 대하여 강구하여야 할 구체적 조치가 산안법에 규정되어 있고 근로자에 대해서는 이것에 대응하는 의무가 규정되어 있지 않은 경우에, 사용자가 조치를 강구하지 않은 것에 의해 산업재해가 발생한 때에는 근로자에게 설령 과실이 있었다고 하더라도, 그것은 '허용된 과실'로서 산안법뿐만 아니라 업무상과실치사상죄에 의해서도 처벌되지 않는 것이 타당하다고 생각된다.

다. 근로계약상 근로자의 주의의무

근로자는 근로계약에 근거하여 근로제공의무를 부담하는 동시에,

---

67) Richardi/Wlotzke(Hrsg.), Münchener Handbuch zum Arbeitsrecht, 2. Aufl., 2000, §209 Rdnr. 53(박종희 외, 앞의 각주(31)의 연구보고서, 87쪽에서 재인용).

이것에 부수하여 사용자의 정당한 이익을 부당하게 침해하여서는 안 되는 배려의무로서 성실의무(Treupflicht)를 부담한다. 근로제공의무가 근로수행에 관한 기본적 의무(급부의무)인 데 대하여, 성실의무는 근로수행 이외의 근로자의 행동 일반을 규율하는 의무이고, 기업 밖에서의 행동에도 미친다. 근로계약은 계속적 관계의 전형이고, 노사 간의 인적 신뢰관계의 요청을 내재하고 있기 때문에 근로자는 신의칙상 사용자의 이익을 부당하게 침해해서는 안 되는 의무(성실의무)를 부담한다. 성실의무는 근로계약의 체결에 의하여 당연히 발생하는 의무이고, 그 내용은 취업규칙에 명시되는 경우가 많지만, 해당 규정이 없어도 성실의무는 일정한 범위에서 발생한다.

한편, 성실의무는 근로자의 근로시간 외 및 기업 밖의 행동을 규율하는 기능을 가지기 때문에 이것을 무제한으로 인정하면 사생활의 자유 등의 근로자의 이익을 부당하게 침해하는 결과가 발생할 수 있다. 따라서 성실의무에 대해서는 근로자의 자유·이익과 적절한 조정하는 것이 불가결하게 된다. 즉 성실의무를 구성하는 개개의 의무마다 사용자의 이익을 구체적으로 확정하면서 근로자의 자유·이익을 부당하게 침해하지 않도록 필요하고 합리적인 범위로 한정해석할 필요가 있다.[68]

우리나라에서 사업장 안전보건과 관련된 근로자의 성실의무는 대별하여 사용자에 대한 협력의무와 근로자 자신에 대한 건강관리의무로 구체화된다고 말할 수 있다.

1) 사용자에 대한 협력의무

우리나라에서도 사용자의 안전배려의무는 학설, 판례 모두에 의해 인정되고 있다. 그런데 근로자에게도 안전보건상 일정한 행위가 요구되는 경우에는, 사용자가 아무리 안전배려의무를 다하더라도 근로자

---

68) 土田道夫 『労働契約法』 有斐閣(2008年) 102頁.

가 자신의 의무를 이행하지 않으면, 산업재해도 건강장해도 방지할 수 없다. 이것은 건설현장에서 사용자가 지급·착용하도록 한 안전대, 안전모 등을 근로자가 착용하지 않는 경우 등에서 쉽게 인식할 수 있다. 사용자의 안전보건조치에 대해 근로자의 이러한 협력행위가 제대로 이루어지지 않게 되면, 이것은 근로자 자기 자신과 경우에 따라서는 동료근로자의 노무급부의 결과까지도 위태롭게 함으로써 결과적으로 사용자의 급부이익의 침해로 연결될 수도 있다.

한편 근로자의 산안법상의 의무(공법상의 의무)는 산안법의 이중적 효력에 의하여 근로자의 계약상의 의무의 중요한 내용을 구성한다. 그러나 근로자의 계약상의 의무는 산안법상의 의무에 한정되는 것은 아니다. 근로계약의 인적·계속적 성격에 따라 근로자는 신의칙상 성실의무의 일환으로 안전보건에 대하여 근로계약상 일정한 의무가 발생한다고 보아야 할 것이다.

2) 근로자 자신에 대한 건강관리의무

안전배려의 하나로서 건강배려의 측면에서는 최근 생활습관대책이 상징하고 있듯이 직장을 벗어난 사생활시간에서의 음식, 생활리듬, 과도한 흡연·운동 등의 자기건강관리가 뇌·심장혈관질환 등의 건강유지에 큰 영향을 주고 있다. 안전배려의무가 기본적으로 사용자에게 있다고 하더라도, 회사에 출근하고 있는 시간은 8시간이고 나머지 근로자 생활의 3분의 2를 점하는 시간은 본인의 사생활시간이다. 예를 들면, 건강관리는 회사에 출근하고 있는 동안은 물론 근로자의 전 생활시간에 걸치지 않으면 그 목적을 달성할 수 없고 가족생활, 식생활, 수면 기타 사생활과 밀접한 관계가 있고 사용자의 안전배려조치만으로는 그 목적을 달성할 수 없는 특징을 가지고 있다.

또한 건강은 본인의 신체, 정신 등 본인 자체의 내부문제이고, 건강장해의 사전징후인 자각증상 등도 본인이 아니면 알지 못하는 근로자 자신의 문제임과 동시에 건강진단, 직장체조, 보호구 등의 사용, 기타 사용자의 건강관리조치에 대해서는 근로자의 협력이 없으면 실효를 기대할 수 없다. 나아가 사생활의 자유를 이유로 제멋대로 건강을 해하는 행위를 예사롭게 행하는 것도 '신의칙'상 허용되지 않을 것이다.

이 점에 대해서, 본래 근로자는 근로계약에 의해 사용자에게 노무제공을 약속하고 체결하고 있는 것이기 때문에 채무의 내용에 좇은 노무를 제공하지 않으면 근로계약의 불이행이 될 것이다. '채무의 내용에 좇은 노무의 제공'이라는 것은 단지 회사에 출근하기만 하면 무방한 것은 아니고 완전한 노무가 가능한 심신의 상태로 근로를 제공하여야 한다는 것을 의미하며, 근로자의 기업 외의 사생활에서 채무의 내용에 좇은 이행을 할 수 없는 건강상태의 악화를 초래하는 것은 근로계약 위반이 된다고도 말할 수 있다.

따라서 근로자는 자기의 생활을 규율하고 휴식을 제대로 취하며 근로의 피로를 회복하며 '심신 모두 완전한 근로'의 제공이 가능하도록 자기 자신의 건강을 관리할 의무가 있다고 보아야 할 것이다. 근로자의 자기건강관리의무는 취업규칙이나 근로계약에 명문의 정함이 없는 경우라도 「민법」 제2조의 '신의칙상의 의무'로서, 그리고 산안법에 의한 보호정신에 의해, 그 피보호자인 근로자에 대해 당연히 요청되는 의무이고, 그 점에 대해서 산안법 제25조가 "근로자는…… 사업주가 한 조치로서 고용노동부령으로 정하는 조치사항을 지켜야 한다."라고 규정하고 근로자에게 동법의 준수의무를 벌칙을 수반하여 인정하고 있는 것도 이와 같은 이유 때문이며, 특히 건강장해 방지에는 근로자 자신의 행위가 중요성을 갖고 있다. 대표적인 예로서, 작업 관련 질환은 근로자의 사생활상의 요인에 작업상의 요인이 공동으로 작용하여 발생하거나 악화되는 질환이라는 점으로부터, 근로자 자신의 건강의식이 희박한 상태로는 직장(사용자 측)에서 대책을 아무리 강구한다고 하더라도 본질적 대책이 될 수 없고 근로자 자신의 안전보건의식의 고양과 이에 따른 활동이 병행적으로 필요하다.

근로자가 채무자로서 주된 채무인 근로제공의무를 그 본래의 채무의 내용대로 실현하기 위하여 안전보건기준을 준수하는 등 적절한 배려와 주의를 베풀어야 한다는 것은 급부의 결과 내지 급부의 이익을 보호하기 위하여 필요한 일이다. 이와 같은 배려 내지 주의의무는 법률이나 계약에 명시적으로 규정되어 있지 않더라도 계속적 채권관계인 고용관계의 성질로부터 신의칙상 당연히 요청되는 것이라고 할 수 있다.[69) 따라서 근로자 자신의 건강에 대한 적절한 배려·주의의무 역시 사용자에 대한 협력의무와 마찬가지로 신의칙상의 의무(성실의무)로부터 도출된다고 보아야 할 것이다.[70) 물론 근로자의 이러한 의무 역시 기대가능성의 범위에서 판단되어야 한다.

3) 고지·설명의무

산안법에 명문으로는 규정되어 있지 않지만 근로자에게는 근로계약상의 의무로서 고지·설명의무가 있다고 할 수 있다. 일반적으로 근로자는 사용자에 의하여 제공된 기계·원료 및 설비 등에 하자나 결함을 발견한 때에는 지체 없이 이를 사용자에게 고지하고 적절한 조치를 취하여야 할 의무를 부담하는 것으로 이해되고 있다.[71) 따라서 근로자는 기대가능성의 범위에서 사용자, 제3자 또는 근로자 자신에게 발생할 수 있는 안전보건상의 중대한 결함·문제 등을 발견한 경우 사용자가 적절한 대책을 강구할 수 있도록 이를 지체 없이 사용자에게 고

---

69) 김형배, 『채권총론(제2판)』, 박영사, 1999, 34쪽 참조.
70) 김형배, 앞의 각주(12)의 책, 303쪽; 하경효, 앞의 각주(40)의 논문, 70쪽 참조.
71) 김형배, 앞의 각주(12)의 책, 305쪽; 이정, 앞의 각주(62)의 책, 70쪽; 임종률, 앞의 각주(42)의 책, 331쪽; 하경효, 앞의 각주(41)의 논문, 71쪽 등.

지할 의무를 부담한다고 해석될 수 있다. 그리고 근로자는 근로계약 체결의 교섭단계에서 사용자에게 계약 성립에 필요한 정보의 고지나 설명을 할 신의칙상의 의무가 있다.[72] 예컨대, 자신이 입사하고자 하는 회사의 업무와 관련하여 본인이 당해 업무를 제대로 수행하는 데 지장이 있을 수 있는 건강상의 문제를 가지고 있거나, 동료나 고객의 생명·건강과 관련되는 전염병에 이환되어 있는 경우에는 이를 사용자 측에 사전에 고지할 의무가 있다고 보아야 할 것이다.

이상에서 설명한 근로자의 의무 중 사용자에 대한 협력의무는 사용자의 선제적인 안전보건조치에 협력하는 성격의 의무에 해당하고, 자기 건강관리의무, 고지·설명의무는 사용자의 선행조치와 관계없이 근로자가 독자적으로 부담하는 성격의 의무에 해당한다. 근로자가 부담하는 안전보건에 대한 이러한 의무들은 근로자의 성실의무의 일부를 구성하는 것으로서 근로자의 '주의의무'(Sorgepflicht)에 해당한다고 할 수 있다.

라. 사용자 의무와 근로자 의무의 차이

근로자 측의 주의의무는 그것이 이루어지지 않는 경우에 직접적으로 사용자 측에 손해가 발생하지 않고 그 채무의 불이행에 의해 근로계약의 본지(本旨)인 노무공급이 제대로 되지 않게 되는 일이 발생하는 경우 비로소 문제가 되는 반면, 사용자에게 요구되는 안전배려의무는 당해 의무를 해태한 경우의 손해가 직접적으로 근로자의 건강침해로 현실화된다는 점에서 양자 간에 차이가 있다. 이러한 의미에서 근로자 측과 사용자 측의 의무는 양과 질 모두에 있어서 커다란 차이가 있다고 할 수 있다.

---

72) 사용자에게도 동일한 의무가 발생한다는 것은 말할 필요도 없다. 片岡(村中補訂)·前揭注(5)書 130頁; 김형배, 앞의 각주(31)의 책, 139쪽.

마. 근로자 의무위반의 효과

근로자가 자신의 귀책사유로 부수적 의무인 주의의무를 위반한 경우, 공법(산안법)상의 규정사항에 대해서는 벌칙(과태료)을 부과받게 되고, 그 외에 사법상의 효과로서 채무불이행 또는 불법행위에 의한 손해배상청구, 징계처분, 나아가 해고가 발생할 수 있다. 특히 징계처분이 중요한 문제인바, 근로자의 주의의무 위반 자체는 근로계약상의 의무위반이고, 그것을 이유로 징계처분을 부과하기 위해서는 주의의무 위반에 의한 직장규율(기업질서)의 침해가 그 요건이 된다.73) 현실적으로, 근로자가 준수하여야 할 부수의무로서의 이 주의의무는 직장규율(기업질서)로서 취업규칙 중 안전보건에 관한 사항(부분) 또는 안전보건관리규정에 기재될 수 있다.

한편 근로자의 의무위반의 효과로서 사용자의 의무위반이 면책된다는 의견이 있을 수 있다. 그러나 근로자의 의무위반이 있다고 하여 바로 사용자의 의무위반에 대한 책임이 면제되는 것은 아님에 유의할 필요가 있다. 근로자의 의무와 사용자의 의무는 그 내용이 다르기 때문에 의무위반의 요건 또한 원칙적으로 별개로 판단되어야 한다. 예를 들면, 근로자의 보호구 착용의무 위반이 있는 경우 사용자의 의무(보호구 지급 및 착용지시) 위반 여부는 이와 별개로 판단되어야 한다. 즉 사용자가 근로자에게 보호구를 지급하였는지, 그리고 근로자에게 보호구를 착용하도록 지시하였는지를 판단하여야 한다. 보호구 착용지시에 대해서는, 일회성의 지시로 그쳐서는 안 되고 근로자가 보호구를 착용하도록 지속적으로 교육·지도하는 한편, 보호구를 착용하는지를 지속적으로 확인하고 위반을 발견하였을 때는 시정을 위한 조치를 하여야 한다.

---

73) 이정, 앞의 각주(62) 책, 70쪽 참조.

제2절 산업안전보건 체계에 관한 비교법적 검토

Ⅰ. 각국의 산안법 체계 개관

1. 독 일

가. 법령의 전체적 구조

독일에서 근로자의 생명 및 건강보호에 대한 실체법규는 일차적으로 국가 차원의 산업안전보건법규 가운데에 포함되어 있다. 그것은 1996년 8월 7일의 「노동안전보건기본법」(Arbeitsschutzgesetz: ArbSchG, 정식 명칭 '노동과정에서 취업자74)의 안전과 건강보호의 개선을 위한 노동보호조치의 이행에 관한 법률')에 기초를 이루고 있다. 그것은 산업안전보건 영역에서의 사용자와 근로자에 대한 일련의 기본적 의무를 정하고 있다. 사용자는 「노동안전보건기본법」 제4조에 근거하여 산업안전보건상의 조치를 취할 때에 다음과 같은 일반적 원칙을 그 전제로 하여야 한다. ① 노동은 생명 및 건강에 대한 위험이 최대한 제거됨과 함께 잔존하는 위험이 최소한으로 억제되도록 형성되어야 한다. ② 위험은 그 근원으로부터 근절되어야 한다. ③ 당해 조치를 하는 데 있어서는, 기술규준, 산업의학, 산업위생학 및 기타의 확정적인 노동과학적 인식이 고려되어야 한다. ④ 특히 보호를 필요로 하는 근로자 집단의 특수한 위험을 고려하여야 한다. ⑤ 근로자에 대해서는 적절한 지도가 제공되어야 한다.

---

74) 독일의 「노동안전보건기본법」과 관련 시행령(Verordnung)은 사용자의 보호대상을 근로자(Arbeitnehmer)가 아니라 취업자(Beschäftigte)로 설정하고 있지만, 이 책에서는 비교법적 논의 전개를 하는 데 있어 용어의 통일을 기하기 위하여 취업자를 근로자로 표현하기로 한다.

그리고 1973년 12월 16일 시행된 「사업장 안전조직법」(Arbeitssiche-rheitsgesetz: ASiG, 정식 명칭 '산업의(産業醫), 안전기사 및 기타 안전 관리자에 관한 법률')에 의하여, 사용자에 의한 산업의(Betriebsärzte), 안전기사(Sicherheitsingenieure) 및 기타 안전관리자(Fachkräfte für Arbei-tssicherheit)의 임용, 이들의 임무, 자격요건, 전문지식을 행사할 때의 독립성과 산업안전위원회(Arbeitsschutzausschuß)의 설치 등이 규정되었다.

한편, 「기계·기구 및 제품 안전에 관한 법률」(Geräte- und Produk-tsicherheitsgesetz: GPSG)은 산업용 기계·기구·설비의 안전을 목적으로 한 기존의 「기계기구안전법」(Gerätesicherheitsgesetz: GSG)과 일반소비자제품(Produktsicherheitsgesetz: ProdSG)의 안전을 목적으로 한 「소비자제품안전법」을 통합하여 2004년에 제정된 법률로서, 개인이 자기가 사용할 목적으로 제조되는 제품과 군사적 목적으로 사용되는 기술적 작업기계·기구·설비(Arbeitsmittel) 및 식품·약품분야를 제외한 모든 기계·기구 및 제품의 안전을 포괄적으로 적용하는 일반법으로 제정되었다.

산업안전보건의 보다 구체적인 형태는 법규명령(Rechtsverordnung)에 의하여 실현되는데, 「노동안전보건기본법」 제18조는 그것의 제정권한을 연방정부에 부여하고 있다. 법규명령 중 특히 중요한 명령으로서 2004년에 전면개정된 '사업장의 안전보건에 관한 시행령'(Arbeitsstättenverordnung: ArbStättV)이 있다. 동 명령의 세부적인 사항은 '사업장의 안전보건에 관한 기준'(Arbeitsstättenrichtlinien[75]))에 규정되어 있는데, 이것은 '사업장의 안전보건에 관한 시행령'과 더불어 작업실의 규모(공간), 작업장에서의 이동구역의 면적, 이동용 통로에서의 안전거리(간격), 소음기준

---

75) Richtlinie은 법률 및 법규명령의 실시준칙을 정한 규정으로서 행정관청을 구속하지만 재판관을 구속하지는 않는다. 재판관은 법률에만 따라야 하기 때문이다(기본법 제97조, 독일재판관법 제25조).

치, 온도, 환기 및 위생실의 설치 등 작업장소, 작업과정 및 작업환경에 대한 상세한 규정을 포함하고 있다.

그 밖에 중요한 법규명령으로서는 근로자를 유해위험물질로 인한 피해로부터 보호하는 것을 주된 목적으로 하여 유해위험물질의 정보와 관련된 규정(유해위험성 판단기준, 분류·포장·표시, 안전보건자료), 작업환경 평가를 위한 위험성평가, 기본적 의무(대체·최소화의 원칙, 안전보건조치의 우선순위, 노출조사 등), 유해위험물질 취급활동에 대한 일반적·추가적 보호조치, 발암성·변이원성·생식독성물질 취급업무에 대한 특별보호조치, 물리·화학적 영향에 대한 특별보호조치 등에 대하여 규정하고 있는 '유해위험물질 보호령'(Gefahrstoffverordnung: GefStoffV), 작업용의 기계·기구 및 설비가 근로자의 안전과 건강에 유해위험을 초래하지 않도록 하기 위하여 이들의 제공·사용에 대한 구체적인 요건, 즉 안전보건상의 필수요구사항76) 등을 구체적으로 규정하고 있는 '사업장 기계·기구 등의 안전한 사용에 관한 시행령'(Betriebssicherheitsverordnung: BetrSichV, 구 '작업용 기계·기구 사용령'), 여러 사용자들의 근로자들이 동시에 작업을 하는 건설현장 근로자의 안전보건수준을 향상시키기 위한 안전보건개선계획의 작성, 총괄조정책임자의 임명 등 건설현장의 안전보건관리가 규정되어 있는 '건설현장 안전보건령'(Baustellenverordnung: BaustellV), 생명공학제품개발, 식품, 농업, 폐기물처리, 폐수처리, 건강관리부문 등에서 병원체 등을 접촉할 우려가 있는 근로자에 대한 보호조치가 규정되어 있는 '생물학적 물질 안전보건령'(Biostoffverordnung: BioStoffV), 산업의학적 예

---

76) 이 필수요구사항은 대체로 EU의 기준(Richtlinie)에 근거하고 있다. 제조업자 또는 수입업자가 EU지역 내에 일정한 기계·기구 등을 유통시킬 때에는 당해 기계·기구 등이 안전보건상의 필수요구사항을 충족하고 있다는 것을 증명(자기적합성선언)하는 기술사양서를 작성·보존하고, 제품에 CE마크(EU기준에서 규정된 안전규격에 적합하다는 것을 증명하는 마크)를 부착하여야 한다.

방검진으로서의 의무검진, 권유검진, 희망검진 및 건강에 이상 징후가 있는 경우의 조치 등 산업의학적 예방조치를 규정하고 있는 '산업의학적 예방조치령'(Arbeitsmedizinvorsorgeverordnung: ArbMedVV), 작업과정에서 소음과 진동에 의해 실제로 발생하거나 발생 가능한 안전보건상의 유해위험으로부터 근로자를 보호하기 위한 위험성평가, 측정, 및 소음·진동 노출 회피·경감조치 등을 규정하고 있는 '소음·진동위험에 대한 산업안전보건 시행령'(Lärm- und Vibrations-Arbeitsschutzverordnung: LärmVibrationsArbSchV), 작업의 특성 및 부적절한 인간공학적 작업조건으로 인하여 근로자에게 요통 등 안전보건상의 유해위험이 초래될 수 있는 수작업에 의한 화물취급작업에 대한 보호조치를 규정하고 있는 '중량물취급령'(Lastenhandhabungsverordnung: LasthandhabV), 적절한 개인보호장비를 선정·제공하고 이것의 착용과 관리에 대한 의무를 규정하고 있는 '개인보호구 이용 시 안전보건령'(PSA Benutzungsverordnung: PSA BV)이 있다. 그 밖에 특별한 활동영역에서의 산업안전보건규칙으로서 '압축공기 작업령'(Druckluftverordnung: DruckLV), 비디오 디스플레이 기계77) 자체·작업장소·작업환경 등의 요건, 안구 및 시력검사 등을 규정하고 있는 '단말기 작업 시 안전보건령'(Bildschrimarbeitsverordnung: BildscharbV)이 제정되어 있다.

EU 기본조약 제137조 제2항은, EU에 노동보호에 관한 최저기준에 대하여 지침을 발령할 권한을 부여하고 있다. EU는 그 권한을 전면적으로 사용하여 그동안 많은 지침을 공포하였다. 그중에서도 가장 중요한 것은 'EU 산업안전보건 기본지침'인데, 이것은 안전 및 건강에 대한 위험방지를 위한 광범위한 규정을 포함하고 있다. 이 기본지침의 기준에 의하여 상기 「노동안전보건기본법」이 탄생되었다. 또 'EU 산

---

77) 디스플레이의 절차(방법)에 관계없이 글자, 숫자 또는 그래픽을 표시하기 위한 컴퓨터 단말기 등의 모니터를 말한다.

업안전보건 기본지침'을 기초로 하는 개별지침의 하나는 작업공간, 작업장소 및 작업환경에 관한 최저기준을 정하고 있는데, 이는 독일의 '사업장의 안전보건에 관한 시행령'에 해당되는 것이다. 나아가 EU지침에는 기계·기구 등의 안전한 사용, 개인적 보호장구의 이용 및 VDT 작업 등에 관한 개별지침이 있다.[78]

한편 국가적인 산업안전보건법규는 오늘날 직접적인 건강, 사고의 위험으로부터 근로자를 보호하는 것에 한정하지 않고, 가능한 한 인간적인 노동을 형성·정비하는 것에 대해서도 배려하려고 하고 있다. 이경우 먼저 문제가 되는 것은, 노동을 인간의 육체적·정신적 체질에 적합하게 하는 것이다. 이 문제의 연구는 노동과학의 문제이다. 이 노동과학은, 특히 작업장소의 인체측정학적인 정비, 특히 기계의 설치, 근육노동 및 요구되는 주의(집중)에 의한 감각·신경에의 부담 등에 관한 지식(이른바, 인간공학)을 발전시켜 오고 있고, 그리고 노동의 동기부여, 일정한 작업과정의 인간심리에 대한 영향 등에 대해 해명하여 왔다(이른바, 노동심리학). 이것에 대한 규정은, 특히 사업장 기계·기구 등의 안전한 사용에 관한 시행령에 규정되어 있다. 산업안전보건에 관한 EU지침 또한 이 문제를 취급하고 있는데, 예를 들면 1990년의 VDT 노동에 관한 EU지침은 화면, 키보드, 작업의자의 인간공학적 형성·정비, 정기적인 눈검사, 그리고 휴식에 대해서 규정하고 있다. 그리고 종업원대표(Betriebsrat)[79]의 관여 및 공동결정 또한 노동의 인간적인 형성·정비의 문제와 직접적으로 관련되어 있다.[80]

---

78) 이상의 서술은 주로 Löwisch, Arbeitsrecht, 8. Aufl. 2007, SS. 272~273을 참고하고 있다.

79) Betriebsrat는 일반적으로 종업원대표위원회, 사업장위원회 등으로 번역되고 있지만, 종업원대표가 1인으로 구성될 수도 있기 때문에 이 책에서는 '종업원대표'로 표기하기로 한다.

80) Löwisch, a. a. O.(Fn. 78), S. 275.

「노동안전보건기본법」의 적용범위는 'EU 산업안전보건 기본지침'의 기준에 상응하여 모든 취업영역에 걸치고, 특히 공공행정의 영역 및 교회시설도 포함된다. 이에 따라, 동법은 근로자 개념이 아니라 독특한 취업자 개념을 사용하고 있는바, 이 취업자에는 근로자뿐만 아니라 유사근로자(Arbeitnehmerähnliche Personen), 공무원, 법관, 군인, 직업훈련 중인 자도 포함되어 있다(제2조 제2항).

독일에서는 국가 차원의 산업안전보건규정 외에 「사회법전」 제7편 제15조에 근거하여 산재보험조합이 제정하는 산재예방규칙(BG Vorschriften: BGV)[81]에 의해서도 산업안전보건상의 조치가 실시되고 있다. 이것의 일반조항은 2004.1.1.부터 시행되는 산재예방규칙의 '총칙'(BGV A) 중 A1 제2조[82]이다. 본 조에 따라 사용자는 산업재해, 직업병 및 노동에 의한 건강위험의 방지를 위하여 필요한 조치를 강구하여야 하는데, 이에 대한 적절한 조치내용은 국가에 의한 산업안전보건법규, 산재예방규칙 등에 보다 상세하게 규정되어 있다(제1항). 그리고 사용자는 총칙 A1 제2조 제1항에 따른 조치를 하는 경우, 「노동안전보건기본법」 제4조의 일반적 원칙으로부터 출발하여야 하고(제2항), 동법 제3조 제1항 제2문·제3문 및 제2항에 적합하도록 계획·조직·이행하여야 하며 (제3항), 안전보건에 반하는 지시를 하여서는 안 된다(제4항).

이 일반조항은 다수의 일반적 산재예방규칙 또는 일정부문에 특수한 산재예방규칙에 의하여 구체화되어 있는데, 그것들은 다수의 기술적 작업장비에 관한 기술적 요건과 작업과정에 관한 규정을 포함하고 있다. 최근의 산재예방규칙에서는 안전기술적인 목적만을 규정하고 있고, 각각의 목적의 달성을 보장하는 기술적인 상세규정은 실행규정

---

81) BG Vorschriften(BGV)는 Unfallverhütungsvorschriften(UVV)라고도 하며, 이전에는 VBG라고도 표기하였다.

82) 과거의 VBG 1 제2조 제1항에 해당하는 조항으로서 2004.1.1.부터 시행되었다.

속에 규정되어 있다. 그것은 구속력을 갖지 않는 지침적 해결책을 의미하고, 규범이 예정하는 안전보건수준을 유지하는 한 그러한 실행규정으로부터 일탈하는 것도 가능하다.[83]

산업안전보건법규의 감독·지도에 대해서는, 국가적인 산업안전보건법규는 「영업법」(Gewerberordnung: GewO)[84]에 근거한 각 주정부의 영업감독관에 의하여, 그리고 산재예방규칙은 「사회법전」 제7편에 근거한 산재보험조합[85]의 기술감독관에 의하여 이원적으로 행해지고 있다.[86] 이 사업장 감독·지도에서 사업장의 종업원대표[87]는 「사업장조

---

83) Löwisch, a. a. O.(Fn. 78), S. 274.

84) Gewerberordnung는 공장법이나 공장령 또는 영업령이라 번역하기도 하며, 황제의 칙령으로 공포되어 Ordnung으로 표기되어 있다. 법적 성격과 지위를 띠고 있지만 오늘날의 법체계상으로는 시행령에 해당된다(박두용 외, 『산업·고용구조의 변화에 따른 산업안전보건법 체계 및 규율방법의 변화 필요성에 관한 연구(학술연구보고서), 한국산업안전공단 산업안전보건연구원, 2005, 230쪽 참조).

85) 법정 산재보험조합은 「사회법전」 제4편 제29조에 따른 권리능력 있는 공법상의 사단으로서 국가의 법적 관리하에 있지만, 사용자 측과 근로자 측 각각의 대표에 의해 운영되며, 상공업 산재보험, 공공부문 산재보험, 농업부문 산재보험으로 구성되어 있다. 그중 상공업 산재보험조합은 2008년 10월 30일 통과된 산재보험 현대화법에 따라 「사회법전」 제7권 제222조 제1항이 신설되어 2009년 말까지 조합 수를 9개로 줄이도록 명시되었고(실제로는 2011년 1월 1일에야 통합과정이 완료되었다), 이에 따라 현재는 9개의 조합으로 구성되어 있다.

86) 기술감독관은 원칙적으로 국가의 산업안전보건법규의 집행권한은 없으나 동 법규의 위임을 받은 특별한 경우에는 이를 감독할 수 있다. 영업감독관과 기술감독관은 중복되는 업무를 피하기 위하여 정보를 서로 교환하고 업무집행을 조정하며 그들의 업무영역이 겹치는 부문을 합동으로 방문하면서 상호 협력적으로 일하고 있다.

87) 종업원대표는 공장, 본사, 지점, 영업소 등 사업장 단위로 설치된다. 설치 대상 사업장은 종업원대표 선거자격을 가지는 근로자가 상시 5인 이상 고용되어 있는 민간기업 사업장이다(「사업장조직법」 제1조). 관공서에는 별도의 공공부문직원대표법(Personalvertretungsgesetz)에 근거하여 공공부문직원대표기구로서 공공부문직원대표가 설치된다. 이것은 설치되지 않는 경우에 처벌되는 것은 아니라는 의미에서는 강제 설치는 아니지만, 설치하는 것이 원칙으로 되어 있다. 그러나 실제로 종업원대표가 존재하는 것은 법적용 대상 사업장의 10%에 머무르고 있고, 종업원대표가 설치되어 있는 사업장에 고용되어 있는 근로자 비율은 서독지역에서 46%, 동독지역에서 38%이다(WSI Mitteilungen 9/2007, S. 513).

직법」(Betriebsverfassungsgesetz: BetrVG) 제89조에 의하여 보조적인 역할을 수행하는 것으로 되어 있다. 그리고 이러한 규칙에 대한 위반은 질서위반 또는 범죄행위로서 처벌된다(「노동안전보건기본법」 제25조, 제26조 및 「사회법전」 제7편 제209조).

다른 한편, 독일의 산업안전보건법규에 속하는 일부 법규에는 신속하고 전문적인 대응이 요구되는 새로운 노동위험에의 대응을 목적으로 그때그때의 '실무상·학술상의 일반화된 기술·지식'을 직접 법규에 흡수하는 수단이 마련되어 있다. 예를 들면, 「노동안전보건기본법」 제4조(일반적 원칙) 제3호에서는 사용자가 산업안전보건조치를 할 때 '일반적으로 인정된 안전기술·산업의학·위생학상의 규정 및 기타 확립된 노동과학상의 인식'을 고려하도록 규정하고 있고, 나아가 사업장 기계·기구 등의 안전한 사용에 관한 시행령(제3조 제1항) 등 법규명령이나 산재예방규칙에서도 독일규격협회(Deutsche Institute für Normung: DIN), 독일전기기술자연맹(Verein deutscher Elektrotechniker: VDE) 등의 규격이 직접적으로 준거하여야 할 기준으로서 인용되어 있는 경우가 많다.

독일의 산업안전보건법규의 운용에 적지 않은 영향을 미치고 있는 이 '실무상·학술상의 일반화된 기술·지식'은 숫자상으로도 상당수에 이르고, 그 성격도 다양한바, 지식의 확실성, 일반화의 정도 등에 따라 대체로 다음의 3가지로 분류될 수 있다.[88]

나. 일반적으로 인정된 기술규정

일반적으로 인정된 기술규정(allgemein anerkannte Regeln der Technik)은 기술 분야의 전문가 및 실무가의 지배적인 견해를 구체화한 것이고

---

88) 이하의 설명은 주로 Fabricius/Kraft/Wiese/Kreutz/Oetker/Raab/Weber, Betriebsverfassungsgesetz, Gemeinschaftskommentar, 7. Aufl., 2002, §89 Rndr. 18ff.에 의한다.

실제의 검사와 실증을 전제로 하고 있다. 그 내용은 안전기술, 산업의학, 위생학 전반에 미치고 있는바, 이 기술규정의 주된 작성자는 독일규격협회(DIN), 독일전기기술자연맹(VDE), 독일가스·용수협회(Deutscher Verein des Gas- und Wasserfaches: DVGW), 독일기술자협회(Verein Deutscher Ingenieure: VDI) 등의 사적인 학술단체, 전문가단체, 직업단체이다. 이것은 앞에서 언급한 '사업장의 안전보건에 관한 시행령'의 규정 외에 산재예방규칙 A1편 제2조 제1항, B3편 제3조 이하 등 여러 개의 공법에서 언급되고 있다. 이 기술규정은 그 자체로서는 법규범이 아니지만 그것의 준수를 요구하는 관련 규범에 의하여 사용자의 의무로 전화(轉化)된다고 말할 수 있다.

다. 기술·의학·위생규준

기술·산업의학·위생규준(Stand der Technik, Arbeitsmedizin und Hygiene)이란, 유력한 전문가집단의 지배적인 관점에서 보아 법에 규정된 목적의 실현을 확실하게 보장하는 것이라고 생각되는 최첨단의 방법, 설비 등의 발전규준을 의미한다. 이 규준에 대해서는 일반적으로 인정된 기술규정과는 달리 전문가들에 의한 일반적인 인식이나 실제의 검사와 실증이 전제로 되지 않는다. 따라서 이 규준은 일반적으로 인정된 기술규정보다 빠른 시기에 기술발전의 최전선에서 고려되어야 할 기준이다. 이것은 「노동안전보건기본법」 제4조(일반적 원칙) 제3호, '뢴트겐선에 관한 시행령'(Röntgenverordnung: RöV) 제3조 제2항 제5호, 'EU 산업안전보건 기본지침' 제6조 제2항(e) 등 많은 규정에서 언급되고 있다.

라. 확립된 노동과학상의 인식

확립된 노동과학상의 인식(gesicherte arbeitswissenschaftliche Erkenntnis)
은 다양한 연구영역의 성과를 결집하고 인간공학적·노동심리학적 측
면을 종합적으로 작업환경에 도입하는 것을 목표로 하는 과학·기술
적 기준이다. 이 기준에 의할 경우, 가장 최신의 학술적 인식의 관점에
서 필요하다고 생각되는 준비 또는 배려가 사용자에 의해 취해져야 한
다. 따라서 이것은 사용자에게 현재의 기술수준상 실행 가능한 한계에
의해 영향받지 않는 고수준의 예방대책을 요구하는 것이다. 이것은 현
재 위에서 언급한 「노동안전보건기본법」 제4조, 사업장 기계·기구
등의 안전한 사용에 관한 시행령 제3조, 「사업장조직법」 제91조, 「사
업장안전조직법」 제1조 등 사업장 안전보건에 관련된 기본법규 외에
1985년 「원자력법」(Atomgesetz) 제7조 제2항 제3호, 1993년 「유전자
기술법」(Gentechnikgesetz) 제7조 제2항 등의 첨단기술 관련 법규에서
도 언급되고 있다.

2. 미 국

가. 법령의 전체적 구조

미국의 산업안전보건행정은 연방정부인 노동부의 소속기관인 산업안
전보건청(Occupational Safety and Health Administration, 이하 'OSHA'
라 한다)이 담당하고 있다. 산업안전보건에 관한 포괄적인 기본법은 「연
방산업안전보건법」(Occupational Safety and Health Act, 이하 'OSH
Act'라 한다)으로서 1970년에 제정되었다. 본 법은 미국 내의 모든 근
로자에게 가능한 한 안전하고 쾌적한 근로조건을 보장하고 인적 자원
을 유지하는 것을 목적으로 제정되었다.[89] 그때까지 미국의 산업안전

보건에 관한 규제는 특히 위험한 직장에 대한 규제를 중심으로 주의 법률에 의하여 이루어져 왔지만, 1950년대 이후 대형 산업재해가 발생할 때마다 규제의 불충분함이 지적되어, 마침내 1970년 OSH Act의 제정에 이르게 되었다.[90]

OSH Act는 연방 및 주·지방정부에는 적용되지 않지만, 사기업에 대해서는 광범위하게 적용된다. 제3조(5)에서 적용대상이 되는 사용자를 "근로자를 사용하고 이익(commerce)에 관계하는 사업에 종사하는 자"라고 폭넓게 정의하고 있다. 단, 선원, 광산, 천연가스 등과 같이 산업안전보건에 관하여 다른 연방법에 의한 기관이 포괄적인 규제를 하고 있는 경우에는 OSH Act의 적용은 배제된다[제4조(b)(1)].

OSH Act는 34개의 조문으로 되어 있다. 동법은 먼저 입법취지, 정의, 적용 등 총칙적인 사항을 규정하고(제2~4조), 다음으로 사용자와 근로자에게 일반적인 의무를 부과하는 '일반적 의무조항'(General Duty Clause)을 두고 있다(제5조).[91] 그리고 노동부장관이 제정하는 것으로서, 사용자가 의무적으로 준수하여야 하는 '산업안전보건기준'(Occupational Safety and Health Standards: OSHA Regulations)의 설정에 대해서 규정하고 있다(제6조). 그것에 이어, 일반적 의무의 실효성 확보에 관한 조치, 기관 등에 관한 규정(제7~10조)과 벌칙에 관한 규정(제17조)을 두고 있다. 또한 행정에 의해 취해진 조치에 대한 사법심사(제11조), 준사법기관인 산업안전보건심사위원회(Occupational Safety and Health Review Commission: OSHRC)[92]에 의한 이의제기 심사(제12조)에 대해

---

89) 광산에 관한 산업안전보건은 OSHA가 아니라 MSHA(Mine Safety and Health Administration)에서 관할하는 것으로 되어 있다.

90) See G. Z. Nothstein, The Law of Occupational Safety and Health 2(1981).

91) OSH Act는 그 의무 주체에 있어 제조자·수입자 등에게도 규제의 범위가 미치고 있는 다른 국가들의 산안법과는 달리 사용자와 근로자의 관계에 한정되어 있는 것이 특징적이다.

92) OSHRC는 OSHA의 감독결과 법 위반사항에 따른 벌칙부과에 대한 사용자의 이

서도 규정을 하고 있다. 한편 급박한 위험에 대한 절차에 대해서도 규정을 하고 있고(제13조), 그 외에 연방에 의한 연구·교육의 기능과 그것을 담당하는 기관에 대해서도 규정하고 있다(제20~22조).

이것을 전체로서 관찰하게 되면, OSH Act는 사용자와 근로자가 준수하여야 할 일반적 의무와 산업안전보건기준의 설정 및 그 실효성 확보조치에 대한 규정을 두는 한편, 나아가 그 불복심사에 대해서도 규정하고 있다. 그리고 안전보건에 관한 다양한 조직에 대하여 규정하는 조직법으로서의 성격을 가지고 있고 또 국가의 책무라는 형태로 본 법의 목적의 실현을 위한 국가의 활동에 대해서도 규정하고 있다.

한편 연방 OSH Act와 주(州) OSH Act의 관계에 대해서는, 제18조에 규정되어 있듯이 각 주정부가 안전보건계획(Safety and Health Plan: State Plan Standards)을 수립·운영하는 것이 권장되고 있으며, 이것이 주정부의 OSH Act로 기능한다. 주정부의 안전보건계획이 연방정부의 기준보다도 동등 이상의 수준이라고 노동부장관에 의해 승인을 받은 경우에는 주정부의 계획을 채용하는 것이 허용되어 있고, 이 경우 당해 계획의 운영비용의 약 50%가 지원된다. 주정부의 안전보건계획의 운영에 불만이 있는 자는 누구라도 연방정부에 대하여 불복신청을 하는 것이 가능하다. 2007년 통계에 의하면, 26개 주가 주정부 안전보건계획의 승인을 받고 있다.93)

OSH Act가 사용자에게 부과하는 여러 가지 의무 중 특히 중요한 부분은, ① 제5조(a)(1)에 규정되어 있는 일반적 의무조항과, ② 제5조

의신청을 처리한다. 업무상 객관성이 요구되므로 OSHRC는 독립적인 기관으로서 설립되었다. 그리고 OSHRC는 대통령이 임명하는 세 명의 위원으로 구성되며 그 임기는 6년으로 하되 서로 시기와 종기가 다르게 되어 있다. OSHRC 앞으로 이 의신청이 들어오면 단독 행정판사가 의견을 들은 후 판결을 내린다. 이 판결에 대해 전체 위원회에 재심청구를 할 수 있고 OSHRC의 최종결정에 대해서는 연방항소법원에 항소할 수 있으며 연방대법원에 상고도 할 수 있다.

93) http://www.osha.gov/dcsp/osp/index.html

(a)(2)에 규정되어 있는 산업안전보건기준(OSHA Regulations) 준수규정이라고 일반적으로 말해지고 있다. 따라서 이하에서는 일반적 의무조항, 산업안전보건기준 및 이와 밀접한 관련을 가지고 있는 민간규격기관의 기준 준용에 대해서 상술하기로 한다.

나. 일반적 의무조항

OSH Act 제5조(a)(1)는 위반 시 벌칙이 수반되는 강제적 의무규정으로서 사용자에 대하여 산업안전보건기준 외의 유해위험방지의무를 부과하는 조항, 소위 일반적 의무조항으로서, "모든 사용자는 그가 고용하는 근로자들에게 사망 또는 중대한 신체적 상해를 실제로 발생하게 하거나 그 개연성이 있는 인식된 위험이 존재하지 않는 고용·직장을 제공하지 않으면 안 된다."라고 규정하고 있다.

본 조항의 기본구조를 확정한 National Realty사건 항소법원(Court of Appeals)[94] 판결에 의하면, 이 일반적 의무조항이 정하는 요건은 대략적으로, ① 인식된 위험의 존재, ② 안전하고 건강한 고용 또는 직장이 제공되지 않을 것, ③ 중대한 결과를 초래하는 현실성 또는 초래할 개연성, ④ 개선조치의 실행가능성(4가지)으로 분류된다.[95]

본 조항은 산업안전보건기준이 모든 위험상황을 커버하는 것은 사실상 불가능하다는 생각을 바탕으로, 특정의 안전보건기준이 존재하지 않는 영역에 대해서도 이 조항으로 규제하기 위하여 강구된 수단이다.[96] 또한 특정기준 작성을 위하여 복잡한 절차를 밟기 전에, 독자적

---

94) 미국의 항소법원은 연방법원의 하나로서 전국을 12개의 순회구(circuit)로 나누고 여기에 연방 순회구(federal circuit)를 추가하여 13개로 구성된다. 지방법원(district court)을 비롯한 여러 연방법원 및 행정위원회의 상소(上訴)를 수리한다.

95) National Realty & Construction Co. v. OSHRC, 489 F.2d 1257, at 1266~1267(D.C. Cir. 1973).

96) S. A. Bokat et al., Occupational Safety and Health Law 43(1988). 일반적 의무조항 제5조(a)(1)은 OSHA 기준이 존재하지 않는 불안전한 상황에 대한 '포괄적

인 위험판단 구조를 통해 위험한 환경에 있는 근로자를 신속하게 구제할 수 있다는 장점도 가지고 있다.[97]

이 일반적 의무조항의 성격은 입법 당시 하원의 입법 취지서를 보면 명확하게 알 수 있는데, 본 보고서는, ① 일반적 의무조항은 타인에게 해를 끼치는 행위를 억제하는 보통법의 원칙을 기초로 하고 있고, ② 동 조항은 결코 애매한 규정이 아니라, 근로자를 피할 수 있는 위험으로부터 보호하는 명확한 목적을 가진 규정이며, ③ 동 조항의 선구적 규정은 OSHA의 입법 당시 이미 36개 이상의 주법과 4개 이상의 연방법에 존재하고 있었던 것으로서, 그 실효성은 이미 보증된 것이라고 말할 수 있다고 언급하고 있다.[98]

한편 일반적 의무조항은 행정의 재량에 위임된 포괄적인 성격을 가지기 때문에 OSHA의 정책적 판단에 일정한 재량을 허용하는 유연한 역할을 해 왔고,[99] 그 포괄적 성격 때문에 그 운용의 실제는 정권에 따라 좌우되는 경향이 강하여 본 조항에 근거한 위반통고건수는 연도마다 큰 차이를 보여 왔다.

다. 산업안전보건기준[100]

산업안전보건에 관한 구체적인 기준에 해당하는 산업안전보건기준은 OSHA 규칙(OSHA Regulations)에 규정되어 있다. 구체적으로 살펴보면, 연방규칙집(The Code of Federal Regulations: C.F.R.) 제29편(29

인'(catch all) 기준에 해당하는 조항이라 할 수 있다.

97) D. L. Morgan/M. L. Duvall, "Forum: OSHA's General Duty Clause: An Analysis of its Use and Abuse", 5 Industrial Relations Law Journal 316~317(1983).

98) H. R. Rep. No. 91, 1291, at. 21, 22(1970).

99) Morgan/Duvall, supra note(97), at 297, 311.

100) 이 부분의 기술은 주로 Nothstein, supra note(90), at 83~92에 의한다.

C.F.R.)의 Part 1903(감독, 위반통고, 벌칙), Part 1904(기록・보고), Part 1910(일반산업), Part 1915・1917・1918(조선・해양・항만), Part 1926 (건설), Part 1928(농업) 등에 수록되어 있다. 산업안전보건기준의 대부분의 내용은 Part 1910(일반산업)에 실려 있는데, 29 C.F.R. Part 1910 은 일반적 산업안전보건기준으로서 25개의 Subpart로 구성되어 있다.

산업안전보건기준의 내용은 보호구의 제공, 기계・설비의 안전 확보, 유해위험물질의 관리부터 근로자에 대한 안전교육, 건강진단, 작업환경 측정, 작업장의 정리정돈・청결에 이르기까지 다종다양하다. 이 산업안전보건기준은 몇 개인가의 관점에서 일반적으로 다음과 같이 분류될 수 있다. 예를 들면, ① 다양한 산업을 포괄하는 '수평적(horizontal) 기준'과 특정 산업에 관한 '수직적(vertical) 기준'이라는 분류, ② 특정의 요건을 충족한 설비・공정의 사용을 의무 지우는 '방법(specification)기준'과 결과가 충족되면 실현방법은 사용자에게 위임하는 '성과(performance)기준' 이라는 분류, ③ 모든 직장에서 보편적으로 적용되는 '일반(general)기준'과 일정한 기계에 대한 안전조치와 같이 특정 상황에만 적용되는 '특별(special)기준'이라는 분류 등이다.

그리고 근로자가 유해물질이나 새로운 위험원에 의해 중대한 유해 위험에 노출되어 있다고 판단한 경우에는, 법 제6조(b)의 정규절차에 의하지 않고 '긴급임시(emergency temporary)기준'을 발하는 것이 가능하다[제6조(c)]. 단, 그것의 유효기간은 6개월에 한정된다, 그것에 대하여 정규의 절차에 의하여 제정되는 기준은 '영속적(permanent) 기준'이라고 말해진다.

한편, 사용자가 산업안전보건기준을 소정의 시기까지 준수할 수 없는 경우, 일정한 요건을 충족하면 일시적인 적용예외조치(variance)의 허가를 노동부장관에 신청할 수 있다[제6조(b)(6)(A)]. 또한 사용자가 산업안전보건기준에 정해진 방법이 아니라, 다른 방법에 의하여 결과

적으로 동일한 내용의 안전보건상태를 실현할 수 있는 경우에는 노동
부장관에 항구적으로 예외 허가를 신청하는 것이 가능하다[제6조(d)].

그런데 이러한 기준의 제정권은 외형상으로는 노동부장관이 가지고
있지만, 실제로는 OSHA가 기준 제정에 있어 상당한 정도의 역할과
기능을 담당하고 있다.[101]

라. 민간규격의 기준 준용

OSHA는 초창기의 기준을 제정·공포할 때 민간의 기준설정기관에
상당히 많은 의존을 하였다. 현재에도 새로운 기준을 제정하거나 기존
의 기준을 개정할 때 상당 정도 민간의 기준설정기관을 활용한다. 미
국가규격협회(American National Standard Institute: ANSI)는 이 기관
들 중 가장 중요한 기관이다. ANSI는 OSHA와 기준 개발에 관한 협정
을 체결하고 이 협정에 기초하여 OSHA 기준의 개발, 발행, 적용에서
기술적 지원을 제공한다.[102]

다른 민간전문기관 역시 국가적 차원의 안전보건기준을 개발하여 왔
고 지금도 계속하여 개발하고 있다. 이러한 기관들 중 하나는 전국화재
방지협회(National Fire Protection Association: NFPA)이다. ANSI와
NFPA의 기준은 1971년 5월 29일에 공포된 최초의 OSHA 기준에 반영
되었다. 1972년에는 OSHA에 의해 미국시험·물질협회(American Society
for Testing and Materials: ASTM)가 세 번째의 전국적 합의기준[103] 제

---

101) 이 점을 감안하여, 이하에서는 이해의 편의를 도모하는 차원에서 조문을 직접
　　인용하는 경우를 제외하고는 '노동부장관' 또는 '노동부'를 'OSHA'로 바꾸어 표
　　현하는 것으로 한다.

102) M. A. Rothstein, Occupational Safety and Health Law 73~74(2006 ed. 2006).

103) 기준의 범위 또는 규정에 이해관계에 있거나 영향을 받는 자가 그 기준의 채택에
　　대해 실질적인 합의에 도달하였다고 노동부장관에 의해 인정될 수 있는 절차에
　　따라, 국가에서 인정된 기준제정기관에 의해 채택·공포된 안전보건기준을 말한

정기관으로 인정되었다.[104] 그 결과 현재 OSHA 기준에는 ANSI, NFPA, ASTM 등의 민간규격을 준거(Reference)규격으로서 지정하고 있는 사례를 많이 발견할 수 있다. 이 범위에서는 민간기관의 임의규격이 법령으로서 구속력을 갖게 된다. 예를 들면, 방재에 관한 Subpart L의 Fire Protection의 1910.156 Fire brigades에서 NFPA 규격이 준용되고 있고, 기계에 관해서는 Subpart O의 1910.217 Pressure vessels에서 ANSI B11.1.1971 Safety Standard for Construction, Care and Use of Mechanical Power Press가 준용되고 있다. 또한 같은 Subpart O의 1910.219 Mechanical power tranmission apparatus에서는 ANSI B15.1 Safety code for Mechanical power Tranmission Apparatus가 준용되고 있다. OSHA 규칙에서 자주 준용되고 있는 민간기준은 이 외에도 미국보험업자안전시험기관(Underwriters Laboratories: UL), 미국기계학회(American Society for Mechanicals Engineers: ASME) 등이 있다.

3. 일 본

가. 법령의 전체적 구조

일본의 「노동안전위생법」(이하 '노안위법'이라 한다)[105]은, 관계자의 일반적 책무의 선언과 안전보건관리체제를 갖출 의무(제3장), 근로자의 위험 또는 건강장해방지를 위한 필요한 조치를 강구할 의무(제4장), 기계 등 및 유해물에 관한 규제를 준수할 의무(제5장), 근로자의 취업

다[제3조(9)].

104) Rothstein, supra note(102), at 74.

105) 일본 노동안전위생법에서의 '위생'의 개념은 '작업환경관리'를 의미하는 협의의 위생(hygiene)만이 아니라 '작업관리, 건강관리'까지 포괄하는 넓은 개념으로서 우리나라의 '보건'에 해당한다.

에 있어 안전보건교육 등 필요한 조치를 강구할 의무(제6장), 작업환경 측정, 건강진단 등 건강관리에 관한 의무(제7장), 법령의 주지 등의 의무(제11장) 등의 구체적 의무를 설정하고, 그 이행을 확보하는 방법으로서 벌칙(제12장)과 명령(제10장)을 규정하고 있다. 또한 본 법은 제2장에서 산재방지계획 책정 등을, 제5장에서 제조금지·허가, 검사, 검정 등을, 제8장에서 면허를, 제9장에서 안전보건개선계획의 작성 지시 등을 각각 규정하고, 그리고 제10장에서 사전에 제출하도록 한 계획의 심사 등의 행정시책을 규정하는 것에 의하여, 다종다양한 방법에 의한 산업안전보건의 촉진을 도모하고 있다.

한편, 노안위법은 "「노동기준법」(이하 '노기법'이라 한다)과 더불어" '산업재해의 방지에 관한 종합적·계획적인 대책'(위해방지기준의 확립, 책임체제의 명확화 및 자주적 활동의 촉진 조치 등)을 추진함으로써 '직장에서의 근로자의 안전과 건강을 확보하는' 동시에 '쾌적한 작업환경의 형성을 촉진하는 것'을 목적으로 하고 있다(제1조). 이때 노안위법이 노기법 제42조를 근거로 하고 있는 것, 또 노안위법 제1조가 '노기법과 더불어'라고 규정하고 있는 것, 나아가 산업재해의 발생은 노기법이 규제하는 근로시간 등의 근로조건과 밀접하게 관련되어 있는 사실로부터, 노안위법은 노기법과 일체가 되어 운용되지 않으면 안 된다고 해석되고 있다. 특히 노안위법의 해석 운용에 있어서 노기법 제1조(근로조건의 원칙)와 제2조(근로조건의 결정)는 당연한 전제를 이루는 것이라고 여겨지고 있다.[106]

현재 산업안전보건 관계법으로서는 기본법이라고 해야 할 노안위법 외에, 분진작업 종사자에 대한 건강진단 등 진폐에 관한 예방·건강관리, 기타 필요한 조치를 강구하는 것을 규정한 「진폐법」(1960년), 산재예방을 목적으로 하는 경영자단체에 의한 자주적 활동의 촉진을 목

---

106) 西谷敏·萬井隆令 編 『労働法2(第5版)』法律文化社(2005年) 298頁.

적으로 하는 「노동재해방지단체법」(1964년), 그리고 노안위법에 의해 의무가 부과된 작업환경측정과 관련하여 작업환경측정사, 작업환경측정기관제도에 의한 적정한 작업환경의 확보를 목적으로 하는 「작업환경측정법」(1975년) 등이 있다.

한편, 노안위법상의 추상적인 규정은 '노동안전위생규칙'(이하 '노안위칙'이라 한다)에 의하여 위험 · 유해물에 대한 전반적인 안전보건기준으로 다소 구체화되어 규정되어 있다. 그리고 특정의 위험 · 유해요인에 대해서는 개별적으로 규칙을 제정하여 운영해 왔는데, 이 규정들은 모두 후생노동성이 정하는 성령(省令)으로서 이를 열거하면 다음과 같다. 1959년에 제정된 '보일러 및 압력용기 안전규칙', '전리방사선 장해방지규칙', 1960년에 제정된 '4알킬연 중독 위해방지규칙'(제정 당시에는 '4에틸연 등 위해방지규칙'), '유기용제중독 예방규칙', 1961년에 제정된 '고기압작업 안전위생규칙'(제정 당시에는 '고기압 장해방지규칙'), 1962년에 제정된 '크레인 등 안전규칙', 1967년에 제정된 '연(鉛) 중독 예방규칙', 1969년에 제정된 '곤돌라 안전규칙', 1971년에 제정된 '특정화학물질 장해예방규칙'(제정 당시에는 '특정화학물질 등 장해방지규칙), '사무소 위생기준규칙', 1971년에 제정된 '산소결핍증 등 방지규칙'(제정 당시에는 '산소결핍증 등 방지규칙')이 그것이다.

이상은 노기법 시행 후 노안위법 제정 때까지 노기법하에서 제정된 산업안전보건에 관한 규칙이다. 이것들은 그 후 노안위법 체계하에서도 계승되고 있다.[107] 그리고 1972년에 노안위법 체계로 전환된 후 새롭게 제정된 산업안전보건에 관한 규칙으로서는 다음과 같은 2개의 규칙이 있다. 1979년에 제정된 '분진 장해방지규칙'과 2005년에 제정된 '석면 장해예방규칙'이 그것이다.

한편 노안위칙 이외의 제 규칙은 '보일러 · 압력용기', '크레인 등'

---

107) 물론, 근거법이 변경되었기 때문에 제정 연월일 및 성령 번호에는 변화가 있다.

및 '곤돌라'라는 노안위법 제37조에서 말하는 특정기계 등에 관련된 3
개의 안전관계규칙을 제외할 경우, 나머지 10개 모두가 보건관계규칙
으로 되어 있다. 이것은 노기법 또는 노안위법하에서 산업안전보건규
칙의 발전이 안전관계사항(특정기계 등에 관련된 것은 제외)은 노안위
칙의 개정에 의해, 보건관계사항은 노안위칙 이외의 특별 보건규칙의
제정에 의해 각각 전개되어 왔다는 것을 보여 주고 있다. 위 3개의 특
정기계 등에 관련된 안전규칙, 10개의 특별 보건규칙에 대해서는 당해
규칙의 명칭을 보면 무엇에 대한 기준인가를 구체적으로 명확히 알 수
있지만(예컨대, 연중독 예방규칙), 이것 이외의 모든 사항을 대상으로
하는 노안위칙은 어떤 사항이 규제의 대상으로 되어 있는지를 동 규칙
의 명칭만으로는 판단하는 것이 불가능하다.

　　노안위칙 중에는 안전관계의 기준 외에도 노안위법 시행규칙적인
부분(노안위법에는 다른 법에 일반적으로 존재하는 시행규칙이 없다),
위생기준, 나아가 도급관계 등에 관한 특별규제 등도 규정되어 있다.
그리고 동 규칙의 내용을 제2편(안전기준)과 제3편(위생기준)의 목차
로 확인해 보면, 매우 광범위한 사항이 규제의 대상으로 되어 있는 것
을 알 수 있다.[108]

　　그리고 산업안전보건규칙 중에는 안전보건에 관한 기준을 규정하고
있는 규칙 외에 절차적인 것을 규정하고 있는 규칙으로서 '기계 등 검정
규칙', '노동안전컨설턴트 및 노동위생컨설턴트규칙'이 제정되어 있다.

나. 노안위법의 특징

　　노안위법은 제3조 제1항에서 사용자에게 산업재해 방지의 최저기준
(위험방지를 위한 조치기준 등)을 준수하는 것, 나아가 쾌적한 직장환

---

108) 畠中信夫 『労働安全衛生法のはなし』 中央労働災害防止協会(2006年) 31頁.

경의 실현과 근로조건의 개선, 향상을 통한 직장에서의 근로자의 안전과 건강을 확보하도록 하여야 한다고 규정하고 있다. 먼저 사용자의 책무로 특징적인 점은 최저기준 준수 외에 '쾌적한 직장환경의 실현'이 규정되어 있다는 점이다. 노안위법은 그 일층의 추진을 도모하기 위하여 1992년 개정에서 새롭게 제7장의 2(쾌적한 직장환경의 형성을 위한 조치)가 마련되어 쾌적한 직장환경의 실현을 위한 구체적인 규정을 마련하였다. 또한 일반적인 근로조건의 산업재해와의 관련을 고려하여 사용자의 책무로 '근로조건의 개선'을 규정함으로써 일반 근로조건에 의한 산업재해 예방 도모를 강조하고 있다. 이것은, 예컨대 저임금 때문에 장시간 노동을 하고, 이에 따른 집중력 저하에 의한 산업재해 발생가능성을 고려한 것이다. 이와 같은 관점에서 노안위법은 산업재해 방지를 위해서도 일반적인 근로조건의 개선이 필요함을 강조하면서, 사용자에게 이를 위한 노력을 명시적으로 요구하고 있는 것이다.[109]

노안위법이 그것의 궁극적인 목적으로서 '근로자의 안전과 건강의 확보'에 머무르지 않고 '쾌적한 직장환경의 형성을 촉진하는 것'을 아울러 내세운 것은, 단순한 안전보건대책 입법의 경계를 넘어 보다 적극적으로 쾌적한 직장환경의 형성과 향수를 추진하는 직장환경입법으로서의 특질을 보인 것이라고 말해지고 있다.[110] 현실의 직장환경이 노안위법령의 기준에 달하고 있는 경우에도 직장에는 불쾌적한 요인이 남아 있는 경우가 많다. 직장이 더럽혀 있다든지 악취가 난다든지 너무 덥거나 춥다든지 하는 경우가 이에 해당한다. 최근 기술혁신, 서비스경제화의 진전에 의한 작업형태의 변화 등에 의해 피로, 스트레스 등을 느끼는 근로자의 비율이 높아지고 있어 쾌적한 직장환경의 형성

---

109) 厚生労働省労働基準局安全衛生部 編 『わかりやすい労働安全衛生法』 労務行政(2002年) 97頁 参照.

110) 金子正史・西谷敏 編 『労働基準法(第5版)』 日本評論社(2006年) 236~237頁 参照.

이 커다란 과제로 되고 있다. 나아가 고령근로자의 증가, 여성의 경제활동 참가가 높아지고 있는 것으로부터 고령근로자나 여성에 있어서도 일하기 쉬운 쾌적한 직장환경의 형성이 점점 요구되고 있는 것을 그 배경으로 하고 있다고 생각된다.

노안위법은 상기의 목적을 구현하는 조치의 구체화를 기본적인 축으로 하여 다음과 같은 추가적인 특징을 갖고 있다.[111] 첫째, 노안위법의 많은 규정에서는, '사업주'가 의무 주체로 되어 있다.[112] 사업주란 '사업을 행하는 자로서 근로자를 사용하는 자'(제2조 제3호)를 말하는 바, 법인기업의 경우에는 당해 법인 그 자체, 개인기업의 경우는 개인 경영주이다. 이것은, 노기법의 '사용자'와는 달리 사업경영의 이익의 귀속 주체를 의무 주체로서 파악함으로써 그 안전보건상의 책임을 명확히 한 것이다.[113]

둘째, 산업안전보건기준은 노기법과는 달리 사용종속관계하에서의 최저기준의 설정에 머무르지 않고, 그 전 단계인 제조단계, 양도 등의 근로과정 이전 단계에 있어서의 산업안전보건기준 및 중층적 근로관계에 있는 사용자가 강구하여야 할 산업안전보건기준을 포함하고 있다.

셋째, 사용자의 산재예방책임에 근거한 안전보건관리체제의 조직화가 의무화되어 있다(제10조~ 제19조의 2). 산업재해 예방은 사업운영에 대해 책임을 지는 경영수뇌의 자각적인 산재예방대책이 수반되지 않으면 실효를 거두기 어렵다. 그래서 노안위법은 사용자의 산재예방책임을 사업경영의 책임자를 정점으로 하는 관리책임체제로서 정비하

---

111) 이하에 대해서는 주로 金子・西谷編・前揭注(109)書 237頁 参照.

112) 일본의 노안위법은 '사용자'가 아니라 '사업주'(엄밀하게는 '사업자')라는 용어를 사용하고 있지만, 이 책에서는 비교대상국가 간의 용어사용의 통일을 위하여 기본적으로 '사용자'라는 용어를 사용하고, 구체적인 법률조문에 근거하여 설명할 때에만 '사업주'라는 용어를 사용하는 것으로 한다.

113) 1972.9.18. 発基 91号.

는 한편, 종합적인 산재예방대책의 일환으로 명확히 한 것이다.

넷째, 노안위법은 벌칙을 수반한 최저기준 외에 노기법에서 찾아보기 어려운 규정으로서,[114) 의무 주체인 사용자에게 방향성을 제시하는 많은 노력의무규정과 배려의무규정을 포함하고 있는 특징을 가지고 있다. 노력의무는 제4조, 제19조의 3, 제60조의 2, 제65조의 3, 제69조 제70조, 제71조의 2에, 배려의무는 제3조 제3항, 제31조의 2 제2항, 제28조 제2항, 제71조 제2항에 각각 규정되어 있다.

다섯째, 노안위법은 근로자의 안전과 건강을 확보하기 위하여, 사용자로 하여금 단순히 근로자의 건강장해를 방지한다는 관점뿐만 아니라, 한층 나아가 심신 양면에 걸친 적극적인 건강유지증진을 목표로 필요한 조치를 강구하도록 하기 위한 적극적인 규정을 두고 있다. 대표적으로, 제69조 제1항은 "사업자는 근로자에 대한 건강교육 및 건강상담, 기타 근로자의 건강의 유지증진을 도모하기 위하여 필요한 조치를 계속적이고 계획적으로 강구하도록 노력하여야 한다."라고 규정하고 있고, 또 제70조에서도 "사업자는 전조 제1항에서 정하는 것 외에 근로자의 건강의 유지증진을 도모하기 위하여 체육활동, 레크리에이션, 기타의 활동에 대하여 편의를 제공하는 등 필요한 조치를 강구하도록 노력하여야 한다."라고 규정하고 있다. 이들 조문에서 핵심어로 나오는 '건강의 유지증진'이라는 사항은, 근로생활뿐만 아니라 인생 전반에 걸쳐 쾌적한 생활을 영위하기 위한 기초가 되는 '건강'이라는 것을 유지하고 증진시키기 위한 것으로, 앞에서 언급한 '쾌적한 직장환경의 형성'과 나란히 '직장에서의 근로자의 안전과 건강의 확보'(노안위법 제1조 참조)의 범위를 초과하는 적극적인 개념이다. 이것은 사항의 성질상 사용자에게 강제적으로 의무지울 수 있는 것은 아니라고 생각된다.

---

114) 노기법은 노력의무규정으로 1개 조문(제1조 제2항)만을 두고 있을 뿐이다.

II. 산안법상 근로자의 법적 지위 개관

1. 독 일

가. 근로자 권리의 이중적 효력

1) 개 설

근로관계는 사용자와 근로자의 권리와 의무로 구성된 상호 관계이다. 근로계약에 근거하여 또는 이것과 관련되어 발생하는 권리와 의무는 다양한 것이 있는 것으로 이해되고 있다. 근로자의 주된 의무는 근로제공의무이고, 부수적 의무(Nebenpflicht)로는 영업상의 비밀준수의무, 경업금지의무 등이 있으며, 사용자에 대한 일반적 성실의무도 이것에 해당된다. 사용자의 주된 의무는 보수지불의무이고, 부수적 의무로는 휴가제공의무, 노령연금보장의무 등이 있으며, 안전한 직장의 제공의무, 즉 보호의무(Schutzpflicht)도 이것에 해당된다.[115] 이와 같이 독일에서는 근로관계를 주된 급부의무와 이것 이외의 광의의 부수의무로 구분하고, 보호의무로서의 안전배려의무는 이 광의의 부수의무에 속하는 것으로 이해하는 것이 일반적 견해이다.

산업안전보건을 비롯한 노동보호는 사용자의 국가에 대한 공법상의 의무일 뿐만 아니라, 근로자에 대한 계약상의 부수의무이기도 하다. 이 구별은 독일에서의 근로자의 안전보건에 관한 권리의 이른바 '이중적 성격'(Doppelnatur)을 이해하기 위하여 매우 중요하다. 「민법전」 제618조 및 제619조의 산업안전보건 관련 규정과 관련하여 산업안전보건을 충족하는 직장에 대한 근로자의 개인적 권리가 근로계약에 근거하여 발생하는 한편, 그것에 추가하여 근로자의 공법상의 권리(특히 「

---

115) Vgl. Brox/Rüthers/Henssler, Arbeitsrecht, 16. Aufl., 2004, SS. 68ff. und 94ff.

노동안전보건기본법」제17조)[116)]가「노동안전보건기본법」및 기타의 산업안전보건규정에 근거하여 발생한다.[117)]

이와 같이 독일에서 사용자가 공법상의 산업안전보건 규정에 의해 부담하는 의무는 사용자의 공법상의 의무임과 동시에 제618조를 매개로 하여 근로자에 대한 근로계약상의 의무가 된다. 제618조를 통해 공법상의 사용자의 산업안전보건 규정은 계약상의 규율대상이 될 수 있는 한 근로계약으로 전환된다. 현재 독일의 지배적 견해에 의하면, 사용자의 안전배려의무 위반으로 근로자의 생명 또는 건강에 침해가 발생한 경우 근로자는 사용자를 상대로 손해배상을 청구할 수 있으며, 사용자가 안전배려의무를 이행하지 않는 경우, 근로자는 산업안전보건에 맞는 작업환경을 조성할 것을 청구할 수 있고, 이러한 작업환경이 마련될 때까지 노무제공을 거절할 수 있다.[118)]

독일의 지배적 견해는 사용자의 안전배려의무를「민법전」제242조의 신의성실의 원칙으로부터 도출되는 일반적인 계약상의 부수의무로 보고 있다. 이것은 사용자의 안전배려의무가「민법전」제618조가 없더라도 제242조의 신의성실의 원칙으로부터 직접 도출될 수 있다는 것을 의미한다.[119)]

---

116) 독일에서의 공법상의 권리란 공법에 규정된 권리를 가리킨다.「노동안전보건기본법」에 규정된 대표적인 근로자 권리로는, 자신 또는 타자에 대한 직접적인 위험 시 위험회피 및 손해경감을 위해 근로자 자신이 적당한 조치를 취하고 이에 대한 지도를 받을 권리(제9조), 중대하고 직접적인 위험 시 작업장에서 이탈할 권리(제9조), 건강위험 시 산업의학적 진단을 받을 권리(제11조), 근로시간 동안 작업장에서 안전과 건강보호에 대한 지도를 받을 권리(제12조), 안전과 건강보호 문제에 대한 제안권(제17조), 사용자에 대한 성과 없는 고충제기 후 관할당국에 고충제기할 권리(제17조)가 있다(vgl. Kollmer/Vogl, Das Arbeitsschutzgesetz, 2. Aufl., 1999, S. 76).

117) Kollmer, a. a. O.(Fn. 66), Rdnr. 227.

118) Müller Glöge/Schumidt/Preis(Hrsg.), Erfurter Kommentar zum Arbeitsrecht, 11. Aufl., 2011, §618 BGB Rdnr. 23ff.

119) Richardi/Wlotzke(Hrsg.), a. a. O(Fn. 67), §209, Rdnr. 15.

관련 규정의 준수와 관련해서는, 노동보호관청에 의해 감시되는 공법상의 권리를 둘러싼 법적 다툼은 행정법원을 통해 이루어지고, 산업안전보건규정의 준수에 대한 근로계약상의 청구권이 침해되는 경우에는 근로자는 노동법원에 소송을 제기할 수 있다.

2) 근로계약상의 사용자 의무에 근거한 근로자 권리

근로계약의 의미는 일차적으로 사용자와 근로자 간의 급부의 교환이다. 근로자는 노무를 제공하는 의무가 있고, 사용자는 그 대신에 보수를 지불하여야 한다. 근로계약의 이행도 모든 종류의 계약에 일반적으로 적용되는 「민법전」 제242조가 규정하는 신의성실의 원칙에 따라 행해져야 한다. 계약 당사자는 근로관계에 있어서 급부의 제공 및 수령을 하는 데 있어서, 객관적으로(거래의 관습을 고려하여) 보다 중요한 자신의 이익을 해하도록 강제되지 않는 한에 있어서 계약 상대방의 이익을 배려하여야 한다.[120] 노동법에서 계약 상대방의 보호가치가 있는 이익을 보호할 의무(이른바, 보호의무)는 이전에는 근로자의 '충실의무'(Treupflicht) 및 사용자의 '배려의무'(Fürsorgepflicht)로 자주 지칭되었다.[121]

사용자의 의무를 구체적으로 말하면, 근로자가 근로제공을 하는 데 있어서 사용자는 근로자의 신체 및 생명에 손상이 발생하지 않도록 근로조건을 형성(적절한 보호조치를 강구)하여야 한다는 것을 의미하며, 이와 같은 사용자의 보호의무를 안전배려의무라 한다. 근로자는 이 안전배려의무를 근거로 사용자를 대상으로 직장, 원재료·도구 그리고 취업의 시간적 상황 또는 요구되는 성과의 양 모두에 대해 그의 건강

---

120) Kollmer/Klindt(Hrsg.), ArbSchG Arbeitsschutzgesetz mit Arbeitsschutzverordnungen, 2. Aufl., 2011, §17 Rdnr. 1.

121) Söllner, Grundriss des Arbeitsrechts, 13. Aufl., 2002, S. 279.

이 침해되지 않도록 요구할 권리가 있다.[122]

안전배려의무의 성질을 둘러싼 독일의 학설은 1960년대를 분기점으로 하여 크게 변화하여 왔다. 1960년대까지는 안전배려의무는 사용자의 배려의무의 한 형태이고, 배려의무는 '인격법적 공동체관계'로서의 근로관계의 근간에 존재하는 '기본의무'로 이해되었다. 그러나 1970년대 초반부터 안전배려의무를 근로관계의 기본의무인 배려의무로 자리매김하는 이론으로부터, '채권법상의 성격을 가진 교환관계'의 부수의무, 즉 노무급부와 임금지불의 쌍무적 채무관계에 부수하는 의무 또는 보호의무로 이해하는 이론으로의 전환이 이루어져, 현재는 이 견해가 지배적이다.[123]

그러나 이러한 안전배려의무에 대한 자리매김의 변경에도 불구하고 안전배려의무의 내용에 대해서는 거의 변화는 보이지 않고 있다. '교환관계' 이론의 옹호자가 도달한 결론은 결과적으로는 종래의 이론과 동일하고 '충실과 배려'로부터 도출된 개별적 의무가 이번에는 「민법전」 제242조에 근거한 부수의무로 기초 지어진 것에 지나지 않은 것으로 판단된다.[124]

한편, 안전배려의무의 법적 성격을 보호의무(또는 부수의무)로 파악하는 것은 그 이행청구 가능성의 부정으로 연결되는 것은 아닐까 하는 의문에 대하여, Larenz 교수는 보호의무는 기본적으로 이행청구할 수 없지만 당사자의 합의가 있는 경우 및 법률에 정해져 있는 경우에는 '법정의 종된 급부의무'로 높아진다고 하면서 이러한 경우의 하나로서 제618조의 안전배려의무를 언급하고 있다.[125] 이러한 이론은 안전배

122) Kollmer/Klindt(Hrsg.), a. a. O.(Fn. 120), §17 Rdnr. 2.

123) 김형배, 앞의 각주(31)의 책, 597~598쪽 참조.

124) Däubler, Das Arbeitsrecht 2, 10. Aufl., 1995, S. 367.

125) 潮見佳男 『契約規範の構造と展開』 有斐閣(1991年) 63頁.

려의무를 산업안전보건법규와 등치시키고, 나아가 근로자가 안전배려의무에 근거하여 이행청구할 수 있는 내용을 산업안전보건법규의 그것과 일치시키는 결과를 낳았다.[126]

이러한 견해에 대하여 보호의무라 하더라도 이행청구할 수 있다는 견해 또는 단적으로 보호의무를 '계약외적·법정 급부의무'라는 견해가 제창되고 있다. 이 견해는 보호의무에 관한 지금까지의 이해, 즉 급부의무와 구분된 의미에서의 보호의무의 이해에 재검토를 촉구하는 것으로서, 안전배려의무의 소구가능성을 산업안전보건법규와의 엄격한 결합으로부터 분리하고 민법전의 일반이론으로부터 전개하는 것이다. 그리고 이 이론은 안전배려의무가 산업안전보건법규가 정하는 내용을 초과하거나 산업안전보건법규에 정함이 없는 내용을 포함할 수 있다는 것을 시사한다.[127]

작업거절권의 경우 독일에서는 그 근거를 일찍부터 「민법전」 제273조의 '채권법상의 이행거절의 항변권'(Zurückbehaltungsrecht, 이하 '채권법상의 이행거절권'이라 한다)[128]에서 찾는 방법에 의해 안전배려의무가 급부의무인지와 관계없이 이것을 일반적으로 널리 인정하여 왔다.

결론적으로, 현재 독일의 지배적 견해는 안전배려의무의 법적 성격을 보호의무(부수의무)로 이해하면서 손해배상청구권 외에 이행청구권과 작업거절권을 승인하고 있다. 이것은 이행청구권과 작업거절권의

---

126) 鎌田耕一「ドイツにおける使用者の安全配慮義務と履行請求」釧路公立大学社
   会科学研究 6号(1994年) 47~48頁 参照.

127) 鎌田・前掲注(126)論文 70頁 参照.

128) Zurückbehaltungsrecht는 우리나라 학계에서 아직 정립되지 않은 개념으로서 이에
   대해서는 우리나라 법체계를 고려하여 나름대로 명명할 필요가 있는바, 이를 (채
   권적)유치권으로 번역할 수도 있지만 Zurückbehaltungsrecht이 동시이행의 항변권
   과 함께 계약 상대방의 채무불이행을 이유로 하는 대인적 항변권으로서의 채권
   으로 구성되어 있는 독일과 달리, 우리나라에서는 유치권이 담보물권의 일종으
   로 되어 있는 점을 감안할 때 Zurückbehaltungsrecht는 '채권법상의 이행거절의
   항변권'(약칭으로는 '채권법상의 이행거절권')으로 번역·명명하기로 한다.

존부가 급부의무·보호의무의 의무구분을 반드시 전제조건으로 하는 것은 아니라는 것을 시사한다.

3) 공법상의 산업안전보건규정에 근거한 근로자의 권리

사용자의 의무를 구체화화는 것은 국가의 임무이다. 근로자의 존엄과 신체적 건강을 보호하고(기본법 제1조 제1항,[129] 제2조 제2항 제2문[130]) 기본법 제20조 제1항(및 제28조 제1항 제1문)의 사회국가 원리를 유지하기 위하여, 국가는 최소한 산업안전보건상의 중요한 기준을 미리 정하여야 한다. 민법전은 제619조(배려의무의 강행성)에 의해 강행적 성격을 가진 제618조에서 사용자에게 근로자의 안전보건상의 기본적 권리를 보장하여야 할 의무(안전배려의무)를 일반조항의 형태로 다음과 같이 규정하고 있다. "노무청구권자는, 그가 노무의 수행을 위하여 제공하여여 하는 작업공간, 시설 및 기계를 설치·유지하고 자신의 명령 또는 지시하에서 이루어지는 노무급부를 지휘함에 있어서, 노무급무의 성질상 허용되는 한, 노무제공의무자가 생명 및 건강에 대한 위험으로부터 보호되도록 하여야 한다." 산업안전보건을 위한 사용자의 근로계약의 부수의무로 이해되고 있는 이 안전배려의무는 일반적으로 산업안전보건법규 및 산재보험조합의 산재예방규칙과 같은 노동보호규범(Arbeitsschutznormen)에 의하여 구체화된다.[131]

따라서 사용자의 산업안전보건에 관한 근로계약상의 부수의무는 공법상의 규정에 의하여 구체화되는 한편, 구체화를 위하여 창설된 공법

---

129) 제1조(인간존엄의 보호) ① 인간의 존엄은 불가침이다. 이를 존중하고 보호하는 것은 모든 국가권력의 의무이다.

130) 제2조(일반적 인격권) ② 누구든지 생명권과 신체를 훼손당하지 않을 권리를 가진다. 신체의 자유는 불가침이다. 이 권리들은 법률에 근거하여서만 제한될 수 있다.

131) Kollmer/Klindt(Hrsg.), a. a. O.(Fn. 120), §17 Rdnr. 3.

상의 규정은 부수의무로서 근로계약상의 내용이 된다고 해석된다.[132] 그 결과, 사용자는 근로계약에 근거해서도 공법상의 안전보건규정을 준수하도록 하는 의무를 부담하는 것이다.[133]

나아가 공법상의 규정은 최저기준이므로 경우에 따라서는 공법상의 규정을 넘어 사용자의 계약상의 보호의무가 발생할 수 있다. 판례 중에는 산업안전보건법규를 초과하는 내용의 의무도 안전배려의무에 포함되는 것으로 긍정하는 것도 적지 않게 발견된다.[134] 학설의 다수도 산업안전보건법규가 규정하고 있지 않더라도 특별한 보호 필요성이 존재하는 경우에는 안전배려의무(보호의무)가 발생할 수 있다고 보고 있다.[135] 예를 들면, 일반인에게는 단지 불쾌감에 그치는 정도의 담배 농도이더라도 특별한 감수성을 가지는 근로자에게는 유해한 경우 당해 근로자는 그에게 적합한 조치를 청구할 수 있게 된다. 이것은 계약상의 안전배려의무가 공법상의 규정에 한정되지 않는다는 것을 의미한다. 결국 안전배려의무는 개별 근로계약에 근거하여 성립하는 의무이므로, 이 점에서 일반적인 산업안전보건법규의 기준과 개별 근로자의 보호필요성 간의 괴리를 메우는 기능을 하고 있다고 말할 수 있다.

그리고 위 기본법의 규정을 바탕으로 근로자의 산업안전보건에 관한 공법상의 권리가 「노동안전보건기본법」 등 여러 산업안전보건 관계법령에 다양하게 구체적으로 규정되어 있다. 예를 들면, 근로자대표기구인 종업원대표를 규율하고 있는 사업장조직법[136]에서는 근로자대

---

132) 따라서 공법상의 규정을 위반한 급부를 약속한 계약내용은 독일 「민법」 제134조(법률상 금지)에 따라 무효가 된다(박종희 외, 앞의 각주(31)의 연구보고서, 173頁).

133) Kollmer/Klindt(Hrsg.), a. a. O.(Fn. 120), §17 Rdnr. 4.

134) VG Bremen v. 28. 6. 1976, ZB 1976, S. 290; LAGBadenWürttemberg v. 9. 12. 1978, DB 1978, S. 213; BAG v. 17. 2. 1998, DB 1998, S. 2068 usw.

135) Brox/Rüthers/Henssler, a. a. O.(Fn. 115), S. 104; Löwisch, a. a. O.(Fn. 77), S. 278 usw.

136) 「사업장조직법」은 종업원대표의 법적 지위를 중심으로 구성되어 있고 개별 근

표인 종업원대표에 대한 권리뿐만 아니라 개별 근로자에 대해서도 정보수집 청구권, 정보개시(開示) 청구권(제81조), 의견표명권, 제안권, 협의 참가권(제82조) 및 고충제기권(제84조) 등이 규정되어 있다.[137]

나. 사업장의 안전보건에 관한 일반적 권리

1) 영업법과 노동안전보건기본법[138]

1996년의「노동안전보건기본법」의 시행 전에는 공법상의 산업안전보건법규의 중심적 내용은「영업법」에 규정되어 있었다. 그중에서도 작업환경 정비의 일반의무조항으로서의 성격을 가지는「영업법」제120a조는 독일 산업안전보건법 체계에서 매우 중요한 위치를 차지하고 있었다. 사용자는「영업법」제120a조의 규정에 의하여 그의 근로자가 생명·건강에 대한 위험으로부터 보호될 수 있도록 그의 작업공간, 경영설비, 기계 및 기구를 기업의 성격이 허락하는 범위에서 정비, 관리 및 규제하는 의무가 부과되어 있다.

산업안전보건에 대한 이 기본의무는 현재는「영업법」제120a조를 대체하는「노동안전보건기본법」제3조에 명확히 표현되어 있다. 그리고 2003년 3월 1일에 시행된 영업법 개정법률에 의해, 동법 제7장의 노동법 관련 규정은 29개 조문으로부터 6개 조문으로 축소되었고, 산업안전보건 관련 규정은「영업법」에는 더 이상 포함되지 않게 되었다. 「노동안전보건기본법」은 종래의「영업법」제120a조와는 달리 산업안

로자의 법적 지위는 상대적으로 약하게 구성되어 있다.

137) 2005년 3월에 종업원대표를 대상으로 실시한 전화인터뷰 조사에 의하면, 종업원대표에게 가장 주요한 주제로는 안전보건/건강증진으로 조사되었는데, 민간부문 응답 사업장 2,007개소의 주제별 응답 분포(중복 응답)에서 안전보건/건강증진이 74%로 가장 많았다(WSI Mitteilungen, 6/2005, S. 296).

138) 이 부분의 서술은 주로 Kollmer/Klindt(Hrsg.), a. a. O.(Fn. 120), §17 Rdnr. 7. 8 und Kollmer, a. a. O.(Fn. 66), Rdnr. 228~229에 의한다.

전보건에 관한 근로자의 권리를 순수한 영업분야를 넘어 모든 활동영역으로 확대하였다. 「노동안전보건기본법」은 또한 「영업법」에 규정된 산업재해 방지라는 보호목적을 넘어, 노동이 원인인 건강위험의 방지와 인간적인 노동을 형성하는 조치의무를 추가하여 규정하고 있다. 근로자는 노동에 의하거나 노동하는 데 있어서 발생 가능한 건강위험에 대해서 사용자에 의해 전반적으로 보호받을 권리를 가진다. 그리고 이 보호에 있어서는 노동을 하는 과정에서 근로자의 안전보건에 영향을 미치는 모든 사정이 고려되어야 한다.

2) 산업안전보건조치에 대한 일반적 권리[139]

노동에 관련하는 모든 측면에서 근로자의 안전보건에 관한 사용자의 의무를 규정하고 있는 'EU 산업안전보건 기본지침'의 제5조 제1항 (동 규정은 「노동안전보건기본법」에 포함되었다)에 입각하여 판단하면, 노동에 미치는 모든 영향이 안전보건조치에 대한 근로자 권리의 근거가 될 수 있다. 그런데 입법자에 의하여, '모든 측면'('EU 산업안전보건 기본지침' 제5조 제1항)에 대신하여 '상황'('노동안전보건기본법」 제3조 제1항)이라는 개념이, 그리고 '관련되는'('EU 산업안전보건 기본지침' 제5조 제1항)에 대신하여 '영향을 미치는'('노동안전보건기본법」 제3조 제1항)의 개념이 각각 사용되었기 때문에,[140] 일정한 안전보건조치에 대한 근로자의 권리는 모든 경우에 부여되는 것은 아니라는 것이 명확하게 되었다. 다시 말해서, 근로자에 미치는 구체적인 영향이 실제로 확인될 수 있어야 하는 것이 근로자가 사용자에 대하여 상응하

---

139) 이 부분의 서술은 주로 Koll/Mozet/Janning, Arbeitsschutzgesetz Kommentar für die betriebliche und behördliche Praxis, 1997, §3 Rdnr. 7에 의한다.

140) 「노동안전보건기본법」 제3조 제1항 제1문은 다음과 같이 규정하고 있다. "사용자는 취업자가 노동을 할 때 취업자의 안전보건에 영향을 미치는 상황을 고려하여 필요한 노동보호조치를 강구하여야 한다."

는 청구를 하기 위하여 필요한 조건이다. 그리고 근로자의 청구권은 「노동안전보건기본법」 제3조 제1항 제1문이 규정하는 안전보건조치가 필요한지에 의해서도 좌우된다고 이해되고 있다.

다. 근로자의 의무

독일에서는 다른 채무관계와 마찬가지로 근로관계에서도 재산적 가치를 가지는 급부(근로와 임금)의 교환이라는 점을 초월하여 상대방을 고려할 의무가 있다. 이 같은 의무의 범위는 채무관계의 유형에 따라서 정해지는 것이지만, 근로관계의 경우에는 계약 당사자 간에 인격적 종속성이 강하기 때문에 더욱더 중요한 의미를 갖는다. 근로자에게 성립되는 고려의무(Pflicht zur Rücksichtnahme)는 흔히 성실의무(Treupflicht)라고 지칭된다.[141] 그런데 현재 독일에서는 이 성실의무가 과거의 '인격법적 공동체관계론'에서 제시되었던 포괄적인 의무로서 인정되는 것이 아니라, 개별구체적으로 그 의무의 내용과 범위가 확정되어야 한다는 생각이 지배적이다.

이 경우, 개별사례에서 이행의무가 어디까지 미치느냐에 대하여 일률적으로 말할 수는 없을 것이다. 무엇보다 회사 내에서 근로자가 차지하고 있는 직무(위치)가 결정적인 의미를 갖는다. 근로자에 대해 부여하고 있는 신뢰가 크면 클수록 사용자의 이익을 고려하여야 할 근로자의 의무도 보다 많이 요청된다.[142]

한편, 독일에서 산업안전보건에서의 근로자의 법적 지위, 즉 개별근로자의 권리와 의무에 관한 규정은 「노동안전보건기본법」이 제정되면서 비로소 체계적으로 규정되었다.[143] 「노동안전보건기본법」 제15조

---

141) Brox/Rüthers/Henssler, a. a. O.(Fn. 115), S. 78.

142) A. a. O.

내지 제17조는 독립적으로 그리고 다른 법규를 보충하여 개별근로자의 의무와 권리를 규정하고 있다. 그중 특히 근로자의 의무는 「노동안전보건기본법」 제15조와 제16조에 규정되어 있는바, 제15조는 근로제공 시 가능한 한 사용자의 정보제공과 지시에 따라 자신의 안전과 건강에 주의를 기울일 의무와 이 범위에서 기계・기구, 장비 및 개인보호장구를 규정에 따라 사용할 의무를, 제16조는 직접적이고 중대한 위험 및 안전보건상의 결함을 지체 없이 신고할 의무와 산업의・안전관리자와 협력할 의무 등을 각각 규정하고 있다. 이러한 개별근로자의 권리와 의무는 'EU 산업안전보건 기본지침' 제11조 및 제13조가 국내법에 반영된 결과이다. 「노동안전보건기본법」 제15조 내지 제17조는, 특히 「노동안전보건기본법」 제9조, 11조, 12조 및 제14조에서 사용자의 의무로 표현된 특별위험상황, 산업의학적 배려, 지도(Unterweisung) 및 공적 업무(öffentliche Dienste) 종사근로자에의 통지(Unterrichtung)에 대한 근로자의 개별적 권리를 보충한다.[144]

「노동안전보건기본법」이 정하고 있는 근로자의 권리와 의무는 동법 제1조 제1항 제1문에서 정하는 모든 활동영역에 적용되고, 이와 함께 「사업장조직법」 또는 공공부문직원대표법(Personalvertretungsgesetz)의 적용범위에 들어 있지 않은 사업장에도 적용된다. 「노동안전보건기본법」의 규정 외에도 다수의 개인적 권리와 의무가 개별적인 산업안전보건법규에 규정되어 있다.

이 모든 근로자의 권리와 의무는 공법적 성격을 가짐과 동시에 상호적인 근로계약상의 채무의 구성요소이기도 하다.[145]

작업장에서의 특별한 위험의 안전에 기여하는 다수의 기타 법규 역

---

143) Kollmer, a. a. O.(Fn. 66), Rdnr. 208.

144) Kittner/Pieper, Arbeitsschutzrecht, 3. Aufl., 2006, §15 Rdnr. 1.

145) Kittner/Pieper, a. a. O.(Fn. 144), §15 Rdnr. 2.

시 근로자의 개인적 권리와 의무를 포함하고 있다. 예를 들면, 유해위험물질 보호령, 「사업장조직법」, 단말기 작업 시 안전보건령 등은 지도, 통지, 산업의학적 배려 등 「노동안전보건기본법」 상의 일반적 규정에 대한 사용자의 특별한 의무와 여기에서 도출될 수 있는 근로자의 권리를 구체화하고 있다. 이들 권리는 'EU 산업안전보건 기본지침'과 그 이전에 통과된 EU의 산업안전보건지침, 특히 'EU 산업안전보건 기본지침'에 근거를 두고 있다.

게다가 피보험자의 일반적인 의무가 「모성보호법」, 「청소년노동보호법」, 「근로시간법」 등 사회적 노동보호법규 및 법정 재해보험법에 간접적으로 규정되어 있다. 피보험자는 가능한 범위에서 산업재해, 직업병 및 업무 관련성 건강위험의 방지조치 및 효과적인 응급조치를 원조하고 이것에 대응하는 사용자의 지시에 따라야 한다(「사회법전」 제7편 제21조). 이들 의무는 산재예방규칙의 총칙 제15조 내지 제18조 (BGV A1) 및 본 규칙의 기타 규정에 의해 구체화된다.

이러한 근로자의 개인적 권리와 의무는 그들의 이해관계 대변자(종업원대표, 공공부문직원대표) 및 사업장 내 산업안전보건 전문가(산업의, 안전관리자, 안전관리위원 및 이들과 협력하는 기타 관리위원)의 권리와 의무에 의해 보충되고 있다.[146]

근로자가 산업안전보건에 대하여 사용자와 더불어 공동책임이 있다는 것이 지금까지의 기본원칙이다. 이 경우 근로자의 의무로는 기술적인 작업수단의 규정에 적합한 조작 또는 제공된 개인보호장비의 지시에 맞는 사용과 같은 전형적인 요청만이 중요한 것이 아니다. 근로자는 사용자의 의무의 이행을 오히려 폭넓게 지원하여야 한다(「노동안전보건기본법」 제16조 참조).

피해예방은 피해보상에 우선한다. 근로자가 안전에 적합하게 행동

---

146) Kittner/Pieper, a. a. O.(Fn. 144), §15 Rdnr. 3.

하지 않으면 최선의 안전조치라 하더라도 제 기능을 하지 못한다. 근로자도 작업장의 안전보건이 확보되는 데 기여하여야 한다. 이러한 이유로 「노동안전보건기본법」 제15조 제1항 제1문은 근로자에게 가능한 한 그리고 사용자의 지시에 따라 작업장의 안전보건에 배려할 의무를 부과하고 있다. 이 원칙은 종래 근로계약상의 부수의무로 적용되어 왔지만, 「노동안전보건기본법」 제15조에 의해 처음으로 공법상의 의무로 되었다.147)

2. 미 국

가. 근로자의 권리

OSH Act를 제정할 때, 의회는 안전보건을 확보하는 데 있어서 근로자 및 그 대표가 수행할 역할의 중요성을 인식하고 법체계의 사실상 모든 측면에서 그들의 충분하고 적극적인 참가를 명확하게 규정하였다.148) OSH Act는 사용자와 근로자에게 안전하고 건강한 근로조건을 확립하는 것에 관하여 각각 독립되어 있으면서도 서로 관련되어 있는 책임과 권리를 부여하고 있다[제2조(b)(2)]. 의회는, "고용의 장에서의 산업안전보건상의 유해위험요소의 수를 감소시키고자 하는 사용자와 근로자의 노력을 조장하는 것에 의하여", 그리고 "고용으로부터 발생하는 상해와 질병을 감소시키기 위한 노사 합동의 노력을 촉진하는 것에 의하여", "미국 내에서 일하는 모든 사람에 대하여 안전하고 건강한 근로조건을 가능한 한 확보한다."는 OSH Act의 목표가 달성될 수 있을 것이라고 밝히고 있다[제2조(b), (b)(13)].

---

147) Kollmer, a. a. O.(Fn. 66), Rdnr. 209.

148) R. S. Rabinowitz et al., Occupational Safety and Health Law 546(2nd ed. 2002).

의회의 의도에 부응하여, OSH Act는 근로자 및 그의 대표에 도움이 되는 다양한 권리를 직접적인 법률상의 권리(공법상의 권리)로서 명기하고 있다. 이 권리는 감독과정 및 법 집행절차 참가권, 신고권, 알 권리, 작업거절권 등을 포함하고 있다.[149] 이 중 감독과정 및 법 집행절차 참가권은 사용자의 의무와 상관되어 있지 않고 근로자에게 당해 권리를 명시적이고 직접적으로 향유하게 하는 내용으로 구성되어 있다. 그리고 알 권리에는 유해위험정보를 수동적으로 받을 권리뿐만 아니라 재해기록 등에의 접근권(access권), 유해물질 노출 모니터링에의 참관권과 같은 주체적·적극적인 권리도 포함되어 있다. 다른 한편 일반의무조항은 그 적용범위가 광범위하고 사용자의 위반에 대하여 벌칙도 수반되어 있는 점에서, 동 조항도 근로자의 권리의 확보에 큰 역할을 하고 있다고 말할 수 있다.

OSH Act가 안전보건에 관하여 참가권을 중심으로 많은 법률상의 권리를 명시적으로 규정하고 있는 것에 대하여, 동법은 순수한 공법인 관계로 근로자에게 그것에 근거하여 민사소송을 제기할 수 있는 사소송권(private right of action)은 부여하고 있지 않다고 해석되고 있다. 그 근거는, "본법의 어떠한 조문도 노동에 기인하거나 그 과정에서 발생되는 근로자의 부상, 질병, 사망에 관하여 「산업재해보상보험법」을 대신한다거나 어떠한 의미에서도 그것에 영향을 준다고 해석되어서는 안 되고, 또 보통법이나 각종의 법에 근거하는 사용자와 근로자의 제정법상의 권리·의무 또는 책임을 다른 어떤 의미에서도 확대 또는 감소시킨다거나 그것에 영향을 준다고 해석해서는 안 된다."는 규정이다[OSH Act 제4조(b)(4)].

판례도 적지 않은 판결[150]에서 OSH Act가 동법 위반에 대하여 근

---

149) *Id.* at 547.

150) Byrd v. Fieldcrest Mills, inc., 496 F.2d 1323(4th Cir. 1974); Russell v. Bartley, 494

로자에게 사(私)소송권을 인정하지 않고 있다고 판시하고 있는데, 그 이유로서는 대별하여 두 가지가 주장되고 있다. 그 하나는 OSH Act의 실시를 위하여 설치된 광범위한 행정기구와 동법 제4조(b)(4)의 문언으로부터 추정되는 의회의 의도이고, 또 다른 하나는 현실적으로 산업안전보건행정은 OSH Act의 정책을 충분히 이행하고 있다는 실제적 판단이다.151)

한편 미국에서는 사용자가 제정법상의 의무 외에 보통법상 '근로자의 안전에 합리적인 배려를 할 의무'(duty of reasonable care, 이하 '안전배려의무'라 한다)를 부담한다고 설명되어 왔다. 이 의무는 19세기 중반부터 20세기 최초의 10년에 걸쳐 법원에 의하여 형성된 것으로서,152) 이것의 구체적인 내용은 ① 안전한 작업장소를 부여하는 것, ② 안전한 기구, 도구 및 설비를 제공하는 것, ③ 합리적으로 보아 근로자가 인식할 것으로 생각되는 위험에 대하여 근로자에게 경고를 하는 것, ④ 적합한 근로자를 충분한 수만큼 갖출 것, ⑤ 작업을 안전하게 수행하도록 하기 위한, 근로자의 행동에 대한 규칙을 작성하여 이행할 것으로 구성되어 있다.153)

미국에서 이 안전배려의무는 일반적으로 불법행위의 하나의 유형인 '과실의 불법행위'(negligence)를 인정하기 위한 요건인 주의의무(duty of care)로서 인정되고 있는데, 보다 정확하게 말하면 이것은 과실의 불법행위법에서의 주의의무의 일반적 기준을 고용관계라는 특수한 상

F.2d 334(6th Cir. 1974); Skidmore v. Travelers Ins. Co., 356 F.Supp.670(E.D. La. 1973), aff'd per curiam, 483 F.2d 67 (5th Cir. 1973) Jeter v. St. Regis Paper Co., 2 OSHC 1591, 1594(5th Cir. 1973).

151) A. W. Blumrosen et al., "Injunctions against Occupational Hazards: The Right to Work under Safe Conditions", 64 Calif. L. Rev. 708(1976).

152) Blumrosen et al., supra note(151), at 708~709.

153) Rothstein, supra note(102), at 590; J. B. Hood, et al., Workers Compensation and Employee Protection Laws 1(1990).

황에 입각하여 구체화한 보다 특정된 의무라고 말할 수 있다.[154] 사용자의 동 의무의 위반에 의하여 근로자에게 재해가 발생한 경우, 근로자는 원칙적으로 과실의 불법행위 소송에 의해 손해배상청구를 할 수 있다. 그러나 「산업재해보상보험법」의 배타적 구제조항 때문에 근로자 측의 손해배상청구는 일부의 예외를 제외하고는 배제되고 있다. 그 때문에 근로자의 권리 확보의 관점에서 볼 때, 미국에서 안전배려의무의 의의와 역할은 한정되어 있다고 말할 수 있다.

요컨대, 미국에서는 독일 및 일본의 경우와 같이 안전배려의무를 계약상의 책임이라고 이해하는 견해는 없다. 따라서 미국에서는 사용자가 채무불이행에 근거하여 손해배상책임 등의 사법상의 책임을 추급되는 일은 발생하지 않게 된다. 그러나 불법행위법(보통법)상의 안전배려의무를 근거로 손해배상청구와 이행청구권을 제한적으로 제기할 수 있다고 해석되고 있다.

나. 근로자의 의무

미국은 사용자의 의무와 마찬가지로 근로자도 사용자에 대해 신의칙에서 도출되는 계약상의 의무를 부담하는 것은 없다. 따라서 근로자의 의무를 규명하기 위해서는 공법인 OSH Act의 규정을 확인하여야 한다.

OSH Act는 일반의무규정인 제5조(b)에서 "모든 근로자는 자기 자신의 행동에 적용되는, 이 법률에 따라 제정·공포되는 산업안전보건기준과 모든 규칙, 규정, 명령을 준수하여야 한다."라고 규정하고 있다. 그러나 이 규정에도 불구하고 OSHA의 기준을 위반하거나 다른 방법

---

154) See H. D. Thoreau, "Occupational Health Risks and the Worker's Right to know", 90 The Yale Law Journal 1803(1981); Hood, et al., supra note(153), at 1.

으로 OSH Act의 목적을 방해하는 근로자에 대해 법적인 제재를 규정하고 있지 않아 근로자들은 적용 가능한 기준, 규칙의 미준수 또는 자신의 위반행위에 대해 어떠한 법적 제재도 받지 않는다. 의회는 근로자의 의무와 관련해서는 전통적인 노사관계에 개입하는 것을 자제하여 왔다. 오히려 근로자의 안전보건기준 준수의 문제는 단체교섭과정에 맡겨진 문제이다. 산업안전보건심사위원회, 법원, 노동단체 모두 사용자에게 그들 자신의 의무를 위반한 근로자를 징계할 권리를 인정하였지만, 사용자에게 근로자의 제5조(b) 의무가 가지는 실제적인 의미는 크지 않다.155)

그렇지만 OSH Act가 벌칙이 없는 일반의무규정으로나마 근로자에게 그 자신의 행위에 적용되는 모든 안전보건규정(safety rules) 및 규칙(regulations)을 준수하도록 특별히 요구하고 있는 것은 개별기업 내부규정을 통하여 근로자에게 간접적으로 영향을 미치고 있다. 사용자는 근로자로 하여금 자신의 의무를 준수하도록 하기 위하여 비협조적인 근로자에 대한 제재를 포함하여 가능한 모든 조치를 취하여야 한다.156) 일반적으로 근로자의 예측 불가능한 위반행위에 대한 사용자 측의 항변(defense) 요소로 다음 4가지 기준이 제시되고 있다. ① 사용자가 근로자의 위반을 방지할 목적의 안전보건규정(작업규칙)을 제정하였을 것, ② 안전보건규정을 자신의 근로자들에게 충분히 전달하였을 것, ③ 근로자의 위반을 파악·발견하기 위한 조치를 취하였을 것, ④ 근로자의 위반이 발견되었을 때 위반 근로자에 대한 징계를 통하여 당해 규칙을 효과적으로 집행하였을 것이 이것에 해당한다.157)

이에 따라 사용자가 제정한 안전보건에 관한 내부규정 및 관리규칙

---

155) Nothstein, supra note(90), at 211.

156) Rothstein, supra note(102), at 309.

157) M. A. Bailey et al., Occupational Safety and Health Law Handbook 78(2nd ed. 2008).

을 준수하지 않는 근로자는 대체로 해고, 징계 등의 제재를 받게 된다. 일반적으로 사용자의 사업장 내 안전보건규정은 특히 OSHA기준을 위반할 경우 제재한다는 규정을 포함하고 있다.

그런데 OSHA의 감독매뉴얼은, 근로자의 행위가 법위반을 초래하는 경우 사용자에게 근로자 위반행위의 발생을 방지하는 데 '명백히 실행 가능한 조치'가 존재할 때만 책임이 있다고 설명한다. 따라서 사용자는 근로자의 위반행위에 대하여 엄격책임(strict liability)[158]을 지는 것은 아니다. 그러나 일반적으로 OSH Act하에서 사용자가 법적 책임을 피하기 위해서는, 근로자의 의무 위반행위가 예상할 수 없었다는 것을 입증하여야 하는 것으로 되어 있다.

한편 근로자들은 OSHA의 개별기준에서 많은 경우 다양한 유형의 개인보호구를 착용하도록 하는 등의 사항을 요구받는다. 개인보호구의 경우 이를 공급할 책임은 사용자에게 있지만, 근로자가 당해 보호구를 이용하도록 할 책임은 사용자와 근로자 양쪽에 있는 것으로 이해되고 있다.[159]

3. 일 본

가. 근로자의 권리

1) 개 설

일본의 노안위법은 「헌법」 제27조 제2항에 근거하여 국가에 대한 의무(공법상의 의무)의 형태로 사용자 등이 산재예방을 위하여 준수하

---

158) 행위자의 고의·과실의 입증을 요하지 않고, 발생한 결과에 대하여 불법행위 책임을 지우는 불법행위 책임원칙의 하나이다.

159) J. L. Hirsch, Occupational Safety and Health Handbook § 25-10(2007).

여야 할 안전보건에 관한 기준을 정하고, 사용자 등이 이것을 위반한 경우에 행정단속법규 위반으로서 이들을 처벌하는 방식으로 그 이행을 확보하고 있다. 그런데 이들 안전보건기준 중에는 안전보건에 관하여 근로자들에게 직접적으로 일정한 권리를 부여하는 규정도 없는 것은 아닌바, 이와 같은 규정에 의하여 근로자에게는 소정의 직접적인 공법상의 권리가 발생하게 된다. 그리고 노안위법은 사용자에게 많은 의무를 부과하는 형태로 근로자에게 간접적인 공법상의 권리를 부여하고 있는데, 이러한 사용자의 의무는 노안위법의 사법적 효력 또는 안전배려의무를 통해 근로자에 대한 근로계약상의 의무로 전화(轉化)되어 근로자는 사용자에 대해 사법상의 권리를 가지게 된다.

2) 사용자의 안전배려의무: 근로자의 안전배려청구권

일본에서는 전전(戰前)부터 사용자가 근로자에 대하여 근로계약상(사법상)의 안전보호의무를 부담한다는 것, 즉 근로자가 사용자를 대상으로 안전보호조치에 대한 사법적 권리를 갖는다는 것이 학설에 의해 인정되어 왔다. 1972년부터는 하급심 법원에서 안전배려의무 위반을 계약관계에서의 채무불이행으로 구성하는 재판례[160]가 출현하기 시작하였고, 1975년 최고재판소 판결(陸上自衛隊八号車両整備工場事件[161])에 의해 근로계약상의 안전배려의무의 개념이 확립되기에 이르렀다. 이후, 안전배려의무는 산업재해에 대한 사용자의 손해배상책임의 근거로서 학설·판례상 정착되어 왔다.[162] 그 과정에서 1972년 노안위법의 제정은 안전배려의무에 관한 학설·판례상의 이론의 발전

---

160) 福岡地裁小倉支部 1972.11.24. 判例タイムズ 289号 273頁; 東京地裁 1972.11.30. 判例タイムズ 288号 267頁.

161) 最三小判 1975.2.25. 最高裁判所民事判例集 29巻 2号 143頁.

162) 일본의 「노동계약법」 제5조는 지금까지의 판례·학설을 토대로 안전배려의무를 명문화한 것이다.

을 자극하고 촉진하였다. 그리고 2007년 「노동계약법」(제5조)은 이러한 학설·판례이론을 승계하여 "사용자는 근로계약에 수반하여 근로자가 그 생명, 신체 등의 안전을 확보하면서 노동할 수 있도록 필요한 배려를 하는 것으로 한다."라고 규정함으로써 안전배려의무를 근로계약에 당연히 수반하는 의무로서 명문화하고 있다.

한편, 일본에서 당초 산업재해에 대한 손해배상청구는 불법행위(「민법」 제709조, 제715조, 제717조)를 근거로 이루어졌다. 그러나 불법행위에 의한 손해배상청구의 경우, 시효가 손해 및 가해자가 안 때로부터 3년(「민법」 제724조)으로 단기간이고, 피재근로자 측이 사용자의 과실에 대한 입증책임을 부담하는 것 등이 구제의 장해가 되고 있다고 생각되었다. 그래서 1970년대부터 안전배려의무 위반이라는 채무불이행 책임을 추급하는 소송이 제기되기에 이르렀다. 초창기에는 불법행위 구성보다 안전배려의무에 의한 채무불이행 구성 쪽이 근로자에게 훨씬 유리하다고 생각되었다. 그러나 그 후의 학설·판례의 전개에 의해 양자의 상위(相違)는 상당 정도 상대화되고 있다. 현재는 대체로 손해배상청구에 한정할 경우 채무불이행 구성이 근로자에게 반드시 유리한 것은 아니라고 이해되고 있다. 그렇다고 하여 구별실익이 사라진 것은 아니다. 양자의 구별은 안전배려의무에 대해 근로자의 이행청구가 가능한지 또는 동 의무가 이행되지 않을 때 근로자에게 작업거절권이 있는지의 문제에서 그 의의를 찾을 수 있다. 일본에서 안전배려의무는 종래에는 그것에 위반할 경우 사용자에 대해 손해배상을 청구할 수 있는 근거로서 주로 기능하여 왔지만, 최근에는 동 의무를 위반하는 경우 이행청구권과 작업거절권이 인정되는지가 문제로 되고 있다.

안전배려의무의 법적 근거에 대해서는 민법학의 통설인 '신의칙상의 의무'라는 주장에 대하여, 근로계약의 특수성에 근거를 둔 '본질적 의무'라는 주장이 대립하여 왔다.[163) 후설은 근로계약관계에서의 안전배려의무를 일반적 채권채무관계와는 구별하고 사용자의 주의의무를 보다 고도의 것으로 구성하는 목적을 가지고 있다. 그러나 후설 또한 안전배려의무가 기본적으로 신의칙에 근거한다는 점에 대해서는 동의를 하고 있으며, 다만 신의칙을 적용하는 데 있어 근로관계의 특수성이 고려되어야 함을 강조하고 있을 뿐이다.

한편 안전배려의무를 어떤 성질을 가진 의무라고 이해하여야 할까. 이것에 대하여 판례이론은 반드시 명확하다고는 말할 수는 없지만, 재판소가 기본적으로 근로계약의 부수의무로서의 보호의무와 동일시하고 있다는 것이 학설의 일치된 견해이다.164) 학설상으로는 이것을 근로계약의 보호의무(부수의무)로서 이해하는 견해, 근로계약상의 본질적 의무라는 견해, 급부의무라는 견해 등 여러 주장이 전개되고 있는데, 채권법상의 위치 등과도 관련하여 현재 정설은 없는 상태이다.

3) 노안위법의 사법적 효력

사법상의 의무로서의 안전배려의무의 내용을 구체적으로 특정하는 데 있어서는 노안위법규가 정하는 의무가 채용되는 경우가 많다. 이것과 관련하여 학설은, 노안위법규의 의무는 사용자의 국가에 대한 공법상의 의무라고 해석되지만 근로계약상의 안전배려의무의 내용을 구성하기도 한다고 설명하는 견해165)와, 노안위법규가 안전배려의무의 내

---

163) 品田充儀 「使用者の安全・健康配慮義務」 日本労働法学会 編 『講座21世紀의 労働法(7)』 有斐閣(2000年) 110頁 参照.

164) 国井和郎 「安全配慮義務についての覚書」 判例タイム 364号(1978年) 72～74頁; 宮本建蔵 「雇用・労働契約における安全配慮義務」 下森定 編 『安全配慮義務法理の形成と展望』 日本評論社(1988年) 190頁; 奥田昌道 「安全配慮義務」 石田・西原・高木三先生還暦記念論文集刊行委員会 編 『損害賠償法의 課題と展望』 日本評論社(1990年) 7頁 以下: 品田充儀 「使用者の安全・健康配慮義務」 日本労働法学会 編 『講座21世紀의 労働法(7)』 有斐閣(2000年) 110～111頁 等.

165) 青木宗也・片岡昇 編 『労働基準法Ⅱ』 青木書林(1995) 7～8頁; 松岡三郎 『安

용을 검토할 때에 그 기준으로서 충분히 참작되는 것은 허용되지만, 그 것을 넘어 바로 근로계약상의 안전배려의무의 내용이 되는 것은 아니라고 설명하는 견해166)로 나뉘어 있다. 노안위법규의 사법적 효력을 인정하는 전자의 견해가 통설이다. 판례도 대체로 노안위법규의 규정이 안전배려의무의 존재의 근거가 되고 있다거나,167) 그 목적이나 내용으로부터 노안위법규의 규정이 안전배려의무의 구체적인 내용으로 된다168)고 하여 노안위법규의 사법적 효력을 긍정하는 입장에 서 있다.

유력설은 하나의 법체계에서 공법적으로 금지되는 것이 사법적으로 허용되는 것은 모순이고, 노안위법은 공법적 수단에 중점을 두고 기준의 실현을 도모하는 법이지만, 노안위법 중 실질적 기준을 정한 조항은 동시에 사법적 강행성을 가진다고 해석하는 것이 타당하다고 설명한다. 그리고 유력설에 의하면, 노안위법규는 노동보호법규로서 동 법규 중 사용자에게 일정한 의무를 부과하는 규정은 그것이 공법적 실현수단을 예정하고 있는지에 관계없이 특단의 사정이 없는 한 사법적 강행규정이라고 해석하여야 할 것이다.169) 또한 일본에서는 오늘날 공법과 사법의 엄격한 분리에 대해서는 공법학과 사법학 양쪽에서 비판이

全衛生・労災補償』ダイヤモンド社(1980年) 89頁; 下森定「国の安全配慮義務」下森定 編『安全配慮義務の形成と展開』日本評論社(1988年) 241頁; 片岡昇『労働法(2)[第4版]』有斐閣(1999年) 7頁; 西谷・萬井編・前掲注(105)書 296頁; 鎌田耕一 「安全配慮義務の履行請求」『労働保護法の再生』信山社(2005年) 383頁 以下; 金子・西谷 編 前掲注(109)書 238頁 等.

166) 小畑史子 「労働安全衛生法規の法的性質(3)」法学協会雑誌 112巻 5号(1995年) 643頁 以下 ; 中嶋士元也「使用者の付随的義務を実現させる労働者の権利の可否」『労働関係法の現代的展開』信山社(2004年) 186～187頁.

167) 尼崎港運・黒崎産業事件・神戸地裁尼崎支判 1979.2.16. 労働法律旬報 972号 69頁; オタフクソース事件・浩史地判 2000.5.18. 労働判例 783号 15頁; ジャムコ事件・東京地八王子絵支判 2005.3.16. 労働判例 893号 65頁 等.

168) 内外ゴム事件・神戸地判 1990.12.27. 労働判例 596号 69頁; 三菱重工業神戸造船所事件・大阪高判 1999.3.30. 労働判例 771号 62頁; 関西保温工業事件・東京地判 2004.9.16. 労働判例 882号 29頁 等.

169) 西谷敏『労働法』日本評論社(2008年) 28, 37～38頁 参照.

강하게 제기되고 있다.[170]

한편, 노안위법규 중 사용자에게 '노력', '배려'를 요구하는 것에 그치는 규정이 어떠한 사법적 효력을 가지는가에 대해서는 규정의 취지에 따라서 개별적으로 검토하여야 한다고 해석되고 있다.[171]

4) 안전배려의무의 확대 및 고도화

판례에서의 안전배려의무의 구체적 내용에 대해서는, 이것을 물리적 환경의 정비와 인적 환경의 정비로 나누고, 전자에 대해서는 ① 노무제공의 장소에 보안시설·안전시설을 설치할 의무, ② 노무제공의 도구·수단으로서 안전한 것을 선택할 의무, ③ 기계 등에 안전장치를 설치할 의무, ④ 노무제공자에게 보안상 필요한 정비를 하게 할 의무 등이 있다고 하고, 후자에 대해서는 ① 노무제공의 장소에 안전감시원 등의 인원을 배치할 의무, ② 안전교육을 철저히 할 의무, ③ 사고원인이 되는 도구·수단에 대해 적정히 인원을 배치할 의무 등이 있다는 분류가 이루어져 왔다. 그런데 판례 중에서 점차 이 의무의 구체적 내용을 "노동시간, 휴게시간, 휴일, 휴게장소 등에 대하여 적정한 근로조건을 확보하고, 나아가 건강진단을 실시한 후 근로자의 건강에 배려하고 연령, 건강상태 등에 따라서 근로자의 작업내용의 경감, 작업장소의 변경 등 적절한 조치를 하여야 할 의무"라고 표현하는 것이 출현하고 있다. 안전배려의무는 인적·물적인 안전성 확보의 작위의무로부터 근로형태 자체를 묻는 것으로 확대되고 있는 중이라고 말할

---

170) 주로 행정법학에서 공사(公私) 협동론이 주장되고 있고, 민법학에서는 이것을 수용하는 주장으로서 기본권보호의무론을 중심으로 공법과 사법의 분리를 지양하려고 하는 주장(山本敬三 『公序良俗論の再構成』 有斐閣(2000年) 193頁 以下)과 전통적인 공법·사법 이분론을 전제로 하면서 양자의 교착을 모색하는 주장(吉村良一 「民法学からみた公法と私法の交錯・協働」 立命館法学 32巻 2号(2007年) 222頁 以下)이 전개되고 있다.

171) 西谷·前揭注(168)書 38頁.

수 있다.172)

특히, 과로를 이유로 한 질환·사망·자살이 문제화됨에 따라 그 대
상이 근로자의 신체적·정신적 건강으로 확대되어 왔다.173) 1990년 이
후 판례에서 안전배려의무의 내용으로서 건강관리의무의 준수 여부가
손해배상소송의 쟁점으로 많이 등장하면서, 근로자에게 과중한 노동을
하게 하거나 장시간노동을 방치한 것이 안전배려의무의 위반을 구성한
다든가,174) 안전배려의무가 근로자의 신체의 건강유지에 머물지 않고
정신기능의 건강관리에까지 미친다는 것을 시사하는175) 등 안전배려의
무의 내용이 점차 확대 또는 고도화되는 경향을 보이고 있다.

그리고 안전배려의무에 관한 판례 중에는 노안위법규가 규정하는
내용은 안전배려의무의 최저기준을 이루는 것이므로 노안위법규의 규
정을 준수하였다고 하여 동 의무를 완수하였다고는 말할 수 없다고 설
시하는 판결이 적지 않게 출현하고 있다.176) 즉 판례는 사용자의 안전

---

172) 品田充儀 「使用者の安全·健康配慮義務」 日本労働法学会 編 『講座21世紀
の労働法(7)』 有斐閣(2000年) 117~118頁.

173) 그 결과, 안전배려의무와 별도로 '건강배려의무'라는 개념이 등장하여 건강배려
의무를 안전배려의무와는 별도의 의무라고 생각하는 견해(渡辺章 「健康配慮義
務の意義および基本的性質について」 花見忠先生古稀記念論集刊行委員会 『労
働関係法の国際的潮流』 新山社(2000年) 77頁 以下; 水島都子 「ホワイトカ
ラー労働者と使用者の健康配慮義務」 日本労働研究雑誌 492号(2001年) 30頁
以下)가 주장되고 있는가 하면, 건강배려의무를 안전배려의무의 일 측면을 표
현하는 것으로서 이용하는 견해도 나오고 있고(安西愈 『労働災害の民事責任
と損害賠償(中卷)』 労災問題研究所(1979年) 225頁 以下), 또 안전과 건강을
모두 포괄하는 개념으로서 '안전위생배려의무'라는 용어를 사용하는 논자[和田
肇 「安全(健康)配慮義務論の今日的課題」 日本労働研究雑誌 610号(2010年)
41頁]도 있다.

174) 大阪地判 1993.1.28. 労働判例 제627号 31頁; 大阪地判 1998.4.30. 労働判例
741号 26頁; 川崎製鉄(水島製鉄所)事件·岡山地倉敷支判 1998.2.23. 労働判
例 733号 13頁 等.

175) 電通事件·東京高判 1998.9.26. 労働判例 724号 13頁(最三小判 2000.3.24. 最
高裁判所民事判例集 54卷 3号 1155頁); 協成建設工業ほか事件·札幌地判
1998.7.16. 労働判例 744号 34頁 等.

176) 東洋工業事件·広島地判 1980.7.15. 判例時報 990号 224頁; 松村組事件·大

배려의무는 노안위법상의 의무와 실질적으로 상당한 범위에서 중첩되고 있지만, 안전법상의 의무보다 광범위한 사정(射程)을 가지고 있다고 이해하고 있다. 학설 또한 안전배려의무는 노안위법에 근거한 보호조치를 강구하여야 할 의무를 포함하여 포괄적이고 고도의 용의 의무라는 견해가 유력하다.[177] 또한 안전배려의무가 문제로 되는 법률관계에는 노안위법의 적용이 배제되어 있는 것도 있지만(예를 들면, 비현업 국가공무원), 이 경우에도 노안위법 적용 여부에 관계없이 안전배려의무는 적용된다.

나. 근로자의 의무

1) 개 설

노안위법은 근로자의 안전과 건강의 확보를 위하여 사용자에 대하여 다양한 조치의무를 정하고 있지만, 동시에 근로자에 대해서도 일정한 의무를 부과하고 있다. 산재예방을 위해서는 사용자의 조치가 가장 중요하다는 것은 두말할 필요가 없지만, 사업장의 안전보건이라는 것은 그 성질상 근로자 자신도 적극적으로 준수하려고 하는 자세가 없으면 산재예방에 만전을 기할 수 없다.

노안위법 제4조는 근로자의 일반적 책무에 대하여 "근로자는 노동재해를 방지하기 위하여 필요한 사항을 준수하는 외에 사업자, 기타의 관계자가 실시하는 노동재해의 방지에 속하는 조치에 협력하도록 노

阪地判 1981.5.25. 労働経済速報 1113号 3頁; 川義事件・最三小判 1984.4.10. 最高裁判所民事判例集 38巻 6号 557頁; 日鉄鉱業事件・長崎佐世保支判 1985.13.25. 労働判例 453号 114頁; 関西保温工業事件・東京地判 2004.9.16. 労働判例 882号 29頁 等.

177) 西谷・萬井隆・前掲注(106)書 296頁; 西谷・前掲注(169)書 368, 369頁; 片岡・前掲注(5)書 324頁; 宮本・前掲注(164)論文 208頁; 下森・前掲注(164)論文 245~246頁 等.

력하여야 한다."라고 규정하고 있다. 본 조에 의하면, 근로자의 의무는 ① 산업재해를 방지하기 위하여 본 법에서 정해져 있는 사항을 '스스로' 준수할 의무와 ② 사용자, 기타 관계자가 행하는 각종의 조치에 '협력'할 의무이다. 전자는 사용자의 조치와는 관계없이 근로자 스스로에게 독립적으로 의무가 성립하는 독립의무라 할 수 있고, 후자는 사용자 등이 강구하는 조치를 전제로 근로자에게 발생하는 대응적 성격의 의무로서, 채무자인 사용자가 안전배려의무를 이행할 때 채권자인 근로자에게 기본적으로 요구되는 협력의무를 공법적으로 확인하는 규정이라고 할 수도 있다.[178]

2) 노안위법상 근로자의 의무

산업재해 예방은 원래 사용자에게 본래적인 책임이 있지만, 그 성질상 근로자의 협력이 반드시 필요한 면도 있다. 이 이념은 노안위법 제4조에 선언되어 있고, 그 구체적인 내용은 동법 제26조에서 규정하고 있다. 동법 제26조는 사용자가 강구하여야 할 조치에 따라 후생노동성령으로 정하는 필요사항을 준수하여야 한다고 규정하고 있다. 예를 들면, 본 법령에 의해 설치한 안전장치 등이 유효한 상태로 사용되도록 점검 및 정비를 하여야 한다고 규정되어 있는데(노안위칙 제28조), 이것에 대응하여 근로자는 안전장치 등에 대하여 일정한 사항을 준수하여야 한다고 규정하고 있다(노안위칙 제29조 제1항). 그 외에 근로자가 준수하여야 할 사항에 대해서는 노안위칙[179]과 기타 규칙(유기용제

---

178) 井上浩 『最新労働安全衛生法(第10版)』 中央経済社(2010年) 153頁 参照.

179) 노안위칙에 규정된 중요한 사항을 열거하면 다음과 같다. 기계에 의한 위험방지를 위한 조치, 하역운반기계 등에 의한 위험방지를 위한 조치, 건설기계 등에 의한 위험방지를 위한 조치, 폭발·화재 등의 방지를 위한 조치, 전기에 의한 위험방지를 위한 조치, 굴삭작업 등에서의 위험방지를 위한 조치, 하역작업 등에서의 위험방지를 위한 조치, 벌목작업 등에서의 위험방지를 위한 조치, 강교(鋼橋) 가설 등의 작업에서의 위험방지를 위한 조치, 콘크리트조의 공작물의

중독 예방규칙 등 11개 규칙)에 수많은 사항이 규정되어 있다.

산재예방을 위한 근로자의 준수사항으로서 노안위법에 규정되어 있는 것으로는, 위 제4조와 제26조 외에 다음과 같은 사항이 있다. ① 위험, 건강장해 등의 방지 등을 위하여 사용자가 강구하는 조치에 대하여 필요한 사항을 준수할 의무(제26조), ② 특정원청사업자, 원청사업자, 주문자에 의해 강구된 조치에 따라 필요한 사항을 준수할 의무(제32조 제6항), ③ 특정원청사업자, 원청사업자, 주문자, 수급인이 법적 규정에 따라 의무적으로 취하여야 하는 조치의 실시를 확보하기 위하여 내리는 지시에 따를 의무(제32조 제7항), ④ 건강진단(법정진단)의 수진의무(제66조 제5항, 단 사용자가 지정하는 의사 이외의 의사에 의한 진단으로 대신할 수 있다), ⑤ 건강진단의 결과 및 그것에 근거한 사용자의 보건지도 등을 이용하여 건강 유지에 노력할 의무(제66조의 7 제2항, 제69조 제2항), ⑥ 면접지도를 수용할 의무(제66조의 8 제2항, 단 사용자가 지정하는 의사 이외의 의사에 의한 면접지도로 대신할 수 있다) 등이 있다.

근로자 의무규정 중 벌칙이 수반되어 강제되는 것은 안전보건에 관련되는 필수사항이라고 할 수 있는 제26조(안전보호구의 사용·착용, 위험구역에의 출입금지 등, ①)와 제32조 제6항의 의무(②)뿐이고, 그 외는 노력의무(⑤) 또는 벌칙에 의한 강제를 수반하지 않는 협력의무(③, ④, ⑥)에 머물러 있으며, 특히 ④, ⑥의 경우는 근로자에게 의사선택의 자유를 보장하고 있다. 그리고 1996년의 법 개정에 의해 건강진단의 결과를 근로자에게 통지하는 것을 새롭게 사용자의 의무로 부과하게 되었는데(제66조의 6, 벌칙 있음), 이것(건강진단의 결과)을 이

―――――――――

해체 등의 작업에서의 위험방지를 위한 조치, 콘크리트가교 가설 등의 작업에서의 위험방지를 위한 조치, 추락·비래붕괴 등에 의한 위험방지를 위한 조치, 통로·발판 등에 의한 위험방지를 위한 조치, 건강장해를 방지하기 위한 조치 등이 그것이다.

용하여 건강을 관리·유지하는 것은 종래와 동일하게 일정 정도 근로자의 자발적 노력에 맡겨져 있다(⑤에 의한 취급).

노안위법에서 근로자의 의무를 이 같은 내용과 수준으로 규정한 것은, 노안위법이 근로자의 보호를 목적으로 하는 법률이고, 직접 근로자에게 규제 또는 의무를 부과하기 위한 것은 아니라는 것에도 기인하지만, 동시에 사용자의 의무에 의해 근로자의 자기결정을 침해하는 것이 없도록 배려하고, 양자의 관계를 조정하려고 한 것이라고도 말할 수 있을 것이다.[180]

한편, 「노동계약법」 등 일본의 실정법에서는 계약상의 의무로서 근로자 주의의무를 사용자의 안전배려의무와는 달리 별도로 규정하고 있지 않다. 이와 같은 규정이 필요한지에 대해서는 「노동계약법」 제정 당시에 논의가 있었지만 보다 많은 검토가 필요하다고 하여 입법화에서는 제외되었다.[181] 그러나 판례에서는 근로자에 대해서도 공법인 노안위법상의 의무와 별개로 계약상의 의무로서 주의의무를 인정하고 있다. 근로자 주의의무의 최대의 근거가 되는 판례는 안전배려의무를 최고재판소로서 처음으로 인정한 陸上自衛隊八戸車両整備工場事件이다. 여기에서 "안전배려의무는…… 당해 법률관계의 부수의무로서 당사자 일방 또는 쌍방이 상대방에 대하여 신의칙상 부담하는 의무로서 일반적으로 인정되어야 할 것이다."라고 하여 명확히 사용자와 근로자 쌍방의 의무로서 이것을 구성하였다. 따라서 일본에서 근로자의 계약상의 의무로서의 주의의무는 실정법에 명시적으로 규정되어 있지

---

180) 片岡曻 『自立と連帯の労働法入門』 法律文化社(1999年) 112～113頁 参照.

181) 일본 후생노동성 노동정책심의회 노동조건분과회의 심의에서는, 사용자 측과 일부 공익위원으로부터 사용자의 안전배려의무와 더불어 근로자의 건강유지의무에 대해서도 병행하여 규정할 필요가 있다는 의견이 제시된 바 있지만, 그와 같은 규정이 필요한가에 대해서는 검토를 심화시켜야 한다고 하여 입법화에서는 제외되었고, 다만 동 의견은 2006년 12월 27일부 분과위 최종보고에 부기되었다.

는 않지만, 법적으로 도출되는 것이라고 해석할 수 있다.

한편 노안위법상의 근로자 의무는 노안위법의 이중적 효력에 의하여 사법(계약법)상의 의무(주의의무)로 전환되고, 계약상의 의무는 노안위법의 의무에 의해 구체화되는 것으로 해석될 수 있다. 그리고 근로자의 주의의무는 사용자의 안전배려의무에 대응하여 노안위법상의 의무에 한정되지 않고 이를 초과하거나 노안위법에 정함이 없는 내용을 포함한다고 해석될 수 있다.

근로자의 주의의무 위반은 현재의 법령과 판례 등에서 간접강제로서의 징계처분의 사유[182]와 사용자에 대한 손해배상청구에서의 과실상계의 사유가 되는 등의 효과 외에, 휴직기간 만료 또는 해고에 의한 고용기간 종료의 장면[183]에서도 큰 영향을 주고 있다.

3) 근로자의 구체적 의무

구 노기법 제44조는 "근로자는 위해방지를 위하여 필요한 사항을 준수하여야 한다."라고 규정하고 미준수에 대하여 5,000엔 이하의 벌금형이 규정되어 있었다(노기법 제120조 제1호). 노안위법 제26조는 "근로자는 사업자가 제20조에서 제25조까지 및 전조 제1항의 규정에 근거하여 강구하는 조치에 따라 필요한 사항을 준수하여야 한다."고 규정하고 있다. 벌칙은 50만 엔 이하의 벌금형이다(노안위법 제120조 제1호). 즉 근로자의 협력이 반드시 필요한 사항에 대해서는 벌칙을 통해 근로자에 대하여 사용자에게 협력하는 것을 강제하고 있는 것이다. 주의하여야 할 것은 "사업주가…… 강구하는 조치에 따라서"로 되

---

182) 帯広電報電話局事件・最一小判 1986.3.13. 労働判例 470号 等.

183) 大建工業事件・大阪地決 2003.4.16. 労働判例 849号 35頁 等. 이 사건은 우울증에 의한 18개월의 휴직기간 만료 후의 근무상태의 불량과 건강상태의 파악에 대한 협력거부 등을 근거로 보통해고가 인정된 예로서, 건강상태의 파악에 대한 협력거부가 제시되고 있는 것은 많은 시사점을 주고 있다.

어 있는 것이다. 따라서 일정한 산업재해를 방지하는 것에 대해 근로자에게만 의무(벌칙 수반)를 부과할 수는 없다. 따라서 구체적인 조치에 대해서 규정하고 있는 노안위칙 이하의 성령을 보면, 조문 제1항에서 사용자의 의무를 먼저 규정하고 제2항에 이것에 응하여 근로자의 의무를 규정하는 형식의 조문이 많다.

구 노기법 시대에는 이상과 같은 근로자의 책임에 대한 제동(制動) 규정이 없었기 때문에, 예컨대 구 노안위칙 제436조에는 "근로자는 동력차를 정지하고 그 위치에서 벗어날 때는, 제동기를 잠그고 기타 자동방지조치를 강구하여야 한다."라고 규정되어 있어 동력차의 완전정지에 의한 산업재해의 방지에 대해서는 근로자만이 책임을 지고 있었다. 그러나 현재의 노안위칙에는 동일한 규정이 제226조에 있는바, 동조 제1항에서 사용자에게 먼저 의무를 부과하고 그다음 제2항에서 근로자에게 의무를 부과하는 형식을 취하고 있다.[184]

4) 근로계약상 근로자의 의무

오늘날 일본에서도 근로관계를 근로자의 성실의무와 사용자의 배려의무로 파악하는 인격법적 공동체관계론에서 벗어나 일반계약법이론에 접근시켜 의무론을 재구성하는 경향이 지배적이다. 그 결과 노사 간의 근로계약상의 의무는 일반적으로 주된 의무와 신의칙에 근거한 부수적 의무로 대별하여 포착하는 경향에 있다. 그러나 전통적 이론의 영향은 현재의 이론전개에도 많은 영향을 미치고 있는바, 일찍이 충실의무의 내용으로 구성되었던 근로자 의무의 많은 내용이 부수적 의무 속으로 포섭되어 근로자의 의무범위는 확대가능성을 열어 놓고 있다.[185]

예를 들면, 판례에서는 근로자가 근로계약상 부담하는 부수적 의무

---

184) 井上・前揭注(178)書　153～154頁.

185) 片岡・前揭注(5)書　120～121頁　参照.

로서 자기의 건강을 유지하고 회복하여야 할 의무 등이 논해지고 있다. 최고재판소는 전기공사의 건강관리규정 등에 대해 직원이 항상 건강의 유지증진에 노력할 의무, 건강회복에 노력할 의무, 건강관리상 또는 건강회복에 필요한 지시에 따를 의무를 인정하고, 공사가 지정한 병원은 신용할 수 없다는 이유로 경견완(頸肩腕) 종합검진의 수진을 거부한 직원에 대한 계고처분을 적법한 것으로 결정하였다.186) 이 판결은 근로자의 법정 외 수진의무를 취업규칙의 성질을 가지는 건강관리규정에 근거하여 인정한 것이지만, 이것이 없더라도 근로계약의 신의칙상의 성실의무의 일환으로(「노동계약법」 제3조 제4항 참조) 근로자의 주의의무가 도출될 수 있다는 견해가 유력하다.187) 京セラ事件에서 재판소는 취업규칙상 법정 외 수진의무에 관한 규정이 없는 경우에 대해서도 근로자의 수진의무를 인정하고 있다.188)

이론적으로 볼 때, 사업장의 안전보건관리에 대해 회사가 책임을 지고 관리체제를 구축하더라도 근로자가 건강진단 수진 자체나 건강진단 후의 사후조치 또는 안전한 작업을 위한 지시 등을 준수하지 않는 것은 근로자 측에 책임이 있다고 할 수 있다. 한편 근로시간 외의 생활에 대해서는 프라이버시의 문제도 있고 회사 측에서 이를 파악하는 것은 사실상 불가능한바, 생활습관병이 문제가 되고 있는 오늘날 사생활의 자유를 이유로 폭음·폭식, 끽연 등을 상습적으로 반복함으로써 건강을 해치는 행위를 하는 것은 신의칙상 허용되지 않고 자기건강관리의무를 태만히 하는 것이라는 주장도 유력하게 제기되고 있다.189)

채권법상으로, 근로자가 안전상의 주의의무 또는 건강관리를 하지 않

---

186) 帶広電報電話局事件·最一小判 1986.3.13. 労働判例 470号 6頁.

187) 岩出誠『論点·争点 現代労働法(改訂増補版)』民事法研究会(2008年) 527頁 参照.

188) 京セラ事件·東京高判 1986.11.13. 判例時報 1216号 137頁.

189) 安西愈「企業の健康配慮義務と労働者の自己保健義務」季刊労働法 125号(1982年) 26頁 以下 参照.

은 것이 근로자의 업무상의 사고 또는 질병의 악화에 인과관계가 있고 사용자에게 안전배려의무 불이행이 존재하더라도 근로자의 주의의무나 자기건강관리의무 불이행이 인정되는 경우에는 일반적으로 과실상계가 된다. 과실상계는 대등한 사인 간의 분쟁에서의 손해의 공평한 부담을 보장하기 위한 민법상의 규정이기 때문에 노사대등의 원칙에 입각하여 사용자의 안전배려의무 위반과 더불어 근로자에게 건강관리의무 위반이 있으면, 법원은 그 과실을 참작하여 배상액을 정하여야 하고, 때로는 사용자에게 책임을 묻지 않는 경우조차 있을 수 있다. 일련의 과로사·과로자살 등에 대한 손해배상청구에서 인정되는 과실상계의 커다란 요소로서, 실질적으로 자기건강관리의무가 큰 영향을 주고 있는 것도 근로자의 주의의무의 존재를 기초 짓는 것이라 할 수 있다. 구체적으로는 장시간근로, 과중한 심리적 부담이 있었다고 하더라도, 근로자 본인이 고혈압임에도 불구하고 정기적 수진, 생활지도 등을 준수하지 않고 뇌혈관장해로 사망한 경우에는 손해배상액이 감액되고 있다.

제3절 근로환경권 보장의 효과

위에서 살펴본 것처럼 우리나라 근로자는 헌법을 비롯한 현행 법체계하에서 안전하고 쾌적하게 일할 권리로서 '근로환경권'을 가지고 있다고 말할 수 있다. 이 근로환경권은 제1장 제2절의 '연구의 대상'에서 서술한 바와 같이 다양한 성격의 권리로 구성되어 있다. 이 책은 이 중 근로자가 산안법상 일정한 역할을 부여받는 권리에 초점을 맞추고자 한다. 이 점에서 대해서도 '연구의 대상'에서 이미 밝힌 바 있다.

그런데 산안법상 일정한 역할을 부여받는 권리라 하여도 이론적으로 다양한 권리가 존재할 수 있다. 그중 최하위 단계는 알 권리이고,

그다음 단계의 권리로는 신고권, 소송제기권이 이에 해당된다고 볼 수 있으며, 그다음으로 높은 단계의 권리는 발언권(협의권, 제안권, 청문권), 참가권이고, 가장 고도의 관여형태의 권리는 공동결정권이라 할 수 있다.[190] 근로자에게 이러한 권리를 보장하는 것은, 이론적인 관점에서 볼 때 산업안전보건을 확보하는 데 있어 다양한 측면에서 다음과 같은 실효적이면서 긍정적인 효과를 낳을 것이라고 분석된다.

Ⅰ. 산재예방활동의 실효성 및 효율성 제고

산업재해는 기계, 기구, 작업환경 등의 미비에 의하여 발생하기도 하지만, 작업에 종사하는 근로자의 지식, 경험, 기능 등의 부족 또는 부적당한 심신조건이 그 하나의 원인이 되는 경우도 적지 않다. 따라서 산업재해를 방지하기 위해서는 기계·기구·설비의 제조·설계 단계에서의 안전조치 등 기술적 위험요인을 제거하는 것과 아울러, 작업에 종사하는 근로자가 안전보건교육 등을 통해 관련되는 안전보건 정보를 입수·획득할 수 있도록 하는 관리적 요인도 중요하다.

이러한 관리적 요인에 의한 산업재해를 예방하기 위해서는, 작업장에서 잠재적·실제적 유해위험과 가장 많이 접하는 위치에 있어 작업장의 유해위험요인에 대하여 누구보다 잘 알 수 있는 근로자의 안전보건에 관한 지식과 아이디어 등을 적극 활용해야만 한다. 이를 통해 사용자는 실효성 있고 정확한 안전보건대책 수립을 할 수 있고 안전보건 개선에 필요한 사항의 신속한 파악 및 효과적인 개선기법의 발굴·적용 등이 가능하게 된다. 특히 유해·위험요인이 복잡·다양화되고 있는 상황에서는 사용자 일방에 의한 재해예방은 그 실효를 거두는 데

---

190) Vgl. Brox/Rüthers/Henssler, a. a. O.(Fn. 115), S. 284.

많은 한계에 봉착할 수밖에 없다. 근로자가 실질적으로 산업재해 예방의 한 당사자와 주체로 역할과 책임을 다할 수 있도록 다양한 권리를 부여하여야 하는 이유가 여기에 있다. 근로자가 산재예방활동의 주체가 아닌 객체 또는 대상이 될 때에는 근로자의 협력을 이끌어 내는 데 많은 한계가 있을 수밖에 없다.

Ⅱ. 근로자의 산재예방 동기유발 및 안전의식 제고

근로자를 사업장의 안전보건문제에 대한 의사결정과정에 참여하도록 하고 그들의 의견을 반영함으로써 근로자의 산재예방활동에 대한 헌신 및 재량적 노력의 발휘를 증대시킬 수 있다. 또한 의사결정과정 참여를 통해 결정내용과 배경 등에 대한 이해도가 높아짐으로써(노사의 공통인식 형성) 재해예방활동 과정에서 근로자의 주인의식과 책임 있는 자세를 기대할 수 있다. 다시 말해서, 근로자가 스스로의 문제라고 생각할 수 있도록 사용자가 산재예방계획 수립, 위험성 평가(risk asseessment) 등의 과정에서 근로자와 공동으로 협의하고 대책을 세워 나갈 때 비로소 근로자의 협력을 얻을 수 있을 것이다.

아울러 산재예방을 위해서는 사용자의 의무준수와 더불어 근로자의 예방노력이 수반되어야 하는바, 근로자에 대한 안전보건교육, 위험경고, 주시·게시 등 알 권리 확보를 통해 근로자의 안전보건에 대한 인식과 자기보호의식 등 주의수준이 제고될 수 있다. 특히 작업 관련성 질환의 경우 업무적 요인과 더불어 개인적 요인이 복합적으로 작용하여 발생하므로 동 질환의 실효성 있는 예방을 위해서는 관련 정보제공 등을 통해 근로자 스스로도 건강관리에 관심을 가지도록 할 필요가 있다.

Ⅲ. 사용자의 산재예방활동 감시

사용자의 안전보건에 대한 관심과 의지가 미약할 때 이를 견제할 수 있는 것은 당해 사업장의 근로자(대표)와 정부의 감독이다. 그러나 정부의 감독은 행정력의 한계도 있고 사업장의 구체적인 문제에 대해 신속하고 구체적 타당성을 가지고 대응하는 데에도 많은 한계가 있기 마련이다. 따라서 사용자의 산재예방에 대한 관심을 효과적으로 견인하고 독려하기 위해서는 근로자 또는 그 대표에게 사용자의 산재예방활동을 감시할 수 있는 권한을 부여할 필요가 있다. 사용자의 산재예방활동에 대한 근로자 측의 이러한 감시는 근로자의 안전보건에 관한 근로조건을 적극적으로 개선하는 역할과 기능을 할 수 있다.

그런데 근로자 또는 근로자대표가 이러한 감시권한을 제대로 행사하기 위해서는 사업장의 안전보건상황을 정확하게 파악하고 안전보건에 대한 전문성을 갖추는 것이 필수적인 전제조건이다. 이를 위해서는 근로자 또는 그 대표가 사업장의 안전보건에 관한 의사결정·집행과정에 참가하고 산재예방활동에 필요한 자료에 접근할 수 있도록 적절한 권한을 부여하여야 한다.

Ⅳ. 근로자의 인간성 회복

사업장의 안전보건에 관한 의사결정에 근로자를 관여시키는 권리를 보장하는 것은, 근로자의 관여를 제도적으로 확립하고 근로자의 의견을 경영에 반영시키는 것으로서, 근로자에게 주체적 의식을 갖게 하는 효과를 낳는다. 그리고 근로자 관여의 제도화는 근로자의 입장이 단순한 노동력 제공자로부터 의사결정의 당사자로 변하는 것을 의미한다.

근로자는 보장된 관여제도하에서 안전보건에 관한 권한을 행사하고 작업환경 개선에 대하여 자신의 의견을 경영에 반영시키는 것이 가능하게 된다. 이것에 의해 근로자의 안전보건에 대한 모티브가 향상되고 소외가 극복되는 계기가 만들어질 수 있다.[191]

다시 말해서, 사용자 일방에 의한 안전보건활동이 아니라 근로자가 안전보건상의 의사결정 및 문제해결 과정에 다양한 방법으로 관여할 기회가 제도적으로 보장되는 경우, 산업민주주의와 노동에 대한 인간성 회복을 촉진시킬 수 있고 생산활동의 소외의식 및 무력감 해소에 기여할 수 있다. 이를 통해 산재예방활동에 대한 근로자의 책임의식과 주체의식이 강화되고, 그 결과 근로자는 산재예방활동의 객체가 아니라 주인공으로 다시 태어날 수 있게 될 것이다.

이하에서는 산안법에서의 근로자의 법적 지위를 파악하기 위하여 산업안전보건에 관한 근로자의 권리와 의무를 각각 파악하는 것으로 한다. 근로자의 권리에 대해서는 근로자에게 적극적·능동적 역할을 부여하는 권리와 근로자에게 수동적 이익향유 주체의 지위를 부여하는 데 불과한 권리 중 전자를 주된 검토대상으로 하고자 한다. 제3장 제1절에서는 공법상의 권리, 제3장 제2절에서는 사법상의 권리(손해배상청구권, 이행청구권, 작업거절권)의 각각에 대하여 독일, 미국, 일본의 법제를 중심으로 비교법적 검토를 하고, 근로자의 의무에 대해서는, 제4장에서 별도로 근로자의 권리와 동일하게 3개국을 대상으로 비교법적 고찰을 하는 것으로 한다. 그리고 제5장에서는 이러한 비교법적 고찰을 토대로 우리나라 산업안전보건법상 근로자의 법적 지위 정립의 방향성을 논구한다.

---

191) 所伸之 『ドイツにおける労働の人間化の展開』 百桃書房(1999年) 89～90頁 参照.

제3장 산업안전보건법상 근로자의 권리

제1절 공법상의 권리

Ⅰ. 직접적인 공법상의 권리

1. 관여권

관여권은 공법인 산안법규에서 근로자 또는 근로자대표가 사업장의 안전보건문제에 관여할 수 있는 권한을 직접적이고 명시적으로 부여한 것으로서, 그 근거는 일단은 산안법규로부터 직접적으로 도출된다. 그리고 해당 규정이 사용자에게 의무를 부과하는 방식을 취하고 있으면, 이 의무규정이 근로계약의 합의내용이 되기에 적합하다면, 사용자의 당해 공법적 의무규정은 근로자 측의 사법상의 권리로 전환된다. 이 경우 이들 규정은 간접적인 방식으로 근로자에게 권리를 부여하는 것이 된다. 관여권은 일반적으로는 전자와 같은 규정방식, 즉 근로자 측에게 직접적으로 일정한 권능을 부여하는 경우가 일반적이지만, 입법례에 따라서는 후자의 규정방식도 있을 수 있다. 어느 규정방식이 근로자에게 유리한 것인지는 사업장의 노사관계, 규정의 구체적 내용 등에 다를 수 있기 때문에 규정 자체만으로는 유·불리를 단정할 수 없을 것이다.

관여권은 이론적으로 공동결정권(동의권, 의결권), 참가권, 제안·청문권(청취권)으로 세분할 수 있지만, 각국의 실정법에 존재하는 규정 내용은 해당국의 법체계에 따라 다양한 모습과 내용을 가지고 있을 것으로 판단된다. 이하에서는 독일, 미국, 일본 3개국의 법제에 관여권이 어떠한 형태와 내용으로 규정되어 있는지를 살펴보고자 한다.

가. 독 일

1) 공동결정권

독일에서 근로자의 공동결정권은 기업 차원과 사업장 차원에서 보장되고 있다. 기업 차원의 근로자의 공동결정권은 공동결정법상의 감사회(Aufsichtsrat)를 통하여 이루어지는데, 동 감사회는 회사의 업무집행 감독권, 이사의 선임·해임권 등을 통해 경제적 민주주의의 실천적 기능을 수행한다.[1] 한편 이 책에서의 관심 대상인 산업안전보건 분야에서의 공동결정권은 주로 사업장 차원의 공동결정제도를 통하여 규율되고 있다.

독일에서 산업안전보건 분야에서의 공동결정의 목적은 근로자의 산업안전보건에 대한 관심을 강화하고 산재예방의 효율화를 위한 종업원대표의 경험을 유용하게 하고자 하는 것이라고 말해지고 있다.[2] 그리고 이 공동결정은 의무적(erzwingbar) 공동결정과 임의적(freiwillig) 공동결정으로 구분되고, 의무적 공동결정은 다시 「사업장조직법」 제87조 제1항 제7호에 의거한 것과 제91조에 의거한 것, 그리고 「사업장안전조직법」 제9조 제3항에 의한 것이 있다. 이 중 의무적 공동결정은 종업원대표에게 사용자의 의사에 반하여 산업안전보건에 관한 사업장협정을 관철시킬 가능성을 용인한다.

종업원대표가 사용자와 공동결정한 경우, 합의는 통상적으로 사업장협정으로 체결된다. 그것은 서면으로 작성되어 사업장 당사자에 의해 서명된다(「사업장조직법」 제77조 제2항). 그것은 사업장 내의 근로자에 대하여 직률적 및 강행적으로 법적 효력(규범적 효력)이 미치고, 그것에 반하는 개별 근로계약은 무효로 되어 사업장협정이 정하는 내

---

1) 전삼현, 『독일의 감사회와 근로자 경영참여』, 한국경제연구원, 2004, 15쪽 참조.
2) Pieper/Vorath, Handbuch Arbeitsschutz, Sicherheit und Gesundheitsschutz im Betrieb, 2. Aufl., 2005, SS. 178~179.

용이 근로계약의 내용이 된다(동법 제77조 제4항). 이 법적 효력은 의무적 공동결정사항인지, 임의적 공동결정사항인지를 묻지 않는다. 사업장협정에는 유리원칙이 적용되어 사업장협정 또는 근로계약 중 근로자에 유리한 내용이 적용되어 근로자는 근로계약에 의해 사업장협정의 수준을 상회하는 내용을 개별적으로 합의할 수 있다.[3]

종업원대표의 공동결정은 본 위원회의 동의 없이 실시되는 조치는 무효라는 효과를 동반하는 효력발생요건이다. 그러나 효력발생요건은, 사용자에 의한 일방적 결정이 실시된 경우, 임금청구권 등 근로자의 권리에 대해서까지 그 발생을 방해하는 것을 의미하는 것은 아니다.[4]

한편, 공동결정사항의 세부항목에 이르기까지 사용자와 종업원대표 사이에 결정이 이루어질 필요는 없다. 오히려 공동결정을 '원칙'으로 한정하고 그 '실시'는 사용자에게 위임하는 것도 가능하다. 그리고 「사업장조직법」은 공동결정의무가 있는 개개의 조치에 대해서 그때마다 종업원대표의 동의를 얻는 것을 요구하고 있지는 않다. 오히려 위원회는 반복하여 발생하는 동종의 사례에 관하여 미리 동의를 해 줄 수도 있다. 다른 한편, 이미 이루어진 결정에 종업원대표가 사후적으로 동의하는 데 불과한 경우는 충분하다고는 말할 수 없고, 이것은 이른바 긴급사안의 경우에 대해서도 다르지 않다.[5]

(가) 사업장조직법상의 공동결정권
「사업장조직법」상 종업원대표의 공동결정권은 발의권(Initiativrecht), 동의권(부정적으로 표현하면, 거부권이 된다) 및 취소청구권·부작위

---

3) 山川隆一 『雇用関係法(第4版)』 新世社(2008年) 173頁.

4) Löwisch, Arbeitsrecht, 8. Aufl. 2007, S. 152~153.

5) Löwisch, a. a. O.(Fn. 4), S. 153. 인적 또는 물적 손해가 임박한 긴급사안의 경우에 대해서만 사후동의가 인정된다(BAG 2. 3. 1982, RdA 321).

청구권으로 분류될 수 있다. 발의권은 종업원대표가 산업안전보건에 관한 안건을 중재기구(Einigungsstelle)에 구속력 있는 결정을 요구하면서 가져갈 수 있는 권리를 말한다(제87조 제2항). 즉 종업원대표의 관여는 사용자가 기획하는 사항에 대한 공동결정으로 제한되지 않고 공동결정의무가 있는 사항을 결정하기 위하여 스스로 발의할 수도 있다.[6] 그리고 동의권(또는 거부권)은 본래 개별근로계약이나 노무지휘권에 근거하여 사용자에 의해 일방적으로 결정될 수 있는 산업안전보건사항에 대해 종업원대표가 동의하는 것을 거부하는 방법으로 사용자로부터 그의 일방적 결정가능성을 박탈하는 권한을 의미한다(제87조, 제91조 참조).[7] 다음으로 취소청구권·부작위청구권은 사용자가 일방적 행위를 할 경우 종업원대표가 법원에 대하여 「사업장조직법」 제23조 제3항에 따라서 취소청구권 또는 부작위청구권(Unterlassungsanspruch)를 행사할 수 있는 권리를 가리킨다.[8] 이하에서는 종업원대표의 공동결정권의 내용에 자세히 살펴보기로 한다.

「사업장조직법」[9]은 산업안전보건문제에 관한 의무적 공동결정과 관련하여, 종업원대표는 법적 규정 또는 단체협약 규정이 존재하지 않는 한 "법적 규정 또는 산재예방규칙이 정하는 범위에서 산업재해·직업병 예방 및 건강보호에 관한 결정"에 대하여 공동결정의무를 진다고 규정하고 있다(제87조 제1항 제7호).

---

6) Löwisch, a. a. O.(Fn. 4), S. 152.

7) Vgl. Löwisch, a. a. O.(Fn. 4), S. 152.

8) Hanau/Adomeit,isch Arbeitsrecht, 10. Aufl., 1992, S. 151.

9) 「사업장조직법」은 민간기업의 사업장에서의 종업원대표에 관한 규정에 한정되어 있다. 연방정부, 주정부, 시군구, 기타 공공단체 및 공법상의 제 시설 및 공영기업 그리고 법원에 근무하는 자의 대표제도는 공공부문직원대표법(Personalvertretungsgesetz)에 규정되어 있는데, 동법 역시 법령 또는 단체협약에 별도의 규정이 없는 범위에서 산재예방에 관한 사항에 관하여 사업장협정(Dienstvereinbarung)의 체결을 통한 공동결정권 행사 권한을 공공부문직원대표(Personalrat)에 부여하고 있다.

여기에서 의무적 공동결정의 소극적 전제조건은 "법적 규정 또는 단체협약 규정이 존재하지 않는다."는 것이다. 법적 규정이나 단체협약에 강행규정(특정조치)이 마련(규정)되어 있는 범위에서는 사용자는 규율의 여지가 존재하지 않기 때문에 결국 종업원대표의 공동결정권도 배제된다.[10] 그러나 법적 규정이나 단체협약 규정 때문에 의무적 공동결정이 배제된다고 하더라도, 「사업장조직법」 제88조 제1호(산업재해와 건강손상 예방을 위한 부가적 조치)에 따라 종업원대표에게 의무적 공동결정권을 넘어 임의·보충적 사업장협정을 체결할 수 있는 방법이 존재한다. 다만 이 경우에는 의무적 공동결정과는 달리 중재기구에 의한 중재신청에 관하여 규정되어 있지 않기 때문에 사업장협정의 체결, 즉 공동결정을 강제할 수는 없다.[11]

한편 본 규정의 문언에 비추어 보면, 의무적 공동결정이 인정되고 있는 것은 어디까지나 법적 규정 또는 산재예방규칙, 즉 노동보호를 목적으로 하는 공법상의 규정[12]이 정하는 범위 안에서의 규제로 한정되어 있다.[13] 그런데 의무적 공동결정의 대상범위와 관련하여, 의무적 공동결정을 도출하는 노동안전보건기본법규, 산재예방규칙의 목적, 성격 등에 관한 구체적인 한계에 대해서는 반드시 명확한 것은 아니다.

먼저 규정의 목적에 대해 말하면, 그것은 어디까지나 근로자의 보호에 맞춰져 있어야 하고, 근로자 이외의 제3자 또는 공중 일반의 보호

---

10) 이것은 사업장협정에 대한 법률과 단체협약의 우위를 승인하는 것이다.

11) Brox/Rüthers/Henssler, Arbeitrecht, 16. Aufl. 2004, S. 296.

12) '노동보호를 목적으로 하는 공법상의 규정'은 반드시 실체적 보호규정이어야 하는 것은 아니고, 안전관리위원 선임에 관한 「사회법전」 제7편 제22조과 같은 안전보건에 관한 조직규정도 포함된다고 해석되고 있다(Fabricus/Kraft/Wiese/Kreutz/Oetker/Raab/Weber, Betriebsverfassungsgesetz, Gemmeinschaftskommentar, 7. Aufl. 2002, §87 Rdnr. 503).

13) 의무적 공동결정은 법적 규정 및 산재예방규칙이 특별히 인정한 범위에 구속되어 있기 때문에 제87조 제1항 제7호에 의한 공동결정권은 한정된 의의만 가지고 있다는 평가도 있다[Löwisch, a. a. O.(Fn. 4), S. 158].

를 목적으로 하는 것이어서는 안 된다는 것이 원칙이다.[14]

또한 규정의 성격에 대해서는 특히 논의가 많이 전개되고 있다. 여기에· 서 말하는 의무적 공동결정의 대상은 어디까지나 보충적 규제의 가능성이 열려 있고, 나아가 그에 대한 필요성이 있는 '기본규정'(Rahmenvorschrift) 의 범위 내에서, 이른바 규제의 여지가 있는 재량영역이 존재하는 경 우로 한정된다. 덧붙여 말하면, 공법상 규정의 실행의 유형과 방식이 문제인 곳에서 공동결정의 여지가 존재한다. 최근의 판례에 의하면, 일반조항(Generalklausel)도 이 기본규정에 해당할 수 있다. 일련의 포 괄적 규정을 포함하고 있는 「노동안전보건기본법」은 바로 이 점에서 고려되어야 한다(특히 동법 제3조, 제9조 이하).[15]

그리고 종업원대표는 근로자가 노동의 인간적 형성에 관한 '확인된 노동과학적 지식'(gesicherte arbeitswissenschaftliche Erkenntnisse)에 명 백히 반하는 작업장, 작업공정 또는 작업환경의 변경에 의하여 특별히 부담에 노출된 경우, 그 부담의 회피, 경감 또는 보상을 위하여 적절한 조치를 사용자에 대하여 요구할 수 있는, 이른바 수정적 (korrigierendes) 공동결정권을 엄격한 조건하에서 부여받고 있다(동법 제91조). 이것은 사용자의 확정적인 노동과학적 인식의 위반을 전제로 종업원대표가 개별적으로 그 수정을 요구하는 것이 가능한 권리이고, 중재기구에 의 한 강제적 결정에 의하여 보장되고 있다.[16]

파견근로자의 경우에는, 산업안전보건은 계약상의 사용자인 파견사업주 사업장에서가 아니라 실제의 근로장소인 사용사업주 사업장에서 문제가 되 고, 이와 같은 파견근로자의 근로실태를 전제로 입법자는 파견근로자의 안 전과 건강 확보를 위하여 「근로자파견법」(Arbeitnehmerüberlassungsgesetz,

---

14) Fabricus/Kraft/Wiese/Kreutz/Oetker/Raab/Weber, a. a. O.(Fn. 12), §87 Rdnr. 484.

15) Brox/Rüthers/Henssler, a. a. O.(Fn. 11), S. 290.

16) 三柴丈典 『労働安全衛生法序論』 新山社(2000年) 270頁(脚註 19).

이하 '파견법'이라 한다)은 제11조 제6항 제1문에서 "파견근로자 사용사업장에서의 파견근로자의 노동은 사용사업주의 사업장에 적용되는 노동보호법상의 각종 공법규정의 적용을 받는다. 여기에서 발생하는 사용자로서의 의무는 파견사업주의 의무에 관계없이 사용사업주에게 있다."고 규정함으로써[17] 파견근로자의 안전보건에 대한 의무를 주로 사용사업주에게 부과하고 있다.[18] 이에 따라 파견근로자는 사용사업주와 당해 사업장의 종업원대표 간의 안전보건에 관한 공동결정 범위(대상)에 산입·포함되게 되고,[19] 파견근로자 사용사업장의 종업원대표의 공동결정권은 사용사업장에서 근로하고 있는 파견근로자에게도 미치게 된다.[20]

(나) 사업장안전조직법상의 공동결정권

종업원대표의 공동결정권은 「사업장안전조직법」에도 규정되어 있다. 동법 제9조 제3항에 의하면, 종업원대표는 산업의 및 안전관리자를 임면하고 직무를 확대하거나 제한할 때 동의권, 즉 공동결정권을 가지고 있다. 그런데 「사업장조직법」 제87조 제1항은 "법적 규정 또는 단체협약 규정이 존재하지 않는 범위에서" 일정한 사항에 대해 종업원대표에 의한 공동결정이 미친다고 규정하고 있는바, 「사업장안전조직법」 제9조 제3항은 '법적 규정'에 해당하기 때문에 산업의 및 안전관

---

17) 사용사업주가 준수하여야 할 산업안전보건 관련 규정에는 「노동안전보건기본법」, 「사업장안전조직법」, 각종 시행령뿐만 아니라 산재보험조합의 산재예방규칙도 포함된다(Schüren/Hamann, Arbeitnehme rüberlassungsgesetz, 2. Aufl., 2007, §11 Rdnr. 122).

18) 따라서 파견근로자의 권리 보호라는 관점에서는 사용사업장의 종업원대표가 수행하는 역할은 크다고 할 수 있다. 이 때문에 파견법 제14조에 의해 파견근로자에게 파견근로자 사용사업장의 종업원대표 선거에 대한 적극적 선거권이 인정되게 된 것은 당연한 일이라고 말할 수 있다.

19) Boemke, Arbeitnehmerüberlassungsgesetz, 2002, §14 Rdnr. 119.

20) Vgl. Boemke, a. a. O.(Fn 19), §14 Rdnr. 111.

리자의 임면 등에 대해서는 「사업장조직법」 제87조 제1항 제7호에 의한 공동결정은 미치지 않게 된다.[21]

그러나 연방노동법원은 산업의 및 안전관리자의 선임형태의 선택에 대해서는 「사업장조직법」 제87조 제1항 제7호에 따라 종업원대표의 공동결정권을 인정하고 있다. 그리고 본 법원은 「사업장안전조직법」 제9조 제3항의 규정이 「사업장안전조직법」상의 개별적인 의무의 이행에 관련되는 것으로서 「사업장조직법」 제87조 제1항 제7호에 근거하는 종업원대표의 기타 권리에는 어떠한 영향도 미치는 것이 아니라고 판단하였다.[22] 따라서 「사업장안전조직법」 제19조에 의한 안전보건관리의 외부위탁 여부 또는 동법 제10조에 의한 산업의와 안전관리자 간의 상호협력을 수행하기 위한 방법 등은 「사업장조직법」 제87조 제1항 제7호에 의거한 공동결정권의 대상에 해당된다고 보아야 할 것이다.[23]

한편, 「사업장안전조직법」 제8조 제3항은 사업장의 산업안전보건상의 조치에 대하여 산업의 또는 안전관리자와 사용자 간의 견해가 일치하지 않는 경우, 그 뜻을 산업의 또는 안전관리자가 종업원대표에 통지하는 것 외에는 규정하고 있지 않다. 따라서 동 조는 산업의 또는 안전관리자의 제안이나 조언의 채택을 사용자에 직접 의무 지운 것은 아니며, 그 채택 여부를 종업원대표와 사용자의 교섭에 맡긴 것으로 해석된다.[24] 이것은 산업의·안전관리자의 제안 또는 조언의 채택이 사업장의 산업안전보건에 관한 규율을 공동결정사항으로 한 「사업장조직법」의 범위 내에 있는 것을 의미한다.[25]

---

21) LAG Berlin(Beschluss) v. 10. 2. 1977, BB 1977, S. 1399.

22) BAG(Beschluss) v. 10. 4. 1979, 1 ABR 34/77, DB 1979, S. 1995.

23) Vgl. Pieper/Vorath, a. a. O.(Fn. 2), SS. 189~190.

24) Giese/Ibels/Rehkopf, Kommentar zum Arbeitssicherheitsgesetz, 1984, S. 99.

25) Vgl. BT Drucks 7/260, S. 14.

2) 참가권

(가) 종업원대표를 통한 참가권

(1) 참가권의 내용

먼저, 근로자의 대표기관인 종업원대표는 「사업장조직법」 제80조 제1항 제1호에 의하여 근로자의 보호를 목적으로 하는 현행의 법률, 법규명령, 산재예방규칙, 단체협약 및 사업장협정이 이행되도록 감시하는 일반적 권리 및 의무를 가진다.[26] 그리고 동법 제89조 제1항은 "종업원대표는 재해 및 건강위험을 제거하는 데 있어서 제안, 권고, 정보제공을 행하는 것에 의하여 노동보호를 관할하는 행정기관, 법정재해보험자 및 기타 관계기관을 보좌하는 동시에 사업장 내에서 안전보건에 관한 규정의 실시에 진력을 다하지 않으면 안 된다."라고 규정하고 있는바, 이 규정은 제80조 제1항 제1호에 근거한 종업원대표의 일반적 감시를 보다 고도화하는 규정이라고 말해지고 있다.[27] 연방노동법원은 이러한 양 규정의 취지를 감안하여, 종업원대표가 사용자에게 법규 위반의 구체적 의심이 있는 경우 사업장 점검을 실시할 권한을 가진다고 판시하고 있고, 나아가 당해 사업장 내에서 사용자로부터 허가를 받지 않고 출입금지구역에 관리자에의 신고를 전제로 출입할 권리를 인정하고 있다.[28] 학설상으로도 종업원대표(위원)는 사용자의 동행 없이 사업장의 모든 곳을 출입하고 점검할 권한을 갖는다고 해석되

---

26) 「사업장조직법」 제80조 제1항 제1호의 규정은 두 가지의 관념을 내포하고 있다. 하나는 종업원대표를 통해 근로자보호법의 준수를 확보하는 것이고, 다른 하나는 개별근로자가 사용자를 대상으로 권리를 행사할 때 종업원대표가 근로자를 지원하는 것이다(Däubler/Kittner/Klebe (Hrsg.), Betriebsverfassungsgesetz mit Wahlordnung Kommentar für die Praxis, 9. Aufl., 2004, S. 1205).

27) Fabricus/Kraft/Wiese/Kreutz/Oetker/Raab/Weber, a. a. O.(Fn. 12), §89 Rdnr. 5.

28) BAG v. 21. 1. 1982, AP Nr. 1 zu § 70 BetrVG 1972.

고 있다.[29]

또한 종업원대표는 제80조 제1항 제9호에 따라 노동보호 및 직장환경보호의 조치를 촉진하는 일반적 권리 및 임무를 가지고 있다.

한편, 「사업장조직법」 제80조에 열거된 종업원대표의 권한은, 그것이 사용사업장에서의 파견근로자의 근로와 관계하고 있는 한, 파견근로자와의 관계에 있어서도 사용사업장의 종업원대표에 귀속하게 된다. 따라서 사용사업장의 종업원대표는 「사업장조직법」 제80조 제1항 제1호에 따라 근로자보호규정이 파견근로자에 대해서도 준수되도록 감시해야 한다는 요청이 생긴다. 제80조 제1항 제1호의 규정 중에는 노동법상의 일반적인 산업안전보건규정뿐만 아니라 파견법상의 산업안전보건규정이 포함된다.[30] 따라서 종업원대표는 제89조에 의해 자신에 부과된 과제를 파견근로자에게 대해서도 지게 된다. 그리고 제81조 제1항 제9호의 규정(노동보호 및 직장환경보호 조치 촉진) 또한 근로계약관계의 존부와는 관계없이 사업장에서 근로하는 근로자 모두에게 적용되기 때문에 당연히 파견근로자에게도 관련된다.

그리고 「사업장조직법」은 제89조 제2항 및 제4항에서 종업원대표에 참가권을 명시적으로 부여하는 것에 의하여 근로자의 재해예방활동에의 참가를 도모해 왔다. 즉 제2항에서 "사용자 및 제1항에 열거된 여러 기관(이하 '재해예방 관련 기관'이라 한다)은, 산업안전보건과 관련하여 행해지는 모든 감독·검사, 질의, 재해조사의 기회에 종업원대표 또는 그 지명을 받은 위원회 위원을 참가시킬 의무를 진다. ……"라고 규정하고, 제4항에서는 "「사회법전」 제7편 제22조 제2항과 관련하여 사용자와 안전관리위원(Sicherheitsbeauftragte) 간의 협의 시에는 종업원대표에 의해 지명된 위원회 위원이 참가한다."라고 규정하고 있다.

---

29) Klebe/Ratayczak/Heilman/Spoo, Basiskommentar mit Wahlordnung, 11. Aufl., 2003, S. 354.
30) Vgl. Schüren, Arbeitnehmerüberlassungsgesetz(AÜG), 2. Aufl., 2003, §14 Rdnr. 83.

또한 사용자는 「사업장조직법」 제90조 제2항에 따라, 예정된 조치[31] 및 그것이 근로자에게 미치는 영향, 특히 작업의 종류 및 이것이 요구하는 직업자격요건 등에 대하여, 종업원대표의 제안 및 견해가 작업조건을 계획할 때에 고려될 수 있도록 적절한 시기에 동 대표와 협의하여야 한다. 이를 통하여 종업원대표에게는 작업조건의 계획단계에서 작업조건에 관하여 사용자와 협의할 권리가 부여되어 있다.

이와 같은 종업원대표의 재해예방활동에의 참가권은 현행 「사회법전」 제7편 제20조 제3항에 근거하여 연방노동사회부가 제정한 '재해보험자의 기술감독관과 사업장 대표조직과의 협동에 관한 일반적 행정규칙'(1968년 최초 제정)에 의해 보다 상세한 구체화가 이루어지고 있는데, ① 기술감독관이 각종 재해예방 및 긴급활동을 할 때, 종업원대표에게 이를 통지하고 이 활동에 참가시킬 의무(제4조 제1항), ② 재해예방 및 긴급활동의 중요한 기초자료가 되는 사용자의 재해신고서의 사본을 종업원대표에 송부함으로써 종업원대표에게 그것의 작성과정에의 참가[32]를 촉진할 의무(제5조), ③ 사업장감독을 행하는 기술감독관에 대한 종업원대표에 의한 법 위반사항의 신고권 및 그 대책의 제안권(제6조 제1항), ④ 재해예방 및 긴급활동에 관한 종업원대표의 기술감독관과의 협의권(제6조) 등이 이에 해당한다.

또한 「사업장안전조직법」에 따라 사용자가 산업의 또는 안전관리자의 업무를 자유전문직으로 활동하는 의사, 안전관리자 또는 기업외부기관에 위탁하거나 이들과의 위탁을 해지하는 경우 사용자는 이에 앞서 종업원대표의 의견을 청취하여야 한다(제9조 제3항).

---

31) 「사업장조직법」 제90조 제1항에 따라 사용자가 종업원대표에 대하여 통지하여야 하는 '직장의 건축물, 기술적 설비, 작업방법·작업공정 및 작업장의 계획'을 말한다[Löwisch, a. a. O.(Fn. 4), 8. Aufl. 2007, S. 161].

32) 「사회법전」 제7편 제193조 제5항은 사용자로부터 산재보험조합에 제출되는 재해신고서에 종업원대표의 서명이 이루어져야 한다는 것을 규정하고 있다.

(2) 참가활동의 보장[33]

종업원대표의 위원직(委員職)은, 「사업장조직법」 제37조 제1항에 의하면, 보수 없이 수행되는 명예직이다. 그러나 종업원대표는 제37조 제2항[34]에 의거하여 임무의 적정한 수행에 있어 필요한 한 임금의 저하를 동반하지 않고 직무상의 활동으로부터 면제될 수 있다. 종업원대표의 활동이 사업의 필요성에 근거한 이유에서 취업시간 외에 수행되어야 하는 경우에는, 이것에 대체하는 보수의 계속적인 지불을 동반하는 직장이탈청구권이 발생한다(제37조 제3항). 경험상 종업원대표의 활동량이 방대한 대규모 사업장에서는 제38조 제1항에 제시된 상세한 기준에 따라 일정수의 종업원대표가 직업상의 활동으로부터 완전히 면제될 수 있다.

한편 「사업장조직법」 제78조 제1문에 의하면, 종업원대표의 위원은 자신의 활동을 수행하는 데 있어서, 간섭 또는 방해받아서는 안 되고, 특히 사용자는 그들의 사업장 또는 회의실에의 출입을 거부하는 것은 허용되지 않는다. 그리고 제78조 제1문은 종업원대표 자체에 대해서도 간섭 또는 방해로부터 보호하고 있다. 사용자는, 예를 들면 종업원 총회에 2회 참가하지 않도록 근로자에게 요구하는 방법으로 종업원대표의 회의 및 종업원 총회에 간섭 또는 방해를 해서는 안 된다. 게시판에 부착되어 있는 종업원대표의 게시물을 독단적으로 떼어 내는 것도 종업원대표의 활동에의 간섭을 의미한다. 또한 제78조 제2문은 사업장의 다른 근로자와 비교하여 종업원대표위원을 불이익하게 취급하는 것 또는 우대하는 것을 일체 금지하고 있다. 사업장조직 내의 어떠

---

33) Däubler, Das Arbeitsrecht 2: Leitfaden für Arbeitnehmer, 10. Aufl., 1995, S. 131.
34) 「사업장조직법」 제37조 제2항은 "종업원대표의 위원은 사업장의 규모 및 성격에 따라 자신에게 부과된 임무의 합법적인 수행에 필요한 경우, 그리고 그 범위에서 종전과 동일한 임금을 지불받으면서 근로를 면제받는 것으로 한다."라고 규정하고 있다.

한 직위에 취임한 것을 계기로, 당해 직위의 자리에 있는 자에 대하여 불이익처분을 하거나 우대조치를 부여하는 것에 의해 영향력을 행사하는 것은 허락되지 않는다.[35]

(나) 안전관리위원을 통한 참가권

근로자 및 그 대표의 안전보건활동에의 참가에 관한 「노동안전보건기본법」 등 산업안전보건법령상의 규정은, 「사회법전」 제7편 제22조에 의해 보완되고 있다. 그것에 의하면, 상시적으로 20명 이상의 근로자를 고용하고 있는 기업(Unternehmen)의 사용자는 종업원대표의 '관여'(Beteiligung)하에서 그 기업에 존재하는 재해·건강위험 및 종업원 수를 고려하여 근로자 중에서 1명 이상의 안전관리위원을 선임하여야 한다(제1항). 선임하여야 할 구체적인 안전관리위원 수는 산재예방규정(BGV) 총칙 A1 제20조 제1항 부록2에 각 BG별로 상세하게 명시되어 있다. 이때 종업원대표는 그 선임에 대하여 관여하는 것은 가능하지만 공동결정권을 가지는 것은 아니다.[36] 한편, 생명·건강에 관한 특별한 위험이 존재하는 기업에 대해서는 산재보험자는 종업원 수가 20인 미만이라도 안전관리위원 선임을 명할 수 있고, 생명·건강에 관한 위험이 매우 적은 기업에 대해서는 산재보험자는 산재예방규칙에서 20인 기준을 상향조정하는 것이 가능하다(제1항).

안전관리위원의 역할에 대해서는 「사회법전」 제7편 제22조 제2항에서 규정하고 있는데, 안전관리위원은 사고재해 및 직업병 예방조치를 실시할 때 사용자의 보좌인으로서의 역할을 하는 한편, 법령에서 규정된 안전장치, 신체보호구가 제대로 갖추어져 있는지와 그것이 규정된 바대로 적절하게 사용되고 있는지에 대하여 확인하고 종업원의

---

35) Löwisch, a. a. O.(Fn. 4), S. 131.
36) Däubler, a. a. O.(Fn. 33), S. 241.

재해·건강위험에 대해 주의를 촉구하는 등 기업 내의 안전보건문제에 관한 근로자대표의 역할도 담당한다. 이를 위해 관리감독자, 주임, 기타 부하를 지휘하는 입장에 있는 자를 안전관리위원에 지명하는 것은 허용되지 않고, 사용자로부터 「질서위반법」(Gesetz über Ordnungswidrigkeiten: OWiG)에서 정하는 의무를 위임받는 자도 안전관리위원으로 선임될 수 없다고 해석되고 있다.[37]

또한 산재예방규칙 총칙 A1 제20조 제3항에 의하면, 안전관리위원은 노동시간 중이라 하더라도 기술감독관에 의한 사업장 감독 및 재해조사에 참가할 수 있고, 나아가 그 결과에 대해 알 권리도 가지고 있다. 한편, 안전관리위원은 「사회법전」 제7편 제22조 제3항에 따라 그 자에게 위촉된 직무의 수행을 이유로 하여 불이익하게 취급되는 것으로부터 보호받는다.

(다) 산업안전위원회를 통한 참가권

「사업장안전조직법」 제11조 제1문에 의하면, 다른 법령에 별도의 규정이 없는 한, 상시적으로 20명 이상의 근로자를 사용하는 사업장의 사용자는 산업안전위원회(Arbeitsschutzausschuß)를 설치하도록 의무지우고 있다. 종업원 수의 산정에 있어서 파트타임 종업원은 주당 근로시간이 20시간 이하인 경우는 0.5인으로, 30시간 이하인 경우는 0.75인으로 한다고 규정하고 있다. 본 위원회는 사용자 또는 사용자의 위임을 받은 자, 종업원대표에 의해 지명된 2명의 위원회 위원, 산업의, 안전관리자 및 「사회법전」 제7편 제22조에 의한 안전관리위원으로 구성된다(제11조 제2문). 그리고 본 위원회는 적어도 3개월에 1회는 개최되어야 한다(제11조 제4문).

---

37) Durchführungsanweisung zu §9 Abs. 1 VBG1: in Nipperdey, Hans Carl, Arbeitssicherheit (Losenblatt Ausgabe), Band Ⅱ, 1995, Nr. 705, S. 8.

「사업장안전조직법」이 이 위원회의 설치를 의무화한 목적은, 사업장 내의 안전보건을 담당하는 자 모두가 재해예방에 관한 사항을 협의하는 등 상호 협력체제를 구축하고, 이와 아울러 각 스태프 간의 작업조정을 행하고 그 중복을 피하는 것 등에 있다.[38] 따라서 본 위원회의 직무는 재해예방에 관한 사항에 관하여 자문을 하고 권고를 하는 것에 머물고 구속력 있는 결정권한, 즉 의결권한은 귀속되어 있지 않다.[39]

한편 산업의를 비롯한 전문가의 참가자 수 및 선출절차 등에 대해서는 명확하게 법정되어 있지 않다. 따라서 동 사항을 종업원대표의 공동결정에 회부할 수 있고, 또 전문적 사항을 자문하기 위하여 참가자 수를 증원하는 것도 가능하다고 해석되고 있다. 그리고 본 위원회의 구성과 임무설정은 사업장협정을 통해 추가적으로 정해질 수도 있다.[40] 본 위원회의 개최는 통상적으로는 노동시간 내에 이루어질 것이지만, 그렇지 않은 경우라도 본 위원회의 참가에 소요된 시간은 노동시간으로 간주되고 각 산업안전보건 스태프의 투입시간에 산입된다.[41]

3) 제안·청문권

근로자는 「노동안전보건기본법」 제17조 제1항 제1문에 의하여, "노동을 하는 데 있어서 발생하는 모든 안전보건문제에 대하여" 사용자에게 제안을 할 권리를 가진다. 이 규정의 취지 및 목적은, 근로자를 사업장의 안전보건문제의 결정과정에 적극적으로 참가시키는 것이고, 나아가 사업장의 안전보건상태를 개선하는 데에 있다. 제안권은 순수하게 의견을 청취받을 권리이고, 이것 이외의 권리가 제안과 결부되어

---

38) Däubler, a. a. O.(Fn. 33), S. 247.

39) Anzinger/Bieneck, Kommentar zum Arbeitsschutzgesetz, 1998, S. 285.

40) Däubler, a. a. O.(Fn. 33), S. 247.

41) A. a. O.; 三柴丈典·前掲注(16)書 384頁 参照.

있는 것은 아니다. 특히 근로자는 그의 제안에 대한 배려권을 주장할
수 없다. 그러나 사용자는 제안을 규정에 따라 접수하고, 최소한 약식
으로라도 검토를 행한 후 근로자에게 제안의 처리결과를 회답할 의무
가 있다.[42] 이 의무는, 제안권에 의한 안전보건문제에의 근로자의 적
극적인 참가가 제안의 처리결과를 받을 권리를 동반하지 않으면, 제안
권이 제대로 달성될 수 없다는 것에서 발생한다.[43]

「노동안전보건기본법」상의 제안권은 전적으로 산업안전보건문제에
관련되지만, 기술적인 문제뿐만 아니라 사회적인 문제도 포괄한다.
"노동을 하는 데 있어서 발생하는 모든 안전보건문제에 대하여"라는
표현에 의하여, 근로자의 제안권은 근로자 자신의 직장에 직접적으로
관계하는 문제의 범위를 넘어선다고 말해지고 있다.[44] 또한 산업안전
보건문제에 관한 한 조직문제도 제안의 내용이 될 수 있다. 한편, 제안
권은 근로시간 중에 행사할 수 있고, 그 결과 제안을 위하여 사용한
시간은 근로자의 임금 저하를 동반해서는 안 된다.[45]

한편 「노동안전보건기본법」 제17조의 제안권은 「사업장조직법」 제
82조 제1항 제2문의 제안권에 의해 부가되고 있다. 이 규정에 의하면,
근로자는 그 자신에 관련되는 사용자의 조치에 대하여 의견을 표명함
과 함께 작업장 및 작업공정의 형성에 관한 제안을 할 권리를 가진
다.[46] 그리고 근로자는 「사업장조직법」 제82조 제1항 제1문(종업원대
표가 존재하지 않는 사업장에서는 제81조 제3항[47]))에 근거한 청문권

---

42) Kollmer, Arbeitsschutzgesetz undverordnungen Ein Leitfaden für die betriebliche
    Praxis, 3. Aufl., 2008, Rdnr. 236.

43) Kollmer/Klindt(Hrsg.), ArbSchG - Arbeitsschutzgesetz mit Arbeitsschutzverordnungen,
    2. Aufl., 2011, §17 Rdnr. 30.

44) Wank, Kommentar zum Technischen Arbeitsschutz, 1999, §17 Rdnr. 1.

45) Kollmer, a. a. O.(Fn. 42), Rdnr. 237.

46) A. a. O.

47) 이 규정은 'EU 산업안전보건 기본지침'의 국내법화 정책에 의하여 도입되었다.

의 행사에 의해서도 사용자에게 제안을 하는 것이 가능하다. 동 조항에 의하면, 근로자는 자신에 관계하는 사업장 내의 사항에 관하여 사업장의 조직구성상 당해 사항에 권한을 가지는 자에 의해 의견을 청취받을 권리를 가진다.[48]

종업원대표는 「사업장조직법」 제87조 제1항 제12호에 따라 '사업장 내의 제안제도에 관한 원칙'을 입안(작성)할 때에 공동결정권을 가진다. 이것은 발의권을 그 내용으로 포함하기 때문에, 「노동안전보건기본법」 제17조에 의한 제안권과 「사업장조직법」 제82조에 의한 제안권은 사업장협정을 통하여 구체화될 수 있다.[49]

한편 파견법 제14조 제2항 제3문에 의하면, 「사업장조직법」 제82조 제1항은 파견근로자와 사용사업주와의 관계에 적용된다. 파견근로자는 자신에 관한 사업장 내부의 사항에 관하여 사용사업주의 담당자로부터 청문을 받을 권리를 가진다. 그리고 파견근로자는 자신에 관한 사항에 대하여 정보제공을 받을 소극적 권리와 함께 자신과 관련되는 사용사업주의 조치에 관한 의견표명을 하고 직장형성 및 근로과정에 대한 제안을 할 수 있는 적극적 권리도 가지고 있다(「사업장조직법」 제82조 제1항 참조). 따라서 파견근로자는 자신과 관련되는 사업장 내부의 사항에 대하여 이니셔티브를 가질 수 있다.

그리고 「사업장조직법」 제86조a에 따라 근로자는 종업원대표에게 협의에 관한 사항을 제안할 권리를 가지고 있고, 제안이 근로자의 최저 5% 이상의 지지를 얻은 경우 종업원대표는 당해 제안을 2개월 이내에 회의의 의사일정에 포함시킬 의무를 진다. 이 경우 사용사업장에서 제안권은 사업장 소속의 근로자로서 파견근로자에게도 귀속한다. 또한 파견근로자는 제안을 의사일정에 넣을 것인지를 판단하는 때의

---

48) Kollmer/Klindt(Hrsg.), a. a. O.(Fn. 43), §17 Rdnr. 31.
49) Kollmer/Klindt(Hrsg.), a. a. O.(Fn. 43), §17 Rdnr. 36.

정족수에 포함되는 것으로 해석되고 있다.[50] 사용사업장의 종업원대표는 파견근로자의 이러한 제안을 「사업장조직법」 제80조 제1항 제3호에 따라 처리할 의무가 부과되어 있다. 파견근로자는 일반적으로 서로 다른 여러 사용사업장에서 근로제공을 하기 때문에 자신들의 경험으로부터 다른 사업장과 비교를 할 수 있게 된다. 그 때문에 사용사업장의 정규종업원 이상으로 적절한 개선제안을 할 수 있거나 사업장에서의 유해위험한 장소·부분을 인식할 수 있다. 따라서 사용사업장의 종업원대표에 당해 의무를 부과하는 것에 대해서는 합리적 이유가 존재한다고 말할 수 있다.

나. 미 국

1) 감독과정 참가권

근로자는 OSHA의 감독에 참여할 권리를 가진다[제8조(e)]. OSHA 감독관이 사업장을 감독하게 될 때, 근로자대표[51]는 사용자대표와 함께 감독순회과정(Walk Around Inspection) 및 개시회의(Openning Conference)와 종료회의(Closing Inspection)에 참가할 수 있다.

OSH Act 제8조(e)의 위임을 받아 OSHA 규칙에서는 감독관에게 사용자대표 및 근로자대표와 개시회의를 개최할 것을 의무화하고 있다.[52] 개시회의 동안 감독관은 감독의 이유와 범위를 설명한다.[53] 또

---

50) Vgl. Löwisch, BB 2001, S. 1737.

51) OSHA의 현장감독 운영매뉴얼(Field Inspection Reference Manual: FIRM)에 의하면, 근로자대표는 ① 승인된 교섭대표(노동조합)가 있을 때에는 그 대표, 그것이 없을 때에는 ② 당해 사업장의 근로자들에 의해 대표로 선출된 안전보건위원회의 근로자위원 또는 ③ 당해 사업장의 근로자들에 의해 감독과정 대표로 선출된 개인 근로자를 의미한다(FIRM, ch. Ⅱ, A, 2, h, 2).

52) See 29 C.F.R. §1903.7(a).

53) *Ibid.*

한 일반적으로 개시회의 동안 감독관은 ① 감독 동안 조사하고자 하는 기록, ② 감독하고자 하는 물리적 장소, ③ 감독 동안 특별히 하고자 하는 것을 확인한다.

개시회의를 마친 후 감독관은 감독 순회를 하게 된다. OSH Act 제8조(e)는 사용자대표와 근로자대표에게 감독 순회 동안 감독관을 동행할 절대적인 권리를 제공하고 있다. OSHA는 감독관으로 하여금 감독 과정의 일부로서 개별 근로자와 면담하는 것을 적극 장려하고 있고, 근로자는 감독관의 감독 중에 당해 감독관에게 안전보건에 관한 정보를 제공하고 작업장의 모든 위험한 상태를 지적할 수 있다[제8조 (c)(e)(f)]. 또한 근로자는 감독관과의 접촉을 시도하고 사업장 밖에서 감독관과 은밀히 만나는 것을 신청하는 것도 가능하다. 나아가 제13조에 근거하여 사업장감독 중 발견된 절박한 위험은 사용자 및 근로자에게 바로 공개되어야 한다.[54]

한편 사업장 감독 중에 근로자에 의해 감독관에게 전달된 정보는 비밀로서 사용자에게 알려져서는 안 된다. Stephenson Enterprises, Inc. v. Marshall 사건[55]에서 사용자는 OSHA에 근로자의 진술이 포함되어 있는 감독관의 기록을 보여 줄 것을 신청한 것에 대해, 제5순회구 항소법원은 그 신청을 거절한 산업안전보건심사위원회의 결정을 긍정하였다. OSH Act의 효과적인 실행이라는 공공의 이익과 보복가능성으로부터 보호되어야 할 정보제공자의 권리를 사용자의 재판 준비에의 필요성과 비교형량한 후, 본 법원은 "균형이 근로자의 이름을 공개하지 않는 쪽으로 기운다는 것은 명백하다."라고 판시하였다.[56] 그리고 Trinity Industries, Inc. v. Martin사건[57]에서 법원은 사용자의 대리인이 감독관

---

54) M. A. Bailey et al., Occupational Safety and Health Law Handbook 151(2nd ed. 2008).

55) Stephenson Enterprises, Inc. v. Marshall, 578 F.2d 1021(5th Cir. 1978).

56) Stephenson Enterprises, Inc., 578 F.2d 1021, 1026(5th Cir. 1978).

의 사업장 감독 중 근로자와 면담하는 장소에 입회하는 것을 허용하지 않는 OSHA의 정책을 지지한다고 판시하였다.

근로자에게는 사업장 순회권이 보장되어 있지만, 사용자는 OSH Act 또는 「공정노동기준법」에 의하여 근로자가 사업장의 순회에 참가하는 데 사용한 시간에 대해 근로자에게 임금을 지불하도록 하는 의무를 부과받는 것은 아니다.[58] 그러나 근로자는 각 주의 OSH Act에 근거하여 사업장 순회에 대한 보수를 지급받을 권리가 부여될 수 있다.[59]

감독관이 감독을 종료한 후, 감독관은 사용자대표 및 근로자대표와 함께 종료회의를 개최한다. 이 회의 목적은 감독과정에서 발견한 사항을 양 대표와 의논하고 OSHA가 발행할 예정인 위반통고를 이들에게 알리기 위해서이다. 이때 감독관은 감독과정에서 확인한 각 위반내용에 대하여 ① 위반의 성격, ② 확인된 위반상태를 개선하기 위하여 사용자가 취할 수 있는 시정조치, ③ OSHA가 사용자에게 요구할 시정기간을 의논한다.[60] 사용자에 의해 비공식적 회의의 개최가 요청되는 경우, 영향을 받은 근로자 또는 그 대표는 그 회의에 참가할 기회가 보장되어야 한다.[61]

한편 OSHA의 전략계획에는 감독과정뿐만 아니라 협의차 방문 등

---

57) Trinity Industries, Inc. v. Martin, 963 F.2d 795(5th Cir. 1978).

58) Leone v. Mobil Oil Corp., 523 F.2d 1153(D.C.Cir.1975). 그러나 실제적인 문제로서, 대부분의 근로자는 사업장 순회에 대한 보수를 지불받는다. 이 문제에 관한 초기의 연구에 의하면, 사업장 순회에 참가하는 근로자의 93%는 사용자에 의해 지급되고, 4%는 노동조합에 의해 지급되며, 나머지 3%는 사용자 및 노동조합에 의해 공동으로 지급되거나 보수를 지급받지 못하는 것으로 나타났다[John Zalusky, "The Worker Views the Enforcement of Safety Laws", 26 Lab. L.J. 224, 230(1975)].

59) 미네소타 주와 알래스카 주는 법령에 의해 순회에 대한 보수 지급을 규정하고 있다[See Minn. R. §5210.0500; Alaska Stat. §18.60.087(a)].

60) Bailey et al., supra note(54), at 219~220.

61) 29 C.F.R. §1903.20.

OSHA가 실시하는 사업장 안전보건에 관한 모든 사업과 방문 등에 근로자의 참여를 보장하는 내용이 반영되어 있다. 그만큼 사업장 안전보건에 근로자의 참여를 활성화하는 것은 미국 산업안전보건분야의 주요 정책과제의 하나로 되어 있다.[62]

2) 법 집행절차 참가권

OSHA의 집행절차의 최초의 단계는 위반통고(citation)의 발행이다. OSH Act 제9조(b)는 법 위반이 있다고 의심되는 모든 상태에 대하여 근로자가 확실히 통지받도록 하기 위하여 법 위반이 발생하였다고 생각되는 장소 또는 그 근처에 위반통고의 사본을 게시하도록 의무 지우고 있다.[63] 그것에 의하여 근로자는 그 자신이 집행절차에 참가하는 기회를 알 수 있게 된다.

근로자 또는 그 대표는, 사용자가 위반통고를 받고 나서 15일 이내에 위반통고, 제재금(penalty) 또는 시정명령(abatement)에 대하여 OSHA의 지방사무소와 상담하기 위하여 당해 사무소와의 비공식적 회의를 요청할 수 있다. 비공식적 회의의 결과에 따라 OSHA는 위반통고내용을 조정할 권한을 가진다.[64]

한편 OSHA가 감독 후에 위반통고를 발급하는 것을 거절하면, 근로자 또는 그 대표는 OSH Act 제8조(f)(2)의 규정에 근거하여 비공식적인 재검토를 요구하고 OSHA의 결정이유를 문서로 받을 권리를 가진다. 또한 근로자와 그 대표는 발급된 위반통고 및 화해내용의 사본을 받을 권리도 가지고 있다.[65]

---

62) OSHA, OSHA Strategic Plan(1997, 2002), at 3~5.

63) 29 C.F.R. §1903.16.

64) Bailey et al., supra note(54), at 151.

65) 29 C.F.R. §1903.14(c).

근로자는 위반통고 발행 후, 두 가지 방법으로 집행절차에 참가할 권리를 가진다. 첫 번째 방법으로서, 근로자 또는 그 대표는 법 위반 또는 위험한 작업조건을 제거하기 위하여 OSHA에 의해 사용자에게 허용된 시정기간의 합리성에 항변을 제기하는 것에 의하여 산업안전보건심사위원회 절차를 개시할 수 있다[OSH Act 제10조(c)].66) 이 경우에, OSHA가 시정기간의 합리성을 입증할 책임을 진다. 그런데 OSH Act는 근로자에게 위반통고 또는 제재금에 대해서는 직접적으로 이의를 제기하는 권리를 부여하고 있지 않다. 그 대신에 근로자에게는 다음과 같은 두 번째의 참가방법이 보장되어 있다.

근로자의 집행절차의 두 번째의 참가방법은, 사용자에 의하여 이의 제기 또는 시정명령의 변경청원이 제기된 후에 근로자가 당사자로서 청문회에 참가하는 방법이다. 건강상의 피해를 받은 근로자들은 청문회 이전에는 언제든지 당사자 지위에 설 수 있고, 또 정당한 이유가 있으면 그 후에라도 당사자 지위에 설 수 있다.67) 사용자에 의해 제기된 이의제기는 주로 OSHA와 사용자 간의 문제이지만, 당사자 지위의 자격을 가진 근로자 또한 화해안에 대하여 의견을 제출할 기회를 부여받아야 한다.68) 그리고 근로자는 정식의 사실심리에서 다른 당사자와 동일한 권리, 예를 들면 증거제출권, 증인소환권, 반대심문권, 그리고 위원회 결정에 대한 항소법원에 의한 사법심사 요구권(제11조)을 가진다.69) 나아가 청문회에서의 당사자 자격을 갖지 않는 근로자라도 화해안을 통지받고 나서 10일 이내에 산업안전보건심사위원회의 행정법심판관에 이의를 제출할 수 있다.70)

---

66) *Id.* §1903.17(b).

67) Comm'n R.Proc. 20(a).

68) General Electric Co., 14 OSH Cases 1763, 1766 (Rev. Comm'n 1990).

69) M. A. Rothstein, Occupational Safety and Health Law 296~297(2006 ed. 2006).

70) 29 C.F.R. §2200.100(c).

한편 OSHA가 감독 후에 위반통고를 발하지 않으면, 근로자 또는 그 대표는 OSH Act 제8조(f)(2)에 근거하여 비공식적인 재검토를 요구하고, OSHA의 결정이유를 문서로 받을 권리를 갖는다. 또한 근로자에게는 발해진 위반통고 및 화해내용의 사본을 받을 권리도 부여되어 있다.71)

또한 사용자가 이의제기 또는 시정명령의 변경청원을 제기하면 사용자는 그 사실을 근로자에게 통지하여야 하고,72) 근로자는 청문회 일정에 대한 통지를 받을 권리를 가진다. 이것은 근로자가 사용자의 이의제기에 적극적으로 개입하는 것이 가능하도록 하기 위하여 보장된 것이다. 건강상 피해를 받은 모든 근로자가 권한을 부여받은 대표에 의해 대표되는 경우에는 그 대표에게 통지될 필요가 있지만, 모든 근로자나 일부의 근로자가 대표되지 않는 경우에는 상기 문서의 사본이 위반통고와 동일한 장소에 게시되어야 한다.73)

마지막으로, 사용자가 OSHA 기준의 준수로부터 적용제외조치를 신청하는 경우에도, 근로자 또는 그 대표는 이에 대한 예고통지를 받을 권리와 함께 청문회에 참가할 권리를 가진다(제16조).

3) 안전보건위원회를 통한 참가권

OSH Act는 기업에 안전보건위원회의 설치를 의무 지우고 있지 않지만, 많은 주정부에서는, OSH Act 및 「연방노동관계법」(이하 'NLRA' 라 한다)의 기준 이상으로 근로자가 사업장의 안전보건문제에 참가하는 수단을 제공하는 법률 또는 규제를 채용하여 왔다. 예를 들면, 적지 않은 주에서는, 사용자로 하여금, 노사대표가 정기적으로 점검을 실시하고 사업장의 안전보건문제를 협의하고 개선하기 위한 안전보건위원

---

71) See 29 C.F.R. §1903.14(c); FIRM ch Ⅳ, B, 1, b, c.

72) Comm'n R.Proc. 7.

73) Comm'n R.Proc. 7(c).

회를 설치·운영하도록 의무 지우고 있다. 이러한 의무는 주 정부의 안전보건계획에 의하여 부과되는 경우도 있고,[74] 주 정부의 산업재해 보상보험제도에 의하여 부과되는 경우도 있다.[75]

사용자가 안전보건위원회를 설치하는 경우, 사용자와 노동조합의 입장에서 특별히 중요한 문제는 이 위원회가 NLRA 제8조(a)(2)에 위반되는지이다. 제8조(a)(2)는 회사에 의해 지배되는 노동단체(labor organization)[76]를 배제하기 위하여 제정되었는바, 사용자가 '노동단체의 결성·운영에 지배 또는 개입하는 것 또는 재정상 또는 기타의 원조를 노동단체에 주는 것'을 금지하고 있다. 제8조(a)(2) 규정의 위반이 되기 위해서는, ① '노동단체'이지 않으면 안 되고, ② 노동단체가 안전보건과 같은 의무적 협약내용에 대하여 사용자와 '절충'하지 않으면 안 되며, 그리고 ③ 사용자가 노동단체에 '지배 또는 개입'하여야 한다. 이들 요건 중 연방노동관계위원회(이하 'NLRB'라 한다)의 최근의 결정은 주로 '절충'의 의미에 초점을 맞추어 왔다.

4) 공정안전관리 참가권

사용자는 공정안전관리와 관련하여 근로자의 참여를 보장하는 문서화된 이행계획을 수립하여야 한다.[77] 또한 공정위험 분석의 이행·개

---

74) 예를 들면, 오리곤 주, 워싱턴 주(R. S. Rabinowitz et al., Occupational Safety and Health Law 563(2nd ed. 2002).

75) 예를 들면, 코네티컷 주, 플로리다 주, 미네소타 주, 몬태나 주, 네바다 주, 네브래스카 주, 노스캐롤라이나 주, 테네시 주(Rabinowitz et al., supra note(74), at 563).

76) NLRA 제2조(5)에 의하면, 노동단체란 "근로자가 참가하고, 고충, 노동쟁의, 임금, 임률(賃率), 근로시간 또는 근로조건에 관하여 사용자와 절충하는 것을 그 목적의 전부 또는 일부로 하여 존재하는 모든 종류의 단체, 대리기관, 종업원대표위원회 또는 제도(plan)"를 말한다. 따라서 노동조합으로 한정되지 않으며, ① 근로자가 참가하고 ② 근로조건 등에 관하여 ③ 사용자와 절충하는 것이면 무방하다. 설령 1개의 '단체'라고는 말하기 어려운 것이더라도 사용자에 대하여 근로자의 주장을 전하기 위한 제도이면 노동단체의 요건을 충족하게 된다.

발과 다른 공정안전관리 요소의 개발에 관하여 근로자 및 그 대표와 협의하여야 한다.[78]

다. 일 본

1) 참가권: 안전위생위원회

산업재해의 발생 원인에는 여러 가지가 있는 것으로 분석되고, 따라서 작업환경, 작업양태 등에 대응하여 효과적으로 안전보건관리를 해나가기 위해서는 단순히 사용자 측에서 직제를 통한 일방적인 지시만이 아니라 현장을 숙지하고 있는 근로자의 의견, 정보를 충분히 파악하고 이를 사업장 재해예방대책에 구체적으로 반영시켜 나가는 것이 필수불가결하다. 이를 위하여, 노안위법 제17조 내지 제19조는 근로자수가 50인 이상(업종에 따라 100인 이상)인 사업장에서 안전위원회, 위생위원회 또는 안전위생위원회(이하 '안전위생위원회'라 한다)를 설치하고, 노사 간에 사업장의 안전 또는 보건에 관한 기본적인 사항을 조사·심의하도록 의무화하고 있다.

안전위생위원회의 조사·심의사항은 근로자의 위험 또는 건강장해를 방지하기 위하여 기본이 되어야 할 대책, 산업재해의 원인 및 재발방지대책 등에 관한 사항이다(노안위법 제17조·제18조, 노안위칙 제21조·제22조). 본 위원회는 매월 최소한 1회 개최하는 것이 의무화되어 있다(노안위칙 제23조 제1항). 그런데 이 규정은 벌칙이 수반되어 있지 않은 노력규정에 지나지 않기 때문에, 실제 동 위원회의 소집은 위원회 자신에 맡겨져 있고, 결국 노사의 역관계에 달려 있다고 말할수 있다.

---

77) 29 C.F.R. §1910.119(c)(1).

78) *Id.* §1910.119(c)(2).

한편, 본 위원회의 기본적 성격과 관련하여 본 위원회를 사업장의 안전보건문제에 관한 사용자의 자문기관이라고 보는 견해도 있지만, 이 위원회가 사업장에서의 안전보건상의 문제에 관한 근로자 참가의 중심기관이라는 점에서 볼 때, 스스로의 발의하에 사업장의 안전보건문제를 조사·심의하고 그 명의로 사용자에 대하여 의견을 말하는 것이 가능한 조사·심의기관으로서의 성격이 부여되어 있다고 보는 것이 타당할 것이다.79) 그러나 본 위원회는 그 의결이 사용자를 법적으로 구속하는 의사결정기관은 아니다. 또한 그 구성 및 운영의 적부에 대하여 사용자가 처벌되는 것도 아니다. 그렇다고는 하지만, 본 위원회에 관한 규정은 최저기준이기 때문에 노사 간에 조사·심의사항을 추가한다든지 사용자에의 권고권을 부여한다든지 의사결정기관으로 한다고 합의하여도 위법은 아닐 것이다. 또한 노사협의나 단체교섭의 부속기관으로 볼 것인지도 기본적으로 노사의 합의에 맡겨져 있다고 말할 수 있다.80)

안전위생위원회는 다음과 같은 자에 의하여 구성된다. 즉 ① 총괄안전위생관리자, ② 안전관리자 또는 위생관리자 중 사용자가 지명한 자, ③ 당해 사업장의 근로자로서 안전 또는 보건에 관하여 경험을 가지고 있는 자 중 사용자가 지명한 자이다. 본 위원회의 의장에는 ①의 자가 취임하는 것으로 되어 있다. 또한 ②+③의 위원 중 반수에 대해서는, 당해 사업장에 근로자의 과반수로 조직하는 노동조합이 있는 경우에는 그 노동조합, 이것이 없는 경우에는 근로자 과반수를 대표하는 자의 추천에 근거하여 지명하여야 하는 것으로 되어 있다. 결국, 사용자 측 대표뿐만 아니라 근로자 측 대표도 최종적으로는 사용자에 의해

79) 労働省労働基準局安全衛生部 編 『実務に役に立つ労働安全衛生法』 中央労働災害防止協会(2000年) 161~162頁.
80) 青木宗也·片岡舁 編 『労働基準法Ⅱ』 青木書林(1995年) 12頁.

선임되는 방식을 취하고 있다.

다른 한편, 안전위생위원회의 활동은 근로시간 내에 행하는 것을 원칙으로 하고,[81] 회의의 개최에 요하는 시간은 근로시간으로 해석된다. 따라서 당해 회의가 법정시간 외에 이루어진 경우에는, 그것에 참가한 근로자에 대하여 당연히 할증임금이 지불되지 않으면 안 된다.[82]

2) 청취권

(가) 안전위생개선계획의 작성 시 청취권

노안위법 제78조 제1항의 규정에 의하면, 도도부현 노동국장은 산업재해 예방을 위하여 종합적인 개선조치를 강구하는 것이 적당한 사업장에 대하여 안전위생개선계획을 작성해야 하는 것을 지시하는 것이 가능한 것으로 되어 있다. 본 계획의 작성 지시는, 당해 사업장의 안전보건의 상태를 종합적으로 개선하려고 하는 것이기 때문에, 반드시 법 위반의 상태에 있는 것만을 전제로 하는 것은 아니다.

이와 같은 안전위생개선계획은 당해 사업장이 양호한 안전보건상태에 도달하기 위한 구체적 개선방법을 내용으로 하는 것이고 근로자의 이해 여부가 그 성과에 큰 영향을 미치므로, 노안위법은 제78조 제2항에서 안전위생개선계획을 작성할 때에는 해당 사업장에 근로자의 과반수로 조직하는 노동조합이 있는 경우에는 그 노동조합, 이것이 없는 경우에는 근로자 과반수를 대표하는 자의 의견을 들어야 하는 것으로 규정하고 있다. 이는 현장 근로자의 의견을 반영한 보다 구체적인 계획을 작성하도록 하는 데에 그 목적이 있다고 말할 수 있다.

---

81) 1972.9.18. 基発 91号.
82) 1972.9.18. 基発 602号.

(나) 안전위생 간담회

노안위법에서는 근로자 수가 50인(업종에 따라 100인) 미만의 사업장에 대해서는 정식의 형태를 갖춘 안전위생위원회의 설치를 의무 지우고 있지 않다. 그러나 이러한 규모의 사업장에서는 일반적으로 산업재해의 발생률이 높고 안전보건상의 문제가 상당히 많이 잠재되어 있으므로, 최소한 근로자의 의견을 청취하고 노사 간에 안전보건에 대한 협의를 실시하는 것이 필요하다. 이를 위해 노안위칙은 "안전위생위원회를 설치하고 있는 사용자 이외의 사용자는 안전보건에 관한 사항에 대하여 관계근로자의 의견을 청취하기 위한 기회를 마련하도록 하여야 한다."라고 규정하고 있다(제23조의 2).

본 규정 위반에 대해서는 벌칙이 수반되어 있지 않고 문언상의 표현도 '마련하도록 하여야 한다'라고 규정되어 있어, 본 규정은 노력의무규정에 지나지 않는다고 해석될 수도 있다. 그러나 본 규정을 노력의무규정으로 본다 하더라도, 이 규정은 그 성격상 기본이념·목적을 제시하고 그 방향에 따른 당사자의 노력을 추상적으로 촉구하는 취지의 '훈시적·추상적 노력의무규정'이 아니라 노력의무의 대상사항이 구체적인 '구체적 노력의무규정'이라고 볼 수 있다. 따라서 본 규정은 강행적 의무규정과 마찬가지로 근로계약상의 안전배려의무의 요소가 되는 데 아무런 문제가 없다고 해석된다. 따라서 사용자가 이 의무를 위반하게 되면, 근로자는 경우에 따라서는 이에 대해 이행청구권, 손해배상청구권 등의 사법적 청구권을 행사할 수 있다고 판단된다.

2. 신고권

신고권은 근로자가 산업안전보건법규라는 공법의 실현에 관여할 수 있도록 하기 위해 근로자에게 직접적으로 부여한 권리로서, 전형적으로 근로자가 정부를 대상으로 일정한 조치를 요구하는 권리이다. 따라서 신고권은 사용자의 의무와 직접적 관계가 없는 권리로서, 당연히 근로자와 사용자 간의 근로계약의 내용으로 전화(轉化)될 수 없다. 신고권은 근로자가 정부의 감독행정을 통해 자신의 산안법상의 권리, 즉 법률상의 권리를 간접적으로 실현하는 수단이다. 따라서 소송제기 등을 통해 자신의 권리를 직접적으로 실현하는 이행청구권 등의 사법적 청구권과는 많은 점에서 대비된다. 이하에서는 각국에서 신고권이 어떠한 내용으로 보장되어 있는지에 초점을 맞추어 비교법적 고찰을 하고자 한다.

가. 독 일

1) 사업장 외 신고권

사용자와 근로자 사이에는 일반적으로 인정되고 있는 계약상의 배려의무가 존재한다. 그 때문에 산업안전보건의 중대한 위반 및 급박한 건강위험의 경우에, 근로자가 사용자를 관할당국에 신고할 권리를 부여받는지, 그리고 어느 정도까지 그 권리를 부여받는지가 문제가 된다. 이 문제는 이미 십 수 년 전부터 판례·학설상 많이 논의되어 왔다. 판례의 해석에 의하면, 성실의무 또는 계약상의 배려의무에 근거하여 근로자가 위법적으로 행동하는 사용자를 그에게 '사전 경고 없이' 관할당국에 신고하는 것은 원칙적으로 즉시해고의 중요한 이유가 된다.83) 결국, 근로자가 신고 전에 사업장 내의 모든 시정기회를 다 이용한 후에 비로소 사용자 측의 규정 위반을 신고할 권리가 주어진다. 따라서 지배적인 견해에 의하면, 산업안전보건법규상의 의무의 불이행

---

83) 예를 들면, BAG, AP § 70 HGB Nr. 2; LAG Baden Württemberg v. 3. 2. 1987, S. 756. 이러한 판결에 대해 일부 학설은 '모욕적 판결'이라고 비판하고 있다[Kollmer/Klindt(hrsg), a. a. O.(Fn. 43), 17 Rdnr. 14].

을 관할당국에 신고하는 것은 '최후의 수단'으로서만 허용된다.[84]

「노동안전보건기본법」 제17조 제2항의 신고규정은 이 '최후수단의 원칙'에 의거하고 있다. 즉 근로자는 사전에 사업장 내부의 고충처리 절차의 방법을 이행한 경우에 비로소 관할당국에 신고할 권리를 가진다.[85] 근로자가 구체적 근거를 가지고 사용자에 의해 취해진 조치 및 준비된 보호수단이 안전보건을 확보하는 데에 충분하지 않다고 생각하고, 사용자가 근로자로부터 제기된 고충에 대하여 대책을 강구하지 않는 경우, 당해 고충을 관할당국에 신고할 수 있다(제17조 제2항).

「노동안전보건기본법」 제17조 제2항 제1문의 문언은 그것이 실무에 미치는 커다란 영향 때문에 보다 상세한 분석을 필요로 한다. 먼저, 근로자가 사용자의 대책이 충분하지 않다는 견해를 가지면 이것으로 충분하다. 즉 근로자 발의의 초기단계에서는 근로자의 관점에서 문제가 있는 상태가 존재하면 그것으로 신고요건은 충족된다. 위법한 상태가 객관적으로 존재할 필요는 없다. 나아가, 문제제기를 하는 근로자가 문제가 되고 있는 상태에 개인적으로 관련되어 있을 필요가 없다. 오히려 근로자의 관점에서 볼 때, 산업안전보건규정의 위반 때문에 동료 또는 제3자에게 위험이 예기될 수 있는 경우에도 신고의 권리가 부여된다.[86]

신고권은 근로자에게 그가 무엇도 하지 않은 채 가만히 있는 것을 기대할 수 없는 다음의 경우에도 부여된다. ① 사용자가 적절한 기간 내에 근로자의 고충제기에 답하지 않는 경우, ② 응답이 충분하지 않은 경우, ③ 고충제기의 정당성에 관한 견해 차이로 사용자가 조치를 강구하지 않는 경우, ④ 대상조치가 불충분한 것에 대한 근거가 존재

---

84) Kollmer/Klindt(Hrsg.), a. a. O.(Fn. 43), §17 Rdnr. 14.

85) Kollmer, a. a. O.(Fn. 42), Rdnr. 240.

86) Kollmer, a. a. O.(Fn. 42), Rdnr. 241.

하는 경우, ⑤ 사용자가 시정을 약속하였지만, 필요한 조치를 강구하지 않고 있거나 즉시로 강구하지 않는 경우가 그것이다.[87] 특히, 위험상황이 사용자에게 알려져 있었다든지, 위험상황이 명백하였지만 사용자에 의해 조치가 강구되지 않았던 경우에는 근로자는 사용자의 설명을 기다릴 필요가 없다.[88]

근로자는 정당한 신고를 이유로 어떠한 불이익도 받아서는 안 된다(「노동안전보건기본법」 제17조 제2항 제2문). 이것은 근로자의 신고가 성실의무 위반이라고 간주된다든지, 당해 신고를 이유로 해고되거나 차별되어서는 안 된다는 것을 의미한다. 반면, 근로자에 의한 「노동안전보건기본법」 제17조 제2항에 규정된 의무의 위반, 특히 사업장 내부의 고충절차의 회피는 노동법상의 제재를 결과로서 초래할 수 있다. 그런데 불이익 금지는 신고가 근로자의 예상과 달리 정당하지 않았다는 것이 추후에 판명되었지만 신고 당시 근로자가 사용자의 위반에 대한 구체적인 근거를 제시할 수 있었고 사용자는 이에 대해 설득력 있게 반박할 수 없었던 경우에도 적용된다.[89]

2) 사업장 내 고충제기권

「노동안전보건기본법」이 근로자의 감독관청에의 신고권의 전제조건으로서 사업장 내부의 가능한 수단을 사전에 모두 이용해야 한다는 것을 규정하기 전에, 이것과 관계없이 사업장 내 고충제기권이 일부 규정에서 이미 인정되어 왔다. 「사업장조직법」 제84조는 일반적인 고충제기권을 다음과 같이 정하고 있다. "근로자는 사용자 또는 기타의 근로자에 의하여 불이익을 받는다든지 기타 무언가의 수단으로 피해를

---

87) Vgl. Kollmer/Klindt(Hrsg.), a. a. O.(Fn. 43), §17 Rdnr. 21.
88) Vgl. LAG Baden Württemberg v. 3. 2. 1987, NZA 1987, S. 756.
89) Vgl. LAG Frankfurut v. 12.2.1987, DB 1987, S. 1969.

입은 경우, 사업장 내의 적당한 기관에 고충을 제기할 수 있다." 이 경우에 전형적인 고충 대상은 소음, 진동, 악취, 실내환경, 유해위험물질, 방사선 등에 의한 침해를 이유로 하는 것으로서 산업안전보건에 관련되어 있다. 신속한 기계 회전을 위한 노동량의 증가. 목표기준치의 도입 등에 기인하는 불이익에 관한 노동조직문제도 「사업장조직법」 제84조의 노동보호법적인 관점에서 고충제기의 대상이 될 수 있다.[90)]

한편 동법 제84조 제3항에 근거하여, 사업장 내에서 고충제기를 할 때에도 이것을 이유로 하여 근로자에게 불이익이 발생해서는 안 된다. 사업장 외 신고권에 있어서의 불이익금지에 관한 설명은 이 경우에도 그대로 적용된다. 또한 근로자는 「사업장조직법」 제85조에 근거하여 종업원대표에 대해서도 고충을 제기할 권리가 있다. 종업원대표는 그것이 정당하다고 판단한 경우에는 사용자에게 그 시정을 요구할 의무가 있다. 이 경우, 종업원대표와 사용자 사이에 고충의 정당성에 관하여 견해가 차이가 있으면, 종업원대표가 중재기구를 소집하고, 법적 사항이 문제가 되지 않는 한 중재기구의 재정이 사용자와 종업원대표의 합의에 대신한다.[91)]

파견근로자의 경우에는, 그 노무제공의 장소가 사용사업장이기 때문에 고충제기권이 사용사업주에 대해서 인정되지 않으면 그 입법목적을 실현할 수 없는 것은 명백하다. 사실 파견법은 파견근로자가 사용사업장에 있어서도 사업장조직법상의 고충제기권을 가진다고 규정하고 있다(제14조 제2항 제3문). 이 규정은 파견근로자가 그 근로에서 곤란에 조우(遭遇)하는 것은 근무장소인 사용사업장이라는 파견근로의 특수성을 전제로 파견근로자의 권리보호를 실질적으로 보장하기

---

90) Fitting/Kaiser/Heither/Engels, Betriebsverfassungsgesetz, Handkommentar, 21. Aufl., 2002, §84 Rdnr. 6.

91) Löwisch, a. a. O.(Fn. 4), S. 189.

위하여 마련된 것이다.

3) 권리 행사와 불이익취급

독일은 사업장외 신고권, 사업장 내 고충제기권 등 근로자의 정당한 권리 행사를 이유로 하는 불이익취급을 일반적으로 금지하는 규정을 두고 있다. 즉 「민법」 제612a조에서 "사용자는 근로자가 허용된 방법으로 그 권리를 행사한 것을 이유로 무언가의 결정 또는 조치에 있어서 근로자를 불이익하게 취급하여서는 아니 된다."라고 명시하고 있다. 이를 통해 근로자는 신고권을 비롯하여 그에게 부여된 권리를 현실적으로 행사할 수 있게 되고, 또 정당한 권리 행사에 대해 실질적으로 보호받을 수 있는 법적 토대가 마련되어 있다고 할 수 있다.

나. 미 국

미국의 경우, 근로자가 안전보건문제에 대해 이의제기하는 것에 대한 법적 보호는 제정법뿐만 아니라 보통법 원리에서도 도출될 수 있다.

1) 연방법

근로자의 신고권에 대한 법적 보장을 고찰하지 않고는 OSH Act에 대한 검토는 불충분하다고 말해질 정도로, OSH Act에서 신고권이 차지하는 비중은 크다고 말할 수 있다. OSH Act는 근로자의 신고가 정부기관의 입장에서 중요한 정보원이라는 점에 착안하여, 신고를 활성화하기 위하여 그것을 이유로 하는 모든 형태의 불이익으로부터 근로자를 보호하는 규정을 상세히 규정하고 있다.[92]

---

92) See B. A. Fellner/D. W. Savelson, Occupational Safety and Health Law and Practice 279(1976). 후술하듯이 OSH Act는 이 신고권 행사뿐만 아니라 근로자의 기타 권리의 행사에 대해서도 그것을 이유로 하는 사용자에 의한 불이익취급 금지를

근로자는 산업안전보건기준을 위반하고 있거나 안전보건상의 급박한 위험이 있다고 생각되는 근로조건 또는 관행에 대하여 OSHA에 신고할 권리를 가진다.93) 근로자가 OSHA에 감독을 요구하기 위해서는 OSHA 지방사무소장에 신고하지 않으면 안 된다. OSH Act에 의하면, 신고는 ① 서면으로 기재되어야 하고, ② 안전보건기준의 위반이 존재한다고 주장하여야 하며, ③ 신고의 근거가 특정되어 제시되어야 하고, ④ 근로자 또는 그 대표에 의해 서명되어야 한다[제8조(f)(1)]. 신고근로자는 그들의 이름이 공개되지 않는 것을 요구할 수 있다[제8조(f)(1)]. 또한, 근로자는 OSHA 감독관이 사업장을 감독하기 전 또는 감독할 때에 사업장에 존재한다고 생각하는 법 위반사항에 대하여 서면으로 감독관에 통지하는 것이 가능하다[제8조(f)(2)].

대부분의 신고는 현재 고용되어 있는 근로자에 의하여 제기되지만, 그 외의 이해관계자에 의해서도 신고될 수 있다. 위험한 상태에 대한 신고는 과거에 고용되어 있었던 근로자에 의해서도 제기되어 왔는데, 그들의 일부는 자신이 작업장 상태에 대해 불평을 제기하였기 때문에 해고되었다고 주장하였다.94) 또 신고는 위험에 노출된 자로서 다른 사용자에 고용되어 있는 근로자에 의해서도 제기되어 왔다. 나아가 신고는 노동단체, 근로자의 변호사, 근로자의 가족 등과 같은 근로자의 대리인 또는 단순한 정보제공자에 의해서도 제기될 수 있다.95)

근로자 등의 신고에 대하여 OSHA 지방사무소장이 감독이 필요하지 않다고 결정하는 경우, 신고인에게 감독을 거절하는 이유에 대해서 서면으로 통지하지 않으면 안 된다. 또 신고인에게는 그 결정에 대하

규정하고 있다.

93) OSH Act 제8조(f)(1); C.F.R.§1903.11(a).

94) 예를 들면, Robberson Steel Co., 6 OSH Cases 1430(1978), affirmed, 645 F.2d 22(10th Cir. 1980).

95) Aluminum Coil Anodizing Corp., 5 OSH Cases 1381(1977).

여 비공식적인 설명을 받을 권리가 있는 것에 대해서도 통지를 해야 한다.[96] 근로자의 신고가 무서명인 것 또는 익명의 전언과 같은 '비공식적인 경우'에는, 지방사무소장은 사용자에게 시정조치를 요구하는 취지의 서한을 작성할 권한을 가진다.[97]

신고의 사본은 감독하기 전에 사용자에게 통보되어야 한다. 이때, 근로자가 요청하는 경우에는 그의 이름을 사용자에게 통보해서는 안 된다. 감독은 통상적으로 신고서에 언급되어 있는 유해위험요인뿐만 아니라 사업장 전체를 대상으로 실시된다. 또한 근로자는, OSHA가 급박한 위험을 제거하기 위한 잠정적 금지명령을 법원에 요구하는 것을 잘못 판단하여 거절하였다고 생각하는 경우, 법원에 직무집행영장(writ of mandamus)의 발행을 청구하는 것이 가능하다[제13조(d)].

그런데 위에서 언급한 OSH Act상의 근로자 권리의 보장은 이들 권리를 행사하는 근로자가 사용자에 의해 보복을 받게 되면 의미가 없을 것이다. 그 때문에, OSH Act 제11조(c)(1)[98]은 감독관서에 신고를 하였거나 작업장의 상태에 대하여 증언했거나 또는 급박한 위험 때문에 노무급부를 선의로 거부한 근로자 모두를 사용자의 차별로부터 특별히 보호하고 있다.

본 규정은 근로자에게 광범위한 보호를 보장하고 있는데, 규제의 대상은 신고 근로자의 사용자뿐만 아니라 근로자대표 또는 당해 근로자를 '블랙리스트에 올리는' 다른 사용자와 같은 제3자에게까지 미칠 정도로 그 폭이 넓다.[99] 또한 이 조항은 다양한 형태의 차별을 포함한다.[100] 나아가 제11조(c)(1)은 본 법에 '관련된' 권리를 행사한 후의 보

---

96) 29 C.F.R. §1903.12(b).

97) Field Inspection Reference Manual(FIRM) ch. I, C, 7, 1994.

98) 이 조문을 이행하는 규칙은 29 C.F.R. Part 1977에 있다.

99) See 29 C.F.R. §1977.4. Donovan v. RCR Communications, Inc., 12 OSHC 1427, 1985 OSHD ¶ 27,330, 1985 WL 186704 (M.D. Fla. 1985).

복으로부터 근로자를 보호하는 한편, 산업안전보건문제에 관하여 권한을 갖고 있는 다른 연방정부기관, 주정부기관, 지방정부기관에 제출된 신고를 포함한다.[101) 또한, 근로자가 그의 사용자에 대하여 사업장 안전보건에 관련하여 불평을 제기하는 것은, OSHA에 대하여 신고가 제기되는지에 관계없이 제11조(c)(1)에 근거하여 보호된다고 판결되어 왔다.[102)

OSHA 규칙은 제11조(c)(1)에 관한 두 가지의 중요한 해석을 포함하고 있다. 하나는, '근로자'라는 용어는 ① 취직하고자 하는 지원자와 ② 차별이 있었다고 추정되는 때에 고용되어 있었던 과거의 근로자가 모두 포함된다는 해석규칙이다.[103) 또 하나의 중요한 해석규칙은, 보호를 받는 행위에 근로자가 종사하는 것이 사용자에 의한 차별조치의 유일한 원인일 필요는 없다고 규정하고 있다. 보호되는 행위가 사용자 차별조치의 본질적인 원인이었다든지, 보호되는 행위를 하지 않았다면 차별이 발생하지 않았을 경우에도 제11조(c)(1)을 위반하는 것이 된다.[104)

그런데 OSH Act 제11조(c)(1)이 근로자에게 그들의 사용자에 대하여 법적 소송을 할 수 있는 사법적 권리를 창설적으로 부여하는 것은 아니다. 그 대신에, 근로자가 OSH Act에 근거하여 인정된 권리를 행사한 것을 이유로 부당하게 불이익취급을 받았다고 생각하는 경우, 당해 근로자는 위반행위가 일어났다고 추정하는 때부터 30일 이내에 OSHA에 그 내용을 신고할 수 있다.[105) OSHA는 그 신고를 수리한 경우, 조사를 실시하고, 그 결과 본 조항 위반이 있었다고 판단한 경우에

---

100) Rothstein, supra note(69), at 298.

101) 29 C.F.R. §1977.9.

102) Reich v. Cambridgeport Air Systems, inc., 26 F.3d 1187 (1st Cir. 1994), Donovan v. Commercial Sewing, Inc., 562 F.Supp. 548 (D. Conn. 1982) 등.

103) 29 C.F.R. §1977.5(b).

104) See 29 C.F.R. §1976.6(b). Martin v. Anslinger, Inc., 794 F.Supp.640 (S.D. Tex. 1992).

105) Bailey et al., supra note(54), at 150～151.

는 신고 근로자를 대신하여 연방지방법원에 위반 사용자에 대한 소송을 제기할 수 있다[제11조(c)(2)]. 그러나 주정부 안전보건계획을 가지고 있는 주에서는 근로자가 사용자의 보복에 대하여 사소송권(private right of action)을 가질 수 있다.106)

한편, Reich v. Cambridgeport Air Systems, Inc. 사건107)에서 제1순회구 항소법원은 산업안전보건 위반을 신고한 것을 이유로 해고된 2명의 근로자에 관계되는 사건에서 2배에 해당하는 금액의 소급임금 지급을 명령한 지방법원의 판결을 유지하였다. 또한 동 법원은 제11조(c)가 적절한 모든 구제의 재정(裁定)을 보장하고, 나아가 징벌적 손해배상을 포함한다고 판결하였다.108) 법원에 따르면 사용자의 행위는 일관되게 무모하였다.

2) 주 제정법

대부분의 많은 주는 근로자 또는 일반국민을 위협하는 유해위험요인에 대해 이의를 제기하는 근로자를 보호하는 법률을 가지고 있다. 이 제정법 중 일부는 불안전한 조건에 대해 이의제기하는 민간부문 및 공공부문 근로자 모두를 보호하고, 반면에 일부 주 제정법은 공공부문 근로자만을 보호한다.109)

3) 보통법

유해위험한 조건에 대해 이의제기하는 근로자의 권리를 보호하는 주 제정법 외에, 대부분의 주의 법원은 공서양속(public policy) 위반의 불

---

106) M. A. Rothstein et al., Employment Law 57(3rd ed. 2004).

107) 26 F. 3d 1187(1st Cir. 1994).

108) Rabinowitz et al., supra note(74), at 600∼601.

109) Bailey et al., supra note(54), at 166.

법행위 형태로 해고자유의 원칙에 대한 예외 법리를 형성하여 왔다.

공서양속 예외(public policy exception)에 따른 성공적인 사건을 뒷받침하는 데 필요한 필수사항은 주마다 각기 다르지만, 공서양속 위반과 해고 사이의 '인과관계적·동기적 연관'(causal-motivational link)을 항상 필요로 한다.110)

뉴멕시코 주에서는 근로자가 ① 공서양속이 인정하거나 장려한 행위를 수행한 것을 이유로 한 해고, ② 해당 행위가 보호된다는 점에 대한 사용자의 지식 또는 인식, ③ 보호되는 행위와 해고 사이의 인과관계, ④ 해고에 의해 손해를 입었다는 것을 증명하는 경우, '증거를 일응 갖춘(반증이 없으면 승소하는) 사건'(prima facie case)이 된다.111)

일부 주에서는 제정법에 의한 구제방법에 추가하여 공서양속 예외에 기초한 별개의 불법행위가 이용될 수 있다. 반면에 다른 주에서는 공서양속 예외를 인정하지 않고 명백한 제정법상의 규정에 의해서만 유해위험상황 보고를 이유로 한 보복적 해고에 대해 소송을 제기할 수 있다.112)

다. 일 본

일본에서 사업장에 노안위법 또는 그것에 근거한 명령의 규정에 위반하는 사실이 있을 경우, 근로자는 그 사실을 노동기준감독기관에 신고하고 시정을 위한 적정한 조치를 취하도록 요구할 권리, 이른바 '신고권'을 보장받고 있다(노안위법 제97조 제1항). 현행 노안위법이 근로자의 권리에 대하여 규정하고 있는 조항 중의 하나가 이 신고권 규정

---

110) *Id.* at 167.

111) Weilder v. Big J. Enters., Inc., 953 P.2d 1089, 1096~1097(N.M. Ct. App. 1997).

112) Bailey et al., supra note(54), at 167.

이다. 이 규정은 근로자가 노안위법상의 권리를 공법적으로 실현하기 위한 매우 중요한 규정이라고 말할 수 있다.

노안위법은 그 특성상 그 적용이 매우 광범위한 영역에 걸쳐 있고, 또 규제의 내용도 복잡하기 때문에 법의 준수를 감독기관의 지도감독에만 맡겨서는 그 실효를 기대하기 어려울 것이다. 그 때문에, 노안위법은 근로자로부터의 신고에 의해 감독기관의 권한의 발동을 촉구하고 보다 적정한 안전보건행정의 전개를 도모하고자 근로자 신고제도를 마련한 것이다.

이 근로자의 신고권의 법적 성질에 대해서는 현재까지 많은 판례가 나와 있지만, 판례는 일관되게 이 신고권에 대하여 신고를 받은 노동기준감독기관을 대상으로 조사·감독 등 그 신고의 취지에 따른 행위를 하여야 할 작위의무까지를 지게 하는 것은 아니고, 어디까지나 근로자로부터의 사업장의 위반사실의 통고이며, 노동기준감독관의 감독권 발동의 한 계기를 이루는 데 지나지 않는다고 해석하고 있다.[113] 즉 판례에 의하면, 신고권은 근로자에게 정부감독관에 대한 구체적 청구권까지를 부여한 것은 아니다.

이와 같이 근로자의 신고권에 대응하는 노동기준감독관의 작위의무는 인정되고 있지 않다. 그러나 "공무원이 법률의 명문상 작위의무를 지지 않더라도, 일정한 작위를 취하지 않으면 국민에게 중대한 위험이 발생할 가능성이 있는 것과 같은 급박한 사정하에서는, 조리상 당해 공무원에게 일정한 작위의무를 긍정하는 것도 있을 수 있다."[114]라고 판시되고 있는 바와 같이, 특별히 예외적인 경우에는 일정한 작위의무가 발생한다고 말해지고 있다.

---

113) 池袋労基署事件·東京高判 1978.7.18. 判例時報 900号 68頁; 阿倍野労基署長事件·最2小判 1982.12.10. 労働判例カ ド 372号 19頁 等.

114) 池袋労基署事件·東京高判 1978.7.18. 判例時報 900号, 68頁.

이 점에서 문제가 된 사건으로서 '大東マンガン製鍊所事件'[115]이 있다. 본 사건은 망간 중독으로 업무상 인정을 받은 근로자 4명이 사용자에 대하여 안전배려의무 위반을 주장하는 동시에, 감독기관에 대하여 감독권한의 적절한 행위를 태만히 하였다고 하여 「국가배상법」 제1조 제1항의 과실을 주장하면서 손해배상을 청구한 사건이다. 이것에 대하여 판결은 주장의 일부를 인용하고, 청구금액의 일부의 손해배상을 인정하였다. 그러나 항소심[116]에서는 부작위의 위반이 없었다고 판단되어 국가의 책임은 부정되었지만, 동 사건은 국가의 감독행정에 커다란 영향을 미친 사건이었다. 본 항소심에서 법원은 감독기관의 권한의 행사·불행사가 위법으로 되기 위한 요건으로서, ① 근로자에게 절박한 중대한 위험의 발생이 예견되고, ② 감독기관의 감독권한 행사 외의 방법에 의해서는 위험의 발생을 방지할 수 없으며, ③ 권한의 행사에 의해 위험의 발생을 방지할 수 있는데 감독기관이 그것을 행사하지 않은 것을 제시하였다.

이 감독권한의 불행사의 문제에 대해서는, 종래는 법령이 부여하는 권한의 행사를 태만히 하고 그것으로 인하여 국민에게 손해가 발생한 경우 피해자는 국가배상을 요구할 수 있는가에 대해 부정적인 견해가 강하였다. 그 논거로서는 '반사적 이익의 법리' 또는 '자유재량의 법리'가 채용되었다.

그러나 이와 같은 법리도 인권존중, 사회국가의 이념에 입각하는 일본의 새로운 헌법하에서 국민의 권리의식이 고양되고 행정의존도가 높아감에 따라, 종래 반사적 이익으로 되어 온 이익에 대해서도 가능한한 법이 보호하는 이익이라고 해석하는 경향이 나타나게 되었다.[117]

---

115) 大阪地判 1982.9.30. 判例時報 1058号 3頁.

116) 大阪高判 1985.12.23. 判例時報 1178号 27頁.

117) 安西愈 「労働基準監督行政と申告権」 季刊労働法 159号(1991年) 112頁.

또한 자유재량의 법리라 하여도 행정청에는 어떠한 사정이 있더라도 권한을 행사하지 않을 자유가 있다고 보는 것은 타당하지 않고, 행정청이 권한을 행사하지 않으면 법률이 행정청에 권한을 부여하고 있는 것 자체가 무의미하게 되는 것과 같은 상태에 있는 경우에는, 행정청에 권한 불행사의 자유가 있다고 말할 수 없게 되고 행정개입의무가 있는 것으로 보아야 한다고 해석되기에 이르렀다. 이 점에 관한 학설로서는 재량권 축소론, 재량권 소극적 남용론이 유력하게 주장되어 왔다.[118]

문제가 되는 것은 어떠한 경우에 노동기준감독기관에 작위의무가 성립하는가라는 것인데, 재량권 축소론은 그 요건으로서 ① 피침해 이익의 중요성, ② 예견가능성, ③ 결과회피 가능성, ④ 기대가능성을 들고 있다. 그리고 재량권 소극적 남용론은 부작위가 현저하게 불합리한 경우에 재량권의 한계를 일탈하여 위법이 된다는 사고방식인데, 재량권 축소론이 제시하는 것과 같은 요건에는 얽매이지 않고 권한 불행사의 위법성을 합리성의 판단에 맡기고 있다.[119] 그리고 판례는 노동기준감독기관의 직무권한의 행사가 그 재량의 범위를 넘어 의무가 되는 요건에 대하여, 대체로 재량권 축소론이 제시하는 요건에 따라, ① 피침해 이익의 중대성 및 침해의 절박성, ② 예견가능성, ③ 회피가능성, ④ 기대가능성 등 제 사정을 종합적으로 고려하여 판단하여야 한다는 입장을 취하여 왔다.[120]

한편, 노안위법은 근로자에게 신고를 행할 권리가 있는 것을 규정함과 동시에, 사용자에 대하여 근로자가 동법의 위반사항 등에 대하여 자유롭게 신고할 수 있도록 "앞 조항의 신고를 한 것을 이유로 근로자

---

118) 宇賀克也『行政法概説 I 行政法総論(第2版)』有斐閣(2006年) 292頁 以下.

119) 芝池義一 外編『行政法の争点(第3版)－ジュリスト増刊』有斐閣(2004年) 87頁.

120) 大阪マンガン製錬所事件・大阪高判 1985.12.23. 判例時報 1178号 27頁; 日本電工栗山工場事件・札幌地判 1986.3.9. 労働判例 372号 21頁; 平和石綿工業事件・長野地判 1986.6.27. 判例時報 1198号 3頁 等 参照.

에 대하여 해고 기타 불리한 취급을 하여서는 안 된다."라고 규정하고 있다(제97조 제2항). 이 규정은 강행규정의 성격을 가지므로 사용자가 이를 위반하여 당해 근로자에게 해고 기타 불리한 취급을 하는 경우 그 효력은 발생하지 않는다고 해석되고 있다.

II. 간접적인 공법상의 권리: 알 권리

알 권리는 정보의 비대칭성에서 발생하는 근로자와 사용자 간의 불평등성을 제거하여 주고 근로자가 사전에 유해위험을 인지하여 사고나 직업병 발생을 피할 수 있도록 해 주는 기능을 가지고 있다. 알 권리 역시 관여권과 마찬가지로 공법인 산업안전보건법규에서 직접적으로 근로자 또는 근로자대표가 사용자에게 정보제공을 요구할 수 있도록 규정할 수도 있고(청구권적 알 권리), 사용자에게 일정한 경우 근로자에게 정보를 제공하도록 의무화하는 규정방식(배타적 알 권리)도 존재할 수 있다. 각국의 입법 현실에서는 청구주의 방식과 배타주의 방식이 혼용되어 있을 것으로 생각된다.

일반적으로는 후자의 규정방식이 그 실효성을 위해서는 바람직한 방식이라고 생각된다. 전자는 근로자 또는 그 대표가 요구할 경우 사용자가 제공하는 형태를 취할 것으로 판단되는바, 근로자 측에 노동조합의 존재라는 배경과 산업안전보건에 대한 높은 인식 등이 전제되지 않을 경우에는 알 권리가 형해화될 가능성이 크다는 한계를 가지고 있기 때문이다.

반면, 후자의 규정방식은 근로자 측의 요구와 관계없이 사용자가 근로자에게 일정한 정보를 반드시 제공하여야 한다는 방식을 취하기 때문에 주체적 요인, 환경적 요인 등 다른 변수의 영향을 받지 않을 것으로 생각된다. 그리고 후자의 규정방식은 사용자에게 의무를 부과하는 방식을 취하기 때문에, 산업안전보건법규에 사법적 효력이 인정되고 해당 의무규정이 근로계약의 합의내용이 되기에 적합한 한, 사용자의 정보제공의무 규정은 근로자 측의 사법상의 알 권리로 전환될 수 있다. 그러나 공법상의 의무를 사법상의 의무로 전환하는 매개법리가 존재하지 않는 법제하에서는 알 권리는 공법적 권리에 머무르게 된다.

이하에서는 독일, 미국, 일본 3개국의 법체계에 알 권리가 어떠한 성격과 내용으로 반영되어 있는지를 비교법적으로 살펴보고자 한다.

1. 독 일

독일에서 근로자의 안전보건에 관한 알 권리에는 개별 근로자에 의한 직접적인 방법과 종업원 대표기관인 종업원대표를 통한 집단적·간접적인 방법이 각각 존재하고, 양자 모두 「노동안전보건기본법」, 「사업장조직법」을 비롯한 여러 법령에 걸쳐 보장되어 있다. 다수설에 의하면, 이들 권리 중 전자의 개별적 권리(Individualrechte)는 설령 그것이 실정법상 명문화되지 않았다고 하더라도 원리적으로는 사용자가 신의칙상 부담하는 배려의무(Fürsorgepflicht)로부터 도출될 수 있는 것이라고 해석되고 있다.[121]

가. 직접적 유해위험정보권

1) 노동안전보건기본법

(가) 교육(Unterweisung) 및 정보제공(Unterrichtung) 수령권
「노동안전보건기본법」 제15조 및 제16조 등은 근로자에게 근로를

---

121) Vgl. Fabricus/Kraft/Wiese/Kreutz/Oetker/Raab/Weber, a. a. O.(Fn. 12), §87 Rdnr. 11ff.

할 때 그 자신, 동료 및 제3자에 대한 안전보건 유지를 의무 지우고 있다. 이러한 의무이행의 전제조건은 발생가능성이 있는 유해위험에 대한 근로자의 지식과 안전보건을 위한 조치 및 행동양식에 관한 근로자의 지식이다.[122] 이를 위해 「노동안전보건기본법」 제12조 제1항은 "사용자는 종업원에 대하여 근로제공시의 안전보건에 관하여 근로시간 중에 충분하고 적절한 방법으로 교육하여야 한다. 교육에는 종업원의 작업장 또는 작업범위에서 개별적으로 실시되는 지시와 설명이 포함된다. 그리고 교육은 종업원의 채용, 직무영역의 변경, 새로운 작업수단 또는 기술의 도입 시에는 종업원의 근로 개시 전에 행해져야 한다. 또한 교육은 유해위험의 진행상황에 맞춰 조정되어야 하며,[123] 필요한 경우 주기적으로 반복되어야 한다."라고 하여 종업원에 대한 사용자의 교육의무를 포괄적으로 규정하고 있다.[124]

그리고 이상의 「노동안전보건기본법」(제12조) 및 후술하는 사업장조직법(제81조)에 따라 근로자에 대한 교육과 정보제공을 구체화하고 있는 대표적인 시행령 규정으로 '사업장 기계·기구 등의 안전한 사용에 관한 시행령'(BetrSichV) 제9조가 있다. 본 시행령 제9조 제1항에 의하면, 사용자는 작업장비(Arbeitsmittel)[125]에 기인하는 유해위험요인에 대

---

122) Kollmer/Klindt(Hrsg.), a. a. O.(Fn. 43), §17 Rdnr. 37.

123) 정보제공의 조정이 필요한 유해위험의 진행상황이 인정될 수 있는 경우로는, 예컨대 사업장 내에서 장애가 종종 발생하거나 근로자의 반복적인 문의가 있거나 산업재해, 직업병 등이 발생하는 경우를 들 수 있다(Pieper, Arbeitsschutzrecht, Kommentar für die Praxis, 4. Aufl., 2009, §12 ArbSchG Rdnr. 5).

124) 이 규정은 'EU 산업안전보건 기본지침'(Richtlinie 89/391/EWG des Rates v. 12. 6. 1989 über die Durchführung von Maßnahmen zur Verbesserung der Sicherheit und des Gesundheits- schutzes der Arbeitnehmer bei der Arbeit, ABI. Nr. L 183, S. 1) 제12조를 국내법으로 전환하여 수용한 규정이다.

125) 사업장 기계·기구 등의 안전한 사용에 관한 시행령에서 말하는 작업장비란, 기계·기구, 장비, 장치 또는 설비를 말하는 것으로 그 범위가 매우 광범위하다(사업장 기계·기구 등의 안전한 사용에 관한 시행령 제2조 제1항 참조).

한 적절한 정보와 작업과정에서 사용되는 작업장비에 대한 사업장규정
(Betriebsanweisung)126)을 근로자에게 이해할 수 있는 형태와 언어로 제
공하여야 한다. 또 제9조 제2항에 의하면, 작업장비를 사용하는 근로자
에게 작업장비의 사용이 수반할 수 있는 유해위험요인 등에 대하여 적
절한 교육을 실시하고, 수리・보수・개조작업을 수행하는 근로자에게는
적절한 특별교육을 제공하여야 한다. 이 경우 제9조 제2항에 따른 교
육은 작업장 또는 종업원의 업무영역에서 특별히 이루어지는 지도 및
설명(Anweisungen und Erläuterungen)을 포함하며, 제9조 제1항에 따른
정보제공과 사업장규정의 토대 위에서 비로소 의미 있게 된다.127)

또 하나 주목할 만한 점은 사용사업주에게 파견근로자를 대상으로 특
별한 교육의무를 규정하고 있는 점이다. 「노동안전보건기본법」 제12조
제2항에 따라 사용사업주는 파견근로자의 능력과 경험을 고려하여 교육
하여야 한다고 규정하고 있고, 「근로자파견법」(Arbeitnehmerüberlas
sungsgesetz: AÜG) 제11조 제6항에서는 사용사업주를 대상으로 "파견
근로자에게 근로제공 개시 전과 업무분야 변경 시 파견근로자가 근로
제공을 할 때 노출될 수 있는 안전과 건강상의 위험 및 당해 유해위험
방지를 위한 조치와 시설에 대하여 알려야 하고,128) 추가적으로 파견
근로자에게 특별한 자격, 직업능력 또는 의사에 의한 특별한 진단의
필요성 및 작업장 내 고도의 특별한 유해위험에 대해 알려야 한다."고

---

126) 이 사업장규정에는 최소한 사용조건, 예견 가능한 비정상적인 상황, 작업장비의
사용에 관한 경험 등에 대한 정보가 포함되어 있어야 한다(사업장 기계・기구
등의 안전한 사용에 관한 시행령 제9조 제1항 제2호).

127) Pieper, a. a. O.(Fn. 123), §9 Betribssicherheitsverordnung Rdnr. 3.

128) 파견근로자가 산업안전보건에 관한 지시를 정확히 이해하고 건강상의 유해위
험에 대한 인식을 가지고 이에 대해 올바르게 대처할 수 있도록 사용사업주의
정보제공은 각 작업장소별로 특정된 정보제공 형태로 이루어져야 한다(Ulber,
Arbeitnehmerüberlassungsgesetz und Arbeitnehmer-Entsendegesetz: Kommentar für
die Praxis, 2. Aufl., 2002, §11 Rdnr. 91).

규정하고 있다. 그리고 파견근로자는 파견법 제13조에 따라 파견에 즈음하여 사용사업주에게 당해 사업장의 비교 가능한 근로자에 대하여 사용사업장에 적용되고 있는 안전보건 등 주된 근로조건에 대한 정보의 제공을 청구할 수 있다.

이상과 같이 사용자는 「노동안전보건기본법」 제12조 등을 비롯한 공법상의 제 규정에 근거하여 근로자가 스스로와 제3자를 보호할 수 있도록 근로자에 대하여 안전보건에 대하여 충분하고 적절한 방법에 의해 교육 또는 정보제공을 실시할 의무가 발생한다. 그리고 이 사용자 의무로부터 근로자에게는 근로계약을 매개로 하여 사용자에 대하여 충분한 지도 및 설명 등을 요구할 상응의 권리가 발생하게 된다.[129]

(나) 지도(Anweisung) 수령권

「노동안전보건기본법」 제9조 제1항에 의하면, 사용자는 미리 지도를 받은 근로자만이 특히 위험한 근로장소에 접근하도록 조치를 취하여야 한다. 여기에서 비록 일시적이라 하더라도 사업장의 사정상 그와 같은 구역에 가야 하는 근로자는 그에 상응하는 지도를 받을 권리를 갖는다는 것이 추론된다. 이와 같은 의미에서, 위험한 작업영역은 「노동안전보건기본법」 제12조 및 기타의 법규정에 의한 지도만으로는 충분하지 않은 영역을 의미한다. 이 경우, 지도의 종류 및 범위는 특별한 위험의 종류 및 범위에 의하여 정해진다.[130]

한편, 「노동안전보건기본법」 제8조는 여러 사용자의 근로자가 하나의 사업장에서 업무를 수행하는 경우 산업안전보건조치에 있어서 사용자 간에 협력할 의무를 규정하고 있다.[131] 이 협력의 일환으로, 각

---

129) Vgl. Kollmer/Klindt(Hrsg.), a. a. O.(Fn. 43), §17 Rdnr. 38~39.

130) Kollmer/Klindt(Hrsg.), a. a. O.(Fn. 43), §17 Rdnr. 40.

131) 이 규정은 'EU 산업안전보건 기본지침'(Richtlinie 89/391/EWG des Rates v. 12.

사용자로 하여금 제1항은 각 작업양태별로 근로제공에 수반하는 근로자의 안전 및 건강상의 위험에 대해 상호 간 및 그의 근로자에게 알리도록 규정하고 있고, 제2항은 자신의 사업장에서 활동하는 다른 사용자의 근로자가 당해 사업장에서의 노무수행기간 중 그 근로자에게 미치는 안전 및 건강상의 유해위험에 대하여 각 작업양태별로 적절한 지도를 받도록 조치하여야 한다고 규정하고 있다.

2) 사업장조직법

사업장조직법은 종업원대표가 제80조 제1항(일반적 의무)으로부터 발생하는 그 자신의 여러 과제를 제대로 이행할 수 있도록, 나아가 그의 관여권을 보다 많이 확보할 수 있도록 종업원대표에게 사용자에 대한 광범위한 정보제공청구권(정보수집권)을 보장하고 있다(제80조 제2항). 이것은 종업원대표가 응분의 정보제공을 받음으로써 비로소 그 관여권을 효과적으로 행사할 수 있기 때문이다.

그리고 「사업장조직법」은 제81조 제1항에서 다음과 같은 규정을 두어 개별 근로자의 유해위험정보권을 명문화하고 있다. "사용자는 근로자에 대하여 그의 업무, 책임 및 그의 작업종류와 사업장의 작업공정에서 차지하는 그의 위치에 대하여 정보를 제공하여야 한다. 사용자는 근로자에 대하여 근로개시 전에 그 자가 근로할 때에 조우하는 사고와 건강위험 및 이들 유해위험의 방지조치·설비에 대하여 알려야 한다." 그리고 이러한 근로를 개시할 때 근로자가 가지는 유해위험정보권은 작업범위 변경 시에도 동일하게 적용된다(제81조 제2항).

또한 제81조 제4항 제1문에 의하여 근로자는 기술장치, 작업절차·

---

6. 1989 über die Durchführung von Maßnahmen zur Verbesserung der Sicherheit und des Gesundheits- schutzes der Arbeitnehmer bei der Arbeit, ABI. Nr. L 183, S. 1) 제6조 제4항 및 제10조 제2항을 국내법으로 수용한 것이다[Pieper, a. a. O.(Fn. 123), §8 ArbSchG Rdnr. 4].

공정 또는 작업장에 관한 계획에 따라 예정되어 있는 조치 및 이들 조치가 당해 근로자의 작업장, 작업환경 및 작업내용·방법에 미치는 영향 등에 관해서도 정보를 제공받을 권리가 부여되어 있다. 이 규정은 「사업장조직법」 제90조와 관련지어 파악되어야 한다. 즉 작업장·작업공정·작업환경의 형성에 영향을 미칠 수 있는 기술적 변경(Technische Veränderungen)은 종업원대표와의 협의를 거쳐야 할 뿐만 아니라 관계 근로자에게도 준비할 수 있도록 직접 전달되어야 한다.132)

「사업장조직법」이 규정하는 이러한 권리는 근로자 개개인을 대상으로 하는 권리규범인 한, 「노동안전보건기본법」과 같이 원칙적으로 근로계약에 대해 강행적·직률적 효력을 갖는다고 생각되고 있다.133) 따라서 근로자는 이러한 권리규정을 근거로 사용자에 대하여 손해배상청구권뿐만 아니라 이행청구권을 획득함과 아울러 사용자가 그 권리행사를 방해한 경우에는(정보제공조치가 이루어지지 않는 경우에는) 자기의 노무급부에 대하여 급부거절권(작업거절권)을 행사하는 것이 가능하다고 해석되고 있다.134)

3) 파견법

전술한 바와 같이, 파견법은 제11조 제6항 제1문에서 파견근로자에 대해서는 사용사업주에게 산업안전보건상의 의무를 부과하고 있다. 즉 사용사업주의 사업장에 적용되는 산업안전보건 관련 규정은 파견근로관계에도 적용될 수 있으며, 그 준수 여부에 대해서는 사용사업주에게 책임이 있다. 이 제1문 규정은 제2문과 제3문에 의해 보완적으로

---

132) Löwisch, a. a. O.(Fn. 4), S. 188.

133) Fabricus/Kraft/Wiese/Kreutz/Oetker/Raab/Weber, a. a. O.(Fn. 12), vor §81 Rdnr. 19.

134) Vgl. Fabricus/Kraft/Wiese/Kreutz/Oetker/Raab/Weber, a. a. O.(Fn. 12), vor §81 Rdnr. 32f; Löwisch, a. a. O.(Fn. 4), S. 187.

구체화되고 있다.

파견법 제11조 제6항 제2문에 따르면, 사용사업주는 파견근로자의 근로제공 개시 전과 파견근로자의 업무분야 변경 시, 파견근로자가 근로제공을 할 때 노출될 수 있는 안전보건상의 유해위험과 당해 유해위험의 예방을 위한 조치와 여러 시설에 대한 정보를 제공하여야 한다. 이 경우 파견근로자가 산업안전보건을 위한 지시를 정확히 이해하고 건강상의 위험에 대한 인식을 가지고 이에 대해 올바르게 대처할 수 있도록 사용사업주의 정보제공은 각 업무장소별로 특별한 정보제공이 있을 것이 요구된다.[135] 그리고 전술한 바와 같이 동법 제11조 제6항 제3문은 사용사업주로 하여금 파견근로자에게 추가적으로 특별한 자격 및 직업능력 또는 의사에 의한 특수진단의 필요성 및 작업장 내 고도의 특별한 위험에 대해 알려줄 의무를 부과하고 있다.

그리고 파견법 제14조 제2항 제3문은 사용사업장에서 근로하고 있는 파견근로자에 대해서도 「사업장조직법」 제81조가 적용된다고 규정하고 있다. 「사업장조직법」 제81조의 정보제공 및 협의 의무는 근로자의 근로의무의 범위 및 그 활동분야와 관련 있는 산업재해 및 건강장해에까지 미친다. 사용사업주는 직장 및 근로과정에 관한 상세한 지식을 가지고 있기 때문에 제81조가 당해 사용사업주에게 이런 종류의 의무를 부과하는 것은 합리적 이유가 있다고 말할 수 있다. 그리고 파견근로자의 제반 보호를 위하여 파견법 규정의 준수가 사용사업장의 종업원대표에 의해 감시될 수 있도록 하는 것이 필요하고, 이를 위해서는 사용사업주가 당해 사업장의 파견근로자 수, 파견기간, 파견근로자의 취득자격, 종사하고 있는 근로의 종류 및 근로장소 등을 종업원대표에게 보고하는 것이 불가결하게 된다(동법 제99조).[136]

---

135) Ulber, a. a. O.(Fn. 128), §11 Rdnr. 91.

136) Schüren, Arbeitnehmerüberlassungsgesetz(AÜG), 2. Aufl., 2003, §14 Rdnr. 228.

4) 유해위험물질 보호령(GefStoffV)

독일에서는 EU법의 국내법으로의 전환 요청을 계기로 화학물질과 그 제제(Zubereitung)[137] 등 유해유험성이 높고 그 회피를 위하여 전문적인 정보가 불가결한 작업영역에서 근로자의 알 권리를 보다 구체적으로 규정하는 작업이 이루어졌다. 그 대표적인 것이 '유해위험물질 보호령'이다. 특히, 본 시행령 제14조는 유해위험물질[138] 취급작업, 즉 유해위험물질을 제조·혼합·사용·저장·보관·가공, 다른 용기로의 교체, 운송, 폐기물처리, 파기하는 작업을 하는 근로자에 대하여 유해위험에 관한 고도의 알 권리를 다양하게 부여하고 있다.

먼저 본 시행령 제14조 제1항에 의하면, 근로자가 동 시행령 제2조 제1항의 유해위험물질을 취급하는 작업을 수행하는 경우에 사용자는 「노동안전보건기본법」 제6조에 따른 위험성 평가를 반영하여 근로자가 이해할 수 있는 형태와 언어로 된 '사업장규정'을 서면으로 작성하고 이를 근로자가 열람할 수 있을 수 있도록 보장하여야 한다. 그리고 이 규정에는 최소한 다음과 같은 정보가 포함되어야 한다. ① 유해위험물질의 명칭, 표시 및 건강·안전상의 위험 등과 같은 작업장에 존재하거나 발생하는 유해위험물질에 관한 정보, ② 근로자가 그 자신 및 다른 근로자의 보호를 위해 작업장에서 실행하여야 할 적절한 주의사항 및 조치에 관한 정보(특히 여기에는 ㉠ 위생규정, ㉡ 유해위험물질 노출을 방지하기 위해 취해져야 할 조치에 관한 정보, ㉢ 개인적

---

137) 제제(製劑)란 영어의 preparation, mixture에 해당하는 것으로서 두 가지 이상의 물질로 구성된 혼합물이나 용액을 의미한다.

138) 유해위험물질 보호령에서 말하는 유해위험물질이란, ⅰ) 제3조에서 말하는 유해위험성을 갖춘 물질과 그 물질을 함유한 제제, ⅱ) 폭발성 물질, 제제, 제품, ⅲ) 제조 및 사용에 의해 ⅰ) 또는 ⅱ)의 물질이 발생할 수 있는 물질, 제제, 제품, ⅳ) ⅰ) 내지 ⅲ)의 요건을 갖추고 있지 않으나 물리화학적·화학적·독성 성질 및 작업장에서 존재하거나 사용되는 방법에 의해 취업자의 건강 및 안전에 위험한 물질 및 그 제제, ⅴ) 작업장 노출한계치가 정해져 있는 모든 물질을 말한다(유해위험물질 보호령 제2조 제1항).

보호구 및 보호복의 착용·사용에 관한 정보가 포함된다), ③ 조업(운전)장해(Betriebsstörung), 사고 또는 긴급상황의 경우 및 이의 예방을 위해 근로자, 특히 구조대(救助隊)가 취해야 할 조치에 관한 정보가 그것이다. 그리고 사업장규정은 근로조건의 중요한 변화가 있을 때마다 이에 맞게 변경되어야 한다. 사용자에게 이와 같이 각 사업장에 특수한 규정을 작성하도록 의무를 부과한 것은 이와 직접적으로 관련된 근로자가 해당 권리·의무 및 그 방법에 관하여 충분한 정보를 제공받지 못하는 경우가 적지 않다는 점을 반영한 것이다.[139] 이 규정은 '화학물질의 위험에 대한 산업안전보건보호 EU지침'(Richtlinie 98/24/EG)[140] 제8조 제1항을 국내법으로 전환하여 수용한 것이다.[141]

또한 사용자는 근로자로 하여금 자신이 취급하는 물질 및 제제에 관하여 화학물질의 등록·평가·허가 및 제한에 관한 EU규칙[Verordnung (EG) Nr. 1907/2006][142] 제35조에 따른 모든 정보,[143] 특히 안전보건자료(SDS)에 접근(열람)할 수 있도록 하여야 하며, 유해위험물질의 사

---

139) Richardi/Wißmann/Wlotzke/Oetker(Hrsg.), Münchener Handbuch zum Arbeitsrecht, 3. Aufl, 2009, §295 Rdnr. 58.

140) Richtlinie 98/24/EG des Rates v. 7. 4. 1998 zum Schutz von Gesundheit und Sicherheit der Arbeitnehmer vor Gefährdung durch chemische arbeitsstoffe bei der Arbeit, ABI, Nr. L 131, S. 11.

141) Pieper, a. a. O.(Fn. 123), §14 Gefahrstoffverordnung Rdnr. 6.

142) Verordnung (EG) Nr. 1907/2006 des Europäischen Parlaments und des Rates vom 18. Dezember 2006 zur Registrierung, Bewertung, Zulassung und Beschräänkung chemischer Stoffe(REACH), zur Schaffung einer Europäischen Chemikalienagentur, zur Änderung der Richtlinie 1999/45/EG und zur Aufhebung der Verordnung(EWG) Nr.793/93 des Rates, der Verordnung(EG) Nr.1488/94 der Kommission, der Richtlinie 76/769/EWG des Rates sowie der Richtlinie 91/155/EWG, 93/67/EWG, 93/105/EG 2001/21/EG der Kommission(이하 'REACH규칙'이라 한다).

143) 사용자가 근로자에게 그들이 작업하는 과정에서 사용하거나 노출될 수 있는 물질 또는 제제와 관련하여 REACH규칙 제31조[안전보건자료(Sicherheitsdatenblatt: SDS)의 요구조건]와 제32조(SDS가 요구되지 않는 물질 및 제제에 대한 정보전달의무)에 따라 제공하는 정보를 말한다(REACH규칙 제35조 참조).

용에 있어 근로자의 보호를 위해 적용되어야 할 방법 및 절차에 관하여 통지받도록 하여야 한다.

그리고 본 시행령 제14조 제2항에 의하면, 사용자는 제1항의 사업장규정을 근거로 하여 발생할 수 있는 모든 유해위험 및 그에 대한 안전보건조치에 관하여 근로자에게 구두로 교육(Unterweisen)하여야 한다. 교육은 작업개시 전에 이루어져야 하며, 그 이후에는 적어도 매년 1회 규칙적으로 근로자에 대하여 실시되어야 한다. 그리고 교육은 근로자가 이해할 수 있는 형태와 언어로 행해져야 하며, 교육의 내용 및 시점은 문서로 작성하여 교육을 받은 근로자로부터 서명을 받아야 한다. 개별 근로자는 구두에 의한 구체적인 교육을 받은 이후에만 비로소 각 작업장에서 업무를 수행할 수 있다.[144] 이 규정 또한 '화학물질의 위험에 대한 산업안전보건보호 EU지침'(Richtlinie 98/24/EG) 제8조 제1항을 국내법으로 전환하여 수용한 것이다.[145]

또한 본 시행령 제14조 제3항에서는, '유해위험물질의 분류·포장·표시에 관한 EU지침'(Richtlinie 67/548/EWG)[146] 부록6에 따른 발암성·변이원성·생식독성물질의 분류를 위한 기준을 충족하는 물질이거나(유해위험물질 보호령 제2조 제3항 제1호), 제2조 제3항 제1호에 열거된 물질 중 하나 이상이 포함되어 있고 그 하나 이상의 물질의 농도가 발암성·변이원성·생식독성제제(製劑)의 분류를 위한 한계농도를 초과하는 제제(유해위험물질 보호령 제2조 제3항 제2호)를 취급하는 업무에 대하여 사용자의 특별한 정보제공의무를 다양하게 규정하고 있다. 이 규정은 '발암성·변이원성물질의 위험에 대한 산업안전보건보

---

144) Richardi/Wißmann/Wlotzke/Oetker(Hrsg.), a. a. O.(Fn. 139), §295 Rdnr. 59.

145) Pieper, a. a. O.(Fn. 123), §14 Gefahrstoffverordnung Rdnr. 6.

146) Richtlinie 67/548/EWG des Rates v. 27. 6. 1967 zur Angleichung der Rechtsund Verwal- tungsvorschriften für die Einstufung, Verpakung und Kennzeichnung gefährlicher stoffe, ABl. Nr. L 158 S. 50.

호 EU지침'(Richtlinie 2004/37/EG)[147] 제12조를 국내법으로 전환하여 수용한 것이다.[148]

본 시행령 제14조 제3항의 규정을 자세히 살펴보면 다음과 같다. 먼저 사용자는, 근로자와 그 대표가 이 시행령의 규정이 준수되는지, 특히 개인보호구의 선택·사용과 이와 관련된 근로자의 부담 및 본 시행령 제10조 제4항 제1문[149)에 따라 취하여야 할 보호조치를 확인할 수 있도록 보장하여야 한다(제1호). 그리고 사용자는 노출 위험이 큰 경우에는 근로자와 그 대표에게 즉시 이를 통지하고 그 원인과 이미 취해진 대응조치 및 이후 취해질 대응조치에 관하여 정보를 제공하도록 하여야 하며(제2호), 위험성 평가의 결과에 따라 근로자의 건강 및 안전상 유해위험이 발생한다고 판명된 업무를 수행하는 근로자에 대한 현재화된(aktualisiert) 기록(기록에는 근로자가 노출된 정도 및 기간도 기재되어야 한다)을 작성하여야 한다(제3호). 또한 사용자는 현재화된 사항이 모두 기재된 제3호의 기록을 노출 종료 이후 40년간 보존하도록 하여야 하고, 고용관계 종료 시에는 해당 근로자와 관련된 기록(기재사항)의 발췌본을 근로자에게 교부하여야 하며, 인사기록과 같은 관계 증명서를 보관하여야 한다(제4호). 그 밖에도 사용자는 산업의학검진을 담당하는 의사, 관할 행정관청 그리고 사업장에서 근로자의 건강과 안전을 책임지는 자에게 제3호에 따른 기록에 접근(열람)할 수 있도록 하

---

147) Richtlinie 2004/37/EG des Europäischen Parlaments und des Rates v. 29. 4. 2004 über den Schutz der Arbeitnehmer gegen Gefährdnung durch Karzinogene oder Mutagene bei der Arbeit, ABl, Nr. L 158 S. 50.

148) Richardi/Wißmann/Wlotzke/Oetker(Hrsg.), a. a. O.(Fn. 139), § 295 Rdnr. 60.

149) 카테고리 1, 2에 있는 발암성물질, 변이원성물질, 생식독성물질에 의한 근로자 노출이 현저히 증가할 수 있고 노출 제한을 위한 모든 가능한 기술적 안전조치 수단이 취해진 작업의 경우, 사용자는 해당 취업자나 그 대표와 협의한 후 취업자의 노출시간을 가능한 한 제한하고 이러한 작업을 수행하는 동안 취업자의 안전을 보장하기 위한 조치를 취하여야 한다.

여야 하고(제5호), 모든 근로자가 제3호의 기록 가운데 자신과 관련된
사항을 볼 수 있도록 하여야 하며(제6호), 당해 사업장의 근로자와 그
대리인(vertretung)이 제3호의 기록에 있는 개인과 관련성이 없는 일반
적인 종류의 정보에 접근(열람)할 수 있도록 하여야 한다(제7호).

한편, 본 시행령 제6조 제10항에 따라 사용자는 사업장에서 사용되
는 유해위험물질의 목록을 해당 안전보건자료(SDS)를 참조하여 작성
하여야 한다. 이 목록에는 적어도 ① 유해위험물질의 명칭, ② 유해위
험물질의 분류 또는 유해위험성에 관한 사항, ③ 사업장에서 사용되는
양적 범위(Mengenbereich)에 관한 사항, ④ 근로자가 유해위험물질에
노출될 수 있는 작업영역의 명칭이 포함되어야 하는데, ①, ② 및 ④
의 사항은 모든 관련 근로자와 그 대표가 자유롭게 접근(열람)할 수 있
어야 한다.

5) 기타 규칙에 따른 교육 등의 수령권

산업재해보험에 가입되어 있는 근로자는 산재예방규칙(UVV) '일반
규정'(Allgemeine Vorschriften) 제4조(BGV A1, 구 VBG 1)에 근거한
사용자의 교육(Unterweisung)에 관한 일반적 기본의무로부터도, 근로
개시 전[150]과 그 후 적어도 1년에 1회 주기로 근로과정에서 발생할 수
있는 유해위험 및 그 예방조치에 대하여 사용자에 의해 교육을 받을
권리를 가진다.[151]

그 밖에 교육, 통지, 지시 또는 지도에 대하여 결과적으로 근로자 권
리가 되는 규정으로 유전자기술안전령 제12조 제2항 및 제3항, 개인보호
구이용령 제3조 제1항, 중량물취급령 제4조, 중대산업사고령(StörfallV)[152]

---

150) 신규채용 후 최초 작업 전과 작업내용 변경 전 모두를 가리킨다.

151) Kollmer/Klindt(Hrsg.), a. a. O.(Fn. 43), §17 Rdnr. 42.

152) 본 규칙은 사업장에서의 대규모의 누출, 화재, 폭발과 같은 사고를 예방하기 위

제6조, 방사선안전령 제39조, 뢴트겐령 제18조 제1호 및 제36조, 소음에 관한 산재예방규칙 제9조(BGV B3, 구 VBG 121), 생명공학에 관한 산재 예방규칙 제10조(BGV C4, 구 VBG 102) 등이 있다.[153]

나. 간접적 유해위험정보권

독일에서 개별 근로자는 종업원대표를 통하여 사업장 내 재해예방 활동에 관여할 권리를 부여받고 있다. 그런데 종업원대표가 이와 같은 관여를 통하여 재해예방이라는 소기의 목적을 달성하기 위해서는 산 업안전보건문제에 관한 일반적 지식과 개별 사업장에서의 구체적인 유해위험정보가 모두 필요하다. 이를 위하여 「사업장조직법」 제37조 와 「사업장안전조직법」 제9조에서 전자의 실현을 목적으로 한 규정을 각각 두고 있는 한편, 후자의 실현을 목적으로 「사업장조직법」 제89 조 제2항·제5항·제6항, 제90조 제1항과 제80조 제2항 등을 각각 규 정하게 되었다. 단, 이 같은 규정은 직접적으로는 근로자집단을 보호 의 대상으로 하고 있으면서 간접적으로 그 효과가 당해 집단의 일원으 로서의 근로자에게 미치는 규정이기 때문에 안전배려의무의 구체화의 대상은 되지 않는다.[154] 따라서 이러한 규정은 개별 근로자에게 직접 적인 청구권을 부여하는 것은 아니라고 해석된다.

1) 일반적 지식의 습득기회의 보장

종업원대표는 「사업장조직법」을 비롯한 여러 법규에 의하여 각 사

한 규칙으로서 독일연방환경오염보호법(Bundes-Immissionsschutzgesetz)의 이행을 위한 규칙 중 하나이다.

153) Vgl. Kollmer/Klindt(Hrsg.), a. a. O.(Fn. 43), §17 Rdnr. 43.

154) Westermann(Redakteur), Schuldrecht, Besonderer Teil, Münchener Kommentar zum Bürger lichen Gesetzbuch Bd. 3, 1. Halbbd., 2. Aufl., 1988, S. 1587.

업장의 노동보호에 관한 다양한 임무를 맡고 있다. 이에 대하여 「사업장조직법」 제37조 제2항은 "종업원대표의 위원은 사업장의 규모 및 성격에 따라, 스스로에게 부과된 임무의 합법적인 수행에 필요한 경우, 그리고 그 범위에서 종전과 동일한 임금을 지불받으면서 그 근로를 면제받는 것으로 한다."라고 규정하고 있다. 또한 종업원대표는 「사업장조직법」 제37조 제6항에 의거하여 그 활동에 필요한 지식이 제공되는 훈련·교육강좌에 참가할 때에는 보수의 계속적인 지불을 수반하는 직장이탈청구권을 가진다.[155] 환언하면, 제37조 제6항은 "본 조 제2항은 그것이 종업원대표의 활동에 필요한 지식을 전달하는 것인 한 교육연수 참가에 대해서도 적용된다."라고 규정하고 있는데, 이 규정에 의하여 종업원대표 위원은 교육연수 등 지식전달기회에 근로시간 내에 참가하는 것과 사용자에 대해 그 참가에 필요한 비용 및 그간의 임금의 계속적인 지급을 요구할 수 있게 된다.[156] 종업원대표 위원에게 필요한 지식으로서는, 예를 들면 새롭게 선출된 종업원대표의 경우에는 일반적인 기본적 지식의 제공, 특히 노동법의 그것이 여기에 속하지만, 장년의 활동경험이 있는 경우에는 통상적으로 필요최저한의 지식이 있는 것을 전제로 하여 필요성의 검토가 이루어지게 된다.[157]

제37조 제6항과는 별개로 제37조 제7항은, 종업원대표의 각 위원에게 각 임기 중에 한 번 3주간(처음으로 선출된 경우에는 4주간) 주(州)의 상급노동관청에 의해 적당하다고 인정된 훈련·교육강좌에 참가하기 위하여 보수의 계속적인 지불을 동반하는 직장이탈청구권을 부여하고 있다. 이와 같은 훈련강좌는, 특히 노동조합에 의해, 그리고 사용자단체에 의해서도 제공된다.[158]

---

155) Löwisch, a. a. O.(Fn. 4), S. 130.

156) Herbst, Betriebsrat und Arbeitsschutz, AiB 1993, S. 145.

157) Löwisch, a. a. O.(Fn. 4), S. 130.

158) Löwisch, a. a. O.(Fn. 4), S. 131.

이와 같이 종업원대표는 그 근로시간의 일부를 산업안전보건법규나 산재예방규칙, 기타 관련하는 기초지식의 습득·연구에 할애하는 것이 가능하게 된다.[159] 나아가 동법 제40조가 종업원대표의 적정한 임무의 수행으로부터 발생한 비용의 사용자 부담, 그리고 사용자의 지배하에 있는 공간, 물적 수단 및 사무직원을 종업원대표의 이용에 제공해야 한다는 것을 규정하고 있는 것으로부터, 종업원대표의 학습·연구를 위한 기초자료 등은 사용자의 부담으로 사업장에 비치되어야 한다고 해석되고 있다.[160]

2) 사업장 유해위험에 대한 정보권

(가) 특정적 정보수집권

종업원대표에 의한 적극적인 재해예방활동을 기대하는 데 있어, 종업원대표에 의한 일반적 전문지식의 습득과 동일하게 중요한 것이 당해 사업장에 고유한 유해위험정보의 입수이다. 이러한 정보는, 「노동안전보건기본법」의 제 규정, 「사업장조직법」 제81조 이하 규정, 유해위험물질 보호령 제14조 등에 근거하여 개별근로자가 일정한 기회에 특정 대상에 대하여 입수하는 정보와는 달리, 종업원대표가 독자적으로 집단적 자료로서 파악하는 정보이다.[161]

「사업장조직법」은 이 점을 감안하여 상기 규정과는 별개로 제89조 제5항 및 제6항에서 종업원대표에게 사업장의 유해위험에 대한 정보를 입수할 권리를 부여하고 있다. 먼저 제89조 제5항에 의하면, 종업원대표는 스스로가 본 조 제2항 및 제4항에 근거하여 참가를 요구받

---

159) Herbst, a. a. O.(Fn. 156), S. 144.

160) 자세한 것은 Vgl. Herbst, a. a. O.(Fn 156), S. 144.

161) 三柴·前揭注(16)書 426頁.

는 재해조사, 감독·검사 및 협의에 관한 자료를 사용자로부터 받을 권리를 가진다. 본 규정은「사업장조직법」에서 규정하고 있는 직무를 실시하는 데 있어서 필요로 하는 정보 및 자료의 제공에 대해서 일반적으로 규정하고 있는「사업장조직법」제80조 제2항을 보다 구체화할 의도로 규정된 것이다.

그리고「사업장조직법」제89조 제6항에 의하면, 사용자는「사회법전」제7편 제193조 제5항에 근거하여 종업원대표에 의하여 공동으로 서명되어야 할 재해신고서의 사본을 종업원대표에게 제공하여야 한다.[162] 이 규정에 의하여 종업원대표는 재해에 관한 종합적인 정보를 획득할 기회를 갖게 되고 재해의 기재내용에 대한 이의를 제기할 수 있게 된다. 이것에 의하여 종업원대표에게는 사용자에 의한 산재은폐 및 재해 사실에 대한 오진을 방지함과 아울러 스스로 실시하는 재해예방활동에 대한 지침을 얻을 가능성이 열리게 된다.[163]

또한「사업장조직법」제89조 제2항에 근거하여 종업원대표는 재해예방과 관련하여 사용자 및 재해예방 관련 기관에 의하여 실시되는 각종 검사 등에 참관할 권리, 그리고 재해예방 관련 기관이 사용자에게 발령한 재해예방에 관한 지시를 사용자로부터 지체 없이 전달받을 권리가 각각 주어져 있는데, 종업원대표는 이 기회를 통해서도 사업장의 각종 유해위험정보를 입수하는 것이 가능하다.

나아가, 종업원대표는「사업장조직법」제90조 제1항에 따라 작업조건의 계획단계에서 사용자로부터 ① 제조공장(건축물), 관리실 및 기

---

162) 산재보험조합은 사용자로부터 종업원대표가 서명하지 않은 재해신고서를 보고받을 경우, 종업원대표에게 해당 재해신고서 사본을 보내거나 재해신고서가 들어왔다고 통보한다. 이를 통하여 재해신고서의 종업원대표에의 보고 그 자체와 재해신고상의 기재내용의 정확성이 보장될 수 있다[Däubler/Kittner/Klebe(Hrsg.), a. a. O.(Fn. 26), S. 1426].

163) 三柴·前揭注(16)書 427~428頁 參照.

타 사업장 작업장소의 신설, 이전 및 확장, ② 기술적 기계・설비, ③ 작업절차 및 작업공정, ④ 작업장[164]의 사항에 관한 계획을 적절한 시기에 필요한 자료를 통하여 통지받을 권리가 있다. 종업원대표는 이 통지를 통하여 계획을 입안하는 단계에서부터 예정된 조치 및 근로자에게 미치는 영향, 특히 작업의 종류[165]와 이로부터 야기되는 근로자에 대한 요구[166]에 대하여 자신의 제안 및 견해가 고려될 수 있도록 사용자와 협의하는 것이 가능하게 된다. 여기에서 사용자와 종업원대표는 인간에게 적합한 노동의 형성에 대하여 확인된 노동과학적 지식을 고려하여야 한다(제90조 제2항). 한편 파견근로자의 경우에는, 파견근로자의 근무장소와 관련되는 한, 정규근로자와 동일하게 연관되기 때문에 위 사항은 사용사업장의 종업원대표와의 협의사항이 된다.[167]

그리고 산업의와 안전관리자의 선임, 직무 및 활동 등을 규율하는 「사업장안전조직법」은 이들과 종업원대표의 협력 원칙(제9조 제1항)에 입각하여 종업원대표가 이들로부터 노동보호 및 재해예방에 관한 중요한 안전보건사항과 이들이 사용자에게 제안한 산업의학적 및 안전기술적 조치 내용을 각각 통지받을 권리와 함께 노동보호 및 재해예방에 관한 요구사항에 대하여 자문(조언)받을 권리를 각각 규정하고 있다(제9조 제2항). 이는 하나의 사업장 내에서 근로자대표와 사용자

---

164) 작업장 계획에 대한 정보권 및 협의권은 근로자에 대한 기능요구가 근로자의 육체적・심리적 능력을 초과하지 않도록 하기 위한 것으로서, 작업장 계획에는 기계 및 기타 운전설비의 공간 요건, 근로상황에 적합한 근로자 작업공간 요건, 높은 육체적・정신적 부하업무의 해소시스템, 청소년・중증장애 및 기타 보호대상집단을 위한 노동투입 제한, 분진・가스・소음과 같은 유해요인의 차단, 빠른 작업사이클의 감소 등이 포함된다[Klebe/Ratayczak/Heilman/Spoo, a. a. O.(Fn. 29), S. 413].

165) 작업의 종류란, 노동분업도, 자동화 정도, 작업속도, 개별작업・팀작업, 작업내용 등을 말한다[Klebe/Ratayczak/Heilman/Spoo, a. a. O.(Fn. 29), S. 415].

166) 근로자에 대한 요구란, 지식, 숙련, 책임, 부하 등을 말한다(A. a. O.).

167) 大橋範雄 『派遣労働と人間の尊敬』 法律文化社(2007年) 176頁.

간에 파트너적 협력을 이루기 위하여 양자 간의 적절한 정보의 균형을 도모하고자 하는 것이다.[168]

한편, 「사업장조직법」과 「사업장안전조직법」 외의 법령에서도 종업원대표의 특정적 정보수집권이 규정되어 있다. 예를 들면, '생물학적 물질 안전보건령' 제12조 제4항에 의하면, 종업원의 안전과 건강을 해칠 수 있는 조업(운전)장해와 사고에 대한 정보는 위험업무 종사 종업원과 종업원대표에게 즉각적으로 통지되어야 한다. 또한 동조 동항에 따라 제13조 제1항 내지 제3항에서 규정하고 있는 사항, 즉 ① 사용자 및 취급책임자의 성명과 주소, ② 작업장 안전보건책임자의 성명과 자격, ③ 생물학적 물질의 위험성 평가의 결과, ④ 생물학적 물질의 종류, ⑤ 예정된 안전보건대책, ⑥ 종업원의 안전보건상 중요한 작업변경, ⑦ 일정한 새로운 생물학적 물질을 취급하는 활동의 개시 등에 관한 사항(정보)에 종업원대표가 자유롭게 접근할 수 있도록 하여야 한다.

(나) 일반적 정보수집권

종업원대표는 「사업장조직법」 제80조 제2항에 의하여, 동법 제80조 제1항에 근거한 일반적 임무의 수행과 동법에 근거한 기타의 권리, 특히 협동권 및 공동결정권의 행사를 종업원대표가 용이하게 할 수 있도록 사용자로부터 적당한 시기에 포괄적인 정보제공을 받을 권리를 부여받고 있다. 그리고 종업원대표는 청구에 의하여 사용자로부터 자신의 임무 수행을 위해 필요한 자료를 언제든지 제공받을 수 있어야 한다.[169] 이는 종업원대표가 그 임무를 원활하게 수행하도록 사용자가 종업원대표에게 관련 자료를 제출하고 보고·설명하여야 하는 것을 의미하며, 종업원대표는 이를 토대로 의미 있는 활동 준비와 사용자와

---

168) Anzinger/Bieneck, a. a. O.(Fn. 39), S. 240.

169) Löwisch, a. a. O.(Fn. 4), Rdnr. 150.

의 협력이 가능하게 된다.[170]

특별한 관여권(Beteiligungsrecht)이 예정되어 있는 경우에는 통상적으로 특별히 규정된 통지의무가 존재하므로,[171] 위 제80조 제2항은 특별한 관여권이 규정되어 있지 않은 경우에 적용되는 일반적 정보제공 규정이라 할 수 있다.[172] 따라서 동 조항은 종업원대표가 활동을 해 나가는 데 있어 필요한 과제가 추가로 있는지를 검토해 볼 수 있는 기회를 제공한다.[173] 동 조항의 정보수집권이 특히 필요하게 되는 것은 「사업장조직법」 제80조 제1항 제1호에 근거한 법규의 준수가 문제가 되는 경우 또는 종업원대표가 일정한 조치에 대하여 발의(發議)하려고 하는 경우라고 말해지고 있다.[174]

2. 미 국

가. OSH Act에 근거한 유해위험정보권

근로자는 OSH Act 및 그 규칙에 의하여 작업장의 유해위험에 대한 정보를 알 수 있는 여러 가지 방법을 보장받고 있다. OSH Act 제8조 (c)의 규정에 의하면, OSHA는 사용자에게 본 법령 및 관련 기준의 규정에 근거한 근로자 보호내용 및 의무사항을 근로자에게 알리도록 의무 지우는 규칙을 제정하지 않으면 안 된다. 이를 위해 OSHA는 사용자에게 OSH Act에 관한 정보와 동 법령에 근거한 근로자의 권리를

---

170) Klebe/Ratayczak/Heilman/Spoo, a. a. O.(Fn. 29), S. 358.

171) 제89조, 제90조, 제92조 제1항, 제99조 제1항, 제100조 제2항, 제102조 제1항, 제105조, 제106조 제2항, 제111조 참조.

172) Brox/Rüthers/Henssler, Arbeitrecht, a. a. O.(Fn. 11), S. 311; Däubler/Kittner/Klebe, a. a. O.(Fn. 26), S. 123.

173) BAG DB 1989, 982.

174) Löwisch, a. a. O.(Fn. 4), Rdnr. 150.

게시하도록 의무 지우는 규칙을 제정하였다. 또한 OSH Act 제6조에 근거하여 OSHA에 의하여 제정된 유해위험요인별 특정기준은 사용자로 하여금 당해 기준에서 취급되는 특정 유해위험인자에 의해 영향을 받는 근로자에게 정보 및 교육을 제공하도록 의무 지우고 있다.175) 나아가 근로자 또는 그 대표는 사업장의 유해위험요인의 샘플링 또는 모니터링에 참관하는 권리를 보장받고 있다.176) 근로자의 안전보건정보권에 관한 OSH Act의 내용은 다음과 같이 정리될 수 있다.

1) 게시(Posting)

OSHA는 사용자로 하여금 근로자에게 정보를 전달하도록 하는 많은 게시규정을 두고 있다. 여기에는 게시 위반통고, 이의제기 통지, 긴급전화번호, 기타 사항뿐만 아니라 OSHA 포스터가 포함된다.

OSHA 포스터에 대해서는 29 C.F.R §1903.2에 규정되어 있다. 이 조항에 의하면, 각 사용자는 근로자에게 법에서 인정된 보호와 의무에 대하여 알리는 것으로서 OSHA에 의해 제공되는 게시문 또는 통지서를 게시하고 이것이 마모되거나 훼손되지 않도록 유지하여야 한다. 이 포스터 규정은 "노동부장관은 사용자로 하여금 게시 또는 다른 적절한 수단에 의해 그들의 근로자에게 이 법에 근거한 보호, 의무 및 해당 기준들(standards)의 규정에 관한 정보를 제공하도록 요구하는 규칙을 제정하여야 한다."고 규정하고 있는 법 제8조(c)(1)을 이행하는 것이다.

사고 및 질병 기록유지 규정과 달리, OSHA 포스터는 규정은 법 제4조(b)(1)에 따른 다른 정부기관의 규정에 의해 배제되지 않는다. 산업안전보건심사위원회는 포스터 규정이 제정법에 의해 정해진 것이고

---

175) Rabinowitz et al., supra note(74), at 547.

176) Bailey et al., supra note(54), at 153.

기록유지 규정과 다른 목적을 가지고 있다고 판시하였다. 또한 포스터 규정은 미국「헌법」제1수정조항(First Amendment)[177] 위반이 문제가 된 사건에서 항소법원에 의해 사용자의 언론의 자유를 축소하지 않는 다고 옹호되었다.

포스터는 OSHA에 의해 제공되어야 한다. 많은 사례에서 OSHA의 포스터를 게시하지 않은 것에 대한 위반통고는 OSHA가 사용자에게 포스터를 제공하였다는 것을 입증하지 못하여 인용되지 않았다. 그러나 사용자 측의 주장이 항상 성공한 것은 아니다.[178]

포스터는 근로자 통지사항이 통상적으로 게시되는 장소로서 눈에 잘 띄는 곳에 게시되어야 한다[29 C.F.R §1903.2(a)(1)]. 이 경우 포스터는 OSH Act에 관한 기본적인 정보와 본 법에 근거한 근로자 권리를 포함하고 있어야 한다.[179] 일부 사건에서는 포스터가 사업장의 충분히 눈에 잘 띄는 위치에 게시되었는지가 문제로 되었다.[180]

근로자들이 물리적으로 분산된 활동에 종사하는 곳에서는 포스터가 근로자들이 매일 상황을 보고하는 장소에 게시될 수 있다. 그리고 근로자들이 일반적으로 단일 사업장에서 일하지 않거나 단일 사업장에 속해 있지 않는 경우에, 포스터는 근로자가 활동을 수행하기 위하여 거점으로 삼는 장소에 게시될 수 있다. 이 게시규정은 많은 사건에서

---

177) 미국 정부가 ⅰ) 국교(國敎)를 수립하는 것, ⅱ) 종교활동의 자유를 억압하는 것, ⅲ) 언론·출판을 제한하는 것, ⅳ) 평온하게 집회할 권리를 침해하는 것, ⅴ) 정부에 청원할 권리를 침해하는 것을 금지하는, 1791년 성립한 헌법수정조항을 말한다.

178) Bush & Burchett Inc., 17 OSH Cases 1531(Rev. Comm'n J. 1995); Institution Ohio Inc., 14 OSH Cases 1985(Rev. Comm'n J. 1990); Clarence M. Jones, 11 OSH Cases 1529(Rev. Comm'n 1983).

179) 29 C.F.R. §1903.2(a).

180) Kenneth J. Herman Inc., 16 OSH Cases 1582(Rev. Comm'n J.1993); W. Kramer Assocs., 16 OSH Cases 1970(Rev. Comm'n J.1993); Northgate Elec. Corp., 14 OSH Cases 1770(Rev. Comm'n J.1990) etc..

다루어져 왔다.[181]

포스터 규정의 무지는 항변으로 인정되지 않는다. 일반적으로 포스터의 일시적인 제거는 이유가 무엇이든 위반통고의 사실긍정을 방지하는 데 불충분하다. 행정법 심판관(Administrative Law Judge: ALJ)은 사업장의 모든 사용자는 OSHA 포스터를 각각 게시하고 있어야 한다고 판단하였다. 따라서 협력업체 사용자는 원청업체의 포스터에 의존할 수 없다.

게시를 대신하여 OSHA 포스터의 내용을 구두로 설명하는 것은 근로자의 절반이 영어를 이해할 수 없는 곳에서는 기술적 위반으로 간주되었다. 포스터를 게시하는 대신에 근로자에게 포스터를 설명하는 경우 법을 위반하는 것으로 해석된다.[182]

산업안전보건심사위원회는 OSHA의 포스터 규정의 위반은 당해 규정이 제8조(c)(1)을 이행하는 것으로서 심각한 위반은 아니지만 사소한 위반도 아니라고 판시하였다.[183] OSH Act 제17조(i)는 게시요건의 위반에 대해서 7,000달러 이하의 민사벌칙금(civil penalty) 부과를 규정하고 있다.

2) 산업재해 및 직업병 기록

OSH Act 및 OSHA 규칙은 근로자 수가 10인 이하인 사용자 등 일부를 제외한 대부분의 사용자에 대해서 각 사업장마다 산업재해 및 직업병(이하 '재해'라 한다)에 관한 기록을 유지·관리할 의무를 부과하

---

181) Well-Tech Inc., 17 OSH Cases 1481(Rev. Comm'n J.1995); M.S.E., a joint Venture, 13 OSH Cases 1839(Rev. Comm'n J.1988); Well-Tech Inc., 10 OSH Cases 1189(Rev. Comm'n J.1981) etc..

182) 이상은 주로 Rabinowitz et al., supra note(74), at 143~146에 의한다.

183) Secretary of Labor v. Thunderbolt Drilling, Inc., 10 OSH Cases 1981(Rev. Comm'n 1982); Olmos Abatement Inc., 15 OSH Cases 1892(Rev. Comm'n J. 1982); S. K. Whitty & Co., 9 OSH Cases 2192(Rev. Comm'n J. 1981).

고 있다.[184] 사용자는 전년도에 당해 사업장에서 발생한 재해의 연간 요약(annual summary)을 근로자가 접근하기 쉬운 장소로서 눈에 잘 띄는 장소에 게시하고, 그 요약의 기재내용이 사실이고 양적으로 완전하다는 것을 보증하며, 게시물이 변경·훼손되지 않도록 하여야 한다.[185] 만약 근로자들이 고정된 장소에서 일하지 않으면, 사용자는 매년 각 개별근로자에게 재해 요약 사본을 우송하지 않으면 안 된다.[186] 나아가 사용자는 현재 또는 과거의 근로자 그리고 그들의 근로자대표(개인적 대표,[187] 권한이 부여된 대표[188])가 합리적인 방법·시기에 재해기록과 그 요약을 검토하고 복사할 수 있도록 재해기록 및 그 요약에 접근(access)[189]하는 것을 보장하여야 한다.[190] OSHA는 프라이버시 문제를 검토하면서 "제한된 개별근로자가 재해기록에 대해 가지고 있는 프라이버시 이해관계는 모든 근로자가 재해기록에 접근권을 가질 필요성보다 그 가치가 명백히 낮다고"라고 주장하였다.[191] 산업안전보건심사위원회는 사용자가 OSHA 재해기록(OSHA log)[192]의 프라이버시에 대한 합리적인 기대권을 갖지 않는다고 주장하면서, 근로자는 허가 없이 OSHA 재해기록에 대한 접근권을 가질 수 있다고 결정

---

184) OSH Act 제8조(c)(1); 29 C.F.R. Part 1904.

185) Id. §1904.32(a), (b)(5).

186) Rabinowitz et al.. supra note(74), at 548.

187) 현재의 근로자 또는 과거의 근로자가 지정하는 자. 사망자 또는 법적으로 무능력한 근로자 또는 과거의 근로자의 법적 대표를 가리킨다.

188) 권한이 부여된 단체교섭대표를 가리킨다.

189) OSHA Act와 규칙(regulations)에서 'access'란 용어는 각종 기록을 검토(examine)하고 복사(copy)할 권리와 기회를 의미한대§1910.1020(c)(1), J. L. Hirsch, Occupational Safety and Health Handbook §10, 3(4th ed. 2007)].

190) Id. §1904.7(b); §1904.35(b)(2).

191) 43 Fed. Reg. 31,324, 31,327(1978).

192) OSH Act가 의무화하고 있는 사용자에 의해 유지되는 재해기록을 가리킨다.

하였다.[193] 비슷한 취지로 항소법원은 근로자대표의 접근 요구는 논리적일 필요는 없다고 판시하였다. 즉 근로자대표는 자신의 접근 요구에 대해 어떠한 이유라도 가질 수 있고, 나아가 이유를 갖지 않을 수도 있다.[194] 규칙에 의해 부과된 사용자의 의무는 무조건적이다. OSHA는 사용자가 재해기록에 대한 감독에 동의하지 않으면 영장을 받아야 하지만, 근로자는 사용자의 재해기록을 검토하는 그들의 권리를 행사할 때 영장을 요구받지 않는다.[195]

일반적으로 근로자 이름을 재해기록의 나머지와 함께 제공하지 않는 것은 법을 위반하는 것이다.[196] 그러나 항소법원은 특별한 상황에서는 사용자가 근로자 이름을 제공하는 것이 위험하다고 입증함으로써 적용예외 조치를 받지 않고도 '보다 큰 위험'(greater hazard) 항변을 할 수 있다고 판시하였다.[197] 또한 항소법원은 사용자가 그와 함께 소송에 참여하고 있는 근로자가 재해기록에 접근하는 것을 거부할 수 없다고 판결하였다. 즉 근로자는 소송과정에서 증거열람권[198]의 한계를 넘어 무조건적으로 증거에 접근할 수 있다.[199]

3) 노출(exposure) 및 검진(medical) 기록 접근권

OSH Act 제8조(c)(1)은, 노동부장관에게 본 법의 집행을 위하여 또는 산업재해 및 직업병의 원인과 예방에 관한 정보의 개발을 위하여,

---

193) Monfort of Colo. Inc., 14 OSH Cases 2055.

194) Caterpillar Inc. v. Herman, 131 F.3d 666, 18 OSH Cases 1104(7th Cir. 1997), rev'g Caterpillar Inc., 17 OSH cases 2112(Rev. Comm'n J. 1997).

195) Rothstein, supra note(69), at 275.

196) Sun Ship, Inc., 12 OSH Cases 1185(Rev. Comn'n 1985).

197) Caterpillar Inc., v. Herman, 131 F.3d 666, 18 OSH Cases 1104(7th Cir. 1997).

198) 증거열람권이란 소추(訴追) 측과 변호 측 쌍방이 서로 상대방이 보관하는 문서 등에 대하여 열람을 할 수 있는 권리를 말한다.

199) RSR Corp. v. Brock, 764 F.2d 355, 12 OSH Cases 1413(5th Cir. 1985).

사용자로 하여금 본 법에 관련된 자신의 활동에 관한 기록을 작성·유지·보관하고 노동부장관이 이용할 수 있도록 하는 내용의 규칙(regulation)을 제정할 일반적 권한을 부여하고 있다. 이 권한은 사용자로 하여금 제6조(b)(7)에 따라 모니터링하거나 측정하도록 되어 있는 잠재적 독성물질 또는 유해한 물리적 인자에의 근로자 노출에 관한 정확한 기록을 유지하도록 하는 제8조(c)(3)에 의해 보충된다. 제8조(c)(3)은, 이러한 규칙들이 OSHA뿐만 아니라 현재 또는 과거의 근로자에게 독성물질 또는 유해한 물리적 인자에의 자신의 노출을 제시하는 기록에 접근할 기회를 제공하는 한편, 근로자 또는 그 대표에게 근로자 노출을 모니터링하거나 측정하는 과정에 참관하고 이에 관한 기록에 접근하는 권한을 부여하여야 한다고 규정하고 있다.200)

이에 따라 제정된 근로자의 노출 및 검진 기록에의 접근에 관한 OSHA 규칙(Access to employee exposure and medical records, 이하 'Access Rule'라 한다)201)은 그 자체로는 특별한 모니터링 또는 조사를 의무 지우고 있는 것은 아니지만, 사용자에게 몇 가지를 제외하고는 특정 OSHA 기준에 근거하여 또는 그것과 관계없이 생성되는 모든 노출 기록(근로자의 고용기간에 관계없이 30년 이상)과 검진 기록(고용기간+30년 이상)202)을 보존하도록 의무 지우고 있다.203) 다만 Access Rule에 의하면, 사업장에서 더 이상 사용되지 않는 물질에 대한 물질

---

200) See Rabinowitz et al., supra note(74), at 137～138.

201) 일찍이 Access Rule은 29 C.F.R. §1910.20로 성문화되어 있었지만[45 Fed. Reg. 35, 212 (1980)], 1996년에 29 C.F.R. §1910.1020로 재설계되었다[61 Fed. Reg. 31, 430(1996)].

202) 특정 안전보건기준이 다른 보존기간을 규정하고 있으면 특정기준의 규정이 우선한다[29 C.F.R §1910.1020(d)(1)]. 예를 들면, 소음기준은 노출기록을 2년간 보존하도록 규정하고 있다[29 C.F.R §1910.95(m)(3)(ⅰ)].

203) 29 C.F.R. §1910.1020(d)(1)(i)(ⅱ). Access Rule에 의하면, 유해위험성 주지기준 (The Hazard Communication Standard)에 따라 수령되어 보존되는 물질안전보건 자료는 그 보존이 의무화되어 있는 노출기록(exposure records)의 하나에 해당한다.

안전보건자료(Material Safety Data Sheet: MSDS)는, 사용자가 당해 물질의 화학적 명칭(identity)과 그것이 언제, 어디에서 사용되었는지에 대한 기록을 30년 이상 보존하고 있으면 해당 기간 동안 보존되어 있을 필요가 없다.204)

그리고 본 규칙은 사용자로 하여금 OSHA뿐만 아니라 근로자 및 그 대표에게 근로자의 유해물질 노출에 관한 광범위한 기록·정보 및 근로자 검진기록에 접근할 수 있는 기회를 제공하도록 의무 지우고 있다.205) 근로자 및 그 대표는 요청에 의하여 모든 근로자의 노출기록에는 제한 없이 접근할 수 있지만, 검진기록의 경우에는 해당 근로자만 제한 없이 자신의 기록에 접근할 수 있고 지정대표(대리인)와 OSHA는 해당 근로자의 동의가 있어야만 개인을 식별할 수 있는 검진기록에 접근할 수 있다.206) 관련 규칙207)에서는 근로자의 프라이버시를 보장하기 위하여 근로자 개인을 식별할 수 있는 검진정보를 포함하고 있는 검진기록의 이용을 특별하게 취급하고 있다.208) 물질별 개별기준(substance-specific standards) 중 일부 기준은 Access Rule를 인용하는 기록유지 및 기록접근을 별도로 두고 있다.209) OSHA는 이러한 접근권은 '직업병을 발견, 치료 및 예방'하는 데 있어 각종 기록을 직간접적으로 이용하도록 하기 위해서도 필요하다고 강조한다.210)

OSHA의 기준들(standards)은 대체로 근로자에게 정보를 제공하도

---

204) 29 C.F.R. §1910.1020(d)(1)(ⅱ)(B).

205) Rabinowitz et al., supra note(74), at 549.

206) Bailey et al., supra note(54), at 139~140[See 29 C.F.R. §1910.1020(e)(2)(ⅱ); 29 C.F.R. §1913.10].

207) See 29 C.F.R. §1913.

208) Rabinowitz et al., supra note(74), at 138.

209) E.g., asbestos, 29 C.F.R. §1911.1001(m)(3), (5), (6).

210) Hirsch, supra note(189), at §10-3.

록 하는 규정을 가지고 있는데, 이러한 규정 또한 제8조(c)로부터 도출된다. 예를 들면, 메틸렌클로라이드(methylene chloride) 기준은 모니터링 결과의 근로자 통지, 작업장에서의 methylene chloride 노출가능성에 관한 전달 등의 정보제공 규정을 두고 있다.[211] 한편, OSHA는 정보제공은 수동적이고 교육은 이해를 필요로 한다는 점에서 OSH Act 제8조(c)에 의한 정보제공과 동법 제6조에 의한 교육은 서로 구별된다는 입장을 취해 왔다.[212] 산업안전보건심사위원회는 합리적으로 신중한 사용자라면, 근로자에 의해 이해될 수 있고 기억될 수 있는 교육을 제공하려고 시도하고 근로자들이 당해 교육을 실제로 이해하도록 하기 위한 노력을 최소한 일정 정도 할 것이라고 판단하였다.[213]

Access Rule에 근거하여 현재 및 과거의 근로자는 접근된 행사를 위하여 '개인 또는 단체'를 그들의 지정대표(대리인)로서 선출할 수 있다. 인정된 단체교섭 담당자는 본 규칙의 목적을 위한 지정대표(대리인)로 간주된다.[214] 그리고 단체교섭 담당자는 근로자 개인의 검진 기록이 포함되어 있지 않으면 Access Rule상의 권리(예를 들면, 근로자 노출기록에의 접근권)를 행사하기 위하여 근로자의 문서화된 위임을 필요로 하지 않는다.[215] 그러나 산업안전보건심사위원회에 따르면, 변호사와 같은 다른 근로자 대리인은 문서화된 근로자 위임을 필요로 한다. 사망자 또는 법적으로 무능력한 근로자의 경우에는, 근로자의 법정대리인이 노출·검진기록에의 접근에 관한 근로자의 모든 권리를 직접 행

---

211) 29 C.F.R. §1910.1052(d)(5), (l).

212) See 62 Fed. Reg. 1494, 1595, 1596(1997); Rabinowitz et al., supra note(74), at 138.

213) Secretary of Labor v. McLeod Land Services Inc., 20 O.S.H.C. 1596, 1598(2003).

214) 29 C.F.R. §1910.1020(c)(3). 본 규칙의 목적이란 '근로자 노출기록 및 노출·검진기록을 이용한 분석에 접근하기 위하여'를 가리킨다.

215) See Id. §1910.1020(c)(3), (e)(1)(2).

사할 수 있다.216) 그리고 동위원회는 검진 기록에의 접근을 목적으로 하는 지정대리인은 반드시 노출기록에의 접근을 위한 지정대리인일 필요는 없다고 판단하였다.217) 특별한 상황에서는, 사용자는 접근이 근로자에게 손해가 되는 것을 입증할 수 있으면 검진 기록을 요청 근로자에게 제공하지 않을 수 있다.218) 일부의 예외적 상황을 제외하고는, 현재의 근로자, 과거의 근로자 또는 지정대리인이 기록에의 접근을 요청하면, 사용자는 합리적인 시간, 장소 및 방법으로, 그리고 대부분의 경우 기록에의 접근을 요청한 후 15일 이내에 비용 없이 그 기록의 이용을 허용하여야 한다.219)

또한 근로자 또는 그 대표(대리인)에게는 OSH Act 제6조(b)(5)에 따른 OSHA 규칙에 따라 실시되는 모니터링 또는 측정에 참관하고 이에 관한 기록에 접근할 권리가 부여되어 있다[제8조(c)(3)]. 아울러 이와 동일한 권리가 제6조(b)(5)에 따라 제정된 여러 보건기준에도 규정되어 있다.220) 그리고 측정된 노출치가 OSHA 기준이 정하고 있는 한계치보다 높을 경우, 사용자는 독성물질 또는 유해한 물리적 인자에 노출되었거나 노출되고 있는 근로자에게 즉각적으로 통지하고, 노출 저감을 위하여 취하고 있는 시정조치를 노출되고 있는 근로자에게 알려야 한다[제8조(c)(3)].

한편 Access Rule에 의하면, 사용자는 근로자가 처음 고용될 때 노출·

---

216) 29 C.F.R. §1910.1020(c)(4).

217) Johnson & Johnson Prods., Inc. & Ethicon, Inc., 11 OSH Cases 2097(Rev. Comn'n 1984), aff'g Johnson & Johnson Prods., Inc., 11 OSH Cases 1159[(Rev. Comn'n J. 1983), and Ethicon, Inc., 11 OSH Cases 1154(Rev. Comn'n J. 1981].

218) 29 C.F.R. §1910.1020(e)(2)(ii)(D). Washinghouse Elec. Corp., 10 OSH Cases 1101(Rev. Comn'n J. 1981).

219) Id. §1910.1020(e)(1).

220) E.g., Id. §1910.1001(n)(석면); id. §1910.1017(d)(5)(염화비닐); id. §1910.1018(r) (무기비소); id. §1910.1052(d)(6)(메틸렌 클로라이드).

검진기록에의 접근권에 대하여 당해 근로자에게 주지시킬 것을 의무 지우고 있다. 특별히 근로자들은 노출 및 검진 기록의 존재, 위치 및 이용가능성에 대한 정보를 제공받아야 한다. 동시에 사용자는 기록을 유지하고 접근기회를 제공할 회사 측 책임자를 근로자에게 주지시켜야 한다. 사용자는 근로자 채용 시에 근로자의 권리를 알린 후에는 매년 1회 이상 반복적으로 이를 알려야 한다.[221] 그리고 Access Rule은 사용자에게 본 규칙의 복사본을 사업장에 보관하고 근로자가 이를 쉽게 이용할 수 있는 상태로 두도록 의무 지우고 있다.[222] 위원회 판사는 본 규칙의 복사본은 쉽게 팩스로 보내지거나 하룻밤만의 우편으로 보내질 수 있는 경우에는 반드시 작업장에 있을 필요는 없다고 판단하였다.[223]

산업안전보건심사위원회는 근로자의 접근권은 근로자가 소송을 조장하는 기록을 원한다는 이유 때문에 제한되는 것은 아니라고 판단하였다.[224] 그러나 Access Rule의 관여가 법원이 제정한 증거개시(開示) 절차를 침해하는 경우, 사용자가 Access Rule에 따른 근로자 측의 접근기회를 그들에게 제공하지 않은 것에 대해 이를 지지한 사례가 있다.[225] 그리고 산업안전보건심사위원회는 Access Rule의 적용범위를 근로자들이 독성물질 또는 유해한 물리적 인자에 노출되었거나 노출되고 있는 상황으로 제한한 바 있고,[226] 사용자가 접근권을 가지지 않는 기록(예컨대, 개인적 의사가 가지고 있는 기록)에는 적용되지 않는

---

221) *Id.* §1910.1020(g)(1).

222) *Id.* §1910.1020(g)(2).

223) Milpark Drilling Fluids, 15 OSH Cases 1243(Rev. Comn'n J. 1991).

224) General Motors Corp., 14 OSH cases 2064.

225) Ingalls Shipbuilding Inc., 15 OSH Cases 1542(Rev. Comm'n J. 1992).

226) General Motors Corp., Electro, Motive Div., 14 OSH Cases 2064(Rev. Comm'n 1991); Pride Petroleum Servs., 14 OSH Cases 1869(Rev. Comm'n 1990).

다고 판단하였다.227)

한편, 산업안전보건심사위원회는 Access Rule 위반은 기록 접근권이 근로자 건강보호에서 중요한 역할을 할 수 있기 때문에, 이것은 일반적으로 사소한 위반이 아니라고 판단하였다. 그러나 동 위원회는 동일한 사례에서 그러한 위반이 자동적으로 심각한 위반이 된다고는 판단하지 않았다.228) 그리고 산업안전보건심사위원회는 사용자가 그의 수급인에 맡겨져 있는 기록에 OSHA가 접근하는 것을 지연시키는 것은 심각한 위반을 저지르는 것이라고 판단하였다.229)

이러한 노출 및 검진 기록에의 근로자 접근권은 OSH Act에 의해 보장된 다른 근로자의 다른 권리의 효과성을 담보하는 데 중요하다. 즉 ① 접근권은 근로자 및 그 대표가 제8조(f)(1)에 따라 안전보건문제를 OSHA에 신고하고 OSHA로부터 신속한 사업장 감독을 획득해 낼 권리의 효과를 보장받는 데 중요하다. ② 접근권은 근로자 및 그 대표가 다양한 유해물질이 어디에서, 어떻게 사용되고 있는지 그리고 어떤 공정이 가장 많은 노출을 발생시키는지를 확인하거나 OSHA가 철저한 점검을 하는 것을 지원하도록 하기 위하여 OSHA 감독관이 작업장을 점검하는 동안 동행할 수 있는 제8조(e)의 권리의 실효성을 높인다. ③ 접근권은 근로자가 시정기간의 합리성에 이의제기를 하고 산업안전보건심사위원회 절차의 당사자로서 참가할 수 있는 제10조(c)상의 두 가지 권리를 행사할 수 있는 능력을 부여한다. ④ 기록접근은 근로자가 국립산업안전보건연구원(NIOSH)에 의한 건강유해평가(healthhazard evaluation)를 요구할 수 있는 제20조(a)(6)의 권리를 신장

---

227) Kaspar Wire Works, Inc., 18 OSH Cases 2178(Rev. Comm'n 2000).

228) General Motors Corp., Electro, Motive Div., 14 OSH Cases 2064(Rev. Comm'n 1991).

229) Dec, Tam Corp., 15 OSH Cases 2072(Rev. Comm'n 1993).

한다. ⑤노출 및 검진 기록에의 접근으로 근로자에 의해 습득된 지식은 제21조(c)의 근로자 교육훈련 프로그램의 효과를 높인다.[230)

4) 유해위험성 주지기준(Hazard Communication Standard)

OSH Act 제6조(b)(7)은 OSHA에 대하여 사용자로 하여금 유해위험 화학물질을 취급할 때에 존재하는 유해위험성 그리고 그 유해위험성을 경감하는 방법에 관한 정보를 근로자에게 알리도록 하는 의무를 부과하는 강제기준의 공포를 의무화하고 있다. OSHA는 이 조항에 근거하여 1983년에 OSHA의 역사에서 가장 주목할 만한 기준이라고 평가받고 있는 '유해위험성 주지기준'(이하 'HAZCOM Standard'라 한다)을 제정·시행하였다.[231) 본 기준은 작업장에서 노출될 수 있는 유해위험물질에 대한 근로자의 유해위험정보권을 가장 포괄적으로 보장하고 있고, 종종 '근로자 알 권리 규칙'(employee right to know regulation)이라고 말해지고 있다.[232) HAZCOM Standard는 대부분 29 C.F.R. §1910.1200에 규정되어 있지만, 건설업의 경우는 29 C.F.R. §1926.59에 규정되어 있다.

HAZCOM Standard의 주된 목적은 자각(自覺)이라는 한 단어로 가장 잘 표현된다. 본 기준은 사업장에서 화학물질에 노출되고 있거나 노출될 가능성이 높은 근로자들이 유해위험에 대해 주지하게 됨으로써 자신들을 효과적으로 보호하는 방법을 알도록 하여 사업장 안전보건을 증진하는 것을 목적으로 한다.[233) 구체적으로 말하면, 본 기준은

---

230) G. Z. Nothstein, The Law of Occupational Safety and Health 257(1981).

231) L. L. Byrum et al., Occupational Safety and Health Law Handbook 166(2001).

232) Rabinowitz et al., supra note(74), at 550.

233) 29 C.F.R. § 1910.1200(a)(1)은 "이 조문의 목적은 생산되고 수입되는 모든 화학물질의 유해위험성이 평가되고 화학물질의 유해위험성에 관한 정보가 사용자와 근로자에게 전달되도록 하는 것이다."라고 규정하고 있다. OSHA Publication 3104,

"……화학물질에 의한 질병 및 부상의 발생을 줄이기 위하여…… 근로자가 작업장의 안전보건대책에 유의미하게 참가하고 이를 지지할 수 있도록 하기 위하여…… 근로자에게 정보를 적절하게 통지하고 근로자 보호프로그램을 설계·실행하기 위하여" 제정된 것이다.234) 그리고 본 기준은 화학물질의 제조업자 또는 수입업자에 대하여 그들이 제조·수입하는 화학물질의 유해위험성을 평가·결정하도록 하는 의무를 부과하는 한편, 모든 사용자에 대하여 유해위험성 주지 프로그램, 라벨링 및 기타 형태의 경고, 물질안전보건자료 및 정보제공·교육을 통하여 자신의 근로자들에게 그들이 폭로되는 유해화학물질에 대한 정보를 제공하도록 하는 의무를 상세하게 규정하고 있다.235)

(가) 유해위험성 분류

HAZCOM Standard는 유해위험화학물질의 제조업자 및 수입업자를 규제할 뿐만 아니라 작업장에서 유해위험화학물질과 접촉하는 근로자를 사용하는 사용자도 규제한다. 제조업자 및 수입업자에게는 제조 또는 수입된 화학물질이 노출 근로자에게 보건상 유해성(예를 들면, 자극성, 민감성, 발암성) 또는 물리적 위험성(예를 들면, 인화성, 부식성, 반응성)을 끼치는지를 확인하기 위해 설계된 의사결정과정, 즉 유해위험성 분류(hazard classification)를 실시하도록 의무가 부과되어 있다.236) 화학물질이 유해위험하다는 결정은 HAZCOM Standard에 규정된 대부

Hazard Communication, A Compliance Kit, A, 1(1988).

234) 48 Fed. Reg. 53, 280(1983).

235) 29 C.F.R. § 1910.1200(b)(1). OSHA가 매년 발표하는 '기준 위반 TOP 10 리스트'에 의하면, 동 기준은 거의 매년 OSHA 기준 중 위반통고가 가장 많은 기준에 해당한다[National Safety Council, Safety & Health(2001~2007) 각 연도 12월호를 참조].

236) See 29 C.F.R. §1910.1200(d).

분의 의무를 준수해야 하는 계기가 된다. 사용자는, 유해위험성 분류를 독자적으로 실시할 의무는 없고 그가 사용하는 화학물질의 제조업자 또는 수입업자에 의해 실시된 유해위험성 분류에 의존할 수 있지만, 그의 근로자가 노출되는 유해위험화학물질에 관하여 라벨링, 교육 및 정보제공에 관한 규정을 충족하여야 한다.237)

(나) 문서화된 유해위험성 주지 프로그램

자신이 사용하는 근로자가 작업장에서 유해위험한 화학물질에 노출되고 HAZCOM Standard의 면제대상238)에 해당하지 않는 사용자는 문서화된 유해위험성 주지 프로그램을 작성하여야 한다. 문서화된 유해위험성 주지 프로그램은 본 기준에 의해 부과된 라벨, 물질안전보건자료, 교육 및 고지의 요건을 준수하기 위한 사용자계획을 기술하는 사용자 준수계획이다.239) 각 사용자는 작업장에서 자신의 작업장에 존재하는 화학물질, 유해위험성 및 공정에 맞추어 유해위험성 주지 프로그램을 작성하도록 하여야 한다.240) 이 문서화된 프로그램은 요건을 준수하기 위한 사용자 계획, 작업장에 존재하는 것으로 알려져 있는 유해위험화학물질 리스트, 사용자가 비정상작업(예컨대, 원자로 용기의 청소)의 유해위험성 및 작업장의 파이프에 함유된 화학물질(라벨로 표시되지 않은)과 연관된 유해위험성에 대하여 근로자에게 주지하는 방법을 포함하여야 한다.241) 사용자는 작업장의 유해위험화학물질의 리스트를 작성할 때 고체, 액체, 기체, 증기 등 모든 형태의 것을 포함

---

237) Byrum et al., supra note(231), at 166~167.
238) 실험실과 근로자가 밀폐용기 속의 화학물질을 취급하는 작업장은 문서화된 유해위험성 주지 프로그램 작성이 면제된다[See 29 C.F.R. §1910.1200(b)(3)(4)].
239) 29 C.F.R. §1910.1200(e)(1).
240) 29 C.F.R. §1910.1200.
241) 29 C.F.R. §1910.1200(e)(1)(i), (ⅱ).

하여야 한다.242) 사용자는 근로자 또는 그의 지정대리인으로부터 요청이 있는 경우에는 그들에게 문서화된 유해위험성 주지 프로그램을 이용할 수 있도록 하여야 한다.243)

근로자가 작업장을 이동하는 경우, 즉 근로자의 작업이 2개 이상의 지리적 장소에서 이루어지는 경우에는 문서화된 유해위험성 주지 프로그램은 주요한 작업장에서 이용될 수 있도록 하면 합법적인 것으로 이해된다.244)

(다) 라벨링 및 기타 형태의 경고

문서화된 유해위험성 주지 프로그램은 사용자가 HAZCOM Standard의 본질적인 요건을 이행하기 위해 이용할 방법을 설명하기 위한 계획으로 사용될 수 있다. 이 본질적인 요건의 첫 번째 것은 유해위험성에 관하여 근로자에게 즉각적인 경고가 이루어지는 수단인 라벨링이다. HAZCOM Standard의 Subsection (f)에 의하면, 제조업자, 수입업자 및 판매업자는 그들의 작업장으로부터 반출되는 유해위험화학물질의 각 용기에 일정한 정보를 라벨(label), 꼬리표(tag), 표시(mark)하도록 하는 의무가 부과되어 있다.245) 따라서 화학물질을 구입하는 사용자는 그들의 공급자에 의해 제공되는 라벨에 의존할 수 있다.246) 라벨에는 라벨이 붙여진 용기 안에 넣어진 유해위험화학물질의 명칭(identity),247) 적

---

242) See 29 C.F.R. §1910.1200(c).

243) 29 C.F.R. §1910.1200(e)(4).

244) 29 C.F.R. §1910.1200(e)(5).

245) 29 C.F.R. §1910.1200(f)(1).

246) 29 C.F.R. §1910.1200, Appendix E, "Guidelines for Employer Compliance", §4(a), "Preparing and Implementing a Hazard Communication Program: Label and Other Forms of Warning."

247) 'identity'에 대한 OSHA의 정의에 따르면, 라벨에 나오는 명칭은 종업원이 정보의 출처를 상호 연결시킬 수 있도록 물질안전보건자료상의 명칭 및 문서화된

절한 유해위험 경고, 제조업자, 수입업자 또는 기타 책임자의 이름과 주소가 포함되어야 한다.[248] 이 정보는 라벨을 부착하는 대신에 표식 (sign), 플래카드, 공정도, 운영절차서, 기타 기재물(written materials)의 사용을 통해 전달될 수 있다.[249] 정보의 형식에 관계없이 이 정보가 영어로서 읽기 쉽고 용기에 눈에 띄게 표시되어 있거나 작업구역에서 근무시간 동안 계속해서 용이하게 이용될 수 있다면, HAZCOM Standard 는 충족된다.[250]

(라) 물질안전보건자료(MSDS)

제조업자 및 수입업자가 유해위험화학물질의 유해위험성에 대한 상세한 정보를 사용자와 근로자에게 전달하는 HAZCOM Standard의 주요 수단은 물질안전보건자료이다. 물질안전보건자료는 라벨과는 달리 화학물질에 의해 발생하는 건강 및 신체상의 유해위험성을 기술하고 많은 부가적 정보를 포함하는 매우 상세한 문서이다. 제조·수입업자는 그들이 생산·수입하는 모든 유해위험화학물질의 각각에 대하여 물질안전보건자료를 작성 또는 입수할 의무가 있다. 사용자 및 유통업자는 제조·수입업자에 의해 그들에게 제공되는 물질안전보건자료를 신뢰하기로 결정할 수 있다. "제조·수입업자에 의해 제공되는 자료를 신뢰하는 것을 성실하게(in good faith) 결정하는 사용자 및 유통업자는 물질안전보건자료의 내용과 정확성에 책임을 지지 않는다."[251] 그러나

유해위험성 주지프로그램의 화학물질 목록상의 명칭과 일치되어야 한다(29 C.F.R. §1910.1200, Appendix E, "Guidelines for Employer Compliance", 제4조(a), "Preparing and Implementing a Hazard Communication Program: Label and Other Forms of Warning").

248) 29 C.F.R. §1910.1200(f)(1)(i), (iii).

249) 29 C.F.R. §1910.1200(f)(6).

250) 29 C.F.R. §1910.1200(f)(6), (f)(9).

251) OSHA Directive CPL 2, 2.38D, Appendix A, §(g)(1), at 36.

사용자 및 유통업자는 그들의 사업장에서 사용되는 각각의 유해위험 화학물질에 대한 물질안전보건자료를 공급자로부터 받을 책임이 있다.

OSHA는 물질안전보건자료에 대하여 일정한 형식을 요구하고 있지 않지만, 제조·수입업자가 물질안전보건자료에 포함시켜야 할 정보에 대한 최소한의 요건을 의무 지우고 있다.[252]

HAZCOM Standard의 목적은 유해위험정보가 근로자에게 이용되는 것이기 때문에, 사용자는 물질안전보건자료를 사업장에 보관하고 근로자가 작업구역에서 근무시간 중에 용이하게 이용할 수 있도록 할 의무가 있다. 만약 근로자가 물질안전보건자료의 이용을 요청하여야 한다면, 물질안전보건자료는 용이하게 이용될 수 없다고 해석된다.[253]

(마) 근로자 정보제공 및 교육

HAZCOM Standard의 정보제공 및 교육 규정의 목적은 화학물질에 기인하는 질병 및 사고의 발생을 감소시키기 위하여 근로자의 행동을 변화시키는 것이다.[254] OSHA는 이 목적을 위하여 사용자로 하여금 근로자에게 유해위험화학물질에 대한 정보제공 및 교육을 제공하도록 요구하고 있다.[255] 사용자는 근로자의 최초의 직무 배치 시 HAZCOM

---

252) 제조·수입업자는 물질안전보건자료에 적어도 다음의 정보를 영어로 포함하여야 한다. ① 화학물질의 라벨에 이용되는 identity, ② 유해위험화학물질의 물리적·화학적 성질, ③ 물리적 위험성, ④ 건강 유해성, ⑤ 주요 반입경로, ⑥ OSHA의 허용노출농도(PEL), ACGIH의 허용농도(TLV)를 포함한 노출한계, ⑦ 당해 화학물질이 잠재적 발암물질이라는 국가독성프로그램(NTP), 국제암연구기관(IARC) 또는 OSHA의 결정, ⑧ 안전한 취급 및 사용에 대한 주의사항, ⑨ 관리대책, ⑩ 긴급·응급조치, ⑪ 물질안전보건자료의 작성일 및 최종변경일, ⑫ 물질안전보건자료를 작성 또는 배포하는 제조업자, 수입업자, 사용자 또는 다른 책임당사자의 이름, 소재지 및 전화번호, 안전한 취급 및 사용에 관한 주의사항[29 C.F.R. §1910.1200(g)(2)].

253) OSHA, "Standards Interpretation Letter—Employee access to MSDSs required by 1910.1200 vs. 1910.1020"(Dec. 7, 1999).

254) 29 C.F.R. §1910.1200, Appendix E, "Employee Information and Training."

Standard의 규정, 유해위험화학물질이 존재하는 작업구역의 작업, 문서화된 유해위험성 주지프로그램 및 물질안전보건자료의 위치 및 이용가능성에 대하여 근로자에게 알려야 한다.[256] 또한 사용자는 근로자에게 유해위험화학물질을 취급하는 작업을 수행하도록 지시할 때에는 작업장의 유해위험화학물질에 의해 발생하는 유해위험에 대해 근로자를 교육하여야 한다.[257] 사용자는 근로자가 그들의 작업장에서 노출되거나 노출될 수 있는 유해위험화학물질에 관한 정보를 근로자가 그것에 접촉되기 전에 근로자에게 제공하여야 한다.[258]

사용자는 근로자에게 문서화된 유해위험 주지 프로그램, 라벨, 물질안전보건자료를 통해 유해위험화학물질에 관한 정보와 문서화된 경고를 제공하는 것에 외에, 이들 경고에 포함된 정보를 사용하는 방법에 대하여 그들의 근로자를 가르치고 교육하여야 한다. 근로자는 효과적인 정보제공 및 교육을 통하여 정보를 읽고 이해하는 것을 배우고, 작업장에서 정보가 어떻게 입수되고 사용될 수 있는지를 판단하며, 자신을 보호하는 방법 및 화학물질 노출의 위험성을 이해하게 된다.[259]

(바) 선점원칙(preemption) 및 주정부계획 승인

전술하였듯이 OSHA Act 제18조(b)는 각주가 자체의 직업안전보건계획을 채용하도록 장려하고 있다. OSHA가 연방 HAZCOM Standard을 제정하기 전에 몇 개의 주는 이미 '근로자 알 권리 법'(worker right to

---

255) 29 C.F.R. §1910.1200(h)(1).

256) 29 C.F.R. §1910.1200(h)(2)(i)(iii).

257) 29 C.F.R. §1910.1200(h)(1). OSHA Directive CPL 2, 2.38D, Appendix A는 신규 채용, 다수 사용자 작업장 및 임시 근로자에 대한 사용자의 정보제공 및 교육 의무를 설명하고 있다.

258) OSHA Directive CPL 2.2.38D, Appendix A, §(h), at 40; 29 C.F.R. §1910.1200 E, §C, "Employee Information and Training."

259) 29 C.F.R. §1910.1200 E, §C, "Employee Information and Training."

know laws)을 가지고 있었다. 이들 주 근로자 알 권리 법은 다양하고 적용범위에 있어서 연방 HAZCOM Standard보다 훨씬 넓었다. HAZCOM Standard의 시행 이래 제조·수입업자 및 사용자는 HAZCOM Standard 보다 보호적인 주법에 이의를 제기하였다. 업종별단체는 개개의 주에 의해 제정되는 다수의 다양한 규칙보다 오히려 연방 HAZCOM Standard 가 단일의 규칙을 제공한다고 하여 HAZCOM Standard의 제정에 찬성하였다. 업종별단체는 HAZCOM Standard가 이들 주법에 선점한다고 주장하였다. 1992년에 연방대법원은 HAZCOM Standard가 이와 동일한 목적을 가지고 있는 주(州)의 '근로자 알 권리 법'보다 우선한다고 판결하였다.260)

그러나 OSHA가 주의 안전보건계획을 승인하면, HAZCOM Standard 가 주의 안전보건계획을 선점하지 않는다. 주의 계획은 최소한 연방 HAZCOM Standard만큼 효과적이어야 한다. 1994년 9월 현재 25개의 주 및 준(准)주(territory)가 OSHA로부터 승인된 독자적인 '근로자 알 권리 법 프로그램'을 가지고 있다. 제조업자, 수입업자, 유통업자 및 OSHA로부터 승인된 주의 계획을 가지고 있는 주에서 기업을 경영하고 있는 사용자는 주의 기준에 따라야 한다.261)

5) 안전교육 등

OSHA Act는 제5조(a)(2)에서 사용자에게 "이 법에 따라 공포된 산업안전보건기준을 준수하여야 한다."라고 규정하고 있지만, 사용자가 근로자에게 안전교육의 기회를 제공할 책임에 대해서는 특별히 명시적으로 규정하고 있지 않다. 그러나 많은 OSHA 기준은 특별한 교육프로그램을 의무화하거나,262) 정식의 교육프로그램은 아니지만 근로

---

260) Gade v. National solid Wastes Management Association, 505 U.S. 88(1992).
261) Byrum et al., supra note(231), at 192.

자들이 적절히 교육받도록 의무화하는[263] 형태로 근로자의 교육에 관련되어 있다.[264] 따라서 적절한 안전교육을 제공하지 않는 것은 교육에 관한 특정기준(specific training standard)의 위반을 구성할 수 있다.[265] 예를 들면, Brennan v. OSHRC(Gerosa, Inc.) 사건에서 제2연방항소법원은 산업안전보건심사위원회의의 결정을 파기하고, 사용자에게 기계류와 장비를 점검하기 위한 적격자를 지명하도록 요구하는 기준은, 사용자가 특별한 근로자를 지정하고 그 근로자에게 그의 안전점검 의무의 존재와 성격에 대해 알릴(교육할) 의무가 있다는 것을 의미한다고 판시하였다.[266]

유사한 결론은 제8연방항소법원이 크레인에 의해 야기된 중대재해에서의 위반을 원심 유지한 Ames Crane & Rental Service, Inc. v. Dunlop 사건에서도 도출되었다. 사용자는 안전절차에 대해 근로자에게 알리지 않고 크레인 조작자가 선택적으로 읽을 수 있는 수백 쪽의 문서자료를 단지 이용하게 하였다. 법원은 이것이 위험요인으로부터 근로자를 보호하기 위한 예방조치를 취할 사용자의 의무를 이행하기에 불충

---

262) 이것의 예는, 29 C.F.R. 1910.1006(e)(5)(i)(ⅱ), methyl chloromethyl ether; 29 C.F.R. 1910.1007 (e)(5)(i), 3, 3' dichlorobenzidine or its salts; 29 C.F.R. 1917.351(d)(1), (6), gas welding & cutting; 건설근로자의 교육프로그램의 수립 및 점검을 요구하는 29 C.F.R. 1926.21(a) 등이 있다.

263) 29 C.F.R. 1910.94(d)(9)(i), ventilation; 29 C.F.R. 1910.111(b)(13)(ⅱ), storage and handling of anhydrous ammonia; 29 C.F.R. 1915.36(d)(l), (4), arc welding & cutting; 29 C.F.R. 1915.82(a)(4), respiratory protection; and 29 C.F.R. 1926.803(a)(2), compressed air 등이 있다.

264) OSHA, Training Requirements in OSHA Standards and Training Guidelines 7(1998). 현행 OSHA의 산업안전보건기준 중 100개 이상의 기준에 교육에 관한 규정을 두고 있고, 교육프로그램의 일환으로 사용자로 하여금 근로자에게 안전보건에 관한 사항을 주지시키는 의무 또한 많은 기준에서 규정하고 있다. 그리고 사고조사자의 최초 질문이 "부상자가 작업을 수행하기 위해 교육을 받았는가?"인 것에서 알 수 있듯이 미국에서 교육기준은 중요하게 여겨지고 있다.

265) Rothstein, supra note(69), at 160; Nothstein, supra note(220), at 111.

266) 491 F.2d 1340(2d Cir. 1974).

분하다고 판결하였다.[267]

안전교육에 관한 특정기준을 준수할 의무와 더불어 사용자는 근로자에게 그들의 작업에 대해 충분히 교육할 일반적인 의무를 진다. 그리고 사용자는 유해위험요인으로부터 근로자를 보호할 적절한 예방조치를 취하여야 한다.[268] 즉 특정 기준이 존재하지 않는 경우에도 사용자는 유해위험요인으로부터 근로자를 보호하기 위하여 그들의 직무에 대하여 근로자를 적절하게 교육하고 예방조치를 취할 일반적 의무를 지고 있다.[269] "그리고 예방조치는 당연히 사용자의 충분한 안전 및 교육프로그램 제공을 포함한다."[270] 교육의 적절성은 위해위험의 명확성, 근로자의 경험, 사고발생 가능성 및 사고로 초래될 심각성의 정도에 따라 달라진다. 불충분한 안전교육은 제5조(a)(1) 위반의 원인이 될 수도 있다.[271] 일반적 교육의 적절성은 우발적(isolated) 사고와 선의(good faith)의 요소와 같은 적극적 항변의 주장과 관련해서도 중요하다.[272]

Baker Tank Co./Altech 사건[273]에서, 산업안전보건심사위원회는 "안전프로그램은 유사한 상황에 놓여 있는 합리적으로 신중한 사용자라면 채택하였을 것으로 생각되는 유해위험요인 적출·교정조치를 포함하여야 한다." 그리고 "당해 산업에서 합리적으로 신중한 사용자라면 무엇을 할 것인지를 판단할 때 현재의 산업관행에 대한 증거자료가 적절할 것이지만, 산업관행이 불적절하다고 여겨지면 이것이 방향을 결정하지는 않는다."고 판단하였다. 안전교육기준의 비준수를 입증하기

---

267) 532 F.2d 123(8th Cir. 1976).

268) Brennan v. Butler Lime & Cement Co., 520 F.2d 1011(7th Cir. 1975).

269) Nothstein, supra note(230), at 111.

270) Id. 520 F.2d at 1017.

271) Rothstein, supra note(69), at 161~162.

272) Nothstein, supra note(230), at 111.

273) Baker Tank Co./Altech, 17 OSHC 1177, 1995 OSHD 30, 734(1995).

위하여, 노동부장관은 합리적으로 신중한 사용자라면 동일한 상황에서 제공하였을 것으로 생각되는 설명을 제공하지 않았다는 것을 입증하여야 한다. 사용자가 교육을 제공하였다는 것을 증명해 보이며 교육위반의 주장을 반박하면, 입증책임은 제공된 안전교육의 부족을 제시할 노동부장관에게로 전환된다.[274]

특별한 직무를 수행하는 특별한 근로자에 대한 안전교육의 정도는 상당히 다양할 것이라고 인식하는 것이 중요하다. 요구되는 안전교육의 양을 결정할 때 고려되는 요소들은 ① 근로자에의 경험, 전문성, 기타 능력, ② 근로자의 직무 기능의 성격, ③ 근로자가 정상적인 작업과정에서 노출될 수 있는 유해위험요인의 성격 등이다. 예를 들면, 산업안전보건심사위원회는 안전회의가 중대한 유해위험요인에 직면하여 충분하지 않았다고 판단한 바 있다.[275] 그리고 이와 유사한 예로서, 근로자가 현기증이 난다거나 "좀 다른 무언가가 냄새난다."라고 느낀다면 좁은 공간을 떠날 필요가 있다고 근로자에게 구두상으로 설명하는 것만으로는 근로자에 대한 충분한 안전교육이 아니다.[276] 안전에 대한 설명은 근로자에게 그들의 작업과 관련된 유해위험요인과 이를 피할 방법을 알려 줄 정도로 충분히 구체적이어야 한다.[277]

사용자의 일반적인 안전프로그램의 적절성도 중요하다. 우선, 이것은 위반이 예견 가능하고 예방 가능하였는지를 결정하는 데 있어 중요한 요소이다. 따라서 예방 불가능한 근로자의 위법행위 때문에 기준을 위반하게 되었다는 항변은 사용자의 안전프로그램이 충분하고 제대로 이행되었다는 증명이 없으면 성공하지 못할 것이다. 추가로, 적절한 안

---

274) Rothstein, supra note(69), at 162.

275) 5 OSHC 1946, 1977, 78 OSHD 22, 239(1977).

276) E.L.Davis Contracting Co., 16 OSHC 2046, 1994 OSHD 30, 580(1994).

277) Dannis Shook Joint Venture ⅩⅩⅤ, 19 OSHC 1497, 2001 OSHD 32, 397(2001).

전프로그램은 민사벌칙금을 결정할 때 중요하다. 사용자의 일반적인 안전프로그램은 모든 민사벌칙금 결정 시 고려되어야 하는 4가지 요소 [제17조(j)]의 하나인 성실성(good faith)의 가장 중요한 항목이다.[278]

OSHA는 사용자가 교육 필요가 있는 근로자를 판별하는 것을 지원하고 효과적인 교육프로그램을 이행하도록 하기 위하여 설계된 권고적 성격의 근로자교육 가이드라인을 제정하여 운영하고 있다.

한편, 근로자 및 그 대표는 사용자로부터 공정위험분석에 대한 접근(열람)과 공정안전관리기준(process safety management of highly hazardous chemicals standard)에 따라 개발되어야 하는 다른 모든 정보에 대한 접근(열람)권을 제공받을 권리가 있다.[279]

나. NLRA에 근거한 유해위험정보권

NLRA[280]는 민간부문의 근로자에게 그들의 교섭대표를 통하여 안전보건정보를 요구하는 광범한 권리를 부여하고 있다. 미국에서 근로자의 안전보건이 의무적 단체교섭사항이라는 것은 정착되어 있다. 그것은 노동조합과 사용자가 상대방의 청구가 있으면 안전보건사항에 대하여 성실하게 교섭하여야 하는 것을 의미한다.[281] 또한 단체교섭의 법적 의무는, 노동조합이 안전보건문제를 이해·토론한다든지 단체교섭을 한다든지 단체협약을 감시한다든지 노동자를 대표하는 것 등이 가능하도록 하기 위하여, 노동조합의 청구가 있으면 바로 정보를 제공하여야 할 의무도 포함하고 있다.[282] 필요한 정보를 제공하지 않는 것

---

278) Rothstein, supra note(69), at 160~163.

279) 29 C.F.R. §1910.119(c)(3)

280) 29 U.S.C. §§151~169.

281) Id. §158(d). NLRB v. Gulf Power Co., 156 NLRB 622, 61 LRRM 1073(1966), enforced, 384 F.2d 822, 66 LRRM 2501(5th Cir. 1967).

은 NLRA제8조(a)(5)에 의하여 금지되어 있는 부당노동행위에 해당한다고 해석되고 있다.283)

노동조합에 의해 청구되는 정보는 근로자대표로서의 역할과 관련이 있어야 하는데, 일반적으로 안전보건정보는 그러한 관련이 있다고 추정되고 있고, 따라서 사용자가 그 정보가 관련이 없다는 것을 입증할 수 없으면 당해 정보는 노동조합에 공개되어야 한다.284) 사용자는 노동조합이 청구한 것과 완전히 동일한 정보를 제공할 필요는 없지만,285) 교섭과정을 방해할 정도로 부담이 되거나 시간이 걸리는 방법으로 정보를 제공해서는 안 된다.286)

노동조합에 안전보건정보를 제공하여야 한다는 사용자의 의무는 NLRB에 의해 일관되게 긍정되고 있다.287) 동 위원회는 "사업장에서의 근로자 개인과 그들을 대표하는 교섭담당자에게 있어, 근로자가 그들의 건강과 생명을 위협할 가능성이 있는 근로조건에 노출되는 것보다 중요한 사항은 거의 존재하지 않는다."라고 주장해 왔다.288)

한편 노동조합에 의해 청구된 정보가 기밀이거나 보호될 기업비밀을 포함하고 있다고 사용자가 주장하는 경우, 제8조(a)(5)에 근거하여 정보를 제공하여야 할 의무는, '특별한 사정의 상황'에 달려 있으며, 사용자에 의해 주장되는 정당하고 중요한 기밀보호의 이해(利害)와 노동조합의 당해 정보에 대한 필요성 간의 비교형량을 필요로 한다고 이

---

282) NLRB v. Minnesota Mining & Mfg. Co.(3M), 261 NLRB 27, 109 LRRM 1345(1982), enforced, 711 F.2d 348, 113 LRRM 3163(D.C. Cir. 1983).

283) 29 U.S.C. §158(a)(5).

284) 3M, 261 NLRM 27, 109 LRRM 1345.

285) NLRB v. Old Life Ins. Co., 96 NLRB 499, 503(1951).

286) NLRB v. Truitt Mfg Co., 351 U.S. 149, 151(1956).

287) E.g., 3M, 261 NLRM 27, 109 LRRM 1345(1982); NLRB v. Colgate, Palmolive Co., 261 NLRB 90, 109 LRRM 1345(1982), enforced, 711 F.2d 348(D.C. Cir. 1983).

288) 3M, 261 NLRM at 29, 109 LRRM 1345.

해되고 있다.[289]

다. 보통법상의 유해위험정보권

업무상의 유해위험에 관한 근로자의 알 권리는 제정법에만 의존하는 것은 아니다. 사용자는 근로자에 충분히 안전한 직장을 제공하고 합리적인 주의를 기울이면 발견될 수 있는 잠재적이거나 알려져 있지 않은 위험을 발견하고, 그리고 그 위험을 근로자에게 알려야 한다는 일반적 의무를 지고 있다. 이 일반적 의무에는 근로자에게 안전보건상의 위험을 통지하여야 할 의무도 포함된다.

특히 직업병의 경우 이로 인한 손해를 배상받기 위하여 근로자들에 의해 가장 자주 소송이 제기되어 온 보통법상의 불법행위는 근로자에 대한 유해성 통지의 불이행이었다. 산업재해보상보험법에 근거한 엄격책임(strict liability)의 출현에 의하여 이 불법행위의 중요성이 적어졌음에도 불구하고, 직업병의 경우 보상이 특히 불확실하고 불완전한 점을 감안하면 사용자 통지의무의 형평법상의 실현(equitable enforcement)[290]은 근로자 개인의 자율성을 존중하거나 위험을 효과적으로 경감하기 위하여 지금도 여전히 필요하다.[291]

---

289) Detroit Edison Co. v. NLRB, 440 U.S. 301, 314~315(1979).

290) 형평법상의 구제수단은 보통법상의 구제수단이 구제로서 불충분할 경우에만 부여된다. 특정이행(specific performance)과 중지명령(injunction)이 그중 대표적인 것이다. 법원에 명령에 따르지 않는 자에 대해서는 법원모욕죄로서 명령에 따를 때까지 신병을 구속하거나 법원이 언도하는 일액(日額)에 위반일수를 곱한 금액의 제재금을 부과할 수 있다[田中英夫 『英米法辞典』 東京大学出版会(1991年) 302頁].

291) H. D. Thoreau, "Occupational Health Risks and the Worker's Right to know", 90 The Yale Law Journal 1803~1805(1981).

3. 일 본

일본의 노안위법규는 직장의 유해위험정보에 대한 알 권리를 정면으로 보장하고 있는 것은 아니지만, 아래와 같이 사용자의 의무로서 다양한 정보제공규정 및 교육규정 등을 통하여 근로자에게 안전보건에 관한 정보를 제공하도록 의무화하고 있다. 이러한 규정들은 사용자가 위반할 경우 벌칙으로 강제되는 형태를 취하고 있지만, 노안위법의 사법적 효력에 관한 일본의 통설·판례에 의하면 동법상의 정보제공의무 또는 안전보건교육의무 등은 사법상의 안전배려의무의 내용을 구성하므로, 이러한 의무는 결국 근로자의 근로계약상의 권리가 된다고 말할 수 있다. 그리고 노안위법규에 규정된 의무가 아니더라도 사용자에게는 안전배려의무에 근거하여 근로자를 대상으로 작업내용을 명확히 하는 등의 정보제공의무가 발생한다고 보아야 할 것이다.

이하에서는 노안위법규에서 근로자에게 안전보건에 관한 알 권리를 보장하고 있는 규정에 대하여 설명하는 것으로 한다.

가. 안전보건정보의 제공

1) 주지·게시의무

사용자는 노안위법 및 그것에 근거한 명령의 요지를 상시적으로 각 작업장292)의 보기 쉬운 장소에 게시하거나 비치하는 등의 방법에 의하여 근로자에게 주지시켜야 한다(노안위법 제101조 제1항). 본 규정은 노안위법령이 특히 전문적이고 기술적인 사항이 많고 관계조문도

---

292) 본 조의 '작업장'이란 사업장(사업에 속하는 인적·물적 시설이 존재하는 장소적인 범위) 내에서 밀접한 관련하에 작업이 이루어지는 개별 현장을 말하는 것으로 해석되고, 주로 건물별 등에 의해 판정해야 하는 것으로 해석되고 있다 (1948.4.5. 労働基準局長通達 535号).

방대한 수에 이르며, 게다가 그 체계가 매우 복잡한 점을 감안하여, 관계법령이 정비되었다고 하더라도 이들 법령이 폭넓게 근로자에게 주지되지 않는 한 효과적으로 산재예방의 효과를 거둘 수 없다는 취지에서 규정된 것이다.[293] 주지시켜야 할 내용은 노안위법과 관계정령(政令)·성령(省令)인데, 그 명령에는 노안위법 시행령, 노안위칙, 그리고 보일러 및 압력용기 안전규칙 등 13개 규칙이 있다. 그러나 사용자는 이들 법령 모두를 게시하거나 비치하여야 하는 것은 아니고, 작업장에서의 작업내용, 작업양태 등을 감안하여 당해 작업장에 필요한 명령, 나아가 고시 등에 대하여 이들 내용이 용이하게 이해될 수 있도록 발췌하여 정리한 후에 작업장별로 근로자가 보기 쉬운 장소에 게시하거나 비치하는 것 등을 해야 하는 것으로 해석되고 있다.[294]

또한 근로자가 취급하는 물질의 성분, 그 유해성, 취급상의 주의사항 등을 사전에 알지 못했기 때문에 발생하는 산업재해를 방지하기 위하여, 사용자로 하여금 명칭 등을 표시하여야 할 유해물의 유해성 등에 관한 사항을 근로자에게 주지시키도록 의무 지우고 있다(노안위법 제101조 제2항).

근로자에 대한 법령의 주지 및 유해물질 정보제공의 방법은, 문서를 각 작업장의 보기 쉬운 장소에 상시적으로 게시 또는 비치하거나 각 근로자에게 배포하는 외에, 정보화의 진전에 조응하는 방법으로 이루어질 수 있다(노안위칙 제98조의 2). 예를 들면, 자기디스크의 교부, 팩스장치를 이용한 송신, 인터넷에서 열람할 수 있는 홈페이지 등이 포함된다. 단, 이들 방법을 이용하는 경우에는 상대방의 승낙을 얻어야 한다.[295]

293) 厚生労働省労働基準局安全衛生部編 『わかりやすい労働安全衛生法(改正新版)』 労務行政(2002年) 477頁.
294) 厚生労働省労働基準局安全衛生部編・前掲注(293)書 477~478頁.
295) 厚生労働省労働基準局安全衛生部編・前掲注(293)書 478頁 参照.

그리고 노안위칙 제18조에서는 작업주임자의 이름 및 그 자에게 행하게 하는 사항을 작업장의 보기 쉬운 곳에 게시하는 등의 방법에 의해 관계근로자에게 주지시켜야 한다고 규정하고 있다. 안전위생추진자의 이름에 대해서도 동일하다(노안위칙 제12조의 4).

특정 유해위험작업에 대해서는 사용자로 하여금 근로자에게 작업방법 등을 작업개시 전에 미리 주지시키도록 하는 규정을 다음과 같이 다양하게 규정하고 있다. 차량계하역운반기계, 차량계건설기계를 사용하여 작업을 할 때는 작업방법 등이 포함된 작업계획을 정하여 이를 관계근로자에게 주지시켜야 하고(노안위칙 제151조의 3, 제155조), 굴착작업을 할 때는 운반·굴착·적재기계 등의 운행경로 및 하역장소에의 출입방법을 정하여 이를 관계근로자에게 주지시켜야 하며(노안위칙 제364조), 비계의 구조·재료에 따라 작업발판의 최대적재하중을 정하여 이를 근로자에게 주지시켜야 한다(노안위칙 제562조). 또 화학설비 또는 화학설비의 배관·부속설비의 개조, 수리, 청소 등을 하는 경우에 이들 설비를 분해하는 작업을 하거나 이들 설비의 내부에서 작업을 할 때는 작업방법·순서를 정하여 이를 관계근로자에게 주지시켜야 하고(노안위칙 제275조), 건조설비를 처음 사용할 때 또는 건조방법·건조물의 종류를 변경할 때는 작업주임자로 하여금 근로자에게 작업방법을 주지시켜야 하며(노안위칙 제298조), 전기공사를 할 때는 당해 작업에 종사하는 근로자에 대하여 작업기간, 작업내용, 취급전로·인접전로의 계통 및 작업방법·절차를 주지시켜야 한다(노안위칙 제350조).

그 외에, 사용자는 부상자의 처치에 필요한 구급용구·재료를 비치하고 그 비치장소 및 사용방법을 근로자에게 주지시켜야 하고(노안위칙 제633조), 안전위생위원회를 개최할 때마다 지체 없이 안전위생위원회에서의 의사의 개요를 근로자에게 주지시켜야 할 의무가 있다(노안위칙 제23조 제3항).

또한 사용자는 각 유해물질업무에 근로자를 종사시킬 때는 당해 물질의 인체에 미치는 작용, 취급상의 주의사항, 응급처치 등을 작업 중의 근로자가 용이하게 알 수 있도록 보기 쉬운 장소에 게시하여야 하고(유기용제중독 예방규칙 제24조, 특정화학물질 등 장해예방규칙 제38조의3·38조의17·38조의18, 석면장해 예방규칙 제34조, 전리방사선 장해방지규칙 제3조), 강렬한 소음이 발생하는 장소에서는 근로자가 귀마개, 기타 소음장해방지 보호구를 사용하여야 한다는 뜻을 근로자가 용이하게 알 수 있도록 보기 쉬운 장소에 게시하여야 하며(노안위칙 제595조), 방사선발생장치, 기기의 구분에 따라 장치 또는 기기의 종류, 동위원소의 종류·수량 등을 게시하여야 한다(전리방사선 장해방지규칙 제14조).

한편, 가스공작물, 전기공작물, 열공급시설, 석유파이프라인 등 일정한 공작물[노동안전위생법 시행령(이하 '노안위령'이라 한다) 제25조]의 설치자는 당해 장소나 근처에서 공사, 기타 일을 행하는 사업주로부터 그 공작물에 의한 산업재해의 발생을 방지하기 위하여 취하여야 할 조치에 대해서 지도를 요구받은 경우에는 이를 교시(敎示)하여야 한다(노안위법 제102조)고 규정하고 있다. 가스공작물과 같이 당해 공작물과의 접촉 또는 그 파괴가 직접적으로 중대한 산업재해로 연결될 수 있는 공작물이 소재하는 장소 등에서의 공사에 대해서는 사전 또는 공사 중에 시의적절한 방호대책을 강구하는 것이 반드시 필요하다. 이러한 경우, 이러한 설치자가 위험성, 파괴, 누설 등의 사고방지대책에 대해서 필요한 지식과 경험을 특별히 가지고 있는 것이 보통이기 때문에, 공사 시공자에게 적절한 조치를 취하도록 하기 위해, 이들 공작물의 설치자에게 재해의 발생을 방지하기 위해 취하여야 할 조치에 대한 교시의무를 부과한 것이다.[296] 이 규정은 직접적으로는 공작물 등의

---

296) 厚生労働省労働基準局安全衛生部編・前掲注(293)書 479頁.

설치자와 시공자 간의 정보제공 문제이지만, 양자 간의 정보제공을 통해서 결국 시공자의 근로자는 설치자로부터 간접적으로 산재예방에 필요한 정보를 제공받을 수 있게 된다.

2) 표시의무

노안위법 제57조에서는, 근로자가 취급하는 물질의 성분 및 그 유해성, 취급상의 주의사항 등을 사전에 알고 있지 못하여 발생하는 직업성 중독을 방지하고, 유해물 폭로에 대한 처치가 당해 물질의 인체에 미치는 영향이나 초기의 병상이 불분명하여 시기를 놓치는 것 등을 방지할 목적으로 벤젠 또는 벤젠 등을 함유하는 제제 등 근로자에게 건강장해를 발생할 우려가 있는 물질에 관한 표시제도를 정하고 있다.

근로자에게 특히 주의환기를 하는 것이 필요한 이들 물질을 양도하거나 제공하는 지위에 있는 자는 당해 물질의 제조자, 판매업자에 관계없이 물질을 양도 또는 제공할 때에는 용기 또는 포장에 그 명칭, 함유량 등을 표시하여야 한다(노안위법 제57조 제1항). 또한 탱크로리에 의한 수송, 파이프라인에 의한 수송 등 용기 또는 포장을 이용하지 않는 경우에 대해서도 유해물의 양도 또는 제공을 받는 상대방이 그 유해물의 명칭 등을 알고 적절한 조치를 취하도록 하는 것이 필요하기 때문에, 용기 또는 포장을 이용하지 않고 표시대상 유해물을 양도 또는 제공할 때에는 유해물의 명칭 등을 기재한 문서를 상대방에게 교부하는 것으로 정하고 있다.

표시하여야 할 사항은 명칭, 성분 및 함유량, 인체에 미치는 영향, 저장 또는 취급상의 주의사항, 표시를 하는 자의 성명이다. 표시방법에 대해서는 용기 또는 포장에 직접 표시사항을 인쇄하거나 표시사항을 인쇄한 라벨을 붙이는 것에 의해 행하는 것으로 한다. 단, 당해 용기 또는 포장이 작은 것 등 때문에 표시하여야 할 사항 모두를 인쇄한 라벨을 붙이는 것이 곤란한 경우, 표시하여야 할 사항 중 인체에 미치는 영향, 저장 또는 취급상의 주의 및 표시자의 성명·주소에 대해서는 이들을 인쇄한 카드 등을 용기 또는 포장에 연결시키는 방법으로 할 수 있다.

그리고 위험구역에 관계자 외의 근로자가 출입하는 것을 금지하고 그 뜻을 보기 쉬운 장소에 표시하도록 하는 조항이 노안위칙(제128조, 제274조의 2, 제288조, 제313조, 제585조)을 비롯하여 각 규칙(보일러 및 압력용기 안전규칙 제29조, 크레인 등 안전규칙 제33조·제75조의 2·제118조·제153조·제191조, 곤돌라 안전규칙 제18조, 특정화학물질 장해예방규칙 제24조·제38조의 14·제47조, 석면 장해예방규칙 제7조·제15조·제48조, 전리방사선 장해방지규칙 제18조, 산소결핍증 등 방지규칙 제9조·제14조, 고기압작업 안전위생규칙 제13조·제25조의 2·제43조·제46조)에 촘촘하게 규정되어 있다.

또한 근로자가 유해위험설비의 검사·개조·수리 등의 작업을 할 때 일정한 행위를 금지하거나 유해위험장소라는 사실을 알리는 등의 표시(표식)를 하도록 하는 규정이 다양하게 마련되어 있다. 개폐방향 및 색깔·형상구분의 표시(노안위칙 제271조, 유기용제중독 예방규칙 제25조, 특정화학물질 장해예방규칙 제15조·19조의 3·38조의 19), 송급(送給) 원재료의 종류 등의 표시(노안위칙 제273조, 특정화학물질 장해예방규칙 제17조), 유해위험물의 집적장소·저장시설 및 취급용구의 표시(노안위칙 제586조, 전리방사선 장해방지규칙 제27·30조·33조), 개방금지·통전(通電)금지의 표시(노안위칙 제275·350조, 특정화학물질 장해예방규칙 제22조), 통로 및 피난용의 출입구 등 표시(노안위칙 제540·549조), 소음 발생장소의 표시(노안위칙 제583조의 2), 작업 중이라는 뜻의 표시(노안위칙 제150조의 3, 제150조의 5), 최고사용압력·정격하중의 표시(보일러 및 압력용기 안전규칙 제28·65·87조, 크레인 등 안전규칙 제24조의 2, 70조의 2), 명칭 및 취급상의 주의사항의 표시(특정화학물질 장해예방규칙 제25조), 흡연·음식섭취 금지의 표시(연중독 예방규칙 제51조, 전리방사선 장해방지규칙 제41조의 2, 석면 장해예방규칙 제7조) 등이 그 대표적인 규정이고, 이외에도 많은 표시(표식) 규정을 두고 있다.

그 외에, 노안위법 제37조 및 제42조에 근거한 구조규격에서도, 사용단계에서는 용이하게는 알 수 없는 사항으로서 안전보건상 중요한 특정사항에 대해서는 유통과정에 들어가기 전 단계에서의 표시를 의무 지우고 있다. 예를 들면, 노안위법 제42조의 규정에 근거한 전동식 톱의 규격에 관한 고시[297]에서는, 전동식 톱은 그 보기 쉬운 곳에 중량, 진동가속도, 소음수준 등이 표시되어 있는 것이어야 한다고 규정하고 있다(제4조).

3) 화학물질의 물질안전보건자료의 교부의무 등

화학물질 등에 관한 표시제도가, 특히 근로자에게 주의환기를 할 필요가 있는 물질에 대해서 필요최소한의 유해성 등의 정보를 알리는 것인 데 반하여, 물질안전보건자료 교부제도는 근로자에게 건강장해를 발생시킬 우려가 있는 일정한 물질에 대해 사용자로 하여금 근로자의 건강장해 방지조치를 적절하게 행하도록 하기 위하여 상세한 정보를 제공하는 것 등을 목적으로 제정된 것이다.

문서의 교부 등으로 통지하여야 할 의무 주체는 교부대상물을 양도 또는 제공하는 자이다. 표시제도와 동일하게 이와 같은 입장에 있는 자는 당해 물질의 제조자, 판매업자 모두가 의무자로 되어 있다. 그리고 유해물질이 유통의 과정에서 소정의 표시가 된 용기로부터 다른 용기로 분할되어 양도되거나 제공되는 경우에는 다른 용기에 분할하여 양도 또는 제공하는 자가 통지의무자가 된다.

---

297) 1977.9.29. 労働省告示 85号.

통지하여야 할 사항은 명칭, 성분 및 그 함유량, 물리적 및 화학적 물질, 인체에 미치는 작용, 저장 또는 취급상의 주의, 유출 기타 사고가 발생한 경우에 강구하여야 할 응급조치, 통지를 하는 자의 성명이다.

통지방법에 대해서는 통지사항을 기재한 문서 외에 자기디스크 교부, 팩스장치를 이용한 송신 등의 방법으로서 그 방법에 의해 통지하는 것에 대해 상대방이 승낙한 경우로 규정되어 있다. 그리고 통지대상물질은 법 제56조 제1항의 제조허가물질 외에 영 별표9에 열거된 제1호부터 제632호까지로 정해져 있다.

사용자는 제조·수입자 등 양도·제공자로부터 위에서 통지받은 사항을 근로자에게 게시·비치(노안위법 제101조 제2항), 안전보건교육(노안위법 제59조) 등을 통해 근로자에게 전달·주지시켜야 한다. 제조·수입자 등이 사용자에게 통지하는 목적 중의 하나는 근로자에게 화학물질의 유해성 정보를 알리는 것이다.

4) 주문자의 정보제공의무

일본에서도 최근 사업운영에 대해 아웃소싱이 진행되는 가운데 화학물질을 제조하거나 취급하는 설비의 개조, 수리, 청소 등의 업무의 외주가 많이 이루어지고 있지만, 주문자가 스스로 파악하고 있는 설비의 상황 등 정보를 수급인에게 충분히 알리지 않은 채 발주함으로써 일산화탄소 중독, 폭발, 화재 등의 산업재해가 발생하고 있다고 분석되고 있다.[298]

이 때문에 후생노동성은 2005년 노안위법을 개정하여, 대량 누출에 의해 급성 장해를 일으키는 화학물질, 인화성 화학물질을 제조하거나 취급하는 설비의 개조, 수리, 청소 등의 업무로서 설비의 분해 등의 작

---

298) 中央労働災害防止協会 編 『改正労働安全衛生法のあらまし』 中央労働災害防止協会労働調査会(2005年) 14頁.

업을 수반하는 주문자가, 이러한 업무에 의한 산업재해 예방을 위하여 그 화학물질의 유해성·위험성, 그 작업에 대해 주의하여야 할 사항, 주문자가 강구한 조치 등의 정보를 문서 등으로 수급인에게 제공하는 구조가 필요하다고 판단하고, 화학설비(노안위령 제9조의 3 제1호)와 특정화학설비(노안위령 제9조의 3 제2호) 및 이것들의 부속설비에서 일정한 화학물질을 제조하거나 취급하는 설비의 개조, 수리, 청소 등의 작업의 주문자로 하여금 당해 물질에 대하여 당해 업무에 관계되는 수급인 근로자의 산업재해를 방지하기 위하여 필요한 조치를 강구하도록 하는 의무를 부과하였다(노안위법 제31조의 2).[299]

그리고 노안위법 제31조의 2에서 규정하는 업무에 관계되는 수급인으로 하여금 동 조의 규정에 근거하여 주문자에 의해 강구된 조치에 따라 자신의 근로자에게 유해위험정보를 제공하는 등 필요한 조치를 강구하도록 하는 의무를 새롭게 부과하였다(노안위법 제32조 제5항 참조). 한편 노안위법 제32조 제5항에 근거하여 주문자가 취하는 정보제공조치의 실시를 확보하기 위하여 주문자가 수급인에게 그의 근로자에게 교육, 표시(tag) 등을 통해 필요한 정보를 제공하도록 지시할 경우 수급인은 이에 따라야 한다(노안위법 제32조 제7항 참조).

나. 안전보건교육

산업재해는 기본적으로 기계 등의 미비에 의해 발생하는 것이지만, 근로자의 지식·경험의 부족도 하나의 원인이 되는 경우가 적지 않다. 그래서 노안위법은 근로자의 지식·경험의 부족에 기인하는 재해를 방지하기 위하여 근로자를 신규채용하거나 작업내용을 변경한 때 등

---

299) 労働調査会出版局 編 『労働安全衛生法の詳解(改訂3版)』 労働調査会(2009年) 465頁 以下 参照.

의 경우에, 사용자로 하여금 근로자에 대하여 일정한 교육을 실시하도록 의무 지우고 있다.

구체적으로 살펴보면, 노안위법은 안전보건교육과 관련하여 사용자로 하여금 근로자를 대상으로 채용 시(제59조 제1항), 작업내용 변경 시(제59조 제2항), 유해위험업무 작업 시(제59조 제3항) 및 직장(職長)[300] 등에의 취임 시(제60조) 등의 경우에 법정 안전보건교육을 실시하도록 의무 지우고 있다. 여기에서 채용 시 교육, 작업내용 변경 시 교육, 유해위험업무 작업 시 교육은 근로자를 직접적인 대상으로 하는 교육이고, 직장 등 교육[301]은 직장 등을 대상으로 교육을 실시하여 일반근로자 교육을 충실히 할 목적으로 실시하는 교육이다. 이 책에서는 전자를 중심으로 검토한다.

1) 채용 시 안전보건교육

사용자는 새롭게 근로자를 채용한 경우에는 다음 8가지 사항에 대하여 안전보건교육을 실시하여야 한다(노안위칙 제35조 제1항). ① 기

---

300) 직장(職長)이란 근로자의 작업을 직접 지휘 또는 감독하는 자로서 직장(職長), 작업장, 반장 등 그 명칭은 다르지만 라인의 최말단의 감독자, 즉 제일선의 감독자를 말한다.

301) 일본에서는 직장(職長)이 부하인 근로자에 대하여 실시하는 작업지도가 불충분하거나 부적절한 것에 기인한 재해가 많다고 지적되고 있다. 그리고 이러한 직장(職長)은 일반적으로 안전보건의 핵심적인 사람(key man)으로서, 이들이 안전보건에 대하여 이해가 있는지가 사업장이나 작업의 안전보건상태를 크게 지배한다고 이해되고 있다. 현실적으로 직장(職長), 기타 현장감독자에 의한 작업방법의 결정 또는 부하에 대한 감독지휘가 부적절하여 산업재해를 초래한 예가 적지 않다. 이러한 실정에 비추어 노안위법 제60조는, 사용자에게 신규로 당해 직무에 근로하게 된 직장(職長), 기타 현장감독자에 대하여 이들에게 특히 필요로 하는 i) 작업방법의 결정 및 근로자의 배려에 관한 사항, ii) 근로자에 대한 지도·감독방법에 관한 사항, iii) 작업설비·작업장소의 보수관리에 관한 사항, iv) 이상(異常)이 발생한 경우 등의 조치에 관한 사항, v) 기타 산업재해 방지활동에 관한 사항에 대한 안전보건을 위한 교육을 실시할 것을 의무 지우고 있다.

계, 기구 기타 설비, 원재료 등의 위험성 또는 유해성 및 이들 취급방법에 관한 것, ② 안전장치, 유해물억제장치 또는 보호구의 성능 및 이들의 취급방법에 관한 것, ③ 작업절차에 관한 것, ④ 작업개시 시 등의 점검에 관한 것, ⑤ 당해 업무에 관하여 발생할 우려가 있는 질병의 원인 및 예방에 관한 것, ⑥ 정리, 정돈 및 청결의 유지에 관한 것, ⑦ 사고 시 등에 있어서의 응급조치 및 대피에 관한 것, ⑧ 기타 당해 업무에 관한 안전 또는 보건을 위하여 필요한 사항이 여기에 해당된다.

임업, 건설업, 운송업 등과 같이 옥외노동을 주로 하는 업종 및 제조업, 가스업, 자동차정비업과 같은 업종에서는 이들 모든 항목에 대하여 교육할 필요가 있지만, 사무노동을 주로 하는 업종[302]에 대해서는 ⑤~⑧의 사항에 대하여 교육하면 충분한 것으로 규정되어 있다(노안위칙 제35조 제1항 단서).

이에 의하면, 예를 들어 사무소인 본사에 채용되는 여자사무원에게는 위의 ④ 작업개시 시 등의 점검에 관한 것은 생략해도 무방하지만, 만약 그 여자사무원이 가스탕 끓이는 기기를 취급하는 경우에는 사용자는 사무소 위생기준규칙 제6조 제2항의 규정에 의해 사용 전에 그 기기의 이상 유무를 점검하는 것이 필요하기 때문에 역시 작업개시 시의 점검에 대하여 교육을 할 필요가 있다. 또한 여자사무원이 OA기기를 취급하는 경우에는 ① 기계, 기구 기타 설비의 위험성 또는 유해성 교육은 반드시 필요할 것이다. 따라서 이 ①부터 ④까지의 사항의 교육 생략을 기계적으로 행하는 것은 문제가 있다. ⑧에 의해 교육을 실시하여야 할 것이다.[303]

이 교육에 충당하여야 할 시간은 법령상 규정되어 있지 않지만, 사

---

302) 상시 사용하는 근로자 수가 1,000인 이상 달하지 않으면 총괄안전위생관리자를 선임하지 않아도 되는 업종에 속하는 사업장을 말한다(노안위령 제2조 제3호).

303) 井上浩 『最新労働安全衛生法(第10版)』 中央経済社(2010年) 105頁.

용자는 근로자가 종사할 업무내용을 자주 검토하고 그 업무에 관하여 안전과 보건을 확보하기 위해 필요한 교육이 충분히 실시되도록 하여야 한다. 다만, ①부터 ⑥까지의 사항과 관련하여 그 사항의 전부 또는 일부에 대해 충분한 지식 및 기능을 가지고 있다고 인정되는 근로자는 그 사항에 대해 교육을 생략할 수 있다(노안위칙 제35조 제2항).

2) 작업내용 변경 시 안전보건교육

노안위법 제59조 제2항은 작업내용 변경 시에도 신규채용 시와 동일한 안전보건교육을 실시해야 한다고 규정하고 있다.

작업내용 변경은 엄밀히 생각하면 매일 발생한다고도 할 수 있지만, 본 항에서 말하는 '작업내용을 변경한 때'란 다른 작업으로 전환한 때, 작업기계·설비, 작업방법, 취급하는 원재료 등에 대폭적인 변경·개조가 있었던 때 등, 즉 근로자의 안전보건을 확보하기 위해 실질적인 교육이 필요한 경우를 말하는 것이고, 따라서 형식적이거나 경미한 변경까지를 문제 삼는 취지는 아니다.[304]

이와 같은 경우에는 신규채용 시와 조건은 동일하기 때문에 새롭게 채용하려고 하는 업무에 관하여 상기의 교육사항을 가르쳐야 한다.

3) 특별교육

보일러의 취급, 크레인의 운전 등 업무에 대해서는, 각각 면허, 기능강습 수료 등의 자격요건이 정해져 있고, 이 자격요건을 구비하지 않은 자의 취업은 금지되어 있다. 이들 업무에 준하는 일정한 유해위험 업무에 대해서는 취업제한의 체계와는 별도로(취업제한의 대상에서 제외하고) 적극적으로 필요한 지식 및 기능을 업무 개시 전에 습득시키는 것을 목적으로 특별교육을 규정하고 있다(제59조 제3항). 사용자

---

304) 1972.9.18. 労働基準局長通達 602号 参照.

가 근로자를 근로하게 하는 경우에 특별교육을 실시하여야 업무는 49개의 업무가 정해져 있다.

한편, 안전보건교육은 각 사업장에서 체계적이고 계획적으로 실시될 필요가 있다. 그런데 노안위법은 사용자에게 안전보건교육계획의 책정을 의무 지우고 있지는 않다. 그러나 안전보건교육의 실시계획의 작성은 안전위생위원회의 조사·심의사항이므로, 동 위원회 설치가 의무 지워져 있는 사업장에서는 결과적으로 안전보건교육계획의 책정이 의무 지워져 있다고 말할 수 있을 것이다.

특별교육에 대해서는 채용 시 교육 및 작업내용 변경 시 교육과 달리 특별교육의 수강자, 과목 등의 기록을 작성하여 3년간 보존하여야 한다(노안위칙 제38조). 특별교육에 대해서도 충분한 지식과 기능을 가지고 있는 근로자에 대해서는 그 한도에서 생략할 수 있다(노안위칙 제37조).

이상과 같은 안전보건교육은 본래 근로자가 당해 의무에 종사하는 경우의 산업재해의 방지를 도모하기 위하여 사용자의 책임으로 실시되어야 하므로, 안전보건교육은 소정 근로시간 내에 실시되어야 한다. 따라서 안전보건교육 실시를 위하여 필요로 하는 시간은 근로시간으로 해석되므로 당해 교육이 법정근로시간 외에 실시된 경우에는 할증임금이 지불되어야 한다. 그리고 이러한 교육을 기업 외에서 실시하는 경우 강습회비, 강습여비 등에 대해서도 동일한 취지에서 사용자가 부담하지 않으면 안 되는 것으로 해석되고 있다.[305]

노안위법상의 안전보건교육의 의무 부여에 의하여 모든 종류, 모든 규모의 사업장에서, 모든 근로자를 대상으로, 필요한 사항에 대한 안전보건교육이 행해지는 법적 기반이 구축되게 되었다. 그러한 의미에서 이 안전보건교육의 의무는 사용자의 안전배려의무의 구성요소 중에서 가장 보편적인 것의 하나라고 말할 수 있을 것이다.

---

305) 1972.9.18. 基発 602号.

III. 소 결

근로자의 권리와 관련하여 독일법의 가장 커다란 특징은 사업장의 안전보건문제에 대하여 근로자대표인 종업원대표의 공동결정권이 보장되어 있다는 사실이다. 그리고 근로자는 종업원대표를 통해 사업장 내 재해예방활동에 적극적으로 참가하는 각종의 권리를 가지고 있다. 먼저, 사업장조직법은 종업원대표에게 법규 위반의 구체적 의심이 있는 경우에 스스로 사업장 점검을 실시할 권리와 함께 재해예방활동과 관련하여 이루어지는 모든 점검·검사, 재해조사 및 협의의 기회에 참가할 권리를 부여하고 있고, 일반적 행정규칙에서는 종업원대표에게 사용자의 재해신고서 작성에의 참가권, 감독·검사 중의 기술감독관에 대한 산재예방 관련 개선 제안권, 재해예방에 관한 기술감독관과의 협의권 등을 보장하고 있다. 그리고 근로자 측은 종업원대표의 관여하에 안전관리위원과 산업안전위원회를 통해서도 재해예방활동에 참가할 권리를 부여받고 있고, 개별근로자는 「노동안전보건기본법」 및 「사업장조직법」상의 여러 규정에 의해 제안권·청문권을 부여받고 있다. 나아가, 「사업장안전조직법」 및 「사업장조직법」에는 사업장 내 안전보건 제도의 조직형성 및 직무의 결정에 종업원대표가 관여하는 권리가 다수 규정되어 있다.

그리고 독일의 경우 근로자의 유해위험정보권에 대해서는 종업원대표를 통하는 방법과 근로자 개인을 통하는 방법이 각각 보장되어 있다. 이 중 후자에 대해서는, 「노동안전보건기본법」의 제 규정, 「사업장조직법」 제81조 이하, 유해위험물질 보호령 제14조 등에서 통지·교육·지도를 받을 권리 및 자료에의 접근권 등이 구체적으로 규정되어 있다. 그리고 전자와 관련해서는, 종업원대표가 사업장 내 재해예방활동에 참가할 권리와 의무를 이행할 때에 필연적으로 전제가 되는 사업장 유해위험정보의 획득을 위하여,「사업장조직법」의 제 규정 및 일반적 행정규칙의 구체화 등에 의한 일반적 지식의 습득기회와 사업장 유해위험정보 접근권이 보장되어 있고,「사업장조직법」제89조 제2항에 따라 재해예방과 관련하여 사용자 또는 재해예방 관련 기관에 의해 이루어지는 각종 검사 등에 참관할 권리가 부여되어 있다.[306]

미국의 OSH Act는 감독실시 전, 감독실시 과정 및 감독실시 후의 법집행과정에서 다양한 형태로 근로자를 적극적으로 관여시키기 위하여 근로자에게 많은 법률상의 권리를 창설적으로 부여하고 있다. 이것은 OSH Act를 특징짓는 가장 대표적인 것의 하나라고 말할 수 있다. OSH Act 및 그 규칙에 의해 근로자에게 부여된 관여권 중 대표적인 권리를 열거하면 다음과 같은 것이 있다. 먼저, 감독실시 전의 권리로서, ① OSHA에 신고할 권리, ② 절박한 위험이 있는 경우, OSHA로 하여금 감독을 실시하게 하기 위하여 지방법원에 직무집행영장의 발급을 청구하는 소송을 제기할 권리가 보장되어 있다. 그리고 감독실시 과정 및 감독실시 후의 법집행과정의 권리로서는, ① OSHA감독관의 사업장 감독 순회에 참가할 권리, ② 감독의 개시회의, 종료회의 및 비공식회의에 참가할 권리, ③ 모든 위반통고의 사본을 사용자로부터 게시받을 권리, ④ 위반통고상 사용자에게 허용된 시정기간에 이의를 제기할 권리, ⑤ 사용자에 의해 이의가 제기된 시정조치에 대하여 당사자의 지위에 설 권리, ⑥ 이의가 제기된 사건의 화해 및 취소에 반대할 권리, ⑦ 산업안전보건심사위원회의 결정에 대하여 사법심사를 청구할 권리, ⑧ 사용자의 법적용 제외신청, 이의제기, 시정기간 변경 청원에 관하여 통지받을 권리 등이 있다.

또한 미국에서는 근로자의 알 권리가 OSH Act법에 의해 보장된 다

---

306) 이 권리에 대해서는 참가권을 설명하는 곳에 기술되어 있지만, 이 권리는 당연히 근로자의 알 권리에도 해당된다.

른 근로자 권리의 효과성을 담보하는 데 중요하다는 인식하에 접근권 등 다양한 알 권리를 보장하고 있다. 즉, 알 권리를 보장함으로써 근로 자(또는 근로자대표)의 신고권, 점검동행권, 시정기간에 대한 이의제기 권, 교육권 등의 실효성이 제고되는 것을 기대하고 있다. 미국법제에 서 발견되는 알 권리로서는, ① 산업재해 및 직업병의 기록을 확인·조사할 권리, ② 사용자로부터 당해 사업장에서의 산업재해 및 직업병 의 연간 요약을 게시받을 권리, ③ 유해물질에의 노출 모니터링 또는 작업환경측정에 참관할 권리, ④ 모니터링 또는 작업환경측정과 관련 하여 사용자가 입수한 모든 정보를 이용할 권리, ⑤ 위험한 수준의 독 성물질에 노출되어 있을 때, 이를 즉시 통지받을 권리, ⑥ 유해물질의 노출 및 검진 기록에 접근할 권리, ⑦ 작업장에서 일정한 독성물질의 특성을 통지받을 권리, ⑧ 유해위험정보에 대하여 주지, 경고 또는 교 육받을 권리 등이 있다. 그 밖에 OSHA는 일찍이 중장기 전략계획에 서 사업장 안전보건의 모든 부문에 근로자의 참여를 유도하는 것을 OSHA의 주요 정책과제의 하나로 반영하는 등 근로자의 참여를 활성 화하기 위하여 많은 노력을 기울이고 있다.[307]

미국의 OSH Act상 근로자에게 부여된 권리로서 간과할 수 없는 또 하나의 중요한 권리는, 근로자가 자신의 법적 권리의 행사를 이유로 사용자의 불리한 취급으로부터 보호받는 것이다. OSH Act는 어떠한 근로자라도 행정기관에 신고하다든지 작업을 거절했다든지 또는 기타 의 권리를 행사하였다는 이유로 해고되거나 또는 다른 어떠한 형태로 라도 차별되어서는 안 된다는 것을 명시하고 있다. 그리고 OSH Act는 사용자로 하여금 작업장의 보기 쉬운 장소에 OSHA의 공식 포스터를 게시하도록 의무 지우고 있는데, 이 포스터는 근로자에게 그들의 권리 에 대한 다양한 정보를 제공한다.

---

307) OSHA, OSHA Strategic Plan(1997~2002) 5(1997).

한편 일본의 경우, 노안위법이 근로자의 권리에 대해 직접적인 형태의 입법적 조치로서 규정하고 있는 것은 신고권, 안전위생위원회에의 참가권, 안전위생개선계획 작성 시 청취권 정도이다. 환언하면, 근로자의 '관여'라는 관점에서는 일본의 노안위법에 의하여 근로자에게 부여되어 있는 권리는 결코 충분하다고 말할 수 없다. 참가권의 경우, 일정한 규모 이상의 사업장이 그 설치대상인 안전위생위원회에 참가하는 것 외에는 근로자에게 보장되어 있는 권능은 없다. 그것도 근로자 수 50인 또는 100인 이상의 사업장이 아니면 그 설치의무가 부과되어 있지 않고, 동 위원회 위원이 원칙적으로 사용자의 지명제로 운영되는 등 위원회의 구성에서 근로자가 관여하는 정도가 낮다고 볼 수 있다. 게다가 법령에 위원의 권한, 신분보장 등이 명기되어 있지 않기 때문에 그 운영이 형해화될 가능성이 높은 한계를 가지고 있다. 또한, 감독관이 사업장을 감독할 때, 근로자 또는 그 대표가 감독관과 면회할 권리 등 감독과정에 참여할 권리가 부여되어 있지 않은 것은 근로자 관여제도의 결여를 단적으로 보여 주는 것이라고 생각된다. 반면, 알 권리에 대해서는 노안위법에서 주지권, 교육권을 중심으로 다양한 권리가 규정되어 있다.

한편 신고권의 경우, 독일에서는 법령 위반이 객관적으로 존재할 필요는 없고 안전보건상의 문제가 있는 상태가 존재하면 그것으로 충분하다. 그리고 불이익 금지는 일정한 조건하에 근로자의 예상과 달리 신고가 정당하지 않았다는 것이 추후에 판명된 경우에도 적용된다. 미국 또한 법령을 위반하고 있거나 안전보건상의 급박한 위험이 있다고 '생각되는' 근로조건 또는 관행에 대하여 OSHA에 신고할 권리를 가진다. 반면, 일본 노안위법의 경우 문언적으로 볼 때 신고요건이 법령의 규정에 위반하는 사실이 있는 것을 전제로 하는 점에서 독일·미국과 비교하여 신고요건이 제한되어 있다.

제2절 사법상의 권리

Ⅰ. 이행청구권

1. 독 일

가. 학 설

독일에서는 사용자가 「민법전」 제618조의 안전배려의무를 이행하지 않는 경우에 근로자가 그 이행을 요구할 수 있는가에 대해서, 그것을 부정하는 견해[308]도 있지만 그것을 긍정하는 것이 현재 지배적 견해이다.[309] 이 경우 산업안전보건법규는 공법상의 규범임과 동시에 근로계약상의 안전배려의무의 내용을 형성하기 때문에(이중적 효력), 사용자가 동법에 위반한 경우 일정한 요건을 거쳐 근로계약상의 안전배려의무 위반이라고 평가된다.

안전배려의무의 이행청구에서 중요한 것은, 구체적 상황에서 산업안전보건법규가 무엇을 부과하고 있는가, 만약 부과하고 있다면 그 공법적 의무는 안전배려의무의 내용이 되기에 적합한가를 검토하는 것이다. 만약 산업안전보건법규가 무엇도 규정하고 있지 않는다든지 또는 사용자에게 부과하고 있는 의무가 합의내용이 되기에 적합하지 않는 경우(예를 들면, 행정관청에의 신고의무)에는 이행청구권은 인정되지 않는다.[310]

---

308) Zöllner/Loritz/Hergenröder, Arbeitsrecht, 6. Aufl., 2008, S. 322.; Schaub, Arbeitsrechts Handbuch: Systematische Darstellung und Nachschlagewerk für die Praxis, 11. Aufl., 2004, §152 I 2b.

309) Brox/Rüthers/Henssler, a. a. O.(Fn. 11), S. 118; Leinemann(hrsg.), Kasseler Handbuch zum Arbeits recht Bd. 1, 2000, S. 1231.

독일의 지배적 견해는 안전배려의무의 법적 성격을 부수적 의무 또는 보호의무로 이해하면서 그 이행청구권을 승인하고 있다. 원칙적으로 이행청구할 수 없는 보호의무가 왜 안전배려의무의 경우에는 이행청구를 할 수 있게 되는가에 대해 민법·노동법학은 여러 가지 설명을 시도해 왔는데, 현대의 독일법학은 안전배려의무를 부수적 의무 또는 보호의무로 파악하면서도 이행청구가 가능하다는 학설이 지배적이다.[311]

그리고 다수의 학설은 산업안전보건법규를 초과하는 내용 또는 당해 법규에 규정이 없는 내용이라 하더라도 특별한 체질을 가지고 있는 등 특별히 보호할 필요가 있는 근로자에 대해서는 안전배려의무에 근거하여 이행청구하는 것을 긍정하고 있다.[312]

한편 공동결정권을 규정하고 있는 사업장조직법의 적용영역에서 특정 조치의 이행청구가 가능한지에 대하여 논란이 있을 수 있는바, 이것에 대한 지배적 학설의 견해는 대체로 다음과 같이 정리할 수 있다.[313] 「사업장조직법」 제87조 제1항 제7호에 의하면, 종업원대표는 산업안전보건법규에서 정하는 의무의 구체적 실현에 관하여 사용자에 대하여 공동결정권을 가지고 있다. 따라서 산업안전보건법규가 사용자에게 그 의무의 실현에 대하여 재량권을 주고 있는 규정이 문제가 되는 경우에는, 사용자는 당해 규정의 구체적인 이행에 필요한 수단의 선택을 종업원대표와 공동으로 결정하여야 한다. 이 경우 근로자는 사용자에 대하여 "구체적인 안전보건조치에 관한 사업장협정을 종업원

---

310) 鎌田耕一 「ドイツにおける使用者の安全配慮義務と履行請求」 釧路公立大学 社会科学研究 6号(1994年) 55頁.

311) 鎌田耕一 「安全配慮義務の履行請求」 『労働保護法の再生』 信山社(2005年) 379頁 参照.

312) Brox/Rüthers/Henssler, a, a. O.(Fn. 11), S. 104; Löwisch, a. a. O.(Fn. 4), S. 278; 鎌田·前掲注(300)論文 68頁 参照.

313) 이 점에 있어서, 판례는 지배적 학설의 견해를 그대로 받아들이고 있다(Vgl. BAG v. 12. 8. 2008, 9 AZR 1117/06 등).

대표와 체결할 수 있도록 이니셔티브를 발휘하라."는 것만을 청구할 수 있는 데 지나지 않는다. 이에 반하여, 해당 규정이 재량의 여지가 없는 조치를 규정하고 있는 경우에는 근로자는 그 조치를 이행청구할 수 있게 된다. 요컨대, 안전배려의무의 이행청구는 그 구체적인 수단을 집단적으로 결정하여야 할 영역에 대해서는 제한되어 있다고 말할 수 있다.314)

나. 판 례

독일에서 1970년대에 이르기까지는 산업안전보건법규에 규정되어 있는 의무의 이행을 청구한 사례는 극히 한정되어 있었다고 한다. 그런데 1970년대 무렵부터 직장에서의 흡연에 의한 건강침해 제거청구소송이 자주 제기되어, 이러한 사안에서 근로자의 이행청구 가능성이 활발하게 논의되기에 이르렀다. 이하에서는 주로 흡연금지조치 청구소송을 통하여 형성되기에 이른 일정한 판례 법리를 소개하고자 한다.

판례는 안전배려의무와 산업안전보건법규와의 관계에 관한 지배적학설을 거의 그대로 받아들여 일관성 있게 이행청구권을 인정하여 왔다. 즉 산업안전보건법규에서 규정하는 공법적인 의무는, 그것이 내용상 근로계약의 합의내용을 형성하기에 적합한 한, 안전배려의무의 내용이 되고, 그 결과 근로자는 일반적으로 산업안전보건법규가 정하는 의무의 이행을 청구할 수 있다.315)

나아가 판례 중에는, 직장에서의 흡연금지조치를 청구한 재판에서

---

314) 鎌田·前揭注(310)論文 57~58頁 參照.

315) 예를 들면, BAG(Vergleichvorschlag) v. 8. 1. 1980, 5 AZR 79/78, DB 1980, S. 264; BAG v. 10. 3. 1976, 5 AZR 34/75, AP Nr. 17 zu §618 BGB; VG Köln v. 10. 5. 1978, DB 1978, S. 1599; LAG Düsseldorf v. 6. 11. 1964, 2 Sa 103/64, DB 1965, S. 245.

산업안전보건법규를 넘어서는 내용의 의무를 안전배려의무에 근거하여 긍정하고, 그와 같은 의무에 대한 근로자의 이행청구를 인정하는 것 또한 발견된다. 예를 들면, 1998년의 연방노동법원 판결[316]에서, "통례적으로 담배에 의한 공기오염의 부담이 그것이 존재하지 않는 경우의 일상적인 부담을 넘지 않는 경우에는 사용자의 의무는 달성된 것으로 된다. 그리고 그 달성의 유무는 직장의 안전보건에 관한 규칙 제5조와 같은 공법뿐만 아니라, 개개의 사례에서의 그때마다의 사정에 비추어 판단된다. 공법상의 규정은 사용자가 형성하는 작업장이 적합하지 않으면 최저한의 요청을 규정한 것에 지나지 않는다. 담배의 연기에 대해 상대적으로 민감한 근로자의 개별적 사정은 그와 같은 법규에 의해서는 보호되지 않는다."라고 하여, 「민법전」제618조의 안전배려의무는 개별적인 공법 규정에 의하여 제한되는 것은 아니고, 개별적인 체질에 의하여 특정의 유해물질에 대해 특히 민감한 근로자는 그것에 근거하여 개별적인 보호조치를 요구하는 것이 가능하다고 판시하고 있다.

한편 안전배려의무에 근거하여 이행을 청구하는 내용에 관해서는, 판례는 구체적인 안전보건조치를 청구하는 것은 불가능하지만 사용자에게 '가능성의 범위 내에서' 적절한 방법을 선택하도록 요구할 수 있다고 말하고 있다. 다시 말해서, 구체적인 조치의 결정은 원칙적으로 사용자의 합리적 재량에 맡겨진다. 그러나 이러한 재량의 행사가 하자 없는 것으로 인정되기 위해서는 노사 간의 이익형량이 이루어지고, 특히 직장에서의 건강피해의 성질 및 원인 여하가 정밀하게 조사될 필요가 있다. 그리고 건강피해의 성질 및 원인에 따라서는 구체적 조치를 선택하는 것이 설득적이라고 생각되는 경우도 있을 수 있다고 말하고 있다.[317]

---

316) BAG v. 17. 2. 1998, DB 1998, S. 2068.
317) BVerwG DB 1984, 2308; BVerwG, NJW 1988, 783; BAG DB 1998, 2068.

2. 미 국

전술한 바와 같이 미국의 판례는 OSH Act 제4조(b)(4)의 규정에 근거하여, 의회가 OSH Act의 제정에 의해 새로운 사법적 청구권을 창설하려고 하지 않았고, 오히려 기존의 사법적 권리·의무에 영향을 주지 않는 것을 의도하고 있었다는 것이 명백하다고 해석하여 왔다.

그런데 1976년 근로자로부터 사용자에 대해 직장에서의 흡연의 금지를 요구하는 이행청구가 제기된 Shimp V. New Jersey Bell Telephone Co. 사건(New Jersey주)318)(이하 'Shimp 사건'이라 한다)에서 법원은 "담배의 연기는 피고회사의 조업이 동반하는 부산물은 아니므로 그 위험까지 고용에 부수하는 것으로서 원고가 떠맡았다고는 말할 수 없다. 따라서 직장에서의 흡연을 금지하지 않은 것에 의하여, 피고는 원고에 안전한 직장을 제공하는 의무를 태만히 한 것이다."라고 판시하면서 원고의 청구를 인용한 후에, 사용자에 대하여 "근로자의 흡연을 비근로구역으로 제한함으로써 원고에게 안전한 작업환경을 제공하라"고 명령하면서 원고의 이행청구를 인용하였다.

본 법원은, 동 판결의 근거에 대하여 "OSH Act는 산업안전보건 영역에서 주(State)의 입법적 또는 사법적 조치를 선점하지 않고, 주(State)의 「산업재해보상보험법」에 의하여 제공되는 배타적 구제는 보통법상의 이행명령에 의한 구제(injunctive relief)는 배제하지 않는다." 라고 판시하였다.319)

본 판결에서 주장된 보통법상의 이행명령청구의 조건은 다음과 같이 정리될 수 있다. ① 당해 노사관계가 보통법의 적용하에 있을 것,

---

318) Shimp V. New Jersey Bell Telephone Co., 145 N. J. Super. 516, 368, A.2d 408(Ch. Div. 1976).

319) Shimp V. New Jersey Bell Telephone Co., 145 N. J. Super. 516, 522, 368, A.2d 408, 410~412(Ch. Div. 1976).

② 직장의 위험이 근로자를 감내하기 어려운 위험에 노출시키고 있을 것, ③ 직장의 위험에 업무와의 관련성이 있을 것, ④ 위험의 개선이 비교적 용이하고 사용자의 통상적인 업무에 지장을 초래하지 않을 것이 그것이다. 그 후의 미주리 주(Missouri州)에서도 직장에서의 담배연기에 노출되고 있던 근로자로부터 동일한 청구가 이루어져 인용된 사례가 있다.[320]

한편, 학설에서는 이행청구권의 문제에 대해서 상당히 활발한 논쟁이 있었고, 그중에서도 1976년에 Blumrosen 교수 등이 발표한 "직업상의 위험에 대한 이행명령 – 안전한 근로조건에서 일할 권리"라는 제목의 논문에 많은 관심이 모아졌다. 이 논문은 보통법상의 사용자의 안전배려의무에 근거를 두고 직장의 안전보건을 확보하기 위하여 형평법(equity)상의 이행청구를 연방법원이 아닌 주의 법원에 제소할 수 있음을 시사하고 있다.

Blumrosen 교수는 본 논문에서 "입법의 역사는 의회가 주법원에 대한 이행명령청구소송(actions for injunctive relief)을 명시적으로 고려하였다는 것을 보이지는 않지만, OSH Act는 주정부가 연방당국과 협력하여 그의 권한을 계속해서 행사하는 것을 허용하는 의회의 의도를 밝히고 있다. ……OSH Act 제4조(b)(4)가 인정하고 있지 않은 것은 연방법원에 대한 사적 소송이고, 근로자가 주의 법원에 이행명령(injunction)을 청구하는 것은 가능하다. 근로자가 주의 법원에 이행명령을 청구하는 근거는 사용자의 안전배려의무에 관한 각 주의 보통법이다. 안전하지 않은 근로조건에 의해 위협받고 있는 누구라도 직업상의 위험을 배제하기 위하여 이행명령을 청구하는 소송을 제기할 수 있다."라고 주장하였다.[321] 본 논문의 이와 같은 법리는 상기 'Shimp 사건' 등의 판

---

320) Smith v. Western Electric Co., 643 S.W.2d 10(Mo. App. 1982).

321) Blumrosen et al., "Injunctions against Occupational Hazards: The Right to Work

결에 거의 그대로 채용되는 등 큰 반향을 일으켰다.

그리고 Thoreau 교수도, 보통법이 현행 제정법에 의한 제도적 접근 방법의 결점을 보완하는 형평법상의 이행명령 구제에 대한 근거를 제공한다고 설명하고, 근로자는 보통법에 근거하여 이행을 청구하는 것이 가능하다고 주장한다.322)

이상과 같이 미국에서는 보통법상 사용자의 안전배려의무에 대한 근로자의 권리를 근거로 근로자가 주의 법원에 이행명령을 청구하는 것을 인정하는 판례와 학설이 출현하고 있다. 그러나 일각에서는 이행명령을 인정하면서 이를 청구하는 데에 적지 않은 제약이 있다는 주장이 제기되고 있다.

먼저, Rothstein 교수는 다음과 같은 사유로 이행명령을 청구할 수 있는 사례가 한정될 수 있다고 분석하고 있다. 그 하나는, OSH Act에 구체적인 기준이 이미 규정되어 있는 사항에 대해서는 연방법인 OSH Act에 의해 선점되기 때문에 이행청구는 배제될 것이라는 점이다. 두 번째 이유로는, 이행명령에 의해 직무수행이 방해받는 '전통적인' 작업장 유해위험요인의 제거가 법적 문제로 다투어지게 되면 이러한 사항에 대해서는 법원이 이행명령을 용이하게 내리지는 않을 것이라는 점이다.323)

그리고 이행명령 청구에는 다음과 같은 법률적 제약 또한 있는 것으로 분석된다. 첫째, 영미법상 이행명령(injunction) 구제324)를 할 때

---

under Safe Conditions", 64 Calif. L. Rev. 720∼722(1976).

322) Thoreau, supra note(291), at 1803.

323) Rothstein, supra note(69), at 591∼592.

324) 영미법상 사적 이익의 침해에 대한 구제에는 보통법상의 손해배상과 형평법상의 이행명령(injunction)이 있는바, 이행명령은 불법행위법상의 구제방법으로서 효과적으로 이용될 수 있다(砂田卓士・新井正男 編『英米法原理(新訂版)』青林書院(1992年) 150頁). 특히 산재예방과 관련하여 이행명령이 작위명령과 부작위명령의 형태로 효과적으로 기능할 수 있다. 이행명령 판결은 집행력을 발

에는 이행명령을 인정한 경우에 피고가 입는 불이익과 이행명령을 인정하지 않은 경우에 원고가 입는 불이익이 비교형량되는 것이 일반적이다.[325] 따라서 직장에서의 위험의 배제가 사용자에게 많은 경제적 부담을 주는 경우 또는 그 배제가 기술적으로 특별히 곤란한 경우에는 이행청구가 과연 어디까지 인정될지에 대해서는 미지수라 할 수 있다.

둘째, 과연 유해위험요인이 어느 정도가 되면 이행명령청구가 인정될 수 있을지의 문제이다. Shimp사건에서는 담배연기는 피고회사의 불가피한 부산물이 아니기 때문에 그 위험까지 원고가 인수하였다고는 말할 수 없다고 판시하고 있는 점으로 미루어 판단컨대, 조업에 불가피한 소음, 분진, 증기 등의 부산물에 대해서는 별도의 기준이 적용될지 불확실하다.

셋째, 사용자가 안전한 직장을 제공하는 의무에 위반한 경우는 모두 이행명령이 인정될 수 있을지의 문제이다. 원래 이행명령 구제는 손해배상 등 다른 구제수단에 의해 권리가 충분히 보호되는 경우에는 인정되지 않는다.[326] 따라서 연방 또는 주정부가 법령에 구체적인 기준을 제정·운용하고 있는 경우에는, 당해 법령에 규정된 구제절차를 이용할 수 없거나 그것으로는 구제가 불가능하다는 것을 보이지 않는 한 이행명령에 의한 구제는 인정되기 어려울 것이다.

3. 일 본

일본에서 이행청구권은 최초에는 민법학자들이 안전배려의무를 채

생시키고 이것에 위반하면 법정모욕죄로서 배심재판에 의하지 않고 금고명령을 받게 된다.

325) 田中·前揭注(290)書 564頁.
326) 田中·前揭注(290)書 563頁.

무구조론 중에 어떻게 자리매김을 해야 하는가의 문제의식에서 탐구되기 시작하였다. 그 후 노동법학자들이 이 민법학설의 영향을 받아 본격적으로 이행청구권의 문제에 관심을 갖고 노동법의 문제로서 취급하여 왔다. 일본에서는 종래에는 이행청구를 긍정하는 설과 부정하는 설로 나뉘어 미결착 상태에 있었지만, 현재에 이르러서는 종래와는 달리 그것을 원칙적으로 긍정하는 설이 다수설을 형성하고 있다고 말할 수 있다.

가. 학 설

1) 긍정설

안전배려의무의 이행청구권을 원칙적으로 인정하는 학설은, 민법학자의 일부 및 많은 노동법학자에 의하여 주장되고 있는데, 이 긍정설은 대체로 안전배려의무를 (부수적) 급부의무 또는 근로계약의 본질적 의무로 파악하고 있다.

그중, 奥田昌道 교수는 안전배려의무가 보호의무와 공통점이 있는 것을 인정하지만,[327] 사용자의 안전배려의무는 근로자의 노무급부의무의 이행에 있어 그 전제를 이루고 또 논리적으로 선행한다는 사실로부터, 임금지불의무와 함께 '급부의무'에 해당한다고 주장하면서,[328] 안전배려의무를 보호의무와 구별된 고용·근로계약에 고유한 의무로서 자리매김한다. 奥田昌道 교수의 견해에서 안전배려의무의 구체적 의무는 노안위법에 의해 특정된다.[329] 또한 高橋真 교수도, 안전배려의무가 사법상의 의무이기 때문에 사법상의 의무가 가지는 일반적 성

---

327) 奥田昌道 「安全配慮義務」 石田·西原·高木三先生還暦記念論文集刊行委員会 編 『損害賠償法の課題と展望』 日本評論社(1990年) 23頁.

328) 奥田昌道 『債権総論(上)』 筑摩書房(1982年) 20頁.

329) 奥田·前揭注(327)論文 14頁.

질의 내용으로서 사용자에 대한 이행청구권이 인정될 수 있다고 주장한다.330)

그것에 대하여, 宮本健蔵 교수, 下森定 교수 및 潮見佳男 교수는 안전배려의무를 '부수적 급부의무'로 이해한 후에, 근로자의 이행청구권을 원칙적으로 긍정하고 있다. 먼저 宮本健蔵 교수는, 안전배려의무를 이행청구 가능성의 유무에 따라 안전확보의무(부수적 급부의무로서의 안전배려의무)와 보호의무로 구별한 후에, 근로자의 생명·건강에 대한 손해의 방지에 관한 의무로서, 사용자의 지휘명령하에서 이루어지는 노무를 위한 물적 환경 및 인적 환경의 정비를 내용으로 하는 의무만을 특히 안전확보의무라고 부른다.331) 그리고 下森定 교수도, 안전배려의무를 부수적 급부의무로서의 안전배려의무와 보호의무로서의 안전배려의무로 이분화하여 파악한 후에, 전자의 안전배려의무는 노무급부청구권 또는 그 일부를 이루는 노무지휘권의 행사에 당연히 부수하는 의무이고 고차원의 급부의무라고 자리매김한다. 또한 노안위법은 동법 제1조, 노기법 제13조를 통하여 근로계약의 내용이 되고 있는 이상, 사용자의 부수적 급부의무를 구성하고 이행청구권이 인정될 수 있다고 설명한다.332) 한편 潮見佳男 교수는, 지금까지의 보호의무라는 이유로 이행청구권을 부정하여 온 견해에 대하여 "급부의무인지 아닌지는 당해 행위에 대한 청구권능을 부여하는 것이 타당한지 아닌지의 판단에 근거하여 결정되어야 한다."333)라고 설명한 후에, 보호의무인 안전배려의무도 일정한 기준하에서 부수적 급부의무로서

---

330) 高橋真 『安全配慮義務の研究』 成文堂(1992年) 154頁.

331) 宮本健蔵 「雇用·労働契約における安全配慮義務」 下森定 編 『安全配慮義務法理の形成と展望』 日本評論社(1988年) 193～194頁.

332) 下森定 「国の安全配慮義務」 下森定 編 『安全配慮義務の形成と展開』 日本評論社(1988年) 239頁.

333) 潮見佳男 『契約規範の構造と展開』 有斐閣(1991年) 143頁.

이행청구를 할 수 있다고 주장한다.[334]

노동법학에서는 오래전부터 이행청구권을 인정하는 학설[335]이 있었지만, 특히 상기 민법학설에서 긍정설이 전개된 이후, 이것의 영향을 받아 이행청구권을 긍정하는 견해가 본격적으로 많이 주장되고 있다. 즉 渡辺章 교수는, 안전배려의무는 근로자에 대한 노동의무의 이행청구권에 논리적으로도 사실적으로도 선행하여 이행되어야 할 본질적인 의무라고 하여 근로자의 이행청구권을 긍정한다.[336] 그리고 岡村親宜 변호사도, 안전배려의무를 고용계약과 원리적 기초를 달리하고 생존권 이념에 따르는 근로계약상의 본질적 의무로 파악하는 관점에서 이행청구권을 긍정하고 있다.[337] 또한 안전배려의무 내용의 특정성, 명확성 등 일정한 조건하에서 이행청구권을 긍정하는 견해가 있는데, 안전배려의무를 부수의무로 구성하더라도 근로자의 생명·신체에 특별한 위험이 발생하고 있는 경우 안전배려의무내용의 특정을 요건으로 이행청구가 가능하다는 土田道夫 교수[338]와 안전배려의무 위반에 대해 항상 이행청구권이 인정되는 것은 아니지만 노안위법 중 사용자에게 적극적인 작위의무가 부과되어 있고 그 의무내용도 명확한 것에 대해서는 특단의 사정이 없는 한 이행청구권이 인정된다고 보는 米津孝司 교수의 주장[339]이 이에 해당된다. 그 외에도 노동법학자 중에서 이

---

334) 潮見・前揭注(333)書 159~160頁.

335) 桑原昌宏 『労働災害と日本の労働法』 法律文化社(1971年) 231~234頁; 西村健一郎・高木紘一・安枝英のぶ・長渕満男・林弘子・今野順夫 『労働法講義 3[新版]』 有斐閣(1990年) 290頁.

336) 渡辺章 「労働法理論における法規的構成と契約的構成」 日本労働法学会誌 77号 (1991年) 35頁.

337) 岡村親宜 「過労死と労働契約の法理」 法学新報 101巻 9・10号(1995年) 282~284頁.

338) 土田道夫 「安全配慮義務の最近の動向」 経営法曹 110号(1995年) 28頁.

339) 角田邦重・毛塚勝利・脇田滋 編 『新現代労働法入門(第4版)』 法律文化社(2009年) 298頁.

행청구권을 긍정하는 견해는 많이 발견된다.[340]

한편 일본 노동변호단 또한 '노동계약법제 입법 제언'에서, 근로자의 생명 및 심신의 건강을 각종 유해위험으로부터 보호하기 위해 근로자는 사용자에게 필요한 조치를 강구하도록 요구할 수 있다는 것을 전제로, "사용자가 이것에 응하지 않는 경우에는 재판소가 근로자의 청구에 의해 상기 조치를 강구하도록 명하는 것이 가능하다."라고 제언하고 있다.[341]

2) 부정설

부정설은 민법학설의 전통적 통설을 형성하고 있던 것으로서 안전배려의무를 '보호의무'로 파악하고, 그 결과 원칙적으로 이행청구를 할 수 없으며, 다만 예외적으로 이행청구를 할 수 있다고 설명한다. 대표적인 논자로서는 北川善太郎 교수와 前田達明 교수가 있다.

보호의무란 급부의무의 실현 그 자체를 목적으로 하는 것이 아니고, 계약과정에서 상대방의 생명·신체·인격·재산을 보호하는 것을 목적으로 한 '부수의무'이다.[342] 또한 그것은 본래의 계약이익 밖에 있는 상대방의 법익을 보호하는 의무이고, 그 성질상 불법행위법상의 주의의무에 유사한 의무이다.

北川善太郎 교수는 독일법학의 지배적 학설이 안전배려의무를 보호의무로서 자리매김하고 있는 점과 안전배려의무 개념을 발전시킨 산재에 의한 사고와 결함상품에 의한 사고의 피해 간에는 차이가 없다는 점을 근거로 안전배려의무를 보호의무와 동일시한다. 그리고 그 귀

---

340) 西谷敏·萬井隆令 編 『労働法2(第5版)』 法律文化社(2005年) 296頁; 片岡曻 (村中孝史補訂) 『労働法(2)(第5版)』 有斐閣(2009年) 146頁 等.

341) 日本労働弁護団·労働契約法制委員会 「労働契約法制立法提言」 2005.5.19.

342) 北川善太郎 「債務不履行の構造とシステム」 下森定 編 『安全配慮義務法理の形成と展望』 日本評論社(1988年) 276頁.

결로서 동 의무는 급부의무가 아니고, 이행청구권은 원칙적으로 인정되지 않는다고 주장한다.[343] 또한 前田達明 교수는, 안전배려의무를 보호의무로 파악하면서, 보호의무는 "미리 내용이 확정된 것이 아니고, 사후적으로 보아 그때에 그렇게 하면 좋았을 것이다, 그렇게 하면 채무불이행을 회피할 수 있었다."라는 내용의 의무이기 때문에 청구하는 것 자체가 무리이고 이행의무라고는 말할 수 없다고 설명한다.[344]

그러나 이러한 주장도 경비보장계약과 같이 안전주의를 급부내용으로 하는 계약[345]에 의하여, 또는 법규(전형적인 예로서 독일「민법전」제618조)나 계약, 이익형량[346]에 의하여 안전배려의무가 이행청구할 수 있는 의무로 높아진다는 것을 부정하지 않는다.

요컨대, 이 부정설에 의하면 안전배려의무는 보호의무로서 자리매김되고 사전에 구체적 내용이 확정될 수 없기 때문에 이행청구를 관념하는 것은 불가능하지만, 특단의 사정이 있는 경우에는 급부의무로 전환되게 된다.

3) 절충설

노동법학자인 山川隆一 교수와 荒木尚志 교수는 이론적으로는 이행청구권이 불가능한 것은 아니지만, 청구의 현실적 행사의 곤란을 이유로 이행청구권에 부정적이다. 즉 이행하여야 할 안전배려의무의 내용이 근로계약상 명확히 정해지거나 특정할 수 있으면 이행청구를 인정할 여지가 존재하지만, 안전배려의무의 내용은 통상적으로 사고 또는 질병 발생 후에 비로소 명확하게 되는 경우가 많아, 실제상은 이행

---

343) 奧田昌道 編『注釈民法(10)債権(1)』有斐閣(1987年) 368~369頁[北川善太郎]; 北川・前掲注(342)論文 293頁.

344) 前田達明「債務不履行責任の構造」判例タイム 607号(1986年) 2~3頁.

345) 北川・前掲注(342)論文 293頁.

346) 前田・前掲注(344)論文 3頁.

청구가 곤란하다고 설명하고 있다.[347]

나. 판례

근로자가 안전배려의무에 대한 이행청구권을 행사할 수 있는지가 다투어진 재판례는 하급심에서 소수이기는 하지만 몇 개가 존재하는데, 근로자의 이행청구권을 원칙적으로 긍정하는 재판례와 부정하는 재판례로 나뉘어 있다.

1) 긍정례

일본에서 이행청구권을 긍정한 대표적인 판례는, '日本鉱業松尾採石塵肺事件'의 제1심 판결[348] 및 동 사건 항소심 판결[349]이 그 예로서 들어지고 있다. 제1심 판결은 구 진폐법의 규정을 받아 이하와 같이 판시하였다. "구 진폐법이 제정된 후에는 진폐작업 사용자는 분진작업 근로자에 대하여 <u>그 위반이 손해배상의무를 발생시킬 수 있는 데에 지나지 않는 이른바 안전배려의무를 부담하는 데 그치는 것이 아니라,</u> 분진작업 사용자가 진폐에 이환되는 것을 방지하기 위하여 고용계약이 계속되는 한 계속하여 실천 가능한 최고도의 의학적·과학적·기술적 수준에 근거한 작업환경관리, 작업조건관리 및 건강관리에 관한 제 조치를 강구하는 이행의무를 부담한다."(밑줄—필자)고 판시하고, 사용자의 이행의무를 긍정하였다. 항소심 판결도 상기의 밑줄 부분을 삭제하고 역시 이행의무를 긍정하였다. 단, 이 판결은 모두 손해배상청구에 관한 것이고, 직접적으로 이행청구를 한 사건에 관한 것은 아니다. 따

---

347) 荒木尚志『労働法』有斐閣(2009年) 223頁; 山川·前掲注(3)書 233頁.

348) 東京地判 1990.3.27. 労働判例 563号 90頁.

349) 東京高判 1992.7.17. 労働判例 1429号 22頁.

라서 이 판결이 반드시 이행청구권을 정면에서 긍정하였다고는 말할 수 없다. 그러나 본 판결은, 사용자의 이행의무의 내용을 진폐법이 규정하는 공법상의 의무로 구체화하고 있고, 손해배상의무뿐만 아니라 이행청구를 할 수 있는 의무인지 아닌지의 판단을 진폐법이라는 공법의 해석에서 도출하고 있는 점에서 의의를 갖는다고 생각된다.

그리고 결론적으로는 이행청구권의 행사를 부정하였지만, 판결내용에서 이행청구의 가부에 대해 언급하고, 그것을 사실상 긍정하는 설시를 한 재판례로서 '京都簡易保險事務センター(嫌煙権)事件' 판결350)이 있다. 이 사건은 우정사업청 직원이 국가에 대하여 근무처인 직장 건물의 전면적인 금연을 요구한 사례로서 그 청구가 기각되었지만, 판결은 "이 안전배려의무는 원래는 이와 같은 의무위반에 의해 손해를 입은 자의 국가에 대한 손해배상청구의 장면에서 인정되어 온 것이기는 하다. 그러나 생명, 건강 등에 대한 현실적인 위험이 발생하고 있음에도 불구하고 국가가 공무원의 생명, 건강 등을 위험으로부터 보호하기 위한 조치를 취하지 않고, 그것이 위법이라고 평가되는 경우에도 안전배려의무를 근거로 하여 위험을 배제하기 위한 조치를 취하는 것을 청구할 수 없다고 하면 공무원의 생명, 건강 등의 보호에 충분하지 않다는 것을 고려할 경우, 이와 같은 경우에는 안전배려의무를 근거로 상기의 조치를 취하는 것을 구할 수 있다고 해석할 여지는 있다." 라고 판시하였다. 요컨대, 본 재판소는 안전배려의무에 위반하여 위법이라고 평가되는 상황의 존재를 요건으로 하여, 유해위험방지조치를 이행청구할 수 있는 가능성을 인정하는 판단을 한 것이다.

2) 부정례

이행청구권을 부정한 재판례로서는 '高島屋工作所事件' 판결351)이

---

350) 京都地判 2003.1.21. 労働判例 852号 38頁.

언급되고 있다. 이 사건은, 눈병 때문에 종래의 업무를 감당해 낼 수 없다고 판단한 근로자가 사용자에 대하여, 노안위법 제66조 제7항의 규정에 의해 사용자는 근로계약에 따라 업무내용의 변경, 배치전환 등의 구체적 조치를 제시하고 협의를 개시하는 채무(안전배려의무)를 지고 있다고 하여, 업무내용의 변경, 배치전환 등의 구체적 조치의 이행을 요구한 사건이다. 재판소는 이 청구를 다음과 같은 이유로 기각하였다.

즉 판결은, 안전배려의무는 "노무의 제공의무 또는 임금의 지불의무 등 근로계약에서의 본래적 이행의무와는 달리 어디까지나 근로계약에 부수하는 의무이고, 미리 내용을 구체적으로 확정하는 것이 곤란한 의무이기 때문에, 노사 간의 합의나 기타의 특단의 사정이 없는 한, 근로자는 재판상 사용자에 대하여 직접 그 의무의 이행을 청구하는 것이 불가능하고, 근로자에게 병의 발생 또는 그 악화 등의 구체적 결과가 야기된 경우에 비로소 사후적으로 그 의무의 구체적 내용 및 그 위반의 유무가 문제로 되는 데 지나지 않는다."라고 하여 안전배려의무는 원칙적으로 이행청구할 수 없다고 판단하였다.

그리고 본 판결은 '특단의 사정'이 있는 경우 안전배려의무가 '본래적 이행의무'로 높아진다고 한 후, '특단의 사정'에 대한 검토를 하고 있다. 이 판결은 구체적으로 구 노안위법 제66조 제7항이 본건 의무를 '본래적 이행의무'로 높이는 것인가를 검토하고, 그 결과 그 규정의 방법이 추상적·개괄적인 것, 위반한 경우 벌칙 부과를 전제로 하고 있지 않는 것으로 보아 이러한 의무는 이행의무로 높아지지 않는다고 판단하고 있다.

본 판결의 의의는, 안전배려의무가 본래적 이행의무로 고도화되는 경우가 존재하고, 그 경우 재판상 사용자에게 직접 이행청구할 수 있는지의 판단은 노안위법령의 해석에 의한다고 설시한 점과 구 노안위

---

351) 大阪地判 1990.11.28. 労働経済速報 1413号 3頁.

법 제66조 제7항의 의무에는 형벌이 부과되어 있지 않고 의무내용이 추상적·포괄적인 점을 이유로 이행청구를 기각한 점에 있다.

결국 본 판결은 노안위법규의 해석이 이행청구권의 유무의 판단을 좌우한다고 판단한 듯하다. 그렇다고 하면 이 재판례가 노안위법규가 규정하는 의무에 대하여 이행청구 가능성을 부정한 것은 아니라고 생각된다. 오히려 안전배려의무의 내용이 구체적이고, 특히 벌칙에 의해 뒷받침되는 규정 등에 대해서는 이행청구권을 긍정한 것이라고 해석하는 것도 가능할 것이다.

II. 작업거절권

1. 독 일

가. 채권법상의 작업거절권

1) 법적 근거 및 요건

사용자가「민법전」제618조의 안전배려의무를 완수하지 않고 근로자를 유해위험에 노출시킨 경우 근로자가 근로계약상 부담하는 노무급부를 거절할 수 있다는 이론은 현재 독일의 학설과 판례 쌍방에 의하여 폭넓게 지지받고 있다.352) 그러나 그 근거에 대해서는 다음과 같이 견해가 나뉘어 있다.353) 첫 번째는, 근로자의 작업거절권의 법적 근거를「민법전」제320조 제1항 제1문이 규정하는 동시이행의 항변권에서 찾는 견해로서, 사용자의 안전배려의무와 근로자의 노무급부의무

---

352) Kollmer, a. a. O.(Fn. 42), Rdnr. 230.

353) Fabricius, Einstellung der Arbeitsleistung bei gefährlichen und normwidrigen Tätigkeiten, 1997, S. 83ff.

는 상호 간에 쌍무계약상의 견련관계에 있다고 파악하는 입장이다.

두 번째는, 「민법전」 제273조가 규정하는 '채권법상의 이행거절권' (Zurückbehaltungsrecht)으로부터 근로자의 작업거절권을 유도하는 견해로서, 채권법상의 이행거절권의 성립에는 당사자의 급부 상호 간에 쌍무계약상의 엄격한 견련관계가 필요하지 않고 쌍방의 채무가 동일한 법률관계에 근거하는 것이면 충분하다는 것에 착목하여 이를 근거로 작업거절권을 인정하는 입장이다.

세 번째는, 채권채무관계를 지배하는 일반적 원칙으로부터 도출하는 견해로서, 이 견해에 의하면 신의칙의 권능(「민법전」 제242조), 금지법 위반의 무효(「민법전」 제134조)로부터 유도되는 권리 저지의 항변, 급부불능에 근거하는 면책(「민법전」 제275조)에 근거하는 권리 멸각의 항변 등이 작업거절권의 근거로 된다. 채권법상의 이행거절권으로부터 작업거절권을 도출하는 두 번째 입장이 현재의 지배적 견해라고 말할 수 있다.

학설상 채권법상의 이행거절권이 인정되는 일반적 요건에는, ① 반대채권(Gegenanspruch)의 존재(따라서 채권법상의 이행거절권의 귀속 주체는 사용자의 위반에 직간접적으로 관계하는 자에 한정된다), ② 견련성의 존재, ③ 반대청구권의 변제기 도래라는 '적극적 요건'과 법률의 특별규정, 근로계약 또는 신의칙에 의해 배제되지 않을 것이라는 '소극적 요건'이 존재한다고 이해되고 있다. 이 중 실무에서 가장 중요한 채권법상의 이행거절권의 배제·제한의 근거는 신의칙에 의해 발생한다. 이 원칙으로부터 근로자는 균형성(verhältnismäßigkeit)의 한도에서만 채권법상의 이행거절권을 주장할 수 있다는 결론이 도출될 수 있다. 따라서 근로자의 권리와 사용자의 이익은 적절하게 조화를 이루어야 하고, 채권법상의 이행거절권의 목적(안전한 작업장의 제공 또는 건강위험의 제거)을 완전히 동일하게 신속히 달성할 수 있는 보다 온

건한 다른 수단이 존재하는 경우에는 채권법상의 이행거절권은 배제
된다.354)

신의칙의 원칙으로부터 학설이 유형화한 채권법상의 이행거절권의
전제조건으로서는, ① 사용자가 위험을 제거할 기회를 얻도록 채권법
상의 이행거절권 행사에 있어 사전통지가 이루어질 것(단, 다른 정보
원으로부터 사용자가 이미 그 내용을 알고 있을 때에는 그러하지 아니
하다), ② 통지 후 사용자에 의해 지체 없이 보호조치가 취해지는 한
근로자 측은 그 완료를 기다릴 것,355) ③ 근로자가 더 이상의 위험에
빠지는 것 없이 스스로 위험을 제거하는 것이 가능하고 그것이 금지되
어 있지 않는 경우 그 수단을 모색할 것, ④ 사용자의 의무위반이 사
소한 것이 아닐 것356)이 제시되고 있다.357)

2) 법적 효과: 임금청구권 등

채권법상의 이행거절권을 적법하게 행사한 경우의 법적 효과는 대
별하면 대체로 다음의 2가지로 축약될 수 있다. 하나는, 사용자가 스
스로에게 부과된 의무를 완전하게 이행할 때까지, 즉 작업장이 안전하
지 않은 동안 해당 근로자가 자신의 급부의무를 정지받는 효과이고,
또 하나는 그와 같은 경우 근로자의 임금청구권이 보전되는 효과이다.

---

354) Vgl. Fabricius, a. a. O.(Fn. 353), SS. 142~143.

355) Däubler는 이 조건에 대해 일정한 제약이 필요하면서 "임금지불이 지체된 경우
와 다르고 석면 등의 유해물질에의 노출은 설령 그것이 아무리 단기간이라 하
더라도 상당한 피해를 발생시킬 수 있다."고 설명한다(Däubler, Arbeitseinstellung
wegen Asbestemission, AiB 1989, S. 139).

356) Däubler는 이와 같은 한계는 금전채권에 대해는 해당되더라도 유해위험에는 해
당되지 않는다고 주장하면서 비판적인 입장을 취하고 있다. 그는 언뜻 보아 사
소하게 보여도 장기간 계속되는 유해상황에 대해 사용자의 경제적 이익을 우선
하는 것은 '인간의 생명·건강의 존엄성'을 소홀히 하는 것이라고 주장한다
[Däubler, a. a. O.(Fn. 351), S. 139].

357) 三柴丈典 『労働安全衛生法序論』 新山社(2000年) 306頁 以下 参照.

이 중 두 번째의 법적 구성과 관련하여, 판례·학설은 거의 일치된 의견으로 근로자는 행위 당시 「민법전」 제293조(수령지체)에 의하여 수령지체의 상태에 있었던 것이라고 평가되고 「민법전」 제615조 제1문[358]을 근거로 하여 임금청구권을 잃지 않는다고 해석한다.[359] 이 경우 사용자의 귀책사유는 요하지 않는다. 수령지체에는 귀책사유가 있는 것을 전제로 하지 않기 때문이다(「민법전」 제293조 참조).[360]

그리고 위험상황으로 인해 노무이행 자체가 불가능한 경우에는, 근로자의 작업거절(노동불능)은 근로계약의 양 당사자의 귀책사유가 아닌 '경영상의 위험'(Betriebsrisiko)이라고 평가되고, 그 부담은 역시 원칙적으로 사용자 측에 돌아가게 된다(이른바 '경영위험부담설'). 현실적으로는 이러한 경우 '노동 없는 임금'을 명문화하는 단체협약이 다수 존재한다.[361]

작업거절권의 행사를 이유로 하는 불이익취급에 대해서는, 「민법전」 제612조a에서 "사용자는 그의 근로자가 정당하게 권리를 행사한 것을 이유로 그의 계약 또는 조치에 있어서 당해 근로자를 불이익하게 취급하여서는 안 된다."라고 규정하여 이를 금지하고 있고, 이 원칙은 「노동안전보건기본법」 제9조 제3항 제2문에도 명문화되어 있다.

나. 공법상의 작업이탈권(Entfernungsrecht)

독일에서는 채권법상의 이행거절권 외에 근로자가 직접적이고 중

---

358) 「민법전」 제615조 제1문은 "노무청구권자가 노무의 수령을 지체한 때에는 의무자는 그 지체로 인하여 급부하지 못한 노무에 대하여 약정된 보수를 추후급부의 의무를 부담하는 것 없이 청구할 수 있다."라고 규정하고 있다.

359) Brox/Rüthers/Henssler, a. a. O.(Fn. 11), S. 119; Löwisch, a. a. O.(Fn. 4), S. 214 usw.

360) Brox/Rüthers/Henssler, a. a. O.(Fn. 11), S. 119.

361) 三柴·前揭注(16)書 307頁 參照.

대한 위험에 노출될 경우 해당 근로자는 적극적인 작업이탈권도 가진다고 말해지고 있다. 「노동안전보건기본법」 제9조 제3항 제1문에 따라 "사용자는 직접적이고 중대한 위험 발생 시 근로자가 작업장을 즉시 이탈하여 안전하게 대피하는 것을 가능하게 하는 조치를 하여야 한다."362) 본 조가 규정하는 작업이탈권은 사용자의 의무위반 여부에 관계없이 일정한 기준을 일탈하는 위험에 대하여 근로자에게 배타적으로 부여되는 것으로서 채권법상의 이행거절권과는 다른 새로운 권리이고,363) 심각한 위험이 존재하는 경우의 노무급부의 불가능성의 일반적 항변권— 이것은 「민법전」 제242조(신의성실에 좇은 급부)로부터 도출된다— 을 구체화한 것364)이라고 해석되고 있다. 다시 말해서, 동 권리는 사용자의 의무위반 여부에 관계없이 근로자가 객관적인 위험에 노출되는 경우에 주어지는 권리라는 점에서, 사용자의 의무위반을 전제로 하는 채권법상의 이행거절권과는 구별되는 새로운 권리라고 이해되고 있다.365)

제9조 제3항 제1문에 의하면, 근로자는 특별한 위험상황에서는 노무의 중지와 그의 작업장으로부터의 즉시 이탈이 가능하여야 한다. 그런데 눈앞에 다가오는 위험, 즉 위험의 가능성은 '직접적'이고 '중대'하지 않으면 안 된다. 즉 현저한 개연성과 함께 근로자의 법익의 침해를

---

362) 작업이탈권은 「노동안전보건기본법」 초안에는 "위험이 현실에 존재하지 않거나 현실화되지 않은 때에도 동일하게 인정되는 것으로 한다."라는 문언이 포함되어 있었으나, 행정기관, 노사단체, 학계 등에서의 격론 끝에 최종적으로는 동 문언이 삭제되었다. 즉 작업이탈권은 「노동안전보건기본법」 최종안에는 그 효력을 최소한으로 하는 내용으로 반영되었다[中嶋士元也「労働関係上の付随的権利義務に関する感想的素描」『労働関係法の現代的展開』信山社(2004年) 184~185頁 参照].

363) Kittner/Pieper, Arbeitsschutzrecht, 3. Aufl., 2006, §9 Rdnr. 16.

364) Kittner/Pieper, a. a. O.(Fn. 363), §9 Rdnr. 10.

365) Bücker/Feldhoff/Kohte, Vom Arbeitsschutz zur Arbeitsumwelt; Europäische Herausforderungen für das deutsche Arbeitsrecht, 1994, S. 203.

초래할 수 있는 상황이 지배적이어야 한다. 또한 위험이 중대하지 않으면 안 되기 때문에 건강피해의 순수한 가능성으로는 충분하지 않다. 나아가 위험은 즉시의 건강피해를 예기할 수 있을 정도로 심각하여야 하고 작업이탈권이 유효하게 작동하여야 한다고 해석되고 있다. 한편 「노동안전보건기본법」은 사용자가 근로자의 작업장 이탈 시 그를 적극적으로 원조하여야 한다("사용자는 ……를 가능하게 하는 조치를 하여야 한다.")는 것을 전제하고 있다. 작업장 이탈을 '가능하게 하는 것'(Ermöglichen)에는 근로자에게 작업장에 남아 있도록 하는 취지의 정신적 압력을 가하지 않는 것도 포함된다.[366]

한편 「노동안전보건기본법」의 이중적 성질에 의해 작업이탈권도 공법적 성질과 사법적 성질의 이중적 성질을 가지고 있고, 이를 배경으로 하여, 위험 시 사용자가 부당하게 근로자를 작업장으로부터 대피시키지 않았다든지 또는 직접적인 위험상태가 실제로 지배하고 있는지에 대해 사용자와 근로자 간에 의견의 차이가 존재하는 경우, 이 문제는 다음과 같이 처리될 것이다. 먼저, 관할당국이 감독관청으로서 그 다툼을 취급하는 경우 관할당국은 이에 대해 상담·조언활동과 법 해석을 할 수 있고, 「노동안전보건기본법」 제22조 제3항에 근거하여 그의 입장을 관철하기 위한 행정명령을 내리는 것이 가능하다. 또한, 예를 들어 사용자가 작업장 이탈을 이유로 근로자를 해고할 수 있다는 입장을 취하고 있고 근로자는 그와 같은 입장에 대해 부당해고의 관점에서 대항하는 경우, 그 분쟁은 노동재판에 의해서도 해결될 수 있다.[367]

---

366) Kollmer, a. a. O.(Fn. 42), Rdnr. 232a.
367) Kollmer, a. a. O.(Fn. 42), Rdnr. 233.

2. 미 국

가. 연방법

급박한 위험에 노출되어 있다는 근로자의 판단이 선의(good faith)에 근거하여 충분한 근거를 갖고 있는 경우, 근로자는 작업 수행을 거절할 권리를 갖는다고 해석하는 것이 미국법에서의 일반적 견해이다. 근로자에게는 일반적으로 사용자로 하여금 급박한 위험을 제거하게 할 힘이 없고, 나아가 미국의 법제도하에서 사용자로 하여금 급박한 위험을 제거하도록 하기 위해서는 OSHA가 법원의 명령을 얻는 절차를 거쳐야 하기 때문에 자력구제의 권리는 특히 중요하다고 말해지고 있다.368)

미국에는 근로자가 작업을 거절한 것을 이유로 불이익을 받는 것으로부터 근로자를 보호하기 위한 많은 연방법이 존재한다. 여기에서는 이 중에서 가장 중요하다고 말해지고 있는 OSH Act와 NLRA에 의하여 인정되는 보호에 한정하여 서술하는 것으로 한다.

1) OSH Act

OSH Act에는 근로자에게 유해위험업무의 수행을 거부할 권리를 보장하는 명문의 규정이 두어져 있지 않지만, OSHA는 1973년에 근로자가 일정한 상황에서 유해위험작업 수행을 거절할 권리를 가진다고 명문으로 규정하는 규칙(29 C.F.R. §1977.12)369)을 제정하였다. 이 규칙의 법적 근거는 OSH Act에 따라 근로자에게 부여되어 있는 권리를 행사한 것을 이유로 당해 근로자에 대하여 차별적으로 취급하는 것을 금지하고 있는 OSH Act 제11조(c)라고 이해되고 있다.370)

---

368) Bailey et al., supra note(54), at 149.

369) 29 C.F.R. §1977.

370) Bailey et al., supra note(54), at 156; Rabinowitz et al., supra note(74), at 554.

위 OSHA 규칙은 근로자의 작업거절이 OSH Act 제11조(c)에 의해 보호받기 위하여 충족되어야 할 4개의 기준을 제시하고 있다. 첫째, 근로자의 작업거절은 선의로 행하여져야 한다. 둘째, 근로자가 유해위험하다고 생각하는 상태가 합리적인 사람이 동일한 상황에 직면하였을 때 사망 또는 중대재해(serious injury)의 현실적 위험이 있다고 결론을 내릴 만한 성질을 띠고 있어야 한다. 셋째, OSH Act 중에 규정된 행정절차에 의해서는 위험을 제거하기 위한 시간이 충분하지 않아야 한다. 그리고 넷째, 근로자가 사용자에게 위험을 제거하도록 요청했음에도 불구하고 사용자가 문제를 시정하지 않고 있어야 한다.[371]

OSH Act에 근거한 작업거절권을 지지한 지도적 판례(leading case)는 Whirlpool Corp. v. Marshall 사건 판결[372]이다. 동 사건에서 근로자 2명은 공중 높이 매달려 있는 안전망 위에서 작업하는 것을 거절하였다. 이전에 수명의 근로자가 당해 안전망 위에서의 작업 중에 추락한 적이 있고, 작업거절일 10일 전에도 또 한 명의 근로자가 추락하여 사망하였었다. 사용자는 이 안전망 위에서의 작업을 거부한 근로자에 대하여 징계처분과 감봉처분을 하였다. 대법원은 OSHA 규칙(OSHA Regulations)이 업무상의 중대재해와 사망의 방지를 목적으로 하는 OSH Act의 방향성에 명백히 합치하고 OSH Act상의 일반의무조항의 효과를 실현하는 데에도 부합한다고 해석한 후 징계처분의 취소를 명하였다. 그러나 2명의 근로자가 작업을 거절한 기간의 임금의 청구에 대해서는 판단하지 않고 지방법원으로 환송하였다. 지방법원은 환송판결에서 위험

---

371) Rabinowitz et al., supra note(74), at 554; see 29 C.F.R. §1977 12(b)(2).

372) Whirlpool Corp. v. Marshall, 445 U.S. 1(1980). 이 연방대법원 판결은 OSHA 규칙의 유효성을 인정한 최초의 연방대법원 판결이고, 이 연방대법원 판결 이전에는 이 규칙의 합법성이 몇 개의 사건에서 문제가 되었지만, 법원은 소수의 판결을 제외하고는 이 규칙을 무효라고 해석하여 왔다. 한편 이 연방대법원 판결 후에는 현재에 이르기까지 이 판례를 뒤집고 규칙의 유효성을 부정하는 판례는 나오지 않고 있다.

한 작업에 대신하는 안전한 작업이 주어지지 않았기 때문에 소급임금을 인정하여야 한다고 판단하였다.373) 그리고 그 후에 Marshall v. N. L. Industries, Inc. 사건374)에서도 법원은 작업을 거절한 기간 중의 소급임금 지급을 인정하였다.

그러나 Whirlpool 판결 후 작업거절의 문제를 취급한 법원은 작업거절권의 남용가능성을 인정하고, 근로자의 생각이 합리적인지를 판단하기 전에 주어진 업무가 현실적으로 중대재해 또는 사망의 위험을 가지고 있는지에 대해 다소간 객관적 증거를 요구하여 왔다.375)

2) NLRA

유해위험업무의 작업거절권에 대해서는, OSH Act 제정 이전부터 NLRA 제7조와 NLRA의 개정법인 「1947년 노사관계법」(이하 'Taft Hartley법'이라 한다) 제502조의 문제로서 처리되어 왔다.

NLRA의 주된 목적은 단체교섭을 통하여 노사분쟁의 해결을 촉진하는 것이지만, 유해위험한 작업을 거절하는 근로자의 보호에 대하여 규정하는 2개의 조문을 가지고 있다. 첫 번째는, 근로자는 자주적 조직결성과 단체교섭 외에 상호 부조 또는 보호를 목적으로 하는 공동행위(concerted activities)에 종사하는 권리를 가진다고 규정하고 있는 NLRA 제7조376)에서 발견된다. 동 규정은 주로 직장의 조건이 위험하다고 선의로 믿는 미조직 근로자를 보호하고 있다.

두 번째의 보호는 Taft Hartley법 제502조377)에서 발견되는데, 동

---

373) Marshall v. Whirlpool Corp., 9 OSHC 1038(N.D. Ohio 1980).

374) Marshall v. N. L. Industries, Inc., 618 F.2d 1220(7th Cir. 1980).

375) 예를 들면, Marshall v. Natl. Indus. Constructors, 8 OSHC 1117(D. Neb. 1980) (작업거절을 정당화하기에 충분한 위험의 객관적 증거가 없었다).

376) 29 U.S.C. §157.

377) 29 U.S.C. §143.

조는 "단수 또는 복수의 근로자가 고용장소의 업무가 특별히 위험한 상태에 있다고 생각하여 선의로 작업을 거부하는 것은 이 법률에서 규정하는 파업으로 간주되어서는 안 된다."고 규정하고 있다. 제502조는 단체협약이 작업의 중단을 야기하는 근로자는 징계를 받는다는 비파업 조항(no strike clause)을 포함하고 있는 경우, 그와 같은 단체협약을 법적으로 무효로 함으로써 주로 조직된 근로자의 보호를 그 목적으로 하고 있다.378)

(가) NLRA 제7조에 근거한 보호

일반적으로 NLRA 제7조는 노동조합을 비롯한 노동단체의 조직적 행위를 보호하는 데에 가장 빈번히 적용되는 규정이다. 직장에서의 안전하지 않는 근로조건에 항의하기 위한 파업 등의 공동행위 역시 NLRA 제7조에 의해 보장된 권리라고 해석되고 있다.379) 왜냐하면 이러한 공동행위는 '상호부조 또는 보호를 목적으로 하는 공동행위'에 포함된다고 해석되기 때문이다. 따라서 위험한 근로조건에 항의한 근로자를 해고 또는 제재를 하는 사용자는, 근로자가 NLRA 제7조에 의해 보장된 권리를 행사하는 것에 개입하고 이것을 방해 또는 강제하는 것을 금지한 NLRA 제8조(a)(1)(부당노동행위의 금지)을 위반하게 된다. 동 조항과 관련하여 큰 반향을 불러일으킨 사건은 7명의 근로자가 작업장의 매우 낮은 기온의 작업조건에 항의하기 위하여 작업장을 이탈한 NLRB. v. Washington Aluminum co. 사건380)이다.

본 사건에서 법원은 "사용자가 근로자의 제7조에 따른 상호 부조 또는 보호를 위한 공동행위권의 행사를 방해함으로써 전국노동관계법

---

378) Byrum et al., supra note(231), at 155.

379) See Id. at 159.

380) 370 U.S. 9 (1962).

제8조(a)(1)의 부당노동행위를 하였다."고 판단한 연방노동관계위원회 (이하 'NLRB'라 한다)의 결정을 지지하였다. 또한 본 법원은 공동행위에 참가하는 근로자의 판단의 합리성은 노사분쟁이 존재하는지의 결정과는 관련이 없다는 것이 오랫동안 합의되어 왔다고 판시하였다.[381] 요컨대, NLRA 제7조에 근거하여 인정되는 보호는 근로자의 작업거절에 대한 합리성에 의존하지 않고, 그 거절이 공동행위로 간주될 수 있는지에 달려 있다는 것이다.[382]

일정한 행위의 공동행위 여부는 근로자가 노동조합 등 노동단체에 의하여 대표되는지 아닌지에 따라 다르게 나타난다. 근로자가 노동단체에 의해 대표되는 경우에는, 단 한 명의 근로자가 다른 근로자와의 사전협의 없이 불안전하다고 생각되는 작업을 거부하였다고 하더라도, 그것은 일반적으로 NLRA 제7조에 의해 보호되는 공동행위로 간주된다. 그러나 노동단체에 의해 대표되지 않는 단 한 명의 근로자의 행위는, 그의 행위에 권한을 부여하거나 최소한 동의를 해 준 다른 근로자를 대표하여 주장하는 것이 아니라면 공동행위가 아니고, 따라서 제7조에 의하여 보호되지 않는다.[383]

그러나 직접 위험에 노출되지 않은 1인의 근로자가 단체의 공통관심사 또는 다른 근로자에게 있어 중요한 사항에 대하여 문제제기하고 있다는 증거가 있는 경우에는, 노동조합 대표성이 없다고 하더라도 '공동행위'의 요건을 충족할 수 있기 때문에 결국 NLRA 제7조에서 보장되는 권리의 행사에 해당할 수 있다고 해석되고 있다.[384] 그리고 다른 근로자에 의한 구체적인 위임이 없더라도 이것이 1명의 근로자의 위험한 근로조건에 대한 항의를 반드시 NLRA 제7조의 보호범위 밖으

---

381) Byrum et al., supra note(231), at 155~156.

382) Bailey et al., supra note(54), at 160.

383) See *Ibid.*

384) See *Id.* at 160~161; NLRB v. Jasper Seating Co., 857 F.2d 419(7th Cir.1988).

로 내모는 것은 아니다.[385)]

  (나) NLRA 제7조와 OSHA 규칙의 비교

  NLRA 제7조와 OSHA 규칙은 몇 가지 점에서 차이가 있다. 먼저,
NLRA 제7조는 위험상황에 대한 '주관적인(선의에 의한)' 결정을 요구
하고, 이에 반해 OSHA 규칙은 '합리적인 사람' 기준을 요구한다. 즉
NLRA 제7조는 '근로자의 판단의 합리성'까지는 요구하지 않는다. 둘
째, OSHA 규칙은 근로자가 작업거절 전에 대안적인 방법 — 행정적 절
차와 사용자와의 직접적인 협의를 통하여 — 을 다하도록 요구하지만,
NLRA 제7조는 사전 절차를 요구하지 않는다. 셋째, NLRA 제7조는
위험상황에 노출되어 있지 않은 근로자라도 동료근로자와 공동행위로
참가하고 있으면 보호받을 수 있지만, OSHA 규칙은 직접적으로 위협
을 받는 자만을 보호한다. 넷째, OSHA에 대해서는 이의제기를 30일
이내에 해야 하지만, NLRB에 대해서는 부당노동행위가 있다고 생각
하는 날로부터 6개월 이내에 이의제기할 수 있다.[386)]

  그러나 NLRA 제7조의 작업거절권은 작업을 이탈하는 근로자에 대
한 사용자의 일시적 또는 영속적 대체고용의 전권에 의해 축소된다.
반면, OSH Act의 보호를 주장하는 근로자는 위험이 제거된 조치 이후
에 즉시 작업에 복귀할 권리를 가진다. 한편 단체협약에 비파업조항이
존재하는 경우, NLRA 제7조하에서의 근로자의 권리는 이것에 의해
제한되거나 완전히 무효로 된다.[387)]

---

385) Rockwell International Corp. v. NLRB, 814 F.2d 1530(11th Cir.1987). 다른 근로
    자와 공유된 불만을 제기한 근로자는 NLRA 제7조의 보호를 받는 활동에 종사
    하고 있었다고 말할 수 있다.

386) Larry Drapkin, "The Right to Refuse Hazardous Work after Whirlpool", 4 Industrial
    Re lations Law Journal 49~50(1980).

387) Id. at 50~51.

(다) NLRA 제7조와 Taft Hartley법 제502조의 비교

Taft Hartley법 제502조는 보호범위에 있어서 NLRA 제7조보다 상당히 협소하다. NLRA 제7조하에서는 근로자의 행동이 '공동적'이라고 간주될 수 있는 한, 근로자가 위험이 존재한다고 '선의'(good faith)로 믿기만 하면 당해 행위는 충분히 보호받을 수 있다.

이에 대하여, Taft Hartley법 제502조하에서는 '선의'에 대한 판단에 추가하여 '특별히 위험한' 상태가 존재하여야 하고, 또한 그것이 '확실하고 객관적인 증거'에 의해 뒷받침되어야 하며,388) 게다가 근로자의 거부가 일반적으로 막연한 안전상의 불안이 아니라 '확인될 수 있는 현존하는 위험'에 근거하여야 한다.389)

(라) OSHA와 NLRB 사이의 협력

OSH Act 제정 후 미국에서는 NLRA 제7조에 의해 보장된 권리에 대한 사용자의 부당노동행위[동법 제8조(a)(1)]와 OSH Act에 의해 보장된 근로자의 권리 행사를 이유로 하는 해고 또는 기타 차별의 문제가 혼동되는 사례가 적지 않았다. 이에 따라 노동부장관과 NLRB는 1975년 4월에 NLRA와 OSH Act의 상호 조정에 대하여 다음과 같은 합의를 하였다. "OSH Act만으로 보호되는 안전보건의 문제도 있지만, 많은 경우 근로자의 안전보건을 위한 활동은 OSH Act와 NLRA의 쌍방에 의해 보호되는 것이 명백하다. 그러나 근로자의 안전보건을 위한 활동의 권리는, 특히 OSH Act에서 보호되고 있고, 다만 일반적인 의미에서 NLRA하에서의 공동활동을 위한 보다 폭넓은 권리와 관련되어 있는 데 지나지 않는다. 산업안전보건을 보호하기 위한 강행적 활동은 NLRA가 아니라 OSH Act의 관할로 되어야 한다."390)

---

388) Gateway Coal Co. v. United Mine Workers, 414 U.S. 368(1974).

389) Id. at 386.

390) 40 Fed. Reg. 26, 083(June 20, 1975).

그 결과, 근로자가 OSH Act 제11조(c)의 적용을 받는 보복(해고, 기타 차별)에 대한 부당노동행위 구제신청을 NLRB에 제기하는 동시에 유사한 내용의 고소를 OSHA에 제기한 경우에는, NLRB는 당해 이의제기를 각하하거나 유예할 것이고, 결국 OSHA에 의해 OSH Act 제11조(c)에 의한 절차가 취해지게 되었다. 또한 근로자의 이의제기가 NLRA에 근거해서만 이루어지는 경우에는, NLRB는 이의제기를 한 근로자에게 OSH Act 제11조(c)에 따라 OSHA에 고소할 권리가 보장되어 있음을 알리게 된다. 따라서 근로자가 OSH Act하에서 절차를 개시하면 NLRB는 OSHA에 절차를 맡긴다. NLRB는 근로자가 OSH Act의 적용을 받을 수 없다든지 OSH Act하에서의 절차를 취소한 경우에만 사건을 취급하게 되었다.[391]

나. 주법(州法)

근로자가 위험하다고 생각되는 작업을 거절한 것을 이유로 불이익을 받지 않을 권리는 많은 주의 법률 또는 헌법에서 보호되고 있다. 대부분의 주법(州法)은 OSH Act와 같이 권한을 부여받은 주(州)의 공무원만이 소송을 제기할 수 있다고 규정하고 있지만, 일부의 주법에서는 근로자의 사소권(private right of action)을 허용하고 있다.[392]

다. 보통법

법령에 의한 보호에 추가하여 많은 주의 법원에서는, 해고자유의 원칙에 대한 공서양속(public policy)에 근거한 예외에 의하여 사용자의 부당해고에 대한 불법행위 소송을 인정하고 있다. 그 예외에 근거하

---

391) Bailey et al., supra note(54), at 161.
392) See *Id*. at 165.

여, 법 위반의 위험작업을 거부했다는 이유로 해고된 근로자는 복직과 보상적 손해배상, 나아가 경우에 따라서는 징벌적 손해배상을 청구하는 민사소송을 제기할 수 있다고 해석되고 있다.[393]

3. 일 본

가. 공법상의 작업중지·대피권

공법인 노안위법은 유해위험업무에 작업을 지시받은 근로자의 작업 거절권에 대하여 명문의 규정을 두고 있지 않지만, 동법 제25조에서 "사업주는 산재발생의 급박한 위험이 있을 때에는 바로 작업을 중지하고 근로자를 작업장으로부터 대피시키는 등 필요한 조치를 강구하지 않으면 안 된다."라고 하여, 사용자의 위험업무에 대한 중지·대피명령의무를 규정하고 있다.[394]

노안위법 제25조는 사용자를 의무대상자로 하고 있고 동법 위반의 사용자에 대하여 제재규정이 법정되어 있으므로 사용자의 공법적 의무를 정하고 있다고 말할 수 있지만, 이 규정이 정하는 의무는 일본의 통설·판례에 의하면 사법적 효력도 아울러 갖는 것이다. 따라서 사용자는 근로계약상의 의무로서 산재발생의 위험이 급박한 경우에는 제25조에서 정하는 조치를 강구하지 않으면 안 된다. 이와 같이 사용자에게 대피시켜야 할 의무가 근로계약상 긍정된다고 하면, 동 의무는

---

393) See, for example, Cabesuela v. Browning Ferris Industries of Calif. Inc., 68 Cal. App.4th 101, 80 Cal. Rptr. 2d 60 (6th Dist. 1998).

394) 중지·대피시켜야 할 의무의 구체적인 내용은, 노안위법 제25조 및 제27조 제1항의 위임규정에 따라 노안위칙 제274조의 2, 제389조의 7, 제389조의 8, 제575조의 13, 유기용제 중독예방규칙 제27조, 4알킬연 중독예방규칙 제20조, 특정화학물질 등 장해예방규칙 제23조, 고기압작업 안전위생규칙 제23조, 전리방사선 장해예방규칙 제42조, 산소결핍증 등 방지규칙 제4조 등에 규정되어 있다.

근로자에게 있어서는 대피할 권리가 된다.

이 규정에 대해서, 후생노동성(구 노동성)의 행정해석은 "객관적으로 산업재해의 발생이 임박하고 있는 경우에는, 사업주의 조치를 기다릴 것 없이 근로자가 긴급피난을 위하여 그 자주적 판단에 의하여 그 작업장으로부터 피난할 수 있다는 것은 법의 규정을 기다릴 필요도 없이 당연하다."395)고 말하고 있는바, 이 해석으로부터도 제25조가 근로자의 작업거절권을 보장하고 있는 것이라고 이해할 수 있을 것이다.

나. 채권법상의 작업거절권

민법학에서 작업거절권을 논한 학설은 대체로 안전배려의무의 존재를 전제로 하여 작업거절권을 적극적으로 긍정하고 있다. 먼저, 奧田昌道 교수는 안전배려의무를 급부의무로 구성하고, 안전배려의무가 노무급부와 대가적 견련관계에 있는 것은 아니지만, 사용자에 의해 동 의무가 이행되지 않는 경우에는 근로자는 작업을 거절할 정당한 이유가 있다고 주장한다.396) 그리고 宮本健蔵 교수는 안전배려의무를 부수적 급부의무로 구성하면서 동 의무가 노무급부의무와 대가적인 견련관계에 서는 것은 아니지만, 동시이행의 항변권(「민법」 제533조)은 공평의 관념에 입각한 것이기 때문에 이것을 폭넓게 적용하는 것은 가능하다고 하면서, 산재발생의 위험이 급박하지 않아도 생명·건강에 대한 위험성이 현실적으로 존재하고 있는 경우에는 작업거부를 할 수 있다고 주장한다.397) 下森定 교수도 안전배려의무를 부수적 급부의무로 구성한 후 동 의무가 노무급부의무와 대가적인 견련관계에 서는 것은 아니지만 노무급부의 특수성으로부터 근로자 보호를 위하여 양자

---

395) 1972.9.18. 基発 602号.

396) 奧田·前揭注(327)書 20頁.

397) 宮本·前揭注(331)論文 192頁; 下森·前揭注(332)論文 246頁.

에 이행상의 견련관계를 긍정해야 한다고 하면서, 동시이행의 항변권을 유추적용하여 작업거절권이 인정될 수 있다고 보고 산재발생의 위험이 급박하지 않아도 생명·건강에 대한 위험성이 현실적으로 존재하고 있는 경우에는 근로자는 노무급부를 거절할 수 있다고 설명한다. 또 高橋真 교수는 "작업거절권은 동시이행의 항변권이라고는 말하기 어렵지만, 이것과 유사한 계약상의 권리로서의 성질을 갖는다고 생각하는 것이 가능하다."라고 하면서, 작업거절권을 인정하고 있다.[398) 한편 안전배려의무에 대해 급부의무 구성을 하지 않고 급부의무와는 다른 보호의무로 보면서도 당해 채무의 불이행 또는 불이행의 가능성을 이유로 작업거절권을 인정하는 견해도 있다.[399)

노동법학에서도 사용자의 안전배려의무를 근거로 작업거절권을 인정하고 있는 견해가 있다. 岡村親宜 변호사는 안전배려의무를 급무의무로 구성하면서 그 하나의 귀결로서 사용자의 안전배려의무 불이행이 있으면 근로자는 노무제공을 거절할 수 있다고 설명한다.[400) 그리고 渡辺章 교수는 노무제공에 앞서 또는 노무제공 중에 사용자에 의해 위험의 발생을 방지하기 위해 필요하고 상당한 방지조치가 강구되어 있지 않을 때에는 상당한 위험방지조치(안전배려의무)가 강구될 때까지 노무의 제공을 일시정지할 권리(노무제공거절권)를 갖는다(노안위법 제20조 이하 참조)고 주장한다.[401) 米津孝司 교수 또한 안전배려의무 위반으로서 법령 위반에 의해 근로자의 생명·신체에 구체적인 위험이 미칠 가능성이 있는 경우에는 채무자의 귀책사유에 의한 이행불능으로서 이것에 의해 법익에 현저한 불균형이 발생하는 등 특단의 사정이 없는 한 근로자는 노무제공을 거절할 수 있다고 해석한다.[402)

---

398) 高橋・前掲注(330)書 153頁.

399) 奧田編・前掲注(343)書 369頁[北川善太郎].

400) 岡村親宜「労災における企業責任論の課題」労働法律旬報 839号(1972年) 11頁.

401) 渡辺章『労働法講義(上)』信山社(2009年) 224頁.

한편 판례의 경우, 지금까지 작업거절권에 관하여 언급한 판례는 드물지만, 이것을 인정하였다고 판단할 수 있는 판결이 몇 개 나와 있다. 먼저 하급심 판례로서, 회사가 안전배려의무를 준수하지 않은 경우 근로자의 작업거절이 회사의 책임으로 귀책되어야 할 사유에 의한 이행불능에 해당한다고 하여, 근로자의 채무불이행(작업거절)의 위법성 및 귀책사유를 부정하고 그 기간 중의 임금 등의 지불청구를 인정한 新聞輸送事件 판결403)이 있다. 또 사용자가 안전배려의무에 위반하고, 근로자가 동 의무에 따른 조치를 요청하였음에도 불구하고 여전히 위험이 제거되지 않는 경우에는, 근로자의 노무제공의무 내지 직무전념의무가 발생하지 않는 경우도 있을 수 있다고 판시한 姫路商業高校事件 판결404)이 보인다. 그리고 최고재판소 판결로서, 근로계약이 내포하고 있지 않은 위험노동에 대해서는 근로자와의 합의 없이는 근로제공의무가 면제된다고 판단한 千代田丸事件 판결405)이 나와 있다. 단, 이들 판례는 반드시 작업거절권의 요건 및 효과를 명확하게 전개한 것이라고 말하기는 어렵고 작업거절권을 정면에서 취급한 사례는 아니다.

다. 작업거절권의 기타 근거

노동법학자인 菅野和夫 교수와 土田道夫 교수는 작업거절권을 안전배려의무 구성에 의하지 않으면서 인정하고 있다. 菅野和夫 교수는 근로자가 근로계약상 위험노동에 관한 근로제공의무를 면제받는 것이 발생할 수 있는 경우가 두 가지 있다고 하면서, 그 하나로 노안위법

---

402) 角田邦重・毛塚勝利・脇田滋 編 『新現代労働法入門(第4版)』 法律文化社(2009年) 298頁.

403) 新聞輸送事件・東京地判 1982.12.24. 労働関係民事裁判判例集 33巻 6号 1160頁.

404) 姫路商業高校事件・神戸地判 1983.1.31. 労働判例 404号 35頁.

405) 千代田丸事件・最3小判 1968.12.24. 最高裁判所民事判例集 22巻 1号 3050頁.

등의 강행법 위반 여부를 묻지 않고 당해 작업에 생명·신체에 대한
중대한 위험이 존재하고 있어 근로제공의무의 본질적 한계로서 근로
의무를 부담하지 않는다고 생각되는 경우를, 그리고 다른 하나로 사용
자가 노안위법상의 안전보건조치를 강구하고 있지 않아 당해 작업에
생명·신체에 대한 중대한 위험이 발생하고 있는 경우로서 노안위법
위반 때문에 당해 작업의 명령이 구속력을 갖지 않는 경우를 제시한
다.[406] 그리고 土田道夫 교수는 근로자의 위험(일반적 위험·특별적
위험을 묻지 않는다)을 동반하는 작업을 명하는 업무명령에 대하여 근
로계약의 범위 외에 있는 것으로서 또는 노무지휘권의 남용(「노동계
약법」 제3조 제5항)으로서 그 효력을 부정하는 방법에 의하여 작업거
절권을 광범위하게 긍정한다.[407]

라. 작업거절권의 법적 효과

1) 임금청구권

작업거절권이 인정된다면 그다음으로 작업거절권 행사에 대한 보호
가 문제로 될 수 있는데, 먼저 임금보장의 가부가 문제로 된다. 그런데
일본의 노안위법은 이 점에 대해서 언급하고 있지 않아 이것은 해석론
에 맡겨져 있다. 학설에 의하면, 유해위험한 작업환경에 대해 근로자
가 노무제공을 일시적으로 정지하는 것은 사용자 측의 귀책사유에 의
한 이행불능으로서 계약법의 일반원칙(위험부담의 원칙, 제536조 제2
항)에 따라 근로자는 반대급부(임금)를 받을 권리를 잃지 않는다고 한
다.[408] 즉 작업거절권 행사가 있어도 임금청구권이 있는 것으로 해석

---

406) 菅野和夫 『労働法(第9版)』 弘文堂(2010年) 347頁 参照.

407) 土田道夫 『労働契約法』 有斐閣(2008年) 487頁.

408) 桑原昌宏 「危険有害業務拒否権」 労働判例 425号(1984年) 13頁; 下森·前掲
注(328)論文 246頁; 角田·毛塚·脇田·前掲注(402)書 298頁; 渡辺·前掲注

되고 있다. 이 점에 관해서는, 앞의 新聞輸送事件 판결도 정당하게 작업을 거부한 기간의 임금을 청구한 당해 사안에 대해 제536조 제2항에 의하여 임금채권을 잃지 않는다고 판시하였다.[409)

2) 기 타

근로자가 정당한 작업거절을 할 경우, 당해 근로자는 근로제공의무가 면제되고(千代田丸事件 판결), 업무명령·직무전념의무로부터 해방되며(姬路商業高校事件 판결), 채무불이행의 위법·귀책사유가 부정된다(新聞輸送事件 판결). 따라서 작업거절권을 정당하게 행사한 근로자에 대하여 사용자가 해고 등의 불이익취급을 한 경우, 이는 적법한 권리 행사에 대한 제재로서 사용자의 징계권한을 남용한 것으로 해석된다. 그리고 작업거절권 행사가 노동조합 활동으로서 행사된 경우 이에 대한 불이익취급은 부당노동행위가 될 것이다.[410)

III. 손해배상청구권

1. 독 일

사용자의 안전배려의무의 위반에 의하여 근로자가 손해를 입은 경우에는 근로자는 「민법전」 제280조 제1항(적극적 채권침해)에 근거하여 손해배상을 청구할 수 있다. 나아가 이 점에 관하여 「민법전」 제618조 제3항은 생계손해의 배상에 관해서는 「민법전」 제842조 및 제843조의 규정의 적용을, 또 사망의 경우에 대해서는 부양가족, 일실한

---

(401) 書 224頁 等.
409) 新聞輸送事件·東京地判 1982.12.24. 労働関係民事裁判例集 33巻 6号 1160頁.
410) 桑原·前揭注(408)論文 13頁; 籾井常喜「保安闘争の正当性」日本労働法学会誌 25号(1965年) 75頁.

노무급부 및 매장비의 배상에 관한 「민법전」 제844조 내지 제846조의 적용을 각각 규정하고 있다.[411)

그러나 일반적으로 그 책임은 산업재해보험의 급부에 의하여 배제된다. 「사회법전」 제7편 제104조에 의하면, 사용자는 근로자 및 그 유족에 대하여 산업재해에 기인하는 인신손해에 대해 민법전의 규정에 근거한 배상의 의무를 원칙적으로 지지 않는다. 이 경우, 면책은 안전배려의무 위반 시에 발생하는 청구권뿐만 아니라, 불법행위나 위험책임으로부터 발생하는 청구권에도 미친다. 「민법전」 제823조 이하 규정에 근거한 요양비, 생계손해, 부양손해, 매장비에 대한 배상청구권도 발생하지 않고, 그 면책에 의하여, 특히 위자료 청구권(「민법전」 제253조 제2항)도 배제된다.[412)

이 원칙에 대한 예외는 먼저 사용자가 산업재해를 고의로 발생하게 한 경우에 인정된다. 이 경우 고의는 산업재해 자체에도 미치는 것이지 않으면 안 된다. 사용자가 산재예방규칙을 고의로 무시했다는 것은, 그가 산업재해가 발생하지 않을 것이라고 경솔하게 믿은 경우라도 그 예외가 적용되기에는 충분하지 않다.[413) 그러나 가해자가 사고를 의식적으로 무리하게 일으키거나 또는 사고가 발생할 수 있다고 생각했지만 이를 승인하면서 감수한 경우에는 고의가 긍정될 수 있다.[414) 다른 한편, 산업재해에서 통근재해가 문제인 경우에도 사용자의 책임은 면제되지 않는다. 근로자가 직장으로 가는 경로에서 사용자의 차에 치인 경우, 근로자는 위험책임에 근거하여, 또 사용자에게 귀책사유가 있는 경우에는 불법행위에 근거하여, 배상을 청구하는 것이 가능하다. 그러나 사고가 사업장 내부에서 발생한 경우, 예를 들면 근로자가 사용자가 운

---

411) Löwisch, a. a. O.(Fn. 4), S. 278.

412) Löwisch, a. a. O.(Fn. 4), SS. 278~279.

413) BAG v. 10. 10. 2002, NJW 2003, S. 1890.

414) Brox/Rüthers/Henssler, a. a. O.(Fn. 11), S. 122.

전하는 공장 버스로 작업현장에 향하는 도중 만난 사고와 같은 경우에는, 「사회법전」 제7편 제104조가 적용되어 사용자는 면책된다.

한편 사용자의 면책에 의하여, 특히 「민법전」 제847조 제1항의 위자료 청구권이 상실된다는 불이익이 근로자에게 발생하는데, 이것이 기본법 제3조 제1항의 평등원칙에 반하지 않는지가 문제가 된다. 그런데 1972년 11월 7일의 연방헌법재판소는 이 이의를 받아들이지 않았다. 그 이유로서는, 신속하고 효과적으로 근로자의 생계능력의 회복 및 경제적 보상을 위하여 필요한 조치가 취해지는 것, 사용자에게 과실이 존재하지 않는 경우에도 보험급부가 해지는 것, 채무자인 산재보험조합의 지불능력이 근로자의 보호에 도움이 되는 것, 그리고 이것에 의하여 기업평화가 확보될 수 있는 것 등이 말해지고 있다.[415]

이것과 달리, 제3자가 산업재해를 고의·과실로 야기한 경우에는, 근로자는 산재보험조합에 대한 산업재해보험의 급부청구권뿐만 아니라, 불법행위에 근거한 손해배상청구권을 제3자에 대해서도 가진다. 이 배상청구권은 산재보험조합이 근로자 또는 유족에 산업재해보험의 급부를 하지 않으면 안 되는 범위에서 산재보험조합으로 이전한다(「사회법전」 제10편 제116조 제1항). 결국, 인적 손해의 배상청구권은 산재보험조합으로 이전하지만, 위자료 청구권이나 물적 손해의 배상청구권은 이전하지 않는다. 그 이유는 근로자가 인적 손해를 이중으로 배상받는 것을 방지함과 아울러 산업재해보험으로부터 보호가 존재하는 것에 의해 가해자인 제3자가 일방적으로 이익을 얻는 것을 회피하는 데 있다.[416]

이것이 일반원칙이지만, 「사회법전」 제7편 제105조의 규정에 의하면, 가해자인 제3자가 동일한 사업장에서 근로하고 있는 다른 종업원이고 그 자가 사업장의 업무에 기인하여 산업재해를 야기한 경우 그

---

415) BVerfGE 34, 118ff.

416) Vgl. Götz, Grundzüge des Arbeitsrechts, Bd. 1, 1988, S. 109f.

책임에 대해서 「사회법전」 제7편 제104조가 준용된다. 따라서 이 가해자인 동료 근로자도 민사법상 피재 근로자에 대해 고의로 발생시킨 경우 또는 통근재해의 경우에 한하여 책임을 부담하게 된다.[417)]

2. 미 국

미국 또한 근로자가 산업재해에 기인하여 부상을 입거나 질병에 이환된 경우, 사용자의 과실의 유무를 불문하고 당해 근로자에 대하여 정률의 소득보상급부, 의료급부, 재활을 실시하고, 근로자가 사망한 경우에는 유족에 사망급부를 지급하는 산업재해 급부제도를 갖추고 있다. 그러나 미국의 산업재해보상보험법은 OSH Act와는 달리 모든 주에 적용되는 통일법이 아니고 각 주법에 위임되어 있다.[418)]

「산업재해보상보험법」의 입법 전에도 산업재해를 입은 근로자는 사용자에 대하여 과실의 불법행위의 이론에 근거하여 소송을 제기하는 것이 가능하였지만, 많은 경우에 ① 기여과실(contributory negligence)의 법리,[419)] ② 위험인수(assumption of risk)의 법리,[420)] ③ 공동고용(common employment)의 법리[421)] 등에 의하여 배상을 받는 것이 불가능하였다. 이러한 점을 감안하여 전국 50개 주 모두와 콜롬비아 특별구에서는 근

---

417) 宮本健蔵 『安全配慮義務と契約責任の拡張』 信山社(1993年) 263頁.

418) 그러나 연방공무원에 적용되는 「연방공무원 산업재해보상법」, 항만근로자를 대상으로 하는 「항만 산업재해보상법」, 그리고 흑폐증(黑肺症) 환자에 적용되는 「흑폐 보상법」은 예외적으로 연방법으로 되어 있다.

419) 근로자 자신에게도 산업재해 발생에 대해 과실이 있는 경우, 설령 사용자에게 과실이 있었다고 하여도 그 책임을 물을 수 없다는 법리를 의미한다.

420) 근로자 자신이 업무에 동반하는 위험을 인수하였다고 인정되는 경우에는, 설령 사용자의 과실에 의해 산업재해를 입었더라도 사용자의 책임은 면제된다는 법리를 의미한다.

421) 동료 근로자의 과실에 의해 발생한 산업재해에 대해서는 사용자는 책임을 지지 않는다는 법리를 의미한다.

로자의 과실을 묻지 않고 피재자 또는 피부양가족에게 확실하고 신속한 보상을 할 목적으로 「산업재해보상보험법」이 입법화되었다. 산업재해보상보험은 일반적으로 강제적용을 원칙으로 하지만, 보험의 방법은 독점적인 주 기금의 사용이 의무화되어 있는 주가 있는가 하면 주 기금과 민영보험이 경합하고 있는 주도 있고, 또 일정한 경우에는 자기보험을 인정하고 있는 주도 있는 등 주정부별로 다른 형태를 취하고 있다.[422]

각 주의 「산업재해보상보험법」은 사용자에 대해 대부분 민법상의 손해배상청구를 인정하고 있지 않다(이른바 '배타적 구제'). 따라서 현재 「산업재해보상보험법」의 적용하에 있는 근로자에게는, 설령 사용자의 과실에 의한 사고라 하더라도 민사손해배상청구권이 인정되고 있지 않다. 그 때문에 미국에서는 산업재해보상과 민사손해배상의 조정의 문제는 발생하지 않는다.

그러나 「산업재해보상법」의 적용을 받지 않는 근로자가 업무상의 상병을 입은 경우에는 보통법상의 손해배상청구[423]에 의하여 배상을 받게 된다. 적용이 제외되어 있는 근로자는 주에 따라 다르지만, 농업근로자, 가사근로자, 임시근로자, 영세기업의 근로자를 적용제외로 하는 주가 많다. 또한 상병이 보상의 대상이 되지 않는 경우, 사용자가 고의의 위법행위에 의해 부상을 입힌 경우, 부상이 사용자의 안전장치의 미제공에 의해 발생한 경우, 미성년자가 부상을 입은 경우 등은 민사상의 손해배상청구가 허용된다.

「산업재해보상보험법」의 배타적 구제조항은 산업재해를 입은 근로자의 사용자에 대한 소송에만 적용된다. 따라서 제3자에 대해서는 보통법 소송이 배제되지 않고 다양한 소송이 허용되고 있다.[424]

---

422) 林弘子 「アメリカにおける労災補償法責任の法理と保険制度の生成」 『労働災害補償法論』 法律文化社(1985年) 48～49頁 参照.

423) 이 소송의 근거로서는 과실의 불법행위를 이용하는 것이 일반적이다.

424) 이하의 기술은 주로 Rothstein, supra note(69), at 624～637에 의한다.

첫째, 관련 회사에 대한 소송은 주에 따라 다르지만, 공동고용자라고 말할 수 있을 정도로 밀접한 관계가 아니라면, 당해 소송이 인정되는 주가 있다. 둘째, 하청회사 소속 근로자의 원청회사에 대한 소송은 하청회사가 산업재해보상에 의해 보호되고 있지 않는 경우에는 원청회사가 산업재해보상에 있어 사용자로 되기 쉽지만, 그럼에도 불구하고 일부 주에서는 보통법상의 소송이 인정되고 있다. 셋째, 원청회사 근로자의 하청회사에 대한 소송은 많은 주에서 인정되고 있다. 넷째, 동료의 근로자에 대한 소송은 그 동료의 입장·지위 또는 사용자의 안전책임 등과의 관계에서 결정된다. 다섯째, 설계자, 기술자가 직장의 안전보건에 책임을 지고 있는 자인 경우, 그들의 의무위반에 의해 산재를 입은 근로자로부터 민사책임이 물어질 수 있다. 여섯째, 특히 건설업에서 산업재해를 입은 근로자가 사고현장의 설비나 시설의 소유자에 대하여 민사소송을 제기하는 경우가 있는데, 그것이 가능한지는 주의 보통법에 따라 다르다. 그 외에 하자 있는 제조물의 제조자, 유통업자 또는 설치자에 대해서도 손해배상청구가 많이 인정되는데, 그 전형은 근로자가 직장에서 사용하고 있는 기계의 결함 때문에 부상을 입은 후 그 기계의 제조자 등에 대하여 손해배상청구를 하는 제조물책임소송이다.

3. 일 본

일본에서는 업무에 기인하는 산업재해를 입은 피재 근로자 또는 그 유족은 노기법·「노동자재해보상보험법」상의 산업재해보상·산업재해보험급부 청구권을 취득함과 함께, 법원에 가해자인 사용자 또는 제3자에 대해 손해배상을 청구할 수 있다. 이와 같이 일본법제에 있어서는 산업재해에 대해 노동법 특유의 '보상'제도와 일반 민사법에 기반을 두는 손해'배상'제도의 병존이 예정되어 있다. 단, 이 양자는 피재 근로자의 손해를 보전한다는 공통의 목적을 가지고 있는 이상, 중복 수령을 피하기 위해 일정한 한도에서 조정되고 있다.

일본의 법제가 병존주의를 채용하고 있는 데에는 다음과 같은 배경이 있다고 말해지고 있다.[425] ① 산업재해보상제도에는 정신적 손해(위자료)의 보전은 포함되어 있지 않은 것, ② 휴업보상은 평균임금을 토대로 하여 계산되고, 그 보상액은 최고 평균임금의 80%로 억제되어, 피재근로자가 건강한 상태로 계속 일하였다면 획득하였을 임금 전액을 대상으로 하고 있지 않은 것, ③ 상해보상은 장해의 정도만을 기준으로 정액화되어, 근로자의 연령, 직업에 의한 손해의 차이는 고려되어 있지 않은 것 등의 제도상의 제약이 그것이다. 그래서 피재 근로자나 유족이 산업재해보상으로는 얻을 수 없는 모든 손해를 보전하려고 할 경우, 민법상의 손해배상청구소송에 호소하지 않을 수 없다. 결국, 산업재해 관련 민사소송은 산업재해보상·산업재해보험급부의 가액의 한도를 넘는 손해를 보전하는 기능을 하고 있다.

한편, 산업재해사고에 의한 손해배상은, 일찍이는 불법행위책임·사용자책임(「민법」 제709조, 제715조) 및 토지의 공작물을 점유·소유하는 자의 책임(「민법」 제717조)에 근거하여 청구되고, 각각의 소정의 책임요건하에 손해배상이 인정되어 왔다. 그러나 전술한 바와 같이 1975년에 이르러 '陸上自衛隊八号車両整備工場事件'에서 최고재판소가 안전배려의무의 존재를 긍정한 것을 계기로, 산업재해사고에서의 생명·신체의 침해 사안의 주류는 채무불이행(안전배려의무 위반) 구성에 의하는 것이 되었다. 채무불이행 구성은 귀책사유의 입증책임이 사용자 측에 부과되는 점 및 시효가 10년인 점 등에서 불법행위 구성에 의한 것(시효는 3년)보다 피재근로자 측에 다소 유리한 것으로

---

425) 保原喜志夫·山口浩一郎·西村健一郎 編 『労災保険·安全衛生のすべて』 有斐閣(1998年) 296頁.

이해되고 있다.[426)]

Ⅳ. 소 결

독일 「민법전」 제618조가 사법 규정이고 근로자에 대한 사용자의 의무를 정하는 규정인 반면, 공법상의 산업안전보건규정은 국가에 대한 사용자의 의무를 정하는 것이다. 그러나 양자 간에는 밀접한 관계가 있다고 해석되고 있다. 즉 현재 노동법학에서의 지배적 견해에 의하면, 산업안전보건법규에서 정하는 안전보건조치는 그것이 제618조의 내용에 적합한 것인 한 공법상의 의미를 갖는 동시에 사법상의 의무내용이 되고 안전배려의무의 내용을 구체화한다고 설명되고 있다. 환언하면, 독일의 산업안전보건법규상의 사용자 의무 규정은 일정한 요건을 거쳐 근로자의 권리가 된다. 또한 통설·판례에 의하면, 사용자가 안전배려의무를 준수하지 않을 경우 근로자는 이에 대한 사법적 수단으로서 손해배상청구권, 이행청구권, 작업거절권 등의 권리를 행사할 수 있다고 해석되고 있다. 단, 사용자의 안전배려의무 위반 시 근로자는 일반적으로는 동 의무의 이행을 요구하여 법원에 소를 제기하기보다는 종업원대표 또는 감독기관에 규정의 준수를 호소하는 쪽이 많다.[427)]

미국의 경우, 근로자는 근로계약상의 권리로서 사법상의 안전배려청구권을 가지고 있지 않다. 그러나 OSH Act의 사법적 효력의 부정이 근로자의 주정부 법원에의 소송제기와 보통법상의 권리 행사에 제한을 가하는 것을 의미하지는 않는다. 즉 근로자는 보통법상의 사용자의 안전배려의무에 근거하여 주정부 법원에 이행명령청구소송을 제기할 수 있고, 「산업재해보상보험법」의 적용을 받지 않는 근로자는 안전배려의

---

426) 保原·山口·西村編·前掲注(425)書 297~298頁.

427) Brox/Rüthers/Henssler, a. a. O.(Fn. 11), S. 119.

무 위반에 의해 발생한 손해에 대하여 손해배상청구를 제기할 수 있다.

일본에서의 통설·판례에 의하면, 노안위법이 규정하는 의무는 일정한 채널을 통하여 사법적 효력을 가진다고 해석되고 있으므로, 근로계약적 성격을 갖지 않는 조직규정 등 예외적인 것을 제외하고는, 노안위법상의 사용자 의무는 모두 근로계약상 안전배려의무가 되고, 결국 그것은 근로자의 사법적 권리가 된다고 말할 수 있다. 그런데 일본에서 최근 이 안전배려의무는 인적·물적 배려의무 외에 건강관리 배려의무 등으로 다양화·확대되는 경향을 보이고 있다. 안전배려의무의 이러한 확대화 현상은 사용자에 의한 산업재해와 직업병에 관련되는 예방대책의 확장을 만들어 내고 있다. 사용자의 안전배려의무의 불이행으로 사고가 발생하여 근로자에게 손해가 발생한 경우, 채무불이행에 대해 손해배상청구권이 발생하는 것에 대해서는, 일본의 학설·판례상 이의 없이 인정되고 있다. 그리고 사용자에게 안전배려의무의 불이행이 있는 경우, 근로자가 반대급부인 자기의 노무급부를 거절하는 것에 대해서도 이것을 부정하는 학설·판례는 존재하지 않는다. 그리고 이행청구권에 대해서는 많은 학설이 이것을 원칙적으로 승인하고 있고, 특히 노동법학계에서는 이를 긍정하는 것이 지배적 견해라고 말할 수 있다. 판례는 이행청구의 가부에 대하여 긍정하는 입장과 부정하는 입장으로 나뉘어 있지만, 부정하는 판례도 이행청구의 내용이 특정되고, 특히 벌칙에 의해 뒷받침되는 규정에 대해서는 이행청구권을 사실상 긍정하고 있는 것이나 다름없다. 다시 말해서, 이행청구가 일의적이고 벌칙이 수반되는 규정에 근거하여 이루어지는 경우에는 이행청구권을 인정하는 것에 판례의 견해가 일치한다고 말할 수 있다.

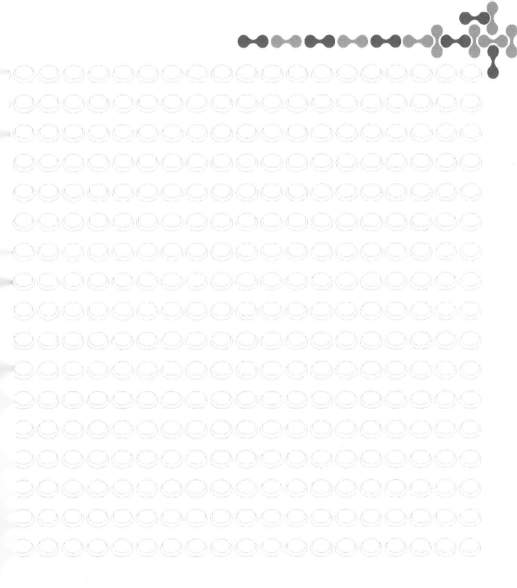

제4장 산업안전보건법상 근로자의 의무

제1절 총 설

Ⅰ. 독 일

근로자의 안전보건에 대한 의무는 사용자의 의무와 마찬가지로 국가에 대한 공법상의 의무인 동시에 사용자에 대한 계약상의 의무로서 효력이 발생한다(이중적 효력, Doppelwirkung). 즉 산업안전보건법규상의 안전보건기준은 근로자의 계약상의 의무로 전환된다. 그 결과 근로자는 근로계약에 근거해서도 공법상의 안전보건규정을 준수할 의무를 부담한다. 한편 근로자의 의무는 지금까지 근로계약상의 부수의무(Nebenpflicht)로 존재하여 왔지만, 「노동안전보건기본법」 제15조(근로자의 의무)에 의해 이 계약상의 의무는 공법상의 의무로 명시적으로 확인되고 있다.[1]

이 근로계약상의 부수의무는 주된 채무인 노무급부의무의 내용을 제대로 실현하기 위하여 근로자가 적절한 주의를 기울여야 하는 의무로서, 그 법적 근거는 신의칙이라고 이해되고 있다. 근로자가 준수하여야 할 산업안전보건법규 및 사용자의 관련 지시나 조치를 위반하여 근로를 제공하는 경우, 자신은 물론이고 타인의 노무의 가치나 결과가 위태롭게 되어 근로계약상의 근로제공의무를 정상적으로 이행하지 못하는 결과가 발생할 수 있다. 특히 최근에는 근로제공의 안전보건기준에의 부합 여부가 그 노무급부의 결과(서비스이든 생산제품이든)의 질에 적극적 영향을 미칠 수 있다는 점이 지적되기도 한다.[2]

---

1) Kollmer/Klindt(Hrsg.), ArbSchG – Arbeitsschutzgesetz mit Arbeitsschutzverordnungen, 2. Aufl., 2011, §15 Rdnr. 21.

2) Hanau, Arbeitsvertragliche Konsequenzen des Arbeitsschutzes, in: Anzinger/Wank(Hrsg.), Entwicklungen im Arbeitsrecht und Arbeitsschutzrecht Festschrift für Wlotzke, 1996, SS. 40 und 42[박종희 외, 『산업안전보건법 집행의 효율성 강화를 위한 개선방안

한편, 근로자의 안전보건상의 의무는 사용자의 조치나 지시의 준수를 목적으로 하되, 근로자의 기본적인 노무제공의무의 범위를 넘어서서 독립적인 부수의무(selbstständige Nebenpflicht)의 형태로 존재할 수 있다. 여기에서 독립적이라는 의미는 부수의무의 위반이 바로 노무제공의무의 위반을 의미하지 않는다는 것이다.[3] 이것은 근로자의 부수의무로서 충실한 행위에 대한 일반적인 의무라고도 말할 수 있다. 동료, 사용자, 제3자의 안전과 건강을 배려할 의무가 여기에 해당할 것이다.[4]

근로자가 사법상의 의무로 전환된 공법상의 안전보건기준을 유책하게 위반한 경우, 당해 근로자는 행정법상의 벌칙의 적용에 관계없이 계약상의 불이익을 부담하게 된다. 근로자가 의무위반을 유책하게 하였는지를 심사할 때에는, 근로자가 산업안전보건과 관련된 행위의무를 부담한다고 하여 사용자가 작업과정에서 근로자의 안전과 건강보호를 보장할 의무가 배제되거나 부분적으로 대체되는 것이 아니라는 것이 고려되어야 한다. 다시 말하면 근로자의 산업안전보건 및 재해예방의무는 사용자의 안전배려의무와 조직의무(Organisationspflicht)를 보충하거나 지원하는 성격을 가진다. 근로자의 산업안전보건법규상 의무의 유책한 위반은 근로자가 그와 같은 의무의 존재를 알았거나 알 수 있었어야 하는 것을 전제로 한다. 또한 이것은 관계근로자가 안전보건에 대하여 사용자로부터 지도와 교육을 받았고 사용자가 산업안전보건법규와 산재예방규칙을 게시하거나 설명하는 등 자신의 의무를 이행하였다는 것을 전제조건으로 한다.[5]

에 관한 연구(학술연구보고서)』, 한국산업안전공단 산업안전보건연구원, 2006, 86쪽에서 재인용].

3) 박종희 외, 앞의 각주(2)의 연구보고서, 86~87쪽.

4) Vgl. Löwisch, Arbeitsrecht, 8. Aufl. 2007, S. 216.

5) Richardi/Wlotzke(Hrsg.), Münchener Handbuch zum Arbeitsrecht, 2. Aufl., 2000, Rdnr. 53.

한편「노동안전보건기본법」은 "사용자는 근로자가 자신의 협력의무 (Mitwirkungspflicht)를 이행할 수 있도록 산재예방조치를 강구하여야 한다."라고 규정하여, 근로자가 사용자에 대하여 협력의무를 이행하여야 함을 사용자 의무의 규율형태로 간접적으로 규정하고 있다(제3조 제2항 제2호).

Ⅱ. 미 국

미국에서는 독일, 일본과 달리 계약법상 신의칙에서 도출되는 부수적 의무는 논의되고 있지 않다. 공법상의 의무는 존재하지만, 벌칙규정을 두고 있지 않다. 그 결과, 미국에서 근로자의 의무는 기업 내부의 노사관계의 문제로 맡겨져 있다고 할 수 있다. 이 경우 사용자 측의 면책사유의 중요한 요소로 사업장 내 안전보건규정을 마련하여 근로자에게 충분히 전달하고 있는지와 근로자의 위반을 파악하기 위한 조치를 취하고 이것이 발견되었을 때 위반근로자에 대한 제재를 실제로 하고 있는지 등이 고려된다. 그리고 사용자의 책임을 묻기 위한 판단기준으로 예측가능성이 제시되고 있다.

공법인 OSH Act의 일반의무규정인 제5조(b)는 "모든 근로자는 자기 자신의 행동에 적용되는 이 법률에 따라 제정·공포되는 산업안전보건기준과 모든 규칙, 규정, 명령을 준수하여야 한다."라고 규정하여 근로자의 의무가 명시되어 있다. 그런데 이 문구는 전적으로 권고규정에 불과하다. OSH Act가 근로자 의무 위반에 대해 벌칙을 규정하고 있지 않아, 노동부장관, 법원 그 어느 기관도 규정을 위반하는 근로자에 대하여 벌금이나 다른 제재를 할 권한을 가지고 있지 않다. 산업안전보건심사위원회 역시 근로자에게는 위반통고서를 발부하지 않는다는 법적인 입장을 지지하여 왔다. 그러나 근로자는 사용자에 의해 만

들어진 모든 내부적 또는 관리적 안전보건규정(안전장치·장비의 부
착·사용 등)을 준수하도록 요구받는다. 이 규정을 준수하지 않으면
이는 사용자에 의한 당해 근로자의 징계, 정직, 해고로 연결된다.6)

안전보건에 관한 모든 기준과 규칙을 준수하는 근로자 책임은 중요
하지만, 이것이 안전한 작업장을 제공할 사용자의 책임을 면제해 주는
것은 아니다. OSHA Act의 입법사료는 "이 법의 요건을 준수하는 최
종 책임은 사용자에게 있다."라고 특별히 밝히고 있다.7) 산업안전보건
심사위원회도 이 주장을 보충적으로 강조하여 왔다.8) 그러나 사용자
가 OSHA Act에 따라 공포된 기준과 모든 규칙, 명령을 준수한다는
사실이 사용자가 자동적으로 안전보건상의 유해위험요인에 관한 그의
의무를 다하는 것을 의미하지는 않는다. 안전보건문제는 법령상의 제
재가 아니라 사용자와 그의 종업원 간의 노사관계의 맥락(예컨대, 단
체협약)에서도 제기될 수 있다. 안전보건문제가 종업원에게 영향을 미
치는 한, 사용자는 자주 근로자에게 정보제공을 하거나 안전보건문제
를 협의할 의무를 가지게 된다.9) 물론 사용자의 의무에는 한도가 있
다. 예를 들면, 노동조합이 사용자에게 처음 생산제품이 근로자 건강
에 유해하다는 이유로 제품 생산을 중지하고 다른 제품을 생산하도록
요구할 경우, 사용자는 아마도 협상하는 것을 거부할 자격이 있을 것
이다. 기업의 활동영역과 최종적인 방향에 관련되는 문제는 근로자 건
강에 영향을 미친다고 하더라도 경영전권(managerial prerogatives)의
핵심에 해당한다.10)

---

6) G. Z. Nothstein, The Law of Occupational Safety and Health 219(1981).

7) Rep. No.91, 1282, 1970, at 9.

8) Bailey et al., Occupational Safety and Health Law Handbook 85(2nd ed. 2008).

9) See Nothstein, supra note(6), at 630.

10) Kingwood Mining Co., 210 NLRB 844, 86 LRRM 1203(1974).

Ⅲ. 일 본

일본의 경우, 근로계약에 있어서는 그 인적·계속적 성격에 근거한 신뢰관계가 요청되기 때문에 당사자 쌍방은 상대방의 이익을 배려하고 성실하게 행동하는 것이 요청된다(「노동계약법」 제3조 제4항). 그 성실배려의 요청에 의한 부수적 의무의 하나로서 근로자에게는 사용자의 안전배려의무에 대응하여 성실의무가 발생한다는 것은 학설상 일반적으로 인정되고 있다.[11] 현재까지의 판례 역시 성실의무라는 구체적 명칭은 사용하고 있지 않지만, 현행법 체계하에서 근로자에게 안전보건에 관한 일정한 의무, 주의의무가 해석상 도출될 수 있다는 입장에 있는 것으로 해석된다.

근로자의 주의의무가 電電公社帯広局事件[12]에서와 같이 취업규칙의 성질을 가지는 건강관리규정 등에 근거를 가지고 있으면 그것에서 도출될 수 있고, 그와 같은 규정이 없는 경우라 하더라도, 노안위법 제4조의 근로자의 산재방지 협력 노력의무, 동법 제66조 제5항의 건강진단 수진의무, 동법 제66조의 7 제2항의 건강유지 노력의무, 동법 제66조의 8 제2항의 면접지도 수용의무, 동법 제69조의 2 제2항의 근로자의 건강유지증진 노력의무 등의 실정법상의 근거규정을 토대로 직간접적으로 도출될 수 있다고 해석되고 있다.[13]

또한 판례법리상으로도, 안전배려의무를 인정한 '陸上自衛隊八戸車両整備工場事件'에서 최고재판소가 안전배려의무에 대해 "당해 법률관계의 부수의무로서 당사자 일방 또는 쌍방이 상대방에 대하여 신

---

11) 菅野和夫 『労働法(第9版)』 弘文堂(2010年) 78頁 参照.

12) 最一小判 1986.3.13. 労働判例 470号 6頁.

13) 岩出誠 『論点·争点 現代労働法(改訂増補版)』 民事法研究会(2008年) 527頁 参照.

의칙상 부담하는 의무"라고 판시하면서 동 의무를 노사 쌍방의 의무로 구성하는 근거를 제공한 사실로부터도, 근로자의 주의의무는 법적으로 도출될 수 있는 것이라고 해석된다. 나아가, 일련의 과로사·과실 자살 등에 대한 손해배상청구에서 인정되는 과실상계의 요소로서 사실상 근로자의 주의의무가 커다란 영향을 미치고 있는 것도, 근로자 주의의무의 존재이유를 기초 짓는 것이라고 해석된다.

또 다른 판례에서도, "자기의 건강에 대해서는, 자기 자신이 또한 항상 주의를 기울여야 한다는 것은 말할 나위가 없다. ……중략…… 정기건강진단 후에는 전면적으로 그 결과에만 의거하여 행동하고 자신은 보건에 유의하지 않는 것이 부당한 것은 명확하다."[14]라든지, 진폐에 걸린 환자에 대하여 "자신의 건강을 가장 잘 알고 이것을 좋은 상태로 소중히 지켜야 하는 것은 원고 자신이고, 증상의 정도, 관리구분 결정은 그때마다 원고의 건강진단을 통하여 이루어지는 것이기 때문에 원고도 그 진단결과를 문의할 수 있고, 진폐에 대한 인식은 피고뿐만 아니라 원고도 인식을 가지고 그 방지에 노력해야 한다."[15]라고 판시하면서 근로자 자신의 건강보호의무(주의의무)를 인정하고 있다.

나아가, 적지 않은 판례에서 사용자 측에서는 일정한 안전(건강)배려조치를 취하였지만 근로자가 적절한 치료를 받고 있지 않았거나(요양전념의무 위반) 수진명령에 위반하고 있던 사실(수진의무 위반) 또는 휴직사유 소멸의 확인을 위한 수진 등을 거부한 사실[건강정보개시(開示) 협력의무 위반] 등 근로자의 자기건강관리의무 위반이 중시되어 당해 근로자에 대한 해고 또는 휴직기간 만료가 인정되고 있다.[16]

---

14) 岡山地律山支判 1973.8.4. 労働判例 181号 70頁.

15) 共立陶業事件·京都地判 1975.12.23. 判例タイム 335号 304頁.

16) 杉並区立公民館事件·東京地判, 1984.11.12. 判例地方自治 11号 57頁; 芦屋郵便局事件·大阪高判 2000.3.22. 判例タイム 1045号 148頁; 東京都交通局長事件·東京地判 2000.3.13. 労働判例 794号 79頁; 大阪市消防局員事件·大阪地

이 경우 요양전념의무, 수진의무, 건강정보개시 협력의무 등은 근로자 자신에 대한 건강관리의무의 구체적 발현이라고 할 수 있다.

이상의 판례에서 직간접적으로 제시된 근로자의 주의의무는 사용자의 안전배려의무에 대응하는 의무로서 근로자 자신이 자기의 건강을 관리하고 그 유지를 도모하며 사용자가 행하는 건강관리조치에 협력함으로써 채무의 본지에 따라 심신 모두에 있어 완전한 노무를 제공할 의무를 말한다.

그러나 근로자의 주의의무(성실의무)는 근로자가 부담하는 부수적 의무로서 이론적으로 자기건강관리의무에 국한되는 것은 아니다. 근로자의 주의의무에는 건강에 관계되는 사항 외에 사고예방에 관계되는 사항도 존재하는데, 이러한 안전보건상의 주의의무는 근로자가 준수하여야 할 기업질서(직장규율)로서 취업규칙에 기재되는 것이 일반적이고 취업규칙의 기재사항은 합리적인 한 취업규칙의 법리를 통해 근로계약의 내용이 되어 근로자에 대해 법적 구속력을 미치게 된다. 근로자의 행위가 기업질서에 위반하는지는 결국 개별 취업규칙의 복무규율에 관한 규정의 해석문제로 귀착된다. 직장규율에 의해 보호할 법적 이익을 구체적으로 침해할 위험성이 있는 경우는 주의의무 위반으로 평가를 받게 되고 징계처분 등으로 연결될 수 있다. 그리고 근로자의 주의의무는 일반적으로 근로자 자신의 보호뿐만 아니라 동료근로자 등 제3자의 보호를 위해서도 필요한 것으로 이해되고 있다.

그런데 기업질서(직장규율) 유지의무 또한 고용관계의 조직적 성격으로부터 근로자의 부수의무로 인정되고 있다.17) 판례도 "근로자는 근로계약을 체결하여 고용됨으로써 사용자에 대하여 근로제공의무를 부

判 2006.1.18. 労働判例 914号 61頁; 大建工業事件・大阪地決 2003.4.16. 労働判例 849号 35頁 等.

17) 小西國友・渡辺章・中島士元也 『労働関係法(第5版)』 有斐閣(2006年) 164頁; 山川隆一 『雇用関係法(第4版)』 新世社(2008年) 413~414頁.

담함과 함께 기업질서를 준수하여야 할 의무를 부담한다."라고 하여 이를 긍정하고 있다.[18) 그렇다고 하면, 일본에서 근로자의 주의의무는 근로자의 부수의무로서의 기업질서 준수의무의 일종이라고도 할 수 있을 것이다.

Ⅳ. 비교법적 검토를 통한 근로자 의무의 유형

이상 각국의 근로자 의무의 내용을 살펴보건대, 근로자의 의무는 크게 사용자의 의무를 전제로 성립하는 '대응적 의무'와 사용자의 선행적 조치 없이 근로자에게 독자적인 작위 또는 부작위가 요구되는 '독립적 의무'로 구분될 수 있다. 이 중 대응적 의무는 사용자의 지시, 지도, 교육 등의 조치를 전제로 하기 때문에 사용자가 자신의 의무를 이행하지 않는 경우에는 근로자에게 상응하는 의무가 발생하지 않는다. 이에 반해, 독립적 의무는 사용자의 조치를 전제로 하지 않기 때문에 사용자의 조치 여하와 관계없이 근로자의 행위 자체만을 가지고 그 위반 여부를 판단한다.

독일과 일본은 근로자에게 근로계약상의 부수의무로서 성실의무(주의의무)가 일반적으로 인정되고 있어 대응적 의무 외에 독립적 의무도 실정법에 또는 판례법리로서 공법상 또는 사법상으로 규정되거나 인정되고 있다. 반면, 미국에서는 근로자의 의무가 계약법상의 의무로서는 인정되지 않고 공법상의 규정 또는 개별 근로관계에 맡겨져 있으며, 공법상의 의무에서 보호장구 사용에 대한 대응적 의무만을 규정하고 독립적 의무는 규정하고 있지 않다.

요컨대, 독일은 「노동안전보건기본법」 등 공법에서 근로자의 독립

---

18) 関西電力事件・最二小判 1983.9.8. 労働判例 415号 29頁.

적 의무를 다양하게 규정하고 있고, 일본은 학설과 판례가 근로자의 성실의무를 구체화하는 형태로 근로자의 독립적 의무에 대한 일정한 법리를 만들어 내고 있다. 한편 미국은 근로자의 독립적 의무라고 할 만한 공법 규정을 정하고 있지 않고, 계약법상으로도 독립적 의무는 도출되지 않는다.

이하에서는 각 국가별로 근로자의 의무를 대응적 의무와 독립적 의무로 구분하여 검토하는 것으로 한다.

제2절 대응적 의무

Ⅰ. 독 일

1. 근로자 자신의 안전에 대한 주의

가. 가능성과 한계

근로자의 의무는 근로자에게 '(기대)가능한 범위'에서만 존재한다. 따라서 근로자의 주의의무(Sorgfaltspflicht)에는 아주 높은 기대치가 부과될 수 없다. 근로자는 합리적인 근로자라면 산재예방조치와 행위지침으로 명백히 알 수 있는 것을 특별히 하거나 하지 말아야 한다. 근로자는 자기 자신의 사항에 대하여 평균적인 근로자에게 요구되는 통상적인 주의를 기울여야 한다. 특히 관련된 산재예방규칙 및 안전규칙의 준수가 여기에 해당한다. 이러한 산업안전보건규정을 매우 경솔하게 무시하거나 완전히 고의적으로 무시하는 것은 결과적으로 의무위반이 된다.

근로자(여기에는 파견근로자, 유사근로자, 재택근로자가 포함된다)는 사용자의 지도 및 지시에 따라서 그들의 안전보건에 주의를 기울일 의무가 있다. 여기에서 사용자의 일정한 의무가 간접적으로 나타나게 된다. 즉 사용자는 근로자가 자신의 능력에 따라 안전에 적합하게 행동할 수 있도록 근로자를 지도하고 지시하여야 한다. 동시에 이 표현으로부터 근로자는 의심스러운 경우에는 사용자(또는 근로자에 대하여 안전보건에 책임이 있는 당사자)와 의논하여야 한다는 것이 분명해진다. 근로자가 작업장 안전보건에 대해 강하게 지도를 받으면 받을수록, 관련 산업안전보건규정 및 행동지침의 준수는 더욱 많이 기대될 수 있다. 근로자에게 있어 안전상에 위험이 의심되는 경우 산업안전에 책임 있는 자에게 문의하는 것은 최우선적인 의무에 해당한다. 근로자에게 (기대)가능한 범위에서 산업안전보건기준·조치에 따라 행동할 의무가 있다는 사실이, 원래 책임을 부담하는 사용자에게 있어 자신의 의무와 관련하여 면책사유가 될 수는 없다.[19]

나. 자기책임(Eigenverantwortung)

근로자는 원칙적으로 자신의 안전과 건강을 위하여 자기책임에 따라 주의를 기울일 의무가 있다. 확실히 사용자는 근로계약에 근거하여 일정한 산업안전보건의무의 구체화(실현)를 위하여 지시를 할 권한이 있다. 다시 말해서, 근로자가 산업안전보건에 관한 사용자의 지시에 따를 의무도 근로계약상의 이행의무(Erfüllungspflicht)에 포함된다.[20] 그러나 근로자는 안전에 위배되는 사용자의 지시에 따라서는 안 된다. 일반적으로 종업원은 상사의 지시가 허용된 범위에서 이루어진다고

---

19) 이 부분은 주로 Kollmer, Arbeitsschutzgesetz und -verordnungen - Ein Leitfaden für die betriebliche Praxis, 3. Aufl., 2008, Rdnr. 210~211에 의한다.

20) BAG, v. 29. 8. 1991, SAE 1993, S. 43.

신뢰할 수 있을 것이다.

안전보건에 관한 지시에 따라야 하는 근로계약상의 의무는 「노동안전보건기본법」 제15조(근로자의 의무)에 의하여 공법인 「노동안전보건기본법」상의 의무내용에 대한 산업안전보건법규상의 지시 준수로 확인, 전환된다. 근로자가 사업장 밖에서 그의 자유시간에 그의 행동에 의해 작업장에 심각한 위험이 발생하지 않도록 행동하는 것도 자기자신의 안전에 대한 주의에 속한다. 예컨대, 위험물질을 취급하는 자로서 휴가지역에서 작업장까지 장시간 운전한 관계로 기진맥진한 상태로 일하게 된 종업원이 여기에 해당된다.[21]

2. 규정에 적합한 작업장비 사용

사용자는 근로자가 규정에 적합한 작업장비를 사용할 수 있도록 배려하여야 한다. 산업안전보건의 효과를 결정짓는 것은 기술적 작업장비 또는 운송수단의 안전기술상의 성질이 아니라 기술적 작업장비가 사용되는 방법과 방식이다. 이러한 이유로 「노동안전보건기본법」 제15조 제2항은, 근로자가 제15조 제1항이 정하는 범위에서, 특히 기계, 기구, 공구, 원재료, 운송수단 및 기타 작업수단 및 안전장치 그리고 근로자의 사용에 제공된 개인적 보호장비 등을 각 규정에 따라 사용해야 한다는 것을 규정하고 있다.

「노동안전보건기본법」 제15조 제2항의 열거는 대표적인 것에 불과하다. 입법자는 기술적 작업장비, 운송수단, 위험물질의 올바른 취급 및 개인보호장비의 올바른 사용에 중점을 두고 있다. 개인보호장비의 규정에 따른 사용에는 근로자가 해당 장비의 사용을 마친 후 원래의

---

21) Kollmer, a. a. O.(Fn. 19), Rdnr. 211a~212.

장소에 놓는 것까지를 포함한다. 이와 더불어 근로자는 기계, 기구, 공구, 기기 및 건축물의 안전장치를 사업장 밖에 두거나 임의로 변경·전환하여서는 안 된다.

근로자는 「노동안전보건기본법」 '제15조 제1항의 범위 내에서' 작업장비를 규정에 맞게 사용하여야 한다. 이 문언은 사용자에게 근로자에 대하여 충분히 지도하여야 한다는 것을 간접적으로 요청하는 것이다. 작업장비에 관련된 업무가 복잡하면 복잡할수록 위험수준이 높으면 높을수록, 사용자는 근로자에 대한 지도와 지시는 구체적이어야 한다. 특히, 사용자는 근로자에게 기기 조작, 원재료 취급 또는 운송수단 조작에 대하여 충분한 시간을 허용하여야 한다. 초급자는 조작지도 또는 장비사용 학습을 위한 시간이 없을 정도로 시간 및 노동 압박하에 있어서는 안 된다.[22]

3. 기 타

「노동안전보건기본법」 제1조 제3항[23]에 의하면, '기타 법령'에 근거한 근로자의 의무는 「노동안전보건기본법」상의 규정의 영향을 받지 않고 계속 병존하여 유지된다. 이는 근로자의 의무와 관련하여, 다른 산업안전보건부문의 특례법규가 「노동안전보건기본법」 특유의 규정과 더불어 동일하게 유효하고 「노동안전보건기본법」 제15조와 제16조를 건설적으로 보완하는 역할을 담당하는 것을 의미한다. 그 특례법

---

22) Kollmer, a. a. O.(Fn. 19), Rdnr. 215~217.

23) 「노동안전보건기본법」 제1조 제1항은 "사용자가 취업자의 근로에 있어서의 안전보건을 확보하기 위하여 다른 법규에 근거하여 부담하는 의무는 이 법률에 의해 어떠한 영향도 받지 않는다. 이것은 취업자의 권리의무에 대해서도 동일하다. 또한 기타의 자에게 사용자와 마찬가지로 산업안전보건조치를 부과하는 법률에 대해서도 동일하다."고 규정하고 있다.

규에는 법률, 시행령 및 산재예방규칙이 해당된다.

직업훈련계약을 근거로 근로자는 직업훈련기간 동안 안전보건 확보와 관련된 지시를 준수하여야 한다[직업훈련법(Berufsbildungsgesetz: BBiG) 제9조 제3항]. 추가적으로 기계·기구, 기타 장비(「직업훈련법」제9조 제4항) 및 작업도구와 기타 기구는 안전장치의 유지를 고려하여 신중하게 취급되어야 한다.

한편, 근로자는 사용자에 의해 제공된 개인보호장비의 사용이 의무화되어 있다. 이것은 유해위험물질 보호령과 관련된 「화학제품법」제19조와 「노동안전보건기본법」제15조 제2항에 근거한다. 그리고 독성이 있는 발암성물질, 생식독성물질, 변이원성물질을 취급하는 근로자에 대해서는 유해위험물질 보호령 제22조에 의거하여 위생(Hygiene)에 관한 의무가 적용된다.

여러 직업별 조합의 규정 또한 근로자에 대하여 산업안전보건의무 및 주의의무를 규정하고 있다. 안전장비의 사용, 보호장비의 규정에 맞는 사용, 위험작업 시 신호센서 설치, 건강보호 및 안전에 관한 표시의 사용이 그것이다.[24]

II. 미 국

근로자는 OSH Act 제5조(b)의 규정에 따라 OSH Act를 준수할 의무를 가지고 있지만, OSHA 기준의 위반이나 OSH Act 준수의 거부를 이유로 OSHA에 의해 위반통고를 받거나 벌칙이 부과되지는 않는다. OSH Act의 기준을 준수할 최종적인 책임은 사용자에게 있다. 근로자가 안전보건기준, 회사의 안전보건규정 등을 준수하지 않는다고 하여

---

24) Kollmer, a. a. O.(Fn. 19), Rdnr. 222a.

OSHA Act상의 사용자의 의무가 제거되는 것은 아니다.[25] 비준수가 예방 불가능한 근로자 위반행위에 기인하는 경우에만 사용자는 OSH Act하에서의 책임을 면제받게 된다. 근로자의 만연된 비준수가 위반을 초래한 경우라도, 이것은 일반적으로 불충분한 안전보건교육, 감독, 제재를 나타낸다. 따라서 사용자는 근로자의 준수를 확보하기 위하여 비협조적인 반항적인 근로자에 대한 제재를 포함하여 모든 가능한 수단을 취하여야 한다.[26]

Independent Pier Co. 사건[27]과 Rollins Construction Co. 사건[28]에서, 산업안전보건심사위원회는 종업원이 안전모를 착용하는 것을 거부하고 사용자가 종업원에게 안전보건규정을 적용하면 파업이 발생할 것이라고 판단하였다고 하더라도 사용자가 보호구 기준을 위반하였다고 판단하였다.[29] 사용자는 근로자들이 보호모, 귀마개 등 보호장구를 착용하는지, 기타 안전보건규정(safety rules)을 이행하고 있는지 등을 감시해야 할 의무가 있다고 해석된다. 따라서 근로자가 안전보건규정을 준수하기를 거부한다는 주장은 사용자의 적절하지 않은 방어수단이라는 것이 일반적인 생각이다.[30]

근로자의 위법행위와 우발적 사고 주장(isolated incident defense)을 입증하기 위하여 사업장 안전보건규정(safety rules)과 규칙(regulations)이 충분히 전달되었고 그것이 징계수단을 통해 이행되었다는 것을 증명하는 것은 사용자의 책임이다. 그런 까닭에 OSH Act가 사용자에게

---

25) Nothstein, supra note(6), at 633.

26) M. A. Rothstein, Occupational Safety and Health Law 309(2006 ed. 2006).

27) 3 OSHC 1674(1975).

28) 3 OSHC 1298(1975).

29) See I.T.O. Corp. v. OSHRC, 540 F.2d 543, 4 OSHC 1574(1st Cir.1976); Detroit Printing Pressman Local No.13, 1 OSHC 1071(1972); Alpha Poster Service, Inc., 4 OSHC 1883(1976).

30) R. A. Buchholz, Public Policy Issues for Management 205(2nd ed. 1991).

근로자가 OSHA 기준을 준수하지 않을 때 근로자에 대해 징계조치를 취하는 것을 의무화하고 있지 않더라도, 사용자는 많은 경우에 근로자의 준수를 확실하게 하기 위하여 징계조치를 실제로 취하였다는 것을 증명하도록 요구받을 수 있다. 게다가 안전하지 않은(unsafe) 근로자에 의해 야기된 위반은 기본적으로 사용자에게 책임이 있고, 사용자는 법적 기준에 의해 특별히 의무화되어 있지 않더라도 안전보건조치로서 근로자를 충분히 교육하고 지도하여야 한다는 것이 법원의 일반적인 입장이다.[31] 안전보건교육의 부족 또는 안전보건규정의 비효과적인 이행은 OSH Act의 요건의 고의적인 무시로도 인식될 수 있다.[32]

한편, 사용자는 근로자에 대해 안전보건규정을 준수하는 것을 고용 조건으로 설정하도록 장려되어 왔다. 즉 사용자는 근로자가 안전보건 수칙을 위반할 경우 당해 근로자에게 이를 이유로 해고된다는 것을 미리 확실히 해 둘 수 있다.[33]

OSH Act 규칙에 따르면, 사용자에 의한 징계조치가 오로지 근로자의 안전보건규정과 규칙의 미준수에 대해서 이루어지는 경우에는, 당해 징계조치는 제11조(c)를 위반한 차별로 간주되지 않는다. 실제로, 많은 단체협약은 근로자의 안전보건기준 준수를 특별히 요구하고 있다.[34]

---

31) See Nothstein, supra note(6), at 634.
32) See, e.g., A.E. Staley Manufacturing Co. v. Secretary of Labor, 295 F.3d 1341, 1349, 1350(D.C. Cir. 2002).
33) Buchholz, supra note(30), at 205.
34) Rothstein, supra note(26), at 309. 사업장 안전보건에 관한 규정, 절차, 관행은 NLRA하에서 의무적(강제적) 교섭사항인 것으로 법원에 의해 판결되어 왔다. 단체협약상의 가장 일반적인 안전보건규정은, 빈도순으로 볼 때 안전프로그램의 협력, 불안전한 작업의 거절권, 안전보건규정을 위반한 근로자에 대한 징계권, 불안전한 작업에 대한 이의제기권, 안전위원회에 의한 점검권 등이다[Nothstein, supra note(6), at 631~632].

Ⅲ. 일 본

1. 사용자의 안전보건조치에 협력할 의무

노안위법령은 사용자의 조치에 따라(응하여) 근로자에게 협조할 것을 의무화하고 있는 규정을 다수 가지고 있다. 이러한 성격의 의무는 다시 근로자의 협력행위가 없으면 사용자의 최종적인 의무이행이 불가능한 의무(건강진단 수진의무)와 근로자의 협력이 없더라도 사용자의 의무이행 자체에는 문제가 없는 의무로 구분될 수 있다. 즉 사용자의 안전보건조치에 협력할 의무라 하여도, 여기에는 사용자의 건강진단 실시의무와 같이 근로자의 의무이행이 사용자의 최종적인 의무이행의 조건을 이루고 있는 의무와 근로자의 의무이행이 사용자의 최종적인 의무이행의 조건을 이루고 있지 않은 의무가 있다. 이러한 사항으로 노안위법령상에 규정되어 있는 것을 열거하면 다음과 같다.

먼저 노안위법에 규정되어 있는 사항에는, 제26조, 제29조 제3항, 제32조 제7항, 제66조 제5항, 제66조의 7 제2항, 제69조 제2항, 제79조, 제98조 제2항, 제99조 제2항이 있다. 그다음으로 후생노동성령에 규정되어 있는 사항에는, 노안위칙 제29조 제1항 등, 보일러 및 압력용기 안전규칙 제30조 제2항 등, 크레인 등 안전규칙 제25조 제2항·제3항 등, 곤돌라 안전규칙 제15조 제2항 등, 유기용제중독 예방규칙 제34조, 연중독 예방규칙 제45조 제3항 등, 4아킬연중독 예방규칙 제2조 제2항, 특정화학물질 장해예방규칙 제22조 제3항 등, 전리방사선 장해방지규칙 제31조 제3항 등, 산소결핍증 등 방지규칙 제5조의 2 제2항 등, 사무소 위생기준규칙 제16조, 분진 장해방지규칙 제23조 제3항 등이 있다.

위 규정들은 사용자가 강구하는 조치를 전제로 근로자에게 의무가 발생하는 '대응적 의무'에 해당하고, 사용자가 조치의무를 이행하고 있지 않는 경우에는 근로자에게 의무가 발생하지 않는다.[35] 이러한 협력 의무 또한 근로자가 이행하지 않으면 안전보건관리의 목적이 달성될 수 없다. 이 점을 고려하면, 근로자의 이러한 협력의무 위반으로 질병 이 발생 또는 악화된 경우, 사용자에 대한 채무불이행(안전배려의무 위반) 손해배상소송에서 과실상계가 될 수 있다. 예를 들면, "전기용접 작업에 종사하는 데 있어 분진, 연기 등을 제거하기 위하여 안전마스 크를 지급하였지만, 항소인은 진폐에 걸리기까지 위 마스크를 지시한 대로 충분히 사용하지 않은 과실이 인정되고 과실비율을 5할로 인정 하는 것은 상당하다."[36]라고 하여 50%의 과실상계가 이루어진 예가 있다.

그러나 근로자에게 협력의무(대응적 의무)가 있다고 하더라도, 근로 자의 자기결정에 관계되는 기본적인 자유 또는 권리(예컨대, 의사선택 의 자유, 진료를 받을 자유)에 대해서는 최대한의 존중을 필요로 하기 때문에, 사용자가 행하는 조치가 근로자의 안전과 건강을 확보하는 데 있어 차지하는 중요성·필요성의 정도, 대체조치의 가능성의 유무, 근 로자의 프라이버시의 확보, 육체적·정신적 고통을 완화하기 위한 배 려가 충분히 이루어지는지 등의 점을 종합적으로 판단하여, 객관적· 합리적 이유가 없는 한, 법률상의 의무로서 근로자의 협력을 강제하는 것은 허용되지 않는다고 보아야 할 것이고, 취업규칙 등에서 근로자의 주의의무를 정하는 경우에도 마찬가지의 고려가 필요한 것은 당연하 다는 의견이 유력하다.[37]

---

35) 畠中信夫 『労働安全衛生法のはなし』 中央労働災害防止協会(2006年) 188頁.

36) 大阪日倫工業事件・大阪高判判決 1978.7.2. 判例時報 927号 32頁. 유사사례로 서 大阪府立中宮病院松心園事件(大阪地判 1980.2.18. 労働判例 338号 57頁)에 서는, 근로자의 수진거부 등을 이유로 50%의 과실상계가 인정되었다.

37) 片岡昇 『自立と連帯の労働法入門』 法律文化社(1999年) 115, 116頁 参照.

2. 기왕력, 업무력 등의 조사협조의무

근로자의 채용 및 배치에 있어서는 채용 후의 종사업무가 건강상 감당할 수 있는 것인지 아닌지를 사용자가 판단하여야 한다. 이를 위해서는 사용자는 근로자에 대하여 기왕증, 업무력, 기초체질, 부적격업무 등 건강상의 적응성에 대하여 그 신고를 요구할 수 있고, 근로자는 특별한 사정이 없는 한 이에 응하여야 한다. 만약 사용자가 질문하였는데도 근로자가 응답하지 않거나 허위로 응답하여 건강상의 부적격업무에 종사함으로써 건강장해가 생기더라도 그것은 근로자의 협력의무 위반에 기인하는 것으로서 사용자의 책임의 면책 또는 과실상계 사유가 된다. 노안위칙 제43조가 사용자로 하여금 상시 사용하는 근로자를 채용할 때 당해 근로자에 대해 '기왕력 및 업무력의 조사'를 해야한다고 규정하고 있는 것을 보아도 근로자 측에 이것에 대응하는 의무가 존재하는 것은 분명하다. 문제는 정신질환 등 기왕력의 신고의무인데, 이것을 금기시하는 풍조 속에서 그 정도와 협력의무의 한계에 대해 곤란한 문제가 노정될 수 있다.[38] 판례도 사용자가 채용단계에서 노동력 평가에 관계되는 사항 등에 대해 필요하고 합리적인 범위 내에서 신고를 요구한 경우에는 근로자에게는 진실을 고지할 의무가 있다고 판단하고 있다.[39]

이와 같이 근로자는 근로계약 체결 시에 일정한 범위에서 사용자의 조사에 협력할 의무를 부담하는데, 근로계약 성립 후에도 사용자가 실시하는 각종 조사에 협력할 의무를 부담하는지가 문제로 될 수 있다. 근로자는 근로계약상 부담하는 근로제공의무의 범위 내에서는 그 일

---

38) 安西愈 「企業の健康配慮義務と労働者の自己保健義務」 季刊労働法 125号(1982年) 28頁 参照.

39) 炭研靜工事件・東京高判 1991.2.20. 労働判例 592号 77頁.

환으로 필요한 조사에 협력할 의무를 부담한다고 보아야 할 것이다.[40]

3. 건강진단의 수진의무와 의사선택의 자유

건강진단 수진의무는 사용자의 건강진단의무에 대응하는 근로자의 의무로서 노안위법의 규정을 기다릴 것도 없이 신의칙상 당연히 발생하는 의무이다. 사용자는 건강진단에 대하여 업무명령이나 징계처분 등을 배경으로 간접강제는 할 수 있지만 본인의 의사에 반하여 직접 강제할 수 있는 방도는 없기 때문에 이 의무는 근로자의 자신에 대한 보호의무로서 중요하다고 할 수 있다.

노안위법 제66조 제5항에서는 "근로자는 각 조항의 규정에 의하여 사업주가 행하는 건강진단을 받지 않으면 안 된다."라고 수진의무를 부과하면서, 그 단서에서 "단, 사업주가 지정한 의사 또는 치과의사가 행하는 건강진단을 받는 것을 희망하지 않는 경우에 다른 의사 또는 치과의사가 행하는 이들 규정에 의한 건강진단에 상당하는 건강진단을 받고, 그 결과를 증명하는 서면을 사업주에 제출한 때는 그러하지 아니하다."고 정하고 있는데, 이것을 이른바 '의사선택의 자유'라고 한다. '의사선택의 자유'는 사용자의 건강진단에 근로자가 협력하는 것을 전제로 하고 있고, 그 취지는 주로 사용자의 '어용의사'에 의한 자의적인 건강진단을 회피하고 정확한 건강상태를 파악하기 위한 수단을 근로자에게 부여하는 데 있다. 보다 구체적으로 말하면, '의사선택의 자유'는 최저근로조건으로서의 법정 건강진단에서 사용자가 지정한 의사의 건강진단으로는 근로자 자신의 건강유지에 불충분하다고 판단되는 경우에 근로자가 자신의 건강을 유지하기 위하여 잠재하는 질병의 발

---

40) 西谷敏 『労働法』 日本評論社(2008年) 200頁.

견, 건강상태의 충분한 파악을 요구하는 권리로서 인정된 것이고, 근로자 보호를 위하여 근로자 자신이 선택한 다른 의사의 검진을 받을 수 있는 것을 최저근로조건의 하나로서 보장한 것이다.[41]

따라서 법정 외 건강진단을 포괄적 합의 또는 동의에 대신하는 것 (예컨대, 취업규칙) 등을 근거로, 즉 법정 내용 이상으로 보다 적극적으로 직업병 발생을 예방하고 조기에 질병을 발견하며 그 회복과 악화 방지를 도모한다는 안전배려의무의 이행으로서 실시하는 건강진단에 대하여, 근로자가 '의사선택의 자유'를 이유로 자유권적 건강진단을 받지 않을 자유라는 것을 주장하고 수진을 거부하는 것은 근로계약에 근거한 안전배려의무의 성질상 인정되지 않는다. 근로자는 사용자의 직업병 예방과 조기발견, 회복조치에 협력하여 그 실현을 도모해야 하는 신의칙상의 의무를 부담한다고 보아야 하기 때문이다.

판례 역시 사용자가 견강완증후군의 장기이환자인 근로자에 대하여 취업규칙 및 단체협약의 규정에 근거하여 사용자가 지정한 정밀검진을 명령한 것에 대해 근로자가 수진을 거부한 사안에 대하여, 정밀검진이 근로자의 병 치료라는 목적에 비추어 합리적이고 상당한 내용의 것이라면, 근로자에게 수진의 자유, 의사선택의 자유를 이유로 수진을 거부하는 것은 허용되지 않는다고 판시한 바 있다.[42]

한편, 법정 외 건강진단의 경우에도 의사선택의 자유가 근로자에게 인정되는가에 대해서는, 電電公社帶広局事件[43]을 둘러싸고 학설로

---

41) 保原喜志夫 교수는 의사선택의 자유에 대해 이것은 근로자에게 자기의 신체에 접촉하는 자를 선택하는 자유권을 보장하는 취지가 아니라, 근로자에게 자기가 신뢰하는 의사에 의한 진단결과를 얻을 방도를 부여한 것이라고 하여 유사한 견해를 가지고 있다[保原喜志夫 「労働協約に基づく頸肩腕症候群総合精密検診の受診拒否等を理由とする戒告処分が無効とされた例－釧路地帯広支判 1982.3.24.」ジュリスト 788号(1983年) 112頁].

42) 電電公社帶広局事件・最一小判 1986.3.13. 労働判例 470号 6頁.

43) 본 사건은 업무상질병으로서 경견완증후군의 산재인정을 받고 있던 직원에 대

부터 여러 견해가 제시되고 있는데, 법정 외 건강진단의 경우에도 법정 건강진단과 마찬가지로 근로자에게 의사선택의 자유가 인정되어야 한다는 견해[44]와 인정되지 않는다는 견해[45]가 대립하고 있다. 판례 역시 법정 외 건강진단에는 노안위법 제66조 제5항 단서의 적용의 여지가 없다고 한 것[46]과 적용 가능하다고 한 것[47]으로 나뉘어 있다.

하여 사용자가 단체협약에 근거하여 경견완증후군의 종합정밀검진을 수진하도록 3차례에 걸쳐 지시(업무명령)하였는데도 이것을 거부한 것 등을 이유로 당해 직원을 취업규칙 위반에 의해 징계처분을 한 것에 대해, 직원이 검진의 필요성, 목적 등에 의문이 있고 검진항목도 통보받지 못한 채 의사선택의 자유를 인정하지 않는 형태로의 수진명령은 부당하다고 하여 징계처분의 무효를 주장한 사건이다. 1심(釧路地帯広支判 1983.3.24. 労働判例 385号 41頁) 및 항소심(札幌高判 1983.8.25. 労働判例 415号 39頁)에서는, 취업규칙, 단체협약에 정함이 있는 경우에도 업무명령으로서 특정 질병 또는 의사에 의한 정밀검사를 강제하는 것은 근로자가 가지는 의사선택의 자유를 침해하여 위법이고, 따라서 업무명령 위반을 이유로 하는 징계처분도 무효라고 판단하였다. 이에 대해 상고심(最判 1986.3.13. 労働判例 470号 6頁)에서는 ① 종업원의 의무에 관한 취업규칙의 규정은 그것이 합리적인 것인 한 근로계약의 내용이 되고, ② 건강유지증진 등을 위해 건강관리자의 지시에 따라야 할 뜻을 정한 취업규칙 및 건강관리규정의 정함에 의해 동 직원에게는 정밀검진을 수진하여야 할 의무가 있으며, ③ 따라서 동 직원은 정밀검진을 수진하여야 할 근로계약상의 의무를 부담하게 되고, 당해 징계처분을 유효하다고 결정하였다.

44) 今野順夫「精密検受診義務と医師選択の自由」労働法律旬報 114巻 6号(1986年) 25頁; 伊藤博義「健診項目を明示しない受診命令の効力」労働判例 386号(1982年) 7頁 等.

45) 辻村昌昭「使用者の健康配慮義務と労働者の検診受診義務－電電公社帯広局事件(札幌高判(1983.8.25.)」, 労働判例 442号(1984年) 9頁 以下; 岸井貞男「頸肩腕症候群総合精密検診の受診義務」ジュリスト 935号(1988年) 203頁 等.

46) 京セラ事件 東京高判 1986.11.13. 労働判例 487号 66頁.

47) 釜石鉱山事件・盛岡地判 1982.3.29. 労働判例 389号 43頁.

제3절 독립적 의무

Ⅰ. 독 일

1. 자기위험 회피(Eigengefahrabwendung)

근로자의 자기주의(Eigensorge)의무는 사용자 의무의 형태로 다소 숨겨져 규정되어 있는 「노동안전보건기본법」 제9조 제2항 제2문의 규정에 의해 보완되고 있다. 동 규정에 의하면, 근로자 자신의 안전보건에 직접적이고 중대한 위험이 존재하는 경우로서 담당 상사에 의한 대처가 불가능한 때에는, 근로자 스스로가 위험회피 및 손해경감을 위해 적당한 조치를 취할 수 있어야 한다. 사용자는 근로자가 적절한 안전보건조치에 대해 고지를 받도록 배려할 의무가 있다. 종업원이 고의 또는 중과실로 부적절한 조치를 취한 것이 아니라면 자신의 위험회피를 위한 행위 때문에 불이익을 받아서는 안 된다(「노동안전보건기본법」 제9조 제2항 제3문). 동시에 직장의 상사(사용자의 대리인)는 우선적으로 위험회피와 손해경감에 대해 배려하여야 한다. 상사가 대처를 할 수 없거나 다른 이유에 의해 안전조치를 취할 상황에 있지 않으면, 근로자 스스로가 안전보건조치를 취할 의무를 부담한다.[48]

2. 동료, 사용자 및 제3자에 대한 배려

근로자는 한편으로 자기 자신의 보호에 대하여 의무를 부과받고 있고, 다른 한편으로 작업장에서 자신의 작위 및 부작위와 관계된 자의

---

48) Kollmer, a. a. O.(Fn. 19), Rdnr. 213.

안전과 건강에도 배려하여야 한다(「노동안전보건기본법」 제15조 제1항 제2문). 근로자의 작위 또는 부작위와 관계된 자는 일차적으로는 직장 동료, 사용자이고, 그리고 유해위험물질 방출시설의 부근에 거주하고 있는 주민, 사업장 방문자, 근로자의 가족구성원과 같은 제3자이다. 이 경우 근로자는 가능한 범위에서 그리고 사용자의 지도 및 지시에 따라서 산업안전보건에 대한 적극적인 배려를 할 의무를 진다.

「노동안전보건기본법」 제9조 제2항 제2문도 직접적이고 중대한 위험의 경우에 근로자에게 의무를 부과하는 규정을 정하고 있다. 자기 자신뿐만 아니라 다른 사람의 안전에 직접적인 위험상황에 대해서도, 담당 상사에 의한 대처가 불가능한 경우, 근로자는 위험회피와 손해경감을 위하여 적절한 조치를 취할 의무가 있다. 그 경우 근로자는 자신의 지식과 현재 가지고 있는 기술장비의 범위 내에서만 행동을 하여야 한다. 위험방지를 위한 행위를 이유로 근로자에게 불이익이 초래되어서는 안 된다. 이 의무는 작업장 내에서 실제로 함께 일하는 근로자에 관해서뿐만 아니라 동일한 작업공정에 있지 않은 다른 동료에 대해서도 적용된다.[49]

3. 위험 및 결함에 대한 즉각적인 보고

근로자는 본인에 의해 확인된 직접적이고 중대한 안전보건상의 위험 및 보호시스템의 확인된 결함을 사용자 또는 해당 상사에게 지체 없이 보고하여야 한다(「노동안전보건기본법」 제16조 제1항). 한편 「노동안전보건기본법」 제16조 제2항 제1문에 따른 근로자의 사용자에 대한 일반적 지원(보조)의무의 사례로는, ① 인지된 안전상의 결함을 제거하기 위한 제안,

---

49) Kollmer, a. a. O.(Fn. 19), Rdnr. 214~214a.

② 인지된 사고원인의 지적, ③ 안전과 관련된 조직상의 결함에 대한 언급, ④ 기계설비와 원재료의 규정에 적합한 사용 등이 제시되고 있다.[50]

근로자는 상기와 같은 방법으로 사용자가 안전보건상의 임무를 이행할 수 있도록 기여하여야 한다. 근로자에 의해 '확인된' 위험만이 보고되어야 한다는 「노동안전보건기본법」 제16조 제1항의 다소 오해를 야기할 수 있는 문언과는 달리, 위험이 의심되는 경우도 근로자의 보고의무의 대상이 된다고 보아야 할 것이다. 근로자는 결함에 대하여 확신하고 있을 필요는 없다. 특히 구체적인 단서가 있는 경우에는 앞으로 발생할 수 있는 결함에 대해서도 사용자에게 보고하여야 한다. '직접적이고 중대한 위험'의 개념 또한 다소 불명확하다. 나중에 한 번 (경우에 따라) 위험으로 변할 수 있는 상황 또한 보고의무의 대상이다. 예를 들어, 차량의 부분적으로 마모된 타이어는 경우에 따라서는 직접적이고 중대한 위험이 아니다. 그러나 타이어의 완전한 마모가 곧 발생할 수 있다고 예상할 수 있는 경우에는, 근로자는 앞으로 경우에 따라 발생할 수 있는 위험을 신속히 지적할 의무가 있다.[51]

그 외에 사용자에게 손해가 발생되지 않도록 적극적으로 노력하는 것은 근로자의 복무의무이자 성실의무에 속한다. 즉 근로자의 이러한 의무는 설령 공법상 규정되어 있지 않더라도 「민법전」 제242조(신의성실에 좇은 급부)에 따라 계약상의 의무로 존재한다.[52] 「노동안전보건기본법」 제16조 제1항의 한정된 적용범위(산업안전보건)와 관계없이 근로자는 사용자의 재산 및 소유권의 손해를 방지하기 위하여 산업안전보건과 무관하더라도 사용자의 장비·기구상의 모든 결함을 고지할 의무가 있다. 그리고 근로자는 즉각적으로, 즉 유책(有責)의 지체

---

50) Kollmer/Klindt(Hrsg.), a. a. O.(Fn. 1), §16 Rdnr. 15.

51) 이상의 기술은 Kollmer, a. a. O.(Fn. 19), Rdnr. 218~219에 의한다.

52) Vgl. Löwisch, a. a. O.(Fn. 4), S. 215.

없이 결함을 고지하여야 한다. 보고의 수령자는 사용자이다. 고지는 경우에 따라서는 「노동안전보건기본법」 제13조에 의한 책임자 또는 책임 있는 상관에게도 이루어져야 한다. 예를 들면, 공장장, 부서장, 현장 관리감독자가 여기에 해당되는 자이다.[53]

4. 산업의 및 안전관리자 지원

근로자는 산업의 및 안전관리자와 공동으로 작업장 내 근로자의 안전보건이 확보되고 자신의 의무가 주무관청의 명령에 따라 이행되도록 사용자를 지원하여야 한다(「노동안전보건기본법」 제16조 제2항 제1문). 그리고 스스로 확인한 안전위생위험 및 보호시스템의 결함을 「사회법전」 제7편 제22조의 안전관리위원 및 산업의, 안전관리자에게 보고하여야 한다(「노동안전보건기본법」 제16조 제2항 제2문).

「노동안전보건기본법」의 취지에 따라서 근로자, 명예직·전문적 산업안전보건직원 및 사용자는 작업장 내 안전보건의 목적 달성을 공동으로 지향하는 하나의 팀을 형성한다. 팀의 정점에는 사용자가 있고, 양 당사자(근로자, 전문가)에 의해 효과적인 산업안전보건의 실현이 지원된다. 「노동안전보건기본법」 제16조 제2항 제2문은 동법 제16조 제1항에 규정된 위험보고의무를 한 번 더 강조하고 있다. 모든 위험보고가 충분히 성실하게 취해졌는지를 특별히 확인하기 위하여, 근로자는 사용자뿐만 아니라 사업장 내 산업안전보건직원에게도 결함을 보고하여야 한다. 이러한 방식으로 위험예방에 관하여 최적의 정보교류가 보장된다.[54]

그러나 종업원대표에 보고할 의무는 언급되어 있지 않다. 단, 모든

---

53) Kollmer, a. a. O.(Fn. 19), Rdnr. 219a.
54) Kollmer, a. a. O.(Fn. 19), Rdnr. 221.

근로자는 당연히 사업장 문제에 대하여 종업원대표에 의해 청취를 받을 권리가 있다. 이것은 「노동안전보건기본법」 제16조에 직접적으로 명시되어 있지는 않지만, 제82조 이하의 문맥에서 발견된다.

5. 기 타

근로시간법의 규정에 따라 사용자뿐만 아니라 근로자는 법정근로시간에 대한 규제사항을 준수하여야 한다. 이는 「상점폐점법」, 「모성보호법」 및 「청소년근로보호법」의 관련 법규에도 동일하게 적용된다. 그리고 「모성보호법」 제5조 제1항에 의거하여 임산부인 근로자 본인은 임신 사실을 사용자 측에 알릴 의무가 있다. 그렇지 않을 경우 당해 근로자는 모성보호규정을 보호받지 못한다.

II. 일 본

1. 근로제한업무 근로금지

노안위법 제61조 제1항은 일정한 위험한 업무를 동반하는 업무를 근로제한업무로 하고 이들 업무에 대해서는 일정한 자격을 가진 자가 아니면 근로하게 하여서는 안 된다고 규정하고 있다. 그리고 동 조 제2항에서 유자격자 이외의 자는 당해 업무를 행하여서는 안 된다고 규정하고 있다. 이 근로제한업무에의 근로금지의무의 주체는 다름 아닌 근로자로서, 이 의무는 사용자의 조치와는 관계없이 근로자에게 독립적으로 성립하는 의무이다.

노안위법령에서 근로자의 의무로서 이와 같이 독립적 의무의 형태로 규정하고 있는 것은 이 조항 외에는 발견되지 않는다.

2. 직업선택의 자유와 자기건강관리의무

근로자는 자기가 직업의 선택을 하고 취직하는 데 있어 자신의 체질, 체력, 기초질환 기타 건강상태를 고려하고 건강상 적합한 업무에 고용을 신청하여야 한다. 일본의 경우, 직업선택의 자유가 헌법상 보장되어 있고(「헌법」 제22조, 「직업안정법」 제2조), 직업의 종류도 다종다양하며 취직정보도 자유롭게 풍부하게 얻을 수 있는 상황에서 근로자는 자신의 건강을 알고 있는 범위 내에서는 자신의 건강상태에 적합한 직업을 선택할 의무가 있다.

본래 취직신청은 근로자 측에서 하는 것이기 때문에 당연히 신청하는 측인 근로자가 '자기의 건강상태는 회사의 업무를 제대로 수행하기에 충분하다'는 건강증명을 제출하고, 자신이 선택하여 취직한 직업이 자신의 심신의 건강상태에 부적합하여, 이른바 직장 부적응증이 발병하였더라도 이것은 본인 자신의 선택의 문제이기 때문에 사용자로서는 어디까지나 근로계약을 근거로 완전한 노무제공을 근로자에게 계속하여 요구할 수 있고, 직장 부적응 탓에 당초 가지고 있던 기초질환이 악화되어 증상이 발증하였다고 하더라도 그것은 그 직업을 선택한 근로자 자신의 문제라고도 말할 수 있다.

그러나 일본의 경우, 직종이나 업무 등을 특약하지 않는 포괄적 고용이 아직까지 대부분이고 고용근로자의 능력·적성에 따라 사용자 측에서 배치를 결정하는 것이 통상적인 고용관행인 동시에, 취직정보의 제공은 임금, 근로시간이 중심을 이루고 있고 건강상의 적격성에 대해서는 거의 고려되고 있지 않은 것이 현실이다. 따라서 근로자를 고용하는 기업 측이 구직하는 자의 체질을 고려하고 건강을 조사하여 가장 적합한 곳에 근무하게 하거나 최소한 가장 부적격한 작업에 투입하지 않도록 할 필요가 있다.

따라서 채용 시의 건강진단이 실시되지 않거나 불충분하여 근로자가 부적절한 업무에 고용·배치됨으로써 당해 근로자에게 건강장해가 발생하게 되면, 이는 사용자 측의 배려의무 위반이라고 추단할 여지가 발생하고, 기초질환, 소인(素因) 등을 가지는 근로자에 대해서는 건강한 자에 대해서보다도 배려의 정도가 커지는 안전배려의무의 특징상 사용자는 채용 시의 건강진단에 대해서는 종합적이고 정밀하게 행할 필요가 있다. 그러나 이것은 건강상 의문이 있는 자는 고용하지 않는 결과를 초래하게 되고, "몸이 약한 자는 채용하지 않는다."는 사회적 부당성의 문제를 초래한다.

　그리고 사용자가 근로자 본인의 건강이상을 알고서 고용하는 경우, 건강한 자라면 견딜 수 있는 업무·노동인데도 본인의 건강이상 탓에 견딜 수 없어 기초질환 등이 악화된 경우에 사용자 측에 건강배려의무 위반이 물어진다고 하면, 사회적 약자에 눈을 돌려 고용을 한 기업일수록 불리한 결과가 초래되는 기묘한 현상이 노정된다. 사용자가 그 책임을 면하려고 하면, 근로자를 채용할 때 건강이상자에 대해서는 "본인의 소인(素因), 기초질병의 악화에 대해 일절 손해배상, 기타 청구, 이의신청을 하지 않는다."는 면책계약을 하여야 하게 될지도 모른다. 이러한 점에서, 안전배려의무에 대해 사용자의 책임을 추급하는 풍조가 강화되면 기업 측의 채용의 자유에 의한 건강진단 강화와 건강이상의 의심이 있는 자의 노동시장으로부터의 배제라는 문제가 발생할 것으로 예상된다.[55]

---

55) 이상의 기술은 주로 安西·前揭注(38)論文 27～28頁을 참고하고 있다.

3. 건강이상(異常)의 고지의무

근로자의 건강관리라는 것은 안전관리와 달리 근로자의 신체 내부의 장해방지를 대상으로 하는 것이기 때문에 근로자 본인 이외에는 알지 못하는 분야가 많고, 본인의 육체와 정신의 부조(不調)라는 것은 그 초기단계에서는 본인 외에는 알지 못하기 때문에 초기의 적절한 방지를 위해서는 본인의 호소를 기다리는 것 이외에는 방법이 없다. 따라서 근로자는 자각증상, 기타 이상이 있으면 자신의 건강을 유지하기 위하여 그 뜻을 사용자에게 신고하고 건강장해 방지를 위하여 적절한 조치를 요구하여야 한다.

근로자가 자기의 건강이상의 자각증상을 방치한 것에 대해 그 책임까지를 사용자에게 물을 수는 없을 것이다. 판례에서도 "본래 자기의 몸상태의 이상, 건강장해 등의 조짐은 특단의 사정이 없는 한 자신이 제일 먼저 알아차리는 것이고 이것에 근거하여 본인 자신이 건강관리의 배려를 하는 것이다."라고 하여 본인이 신체의 부조(不調)를 회사에 호소하였다든가 육체적·정신적 피로를 이유로 휴가를 상사에게 신청하는 등의 행위를 하였다고 인정할 수 없고 상사나 동료가 본인의 신체의 부조를 알아차리는 것도 없었다고 하여 중간관리직의 관동맥 경화증의 악화에 의한 급성심근경색에 의한 사망에 대해서 회사에게 예견가능성은 없고 본인의 직무내용 일반으로부터 보아도 예견의무는 회사에 없었다고 하여 회사의 안전배려의무의 불이행에 의한 책임을 부정하였다.[56]

---

56) 住友林業事件·名古屋地判 1981.9.30. 労働判例 378号.

4. 일상적 자기건강관리의무

건강관리는 회사에 출근하고 있는 동안은 물론 근로자의 생활 전체에 걸쳐 이루어지지 않으면 그 목적을 달성할 수 없다. 근로자는 사용자에 대한 근로계약상의 의무로서 일상생활에 있어서도 건강을 관리하고 자기 자신의 생활을 규율하고 고의 또는 과실에 의해 건강을 해하여 근로제공이 불가능한 결과를 초래하지 않도록 자신의 건강을 유지할 의무가 있는 동시에, 사용자가 행하는 건강관리조치에 협력하여 종사업무에 내재하는 유해작용을 일상생활에서 가중하여 악화시키지 않도록 할 의무를 진다. 또한 자신의 생활을 건강하게 규율하고 휴양을 취하든가 수면을 확보하며 식생활 등에도 유의하고 업무에 의한 피로의 회복을 도모할 의무가 있다.

일상생활상의 자기건강관리의무로는, ① 일반적으로 사회생활상 허용되고 있는 범위를 넘어 자기의 건강장해를 초래할 우려가 있는 행위를 하지 않을 것, ② 사용자로부터 특별히 건강장해의 초래행위로서 사생활에 있어 금지 또는 제한된 사항을 준수함과 함께 적극적으로 건강유지상 유효한 것으로 지도받고 있는 사항을 행할 것,57) ③ 당해 종사업무에 내재하는 유해작용을 가중하거나 악화시키는 행위를 해서는 안 될 것 등을 생각할 수 있다.

일상생활에서도 자기의 종사업무에 내재하는 건강장해의 위험성을 발생시키는 행위를 행하는 것은 근로자로서의 신의칙에 반한다. 업무

---

57) 사업자가 강구하는 건강교육, 건강상담 등의 조치는 유해위험요인의 제거와는 달리, 그 성질상 외부적인 조치만으로는 효과를 거두기 어렵고 근로자에 의한 그 이용, 기타 근로자 자신의 노력 없이는 소기의 효과를 기대할 수 없다. 따라서 노안위법 제69조 제2항에서는 이를 명확히 하기 위하여 근로자에게 사업자가 강구하는 건강교육, 건강상담 등의 조치를 이용하여 그 건강의 유지증진에 노력할 의무를 있음을 명시하고 있다.

적 요인과 개인적 요인의 양자가 복합요인으로 되어 발생한 경우에는 사용자의 건강배려책임은 업무적 요인에 대해서 인정된다. 예를 들면, 자신의 사정으로 주간대학에 5년간 통학하기 위해 주간업무가 있는데도 야간업무를 희망한 타이피스트의 경견완증후군에 대해 회사의 타이핑작업에 의한 발생에의 기여율은 2할이라고 인정되어 500만 엔의 위자료청구에 대해 100만 엔이 인정된 예가 있다.[58]

제4절 근로자의 의무위반에 대한 책임

Ⅰ. 독 일

1. 관할관청의 조치 및 행정행위

근로자가 「노동안전보건기본법」 제15조 및 제16조에 규정된 의무를 위반하면 그에 따른 책임이 수반된다. 산업안전보건 관할관청은 사용자뿐만 아니라 일정한 경우에는 근로자에 대해서도 조치를 명할 수 있다. 근로자에 대한 명령은 「노동안전보건기본법」 제22조 제3항 제1호에 의거하여 내려질 수 있다. 이에 따라 관할당국은 개별 사안에서 해당 근로자가 「노동안전보건기본법」 및 이에 따른 법규명령으로부터 발생하는 의무이행을 위해서 어떤 조치를 취해야 하는지를 명령할 수 있다. 이 경우 관할당국은 위험이 절박한 상황에 있지 않는 한, 명령의 실시를 위하여 상당한 기간을 설정하여야 한다(「노동안전보건기본법」 제22조 제3항 제2문). 근로자가 즉시 이행 가능한 명백한 명령에 대하여 관할당국의 명령 후에도 이를 즉각적으로 이행하지 않을 경우, 관

---

58) NHK事件·東京地裁判決 1973.5.23. 判例時報 706号.

할당국은 해당 근로자에게 시정명령과 관련된 작업 또는 시정명령과 관련된 작업장비의 사용 또는 가동을 금지할 수 있다. 이 경우 이 명령은 이의제기와 그 후 소송의 방법으로 근로자에 의해 취소청구될 수 있는 행정행위이다.[59]

2. 과태료 및 형법

근로자가 관할당국의 이행 가능한 명령을 위반하면, 당해 근로자는 과태료를 부과받을 수 있다. 근로자가 이행 가능한 명령을 따르지 않으면, 5,000유로 이하의 과태료를 각오하여야 한다(「노동안전보건기본법」 제25조 제1항 제2호b 및 제2항). 근로자의 「노동안전보건기본법」 위반에 대해서는 사용자 위반에 대하여 규정된 수준보다 상당히 낮다. 사용자가 산업안전보건규정을 위반하면 25,000유로 이하의 과태료를 부과받는다(「노동안전보건기본법」 제25조 제2항). 「노동안전보건기본법」 제18조 제1항 또는 제19조에 의거한 법규명령을 고의 또는 과실로 위반하는 자는, 당해 법규명령이 법률요건상 「노동안전보건기본법」 제25조를 참조하도록 지시하는 한 질서위반의 행위가 된다.

근로자의 의무위반에 대해서는 형벌규정이 규정되어 있지 않다. 「노동안전보건기본법」 제26조에 의거하여 적용되는 형벌규정은 특별히 중하다고 판단되는 사용자 위반에 대해서만 문제가 된다. 그러나 근로자의 부주의한 행동으로 산업안전보건규정을 위반하고 이로 인하여 동료, 사용자, 제3자에 위험을 초래한 경우, 근로자는 형사소추의 위험에 노출될 수 있다.[60]

---

59) Kollmer, a. a. O.(Fn. 19), Rdnr. 223.
60) Kollmer, a. a. O.(Fn. 19), Rdnr. 224~225.

3. 노동법상의 책임

노동법상의 책임은 근로자가 의무를 위반하는 경우에 대해서도 동일하게 적용된다. 「노동안전보건기본법」 제15조 및 제16조와 관련하여 사용자는 근로계약에 따라 근로자에게 법적으로 규정된 근로자 의무를 준수할 것을 요구할 수 있다(이행청구권). 그러나 이행청구권은 실제로는 문제로 되지 않는다. 이것 대신에 사용자는 근로자가 산업안전보건에 반하는 방법으로 근로를 제공하고자 하는 경우 당해 근로자의 근로를 거절할 수 있다.[61] 근로자가 산업안전보건규정의 완강한 불이행(거절)으로 근로계약상의 임금청구권을 상실하는 동안, 사용자는 수령지체에 빠지지 않게 된다.[62] 그리고 근로자가 산업안전보건 위반행위로 질병을 얻거나 다친 경우, 근로자는 질병 중의 임금계속지불청구권이 상실될 수 있다(「임금계속지불법」 제3조, 「민법전」 제616조 제2문).[63]

고의 또는 과실에 의한 「노동안전보건기본법」 제15조 및 제16조 위반은 사용자에게 손해를 끼치는 결과를 초래할 수도 있다[예컨대, 중대산업사고(Störfall) 발생]. 이것은 계약 위반 또는 「민법전」 제823조(손해배상의무)에 의하여 근로자가 손해배상의무를 지는 결과를 초래할 수 있다. 근로자가 산업안전보건 위반행위로 직장동료에게 손해를 입히는 경우, 「민법전」 제823조에 의해 직장동료에게 물적 손해에 대하여 책임을 진다. 인적 손해에 대해서는, 사업장의 업무에 기인하여 동일한 사업장의 종업원에 대해 산업재해를 발생시킨 경우에는 「사회법전」 제7편 제105조에 따라 그 산업재해를 고의로 발생시킨 경우 또는 통근재해의 경우가 아니라면 배상책임이 면제된다.

---

61) Richardi/Wlotzke(Hrsg.), a. a. O.(Fn. 5), §209 Rdnr. 54.

62) 同旨: a. a. O.

63) 同旨: Richardi/Wlotzke(Hrsg.), a. a. O.(Fn. 5), §209 Rdnr. 55.

또한 근로자가 작업 중 안전보건조건에 적합하게 행동하고 산업안전보건업무에 대해 사용자를 지원할 의무에 위반할 경우, 특히 반복적으로 안전보건에 반하는 행위를 한 경우, 사용자는 위반의 정도와 개별사례의 상황에 따라 당해 근로자를 일반해고 또는「민법전」제626조에 의거하여 즉시해고를 할 수 있다.[64]

II. 미 국

미국은 사용자의 안전배려의무와 마찬가지로 근로자의 주의의무 또한 이를 근로계약상의 의무로 보는 관념이 없다. 그리고 OSH Act는 근로자의 의무에 대하여 벌칙이 수반되지 않은 일반적 의무[제5조(a)(2)]만을 규정하고 있다.

한편 OSHA 기준은 그것의 확실한 준수를 위해 제정·공포되었지만, 제5조(a)(2)는 엄격책임(strict liability)을 부과하고 있지는 않다. 따라서 위험 인수와 기여 과실과 같은 보통법에 의한 항변은 배제되고 있지만, 산업안전보건심사위원회와 법원은 사용자에게 절차적 항변[65]과 실체적 항변[66]을 인정하여 왔다.[67] 모든 실체적인 항변 중에서도 예방 불가능한 근로자 위법행위가 가장 중요하다고 이해되고 있다. 이 것은 또한 '우발적(isolated) 발생', '우발적 사고', '우발적 위법행위', 그리고 '근로자 위법행위'로 언급되어 왔다. 명칭에 관계없이 이 항변의 기본적인 전제는, 근로자의 위법행위에 기인하고 예방 불가능하며 재발할 것 같지 않은 상황에 대해 사용자에게 벌칙을 부과하는 것은 불

---

64) Richardi/Wlotzke(Hrsg.), a. a. O.(Fn. 5), §209 Rdnr. 57.
65) 절차적 항변은 장관의 집행절차와 위원회 결정의 타당성에 관련된 항변을 말한다.
66) 실체적 항변은 사건의 사실에 대한 특별한 기준의 타당성과 적용가능성, 사용자 행위의 성격, 사용자 행위의 근로자의 안전보건에의 영향에 관련된 항변을 말한다.
67) See Rothstein, supra note(26), at 192.

공정하고 근로자의 안전보건을 증진시키지 못할 것이라는 점이다.[68]

Standard Glass Co. 사건에서 산업안전보건심사위원회는 예방 불가능한 위법행위 항변에 대한 기준으로, ① 근로자에 의한 안전보건기준의 특이하고 단기간의 위반일 것, ② 사용자에게 알려져 있지 않을 것, ③ 사용자의 지시와 사용자가 일관되게 시행하여 온 회사 안전보건규정에 어긋날 것 등 3가지를 제시한 바 있다. 그 후 산업안전보건심사위원회는 Jensen Construction Co. 사건에서 이 기준을 다음 4가지 기준으로 대체하였다. 즉 ① 사용자가 근로자의 위반을 방지할 목적의 안전보건규정을 제정하였을 것, ② 안전보건규정을 자신의 근로자들에게 충분히 전달하였을 것, ③ 근로자의 위반을 파악·발견하기 위한 조치를 취하였을 것, ④ 근로자의 위반이 발견되었을 때 위반 근로자에 대한 징계를 통하여 당해 규정을 효과적으로 집행하였을 것이 그것이다. 이 새로운 기준은 특별한 위반행위를 둘러싼 결과보다는 사용자의 전체적인 안전프로그램에 좀 더 초점을 맞추고 있다.[69]

미국의 경우 이와 같이 사용자가 자신의 면책을 위해서는, 근로자가 준수하여야 할 안전보건수칙을 포함하는 사업장 안전보건규정(작업규칙)을 제정하는 한편 이 안전보건규정을 근로자에게 준수하도록 조치하고 이를 위반한 근로자에 대해 실제로 제재를 하는 것이 필요하다.

한편, 일반의무규정의 많은 위반은 특이하면서 드물게 발생하는 특별한 사건들에 기초해 있는데, 예방 불가능한 근로자 위법행위의 주장은 제5조(a)(1)의 위반에 대해서도 가장 중요하고 본질적인 항변이다. 개별사건에서 결정되어야 하는 중요한 문제는 사용자가 유해위험요인을 예방하기 위한 조치를 취할 수 있었느냐이다. National Realty & Construction Co. v. OSHRC 사건에서 법원은 예방가능성에 대한 기준의 기본적인 체계

---

68) *Id.* at 201.

69) Rothstein, supra note(26), at 201~202.

를 제시하였다. "(근로자의) 어떠한 위험한 행위가 당해 산업을 잘 아는 주의 깊은 전문가가 안전프로그램을 계획할 때 고려하지 않을 동기와 수단일 정도로 상당히 특이하고 받아들이기 어려운 행위라면 그것은 방지할 수 있는 것이 아니다."[70] 즉 근로자의 위법행위가 OSH Act의 침해를 야기하는 경우, 이것의 발생을 줄이기 위한 확실히 가능한 수단이 존재할 때에만 사용자는 책임을 지게 될 것이다. 따라서 사용자는 근로자의 행동에 대하여 절대적으로 책임을 지는 것은 아니다. 일반적으로 근로자의 행위에 대한 OSH Act상의 책임을 피하기 위해서는 사용자는 당해 근로자의 행위(의무위반)가 예측과 예지가 불가능한 것이었음을 제시하여야 한다.[71]

제5조(a)(1)에 있어서의 예방 불가능한 근로자 위반행위(misconduct) 항변의 요소는 제5조(a)(2) 항변과 동일하다. 사용자는 다음 사항을 입증하여야 한다. 즉, ① 근로자의 위반을 방지할 목적의 안전보건규정을 제정한 사실, ② 안전보건규정을 자신의 근로자들에게 적절하게 전달한 사실, ③ 근로자의 위반을 발견하기 위한 조치를 취한 사실, ④ 근로자의 위반이 발견되었을 때 당해 규정을 효과적으로 집행한 사실.

제5조(a)(2)에 있어서의 예방 불가능한 근로자 위반행위는 이론적으로 소송과정에서 틀림없이 제기되는 사용자 측의 적극적 항변(affirmative defense)[72]의 대상이다. 그럼에도 불구하고 제5조(a)(1)에 따라 노동부장관이 사용자의 안전프로그램의 불충분함을 입증할 책임을 지게 되고, 따라서 예방 불가능한 근로자 위반행위 항변의 주요 요소는 노동부장관 사건의 한 부분이다.[73]

---

70) *Id.* at. 246.

71) Nothstein, supra note(6), at 211.

72) 소송에서 청구를 뒷받침하기 위하여 주장되고 있는 사실을 전제로 한 후에 새로운 사실을 주장하여 청구에 대한 이유를 부여하는 것으로서, 통례적으로 새로운 사실의 주장자 측에 증명책임이 있다.

Ⅲ. 일 본

근로자가 노안위법상의 의무를 유책하게 위반한 경우에는 벌칙으로서 형벌의 적용(노안위법 제120조 제1항)을 받는다. 그리고 근로자가 부수적 의무로서 성실의무를 위반하여 사용자에게 손해를 끼친 경우, 채무불이행에 따른 손해배상책임을 면할 수 없다(「민법」 제415조, 제416조). 그리고 근로자의 행위가 불법행위(「민법」 제709조)의 요건을 충족하면, 손해배상책임을 지고, 제3자에게 손해를 끼친 때에는 사용자책임(「민법」 제715조 제1항)을 전제로 하는 사용자에 의한 구상권 행사도 인정된다. 최근 사용자가 징계처분 또는 해고를 대신하여 금전배상을 요구하는 사례가 증가하고 있는데, 이것은 자력(資力)이 부족한 근로자에게 있어서는 가혹한 결과를 초래하기 때문에, 판례는 근로관계의 특질을 고려하여 신의칙에 근거한 책임제한법리를 발전시키고 있다.[74]

즉, 사용자는 불법행위에 근거한 손해배상 및 구상권의 행사를 할 때, "손해의 공평한 분담이라는 견지에서 신의칙상 상당하다고 인정되는 한도에 있어서"만 근로자에 대하여 손해의 배상 또는 구상의 청구를 할 수 있다.[75] 이 판단은 채무불이행을 이유로 하는 손해배상청구에도 응용되고 있다.[76] 책임제한의 기준은, ① 근로자의 귀책성, ② 근로자의 지위·직무내용·근로조건, ③ 손해발생에 대한 사용자의 기여도에 의한다.[77]

한편 사용자의 의무와 근로자의 의무가 표리관계에 있는 경우, 근로

---

73) Rothstein, supra note(26), at 246～247.

74) 菅野・前掲注(11)書 83頁.

75) 茨石事件・最一小判 1976.7.8. 最高裁判所民事判例集 30卷 7号 689頁.

76) 大隈鉄工所事件・名古屋地判 1987.7.27. 労働関係民事裁判例集 38卷 3・4号 395頁.

77) 菅野・前掲注(11)書 84頁.

자가 자신의 의무를 위반하면, 사용자의 의무(책임)가 면책되는 것일까. 예컨대, 근로자가 건강진단의 수진을 거부한 경우, 건강진단을 실시해야 할 사용자의 의무는 어떻게 되는 것인가. 근로자가 수진(受診)을 거부하는 의무위반이 있다고 하여 바로 사용자의 면책을 인정하는 것은 타당하지 않다고 생각된다. 사용자의 의무에는 근로자의 건강진단 미수진을 방지하기 위하여 필요한 조치를 다하여야 할 내용도 포함되어 있기 때문이다. 사용자가 자신의 공법상의 의무 위반으로 형사처벌을 받지 않기 위해서는 근로자가 그의 의무를 준수하도록 지휘명령권을 행사하고 의무이행 여부를 확인(감독)하여 의무위반 시에는 주의, 지시 등의 조치(결과발생회피의무)를 하여야 하고, 안전배려의무의 위반이 되지 않기 위해서도 사용자로서 근로자의 의무위반이 발생하지 않도록, 즉 근로자의 위반행위를 방지하기 위하여 근로자에 대하여 충분한 설명과 설득을 하는 등의 '선량한 관리자의 주의'를 다하여야 한다.

구체적으로 말하자면, 사용자는 특정화학물질을 제조, 취급 또는 저장하는 작업을 할 때에는 작업에 종사하는 근로자에게 호흡용보호구 등 보호구를 사용하게 하여야 하고(노안위법 제26조, 특정화학물질 장해예방규칙 제22조 제1항), 근로자는 사용자로부터 보호구의 사용을 지시받은 때에는 이것을 사용하여야 하는바(동 규칙 제22조 제3항), 이 경우 근로자가 자신의 의무를 위반하여 보호구를 착용하지 않았다고 해서 사용자의 책임이 바로 면제되는 것은 아니다. 사용자가 근로자에게 보호구를 착용하도록 지시를 하였더라도, 작업과정에서 근로자의 보호구 미착용을 방지하기 위하여 사용자가 작업현장을 수시로 감독하거나 교육하는 등 필요한 주의를 다하지 않는 경우에는, 사용자는 양벌규정(제122조)에 의하여 감독과실의 책임을 지게 된다.

또 다른 예로서, 유해요인이 있는 직장에서 근로자가 건강진단 그 자체나 건강진단 실시 후의 조치를 싫어한다든지 희망하지 않는다고 하여 근로자의 건강장해가 발생 또는 악화되는 것을 사용자로서 잠자코 간과하는 것은 노안위법상의 사용자 의무(제66조, 제66조의 5) 위반에 해당하고, 또한 노안위법상의 규정 여부에 관계없이 근로계약상의 안전배려의무에 의해 허용되지 않으며, 근로자 본인의 의무이행에 대한 의사에 관계없이 사용자는 해당 직업병으로부터 근로자를 보호하기 위해 상당한 정도의 주의의무를 다하여야 한다. 이 점에 대하여 재판례에서도 "사용자 측에서는 요통대책으로서 1971년 6월 26일부터 특별건강진단을 실시한바, 원고가 같은 날의 건강진단 수진을 거부한 것은 전술한 바와 같은데, 변론의 전 취지에 의하면 사무부서는 그것을 방치하여 원고가 하는 대로 방치한 것이라고 추인되고 그 후 원고에 대해 마음을 다해 수진시키려고 노력한 것을 인정할 만한 증거도 없기 때문에 위의 사정을 가지고 있다고 하더라도 사용자 측이 안전배려의무를 다했다는 것은 불가능하다."[78]고 판시하고 있다. 요컨대, 사용자가 종업원의 건강관리를 전면적으로 근로자 본인에게 맡긴다든지, 장기간 검진 불수진(不受診)을 방치한 경우에는 사용자의 안전배려의무 위반이라고 인정되게 될 것이다.[79]

따라서 근로자의 의무위반이 있더라도, 사용자의 의무위반 여부는 근로자의 의무위반과 원칙적으로 별개로 파악되어야 한다. 다만, 사용자의 의무위반에 관하여 근로자의 의무위반이 기여한 경우에는 사용자의 형사책임 또는 손해배상책임을 경감하는 것은 가능하다고 생각된다. 그리고 사용자의 상당한 노력에도 불구하고 근로자가 건강진단을 거부한 경우에는, 그 범위에서 당해 근로자는 안전배려의무의 보호의 범위 밖으로 벗어나게 되고, 근로자는 그 위험을 인수하게 된다.

---

78) 大阪府立中宮病院松心園事件・大阪地判 1980.2.18. 労働判例 338号 57頁.
79) 西村健一郎 「使用者の安全配慮義務と予見可能性－住友林業事件をめぐって」 労働判例 381号 10頁 参照.

제5절 소 결

산업재해 예방은 기본적으로는 자신의 사업을 위해 타인을 사용하는 사용자의 책임이지만, 그 철저를 기하기 위해서는 관계하는 근로자의 협력행위가 필수불가결한 경우가 많다. 그리고 자신의 위해방지뿐만 아니라 동료근로자 등 제3자의 위해방지를 위해서도 각 근로자는 필요한 사항을 준수할 필요가 있다. 따라서 각국은 근로자를 산재예방의 중요한 당사자로 인식하고, 공법인 산업안전보건법규에서 근로자의 의무를 다양하게 규율하고 있다.

각 국가는 근로자를 단지 안전보건보호의 객체로서만 또는 사용자에 대한 안전보건조치의 권리자로서만 규정하고 있지는 않다. 근로자는 해당 법률에서 부과한 의무를 준수하여야 할 수규자로서의 지위도 아울러 갖고 있다. 이러한 근로자의 의무는 근로자가 사업장에서 안전보건에 관한 책임자로서 부담하는 의무라기보다는 사업장 내에서 산업안전보건에 관한 사용자의 의무가 효율적으로 이행될 수 있도록 하는 조력자로서 부담하는 의무라고 할 수 있다. 그렇다고 근로자의 의무위반에 대한 책임을 묻지 않는 것은 아니다. 근로자에게 부과된 작위 또는 부작위의무를 이행하지 않는 경우에는 해당 근로자는 공법상 또는 사법상의 책임을 지게 된다.[80]

비교법적으로 보면, 독일과 일본에서는 채권법상의 신의칙을 근거로 한 근로자의 부수의무로서 성실의무가 사실상 인정되고 있어, 이를 기초로 근로자에게 채무의 내용에 좇은 적절한 노동력을 제공하기 위한 주의의무로서 사용자의 안전보건조치에 협력하고 근로자 자신의 건강을 적절하게 관리할 주의할 의무 등이 묵시적으로 존재하는 것으로 해석되고 있다.

---

80) Vgl. Lorenz, Arbeitssicherheit, 2000, S. 37.

그리고 각국은 공법인 산업안전보건법규에서 근로자에게 많은 의무를 규정하고 있다. 이 경우 근로자의 의무는 사용자가 강구하는 안전보건조치를 전제로 하는 대응적 의무의 성격이 강하다. 그러나 독일은 「노동안전보건기본법」 등에서 대응의무적 성격의 의무 외에 독립의무적 성격의 의무, 즉 사용자의 의무를 전제로 하지 않는 의무를 적지 않게 규정하고 있는데, 이러한 성격의 의무 역시 공법상의 규정과 별개로 계약법상의 신의칙으로부터도 도출될 수 있다. 일본의 경우 독립의무적 성격의 의무에 대한 공법상의 규정은 드물지만, 계약법상의 신의칙에 근거하여 자기건강관리의무를 중심으로 일정한 법리가 형성되어 독립적 의무의 내용을 구체화하고 있다. 그리고 독일과 일본에서는 근로자의 공법상의 의무는 공법의 이중적 효력에 의해 사법상의 효력을 가지는 것으로 해석되고 있고, 이를 바탕으로 공법에 규정되어 있는 많은 근로자의 의무는 근로계약상의 의무로 전환된다.

미국의 경우 사용자의 안전배려의무와 마찬가지로 근로자의 성실의무(또는 주의의무) 또한 이를 계약상의 의무로 보는 관념이 없기 때문에 채권법상의 논의는 이루어지지 않고 있다. 그리고 공법인 OSH Act는 근로자 의무에 대하여 벌칙 규정 없는 일반적 의무만을 정하고 있어 이 규정 자체만으로는 실제적 중요성은 그다지 갖지 않고 있다. 그러나 미국에서는 사업장 내부의 작업규칙(안전보건규정)에 근로자가 준수하여야 할 안전보건수칙과 근로자가 이를 준수하지 않을 경우 불이익(제재)을 부과하는 내용을 각각 반영하도록 하고 사용자로 하여금 이를 이행하도록 함으로써 근로자의 의무 이행을 간접적으로 담보하고 있으며, 이 점에 대해서는 OSHA, 산업안전보건심사위원회, 법원뿐만 아니라 노동조합도 널리 긍정적으로 보고 있다.[81]

---

81) See. B. A Fellner/D. W. Savelson, Occupational Safety and Health Law and Practice, Practising Law Institute 28(1976).

제5장 산업법상 근로자의 법적 지위 정립의 방향성

이 책에서의 기본적인 문제의식은, 사용자 일방에 의한 안전보건활동으로는 산재예방의 실효를 거두는 데 한계가 있기 때문에 근로자를 산재예방활동의 또 다른 주체로서 이 활동에 적극적으로 관여시킬 필요가 있다는 점에 향해져 있다.

그래서 외국으로 눈을 돌려 많은 점에서 서로 다른 법제도를 가지고 있는 독일, 미국, 일본과 우리나라를 비교하여 이들 국가에서 근로자에게 산재예방활동에서의 역할이 어느 정도 부여되어 있는가에 대한 검토를 행하는 것으로 하였다.

이러한 문제의식과 비교법적 고찰의 결과를 토대로, 이 장에서는 독일법, 미국법, 일본법을 상호 비교하고 이 비교에 의해 우리나라 산안법규의 특징 또는 문제점을 명확히 한 후에, 마지막으로 우리나라에서의 근로자의 안전보건에 관한 법적 지위에 관한 법정책 및 법해석상의 시사점을 도출하는 것으로 한다.

제1절 비교법적 분석 및 시사점

Ⅰ. 사법상의 권리 인정 여부

안전배려의무의 사법적 효력에 관하여 비교법적으로 살펴보면, 미국의 경우 안전배려의무를 근로계약상의 채무로 파악하는 법리는 제시되고 있지 않기 때문에, 사용자와 근로자는 상대방에 대하여 근로계약상의 안전배려의무 또는 성실의무를 지지 않는 것으로 이해되고 있다. 미국에서의 안전배려의무는 불법행위법상의 주의의무의 성격을 가지고, 제한된 범위에서 손해배상청구소송과 이행청구소송을 할 수 있는 것으로 해석되고 있다. 그리고 연방법인 OSH Act는 사법적 청구권을 불필요하게 할 정도로 충분하게 포괄적이라는 사고에 기초하여 순수한 공법으로 이해되고 있고, 그 결과 근로자에게는 OSH Act에 근거하여 사용자를 상대로 민사소송을 제기할 수 있는 사법적 권리가 부여되고 있지 않다. OSH Act가 제5조의 일반적 의무 규정을 통하여 법령에서 규정하고 있지 않은 사항에 대해서도 규제할 수 있는 법적 수단을 가지고 있는 점이 OSH Act에 사법적 성질을 부여하지 않는 법리 전개에 상당한 영향을 미친 것으로 분석된다.

반면, 독일·일본의 산업안전보건법규는 OSH Act와 같이 이것이 사법적 효력을 갖지 않는다는 것을 명시한 조문을 두고 있지 않고, 오히려 사법적 효력을 아울러 갖는 이중적 효력을 가지고 있다고 이해되고 있다. 그 결과 근로자와 사용자는 상대방의 산업안전보건법규 위반에 대하여 사법적 청구권을 갖는다고 이해되고 있다.[1] 여기에서 미국법과 독일법·일본법 사이에 커다란 차이가 발견된다.

독일에서는 「민법전」 제618조의 안전배려의무규정이 공법상의 의무를 계약상의 의무로 전화시키는 역할을 하는 것으로 이해되고 있고, 따라서 산업안전보건법규상의 의무는 그것이 근로계약상의 합의 내용이 되는 데 적합하다면 근로계약상의 의무내용이 된다는 이론이 학설·판례에 의하여 정착되어 있다. 요컨대, 독일에서는 산업안전보건법규에 정해져 있는 의무에 대하여 근로자는 사법상의 권리를 갖는다고 해석되고 있다.

한편 일본에서는, 근로계약법에 실정법상의 근거를 갖기 이전에는 독일과 같이 안전배려의무를 명확히 규정한 법조문은 존재하고 있지 않았지만, 판례법리로서의 안전배려의무가 산업안전보건법규의 규율을 실질적으로 사법영역으로 확대하는 방향으로 전개를 보이면서 안

---

1) 다만, 일본의 경우 이행청구권의 가부에 대해서는 학설과 판례에서 의견의 대립이 있다.

전배려의무의 내용은 점차 고도화되고 다양화되어 왔다. 그리고 판례법상의 안전배려의무의 법리는 학설에 의해서도 광범위하게 지지되어 오다가, 마침내 「노동계약법」(제5조)에 명문화되기에 이르렀다. 일본에서도 독일과 마찬가지로 근로자는 안전배려의무를 매개로 하여 산업안전보건법규의 규정에 대하여 기본적으로 사법상의 권리를 갖고 있다고 말할 수 있다.

우리나라 또한 ① 산안법이 근기법의 부속법의 체계로 되어 있는 점, ② 안전보건기준의 성격이 근로조건의 일부인 점, ③ 산재예방은 근로시간 등의 일반근로조건과 밀접한 관계가 있어 산안법은 근기법과 일체로서 운영될 필요가 있는 점, ④ 근기법의 목적과 근로조건의 원칙(제3조), 근로조건 대등결정의 원칙(제4조) 등은 노동관계의 기본원칙으로서 산안법의 해석과 운영에 있어서도 당연한 전제를 이루는 점 등을 감안할 때, 산안법이 독일, 일본과 마찬가지로 사용자와 근로자에게 국가에 대한 의무를 부과하는 공법적 효력·성격뿐만 아니라 사용자와 근로자 간의 사법적 효력·성격도 아울러 가지고 있는 것으로 해석된다. 따라서 산안법은 사법관계인 근로관계의 내용을 직접 규율하는 법으로서 사용자에 대한 근로자의 권리도 설정한 것이라고 보아야 할 것이다. 이 경우 사용자의 안전배려의무는 산안법에 의해 구체화되어 산안법의 준수는 근로계약상의 의무의 이행이라고 해석되고, 사용자가 산안법상의 규정을 준수하지 않으면 근로자는 이 규정의 위반에 대하여 사법상의 청구권을 가지게 된다는 해석이 가능하다. 역으로, 사용자 역시 근로자의 산안법 위반에 대하여 동일한 논리로 사법상의 청구권을 갖는다고 해석할 수 있다.

안전배려의무는 항상 일의적으로 명확하고 획일적인 의무가 아니고 직장, 직무내용 또는 근로자 개인적 사정에 따라 달라지는 불명확한 의무이다. 따라서 안전배려의무의 내용을 특정하는 것은 근로자와 사용자에게 있어 쉬운 일만은 아니다. 그런데 산안법상의 의무를 사용자와 근로자 간의 권리의무로 파악할 경우, 산안법은 안전배려의무의 최저한도의 내용을 이루는 기준이 될 수 있기 때문에, 사용자는 이에 의해 자신에게 어떠한 행위규범이 요구되고 있는지를 명확하게 알 수 있게 되고, 근로자의 입장에서도 사용자에게 요구할 내용을 어렵지 않게 특정할 수 있게 됨으로써 근로자의 권리의식 제고와 권리 행사에 기여할 수 있을 것이다.

상술한 바와 같이 근로자에게 산안법에 대하여 사법상위 권리가 인정된다면, 근로자는 산안법에 대하여 신고권 행사를 통한 공법적 권리 실현뿐만 아니라 사법적 권리 실현 또한 가능하게 된다.

II. 근로자의 관여권

독일의 법규에서는, 근로자의 권리 또는 역할이 명시적으로 부여되어 있는 규정, 즉 공법상의 권리규정이 근로자의 관여권을 중심으로 많이 정해져 있다. 근로자는 사업장 내 재해예방규제의 규범설정의 주체로서 공동결정권을 가질 뿐만 아니라 재해예방활동에의 참가권, 제안권·청문권도 보장되어 있다. 이 경우, 제안권·청문권은 주로 개별 근로자가 당해 권리를 직접적으로 행사하는 형태를 취하고 있고, 공동결정권 및 참가권은 근로자가 주로 종업원대표, 산업안전보건위원회 등의 근로자대표제를 통해 당해 권리를 행사하는 구조로 되어 있다. 요컨대, 독일에서는 근로자가 법제도상 개인적으로도 조직적으로도 광범위한 관여권을 보장받고 있고, 근로자는 산업안전보건법규의 운용에서 중요한 주체로 자리매김되어 있다. 이것은 독일법이 근로자를 적극적인 산재예방조치를 취할 수 있는 주체로서 인식하고 있다고 말할 수 있는 근거이다.

미국에서는, OSH Act에서 그 실효성을 확보하고 OSHA에 의한 감독과정, 집행과정 등에 근로자를 깊숙이 관여시키기 위하여 근로자에게 감독 동행권, 개시·종료회의 참가권, 시정통고상의 시정기간에 대한 이의제기권, 사용자에 의해 이의신청 등이 제기된 후에 당사자로서 청문회에 참가할 권리 등 다양한 참가권을 부여하고 있다. 그러나 독일과는 달리 근로자 또는 그 대표에게 공동결정권, 스스로 사업장을 점검하고 재해조사에 참가할 권리까지는 보장되어 있지 않다. 다른 한편, 안전보건위원회의 경우에는 OSH Act는 동 위원회의 설치를 의무 지우고 있지 않지만, 많은 주에서 일정 규모 이상의 사업장 또는 고위험 사업장에 대하여 동 위원회의 설치를 의무 지우고 있다. 단, NLRA 제8조(a)(2)의 노동단체의 지배금지규정과의 관계에서 동 위원회에 의한 근로자 참가가 제도적으로 다소 제약을 받고 있다. 그리고 미국법에는 독일법 및 일본법과 달리 사업장 내 산업의(産業醫) 등 안전보건 전문가의 선임제도에 관한 법적 규제가 존재하지 않는다. 그 결과 이것은 그 선임에서부터 직무내용에 이르기까지 기본적으로 노사의 자율적 노력에 맡겨져 있고, 엄한 벌칙[2]과 소송제기의 용이성[3] 등의 배경하에 기본적으로 노사의 역관계에 좌우되는 요소가 크다고 말할 수 있다.

한편 일본에서는, 근로자의 주체적인 역할을 가능하게 하는 참가법제와 근로자가 이러한 활동을 하기 위한 전제조건 정비가 상대적으로

---

2) 예를 들면, OSHA는 2005년 3월에 텍사스 주 텍사스 시 석유정제 플랜트 폭발사고(15명 사망, 170명 부상)에 대한 책임을 물어 BP 북미사에 대해 최종적으로 벌금 5,060만 달러를 부과한 바 있고(2010.8.12), 2010년 2월에 발생한 코네티컷 주 LLC사의 천연가스발전소 건설공사 중의 폭발사고(6명 사망, 50명 부상)에 대해서는 3개 원청회사와 14개 협력업체를 대상으로 총 벌금 1,660만 달러를 부과한 바 있다(2010.8.5).

3) 미국에서는 전통적으로 소송이 많은 문화적 배경과 변호사 수가 많은 것을 바탕으로 한 저렴한 소송비용 때문에 근로자 역시 사용자의 안전보건기준 위반을 이유로 사용자에 대하여 손쉽게 소송을 제기할 수 있다.

미흡하다. 근로자의 관여권에 해당하는 것으로서는 안전위생위원회·직장간담회 제도와 안전위생개선계획 작성 시 청취제도 이외에는 보이지 않는다. 게다가 안전위생위원회 제도의 경우 위원회의 의결이 사용자를 구속하지 않고 그 구성 및 운영의 적부에 대해서 사용자가 처벌되는 것도 없으며, 위원 모두 사용자의 지명에 의한 자라는 한계를 가지고 있다. 나아가 법적으로 선임이 의무화되어 있는 사업장 내 안전보건전문가의 경우, 그 선임, 직무수행, 해임에 있어서 일본의 법제도는 근로자 관여권의 구조를 가지고 있지 않고, 그들의 선임, 해임 등은 사용자의 임의에 맡겨져 있어 근로자 측에서의 관여의 여지는 존재하지 않는다.

우리나라의 경우, 근로자대표가 자체점검하는 형태든, 감독관에 동행하는 형태든 사업장 감독에 참가할 수 있는 권한이 권리로서 보장되어 있지 않다. 그리고 건강진단, 작업환경측정 등에 참여할 수 있는 권한이 확보되어 있지만, 문제는 이 권한이 신청(청구)주의에 기반하고 있어 노조가 조직되어 있는 사업장을 제외하고는 실제 이 권리를 행사하는 경우를 찾아보기 어렵다는 것이다. 그리고 근로자대표기구는 이것의 실질적 운영을 담보하는 제도적 장치가 전혀 갖추어져 있지 않아 사업장에서는 근로자대표의 존재감이 없을 뿐만 아니라 그 운영이 사실상 형해화되어 있는 실정이다. 그 결과, 사용자의 산업안전보건에 대한 근로자 측의 자체적인 감시활동은 사실상 작동되고 있지 않다. 그리고 산업안전보건위원회의 설치의무에서 일부 업종이 제외되어 있고 규모도 일정 근로자수 이상의 사업장으로 한정되어 있어, 적용제외 업종과 규모에 종사하는 근로자는 산업안전보건위원회에 참가할 권리를 가지고 있지 않은 상태이다. 게다가 위에서 살펴본 일본법에서 발견되는 한계는 안전위생위원회 의결의 법적 효과를 제외하고는 우리나라에도 거의 그대로 적용될 수 있다. 요컨대, 관여권의 보장 측면에서 우리나라의 산안법은 독일과 미국의 그것과는 커다란 차이를 보이고 있다고 말할 수 있다.

III. 신고권 등

근로자에 의한 산안법상의 의무의 이행확보방안으로서 신고권이 정해져 있는 것과 신고권을 행사한 것을 이유로 하는 불이익취급을 금지하는 규정을 두고 있는 것은 4개국 산안법의 공통점이다. 그리고 신고권은 신고를 받은 감독기관에 대하여 그 신고의 취지에 따른 행위를 하여야 할 작위위무까지 부담하게 하는 것은 아니라는 점도 4개국 모두 동일하다.

독일에서는 근로자에게 사용자 또는 종업원대표에 대한 기업 내 고충제기권이 제도적으로 인정되고 있기 때문에 근로자는 사전에 사업장 내부의 고충제기절차의 방법을 실행한 경우에 비로소 관할당국에 신고할 수 있다는 '최후수단의 원칙'이 정착되어 있다. 그 때문에 근로자가 이 원칙에 위반할 때에는 기업질서 위반으로서 제재를 받게 된다. 미국법과 일본법에는 이와 같은 조건은 발견되지 않는다. 그러나 독일법에서 보이는 최후수단의 원칙은 근로자가 신고할 때에 그 절차를 정하고 있는 것에 불과하기 때문에 이 때문에 근로자의 권리 행사가 제약받는다고는 말할 수 없다. 그리고 독일은 근로자의 정당한 권리 행사를 이유로 하는 불이익취급을 일반적으로 금지하는 규정(「민법전」 제612a조)을 두고 신고권을 비롯한 모든 권리의 행사에 대하여 그 실효성을 보장하고 있다. 나아가 근로자의 권리 행사를 이유로 한 해고가 사회적으로 부당한 경우에는 당해 해고는 「해고제한법」 제1조 제1항에 의해 무효가 된다.

한편 미국에서도 신고권에 한하지 않고 OSH Act에 의해 부여된 모든 권리에 대하여 그 권리 행사를 이유로 사용자가 취하는 모든 형태의 불이익취급으로부터 신고 근로자가 광범위하게 보호받는 것을 내용으로 하는 규정이 OSH Act에 명문으로 보장되어 있다. 그리고 사용자로부터 불이익취급을 받았다고 생각하는 근로자가 OSHA에 그 사실을 신고한 경우, OSHA가 조사한 후에 근로자를 대신하여 연방지방법원에 소송을 제기할 수 있는바, 이 점은 독일과 일본의 법규에서는 보이지 않는 OSH Act의 특색이라고 말할 수 있다. 그리고 OSHA는 근로자의 신고(정보제공을 포함한다)가 감독기관에서 중요한 정보원이라는 점에 착안하여 근로자에게 감독관과 접촉하는 다양한 방법을 보장하는 한편, 익명의 전언과 같은 비공식적인 신고도 장려하는 등 근로자의 신고를 활성화하기 위하여 여러 가지 방법으로 조력하고 있다. 그리고 법적으로 그 게시가 의무화되어 있는 OSHA 포스터에는 다른 근로자의 권리와 아울러 근로자의 신고권이 명시되어 있는 점 또한 근로자의 신고 활성화에 기여하는 요소라고 생각된다.

이에 대해 일본의 노안위법은 독일·미국과 달리 신고요건이 법 규정에 위반하는 사실이 있는 경우로 한정되어 있고 근로자의 입장에서 위반사실이 있다고 생각(의심)하는 경우는 신고대상으로 규정하고 있지 않다. 그리고 근로자의 신고권의 행사에 대한 불이익취급 금지규정은 두고 있지만, 이것에 대한 소송을 행정당국이 제기하는 제도를 가지고 있지 않다. 이 점에서 일본법은 독일법과 유사하다고 할 수 있다. 또한 일본법에서는 신고권 외에 근로자의 권리 행사를 이유로 하는 불이익취급을 일반적으로 또는 안전보건과 관련하여 개별적으로 '명시적으로' 금지하는 규정은 존재하지 않는다. 그러나 신고권 외의 권리 행사도 정당한 권리 행사인 경우에는 이를 이유로 한 해고는 「노동계약법」 제16조에 의해 무효가 되고, 해고 외의 징계처분 등의 제재 역시 이것을 정당화하는 특별한 사정이 없는 한 민법상 권리남용 또는 공서양속 위반으로서 위법·무효가 될 것이다.

이상의 일본의 제도에 대한 분석은 우리나라의 근로자 신고제도가 그 규정내용에 있어 일본의 제도를 계수하였기 때문에 우리나라의 신고제도에 거의 그대로 적용된다. 다만 우리나라의 경우, 일본이 금지대상 불이익취급 내용으로 해고만을 명문으로 규정하고 있는 것과 달리, 근기법 제23조에서 정당한 이유 없이는 해고 외에 휴직, 정직, 감봉, 그 밖의 징벌을 금지한다고 규정하고 있는바, 신고권 외의 권리 행사에 대해 해고뿐만 아니라 다른 불이익도 동일하게 공법으로 금지하는 포괄적 불이익취급 금지규정을 두고 있는 점이 일본법과 다른 점이라 할 수 있다.

불이익취급 금지제도의 경우, 신고권뿐만 아니라 기타의 권리에 대해서도 권리 행사를 이유로 하는 불이익취급으로부터 당해 근로자를 보호하는 규정을 해당 법률에 명시적으로 두고 있는 미국제도가 근로자의 권리보호에 있어서 보다 충실한 것이라고 생각된다. 그리고 미국의 경우 신고권 제도의 효용에 착안하여 그 운용과정에서 그것을 활성화하려고 하고 있는 점도 신고제도가 그만큼 이용되고 있지 않은 우리나라의 법제에 시사하는 바가 크다고 생각된다.

독일의 경우, 안전보건에 관한 고충제기권이 파견근로자에게도 보장되고, 게다가 근무장소인 사용사업장에서 보장되어 있는 것은 사용사업장에서 안전보건에 관한 고충제기권이 완전히 무권리 상태에 놓여 있다고 해도 과언이 아닌 우리나라의 파견근로자의 현상과 비교하면 그 차이의 크기가 명백해진다. 이것은 단순히 파견법상 당해 규정이 존재하는지 그렇지 않은지의 상위(相違)가 아니라 「사업장조직법」 그 자체의 존재·운영방식에 연유하는 것으로 보인다.

IV. 알 권리

근로자에게 알 권리를 보장하는 방식과 내용은 각국별로 상이하다. 먼저 독일에서는 유해위험정보에 대한 알 권리가 근로자가 산재예방 활동의 주체로서 행동하는 데 있어서 전제적·기본적 위치를 차지하고 있다는 사고하에 근로자대표기구인 종업원대표 또는 근로자 개개인에게 사업장의 유해위험정보에 대한 알 권리를 「사업장조직법」을 비롯한 다양한 법규에서 광범위하게 보장하고 있다. 독일법에 보장되어 있는 알 권리 중 포괄적인 정보수집권(「사업장조직법」 제80조 제2항), 자료수령권(동법 제89조 제5항), 각종 자료접근권 및 참관권은 관여권과 같이 공법에서 근로자 또는 그 대표에게 권리 또는 역할을 직접 부여하는 형태를 취하고 있고 주체적·적극적 권리라고 말할 수 있다. 다른 한편, 근로자 또는 그 대표에게는 사용자가 감독기관으로부터 명령받은 지시 등을 통지받을 권리, 교육을 받을 권리, 지도받을 권리 등이 보장되어 있는데, 이것들은 규정의 형식에 있어서 공법으로 사용자에게 의무를 부과하는 형식을 취하고 있지만, 이들 권리 중 개별근로자의 보호를 목적으로 하는 규정은 사법관계를 직접 규율하는 효과를 가지고 있고 사법상의 권리에도 해당한다고 이해되고 있다. 즉 독일에서는 알 권리가 공법에 의해 규정된 권리와 사법상의 권리 양자를 통하여 보장되어 있다는 것을 알 수 있다. 독일에서 이 알 권리는 상기 관여권과 밀접한 관계를 가지면서 근로자의 주체적 재해예방활동을 촉진하는 역할을 하는 것이 기대되고 있다.

미국에서도 근로자가 산재예방에서 그 역할을 할 수 있도록 하기 위해서는 근로자에게 알 권리를 보장하는 것이 무엇보다도 중요하다는 생각에 기초하여 OSH Act는 Access Rule 및 유해위험성 주지기준 등에서 근로자에게 위해위험정보에 대해서 주지, 경고 또는 교육 등을 받을 권리, 감독기관이 사용자에게 명령한 행정조치 등을 사용자에 의해 게시하여 받을 권리를 부여하는 한편, 근로자에게 직접 일정한 권능 또는 역할을 부여하는 권리로서 재해기록, 유해물질 노출기록 등에 접근한다든지 사업장의 유해위험요인의 모니터링 또는 샘플링에 참관할 권리도 부여하고 있다. 특히 노출·검진기록에 대한 기록유지의무를 40년 이상 부과하고 있는 것은 근로자의 알 권리 등 다른 권리의 실효성을 담보하는 것으로서 중요한 의미를 갖는 것이라고 생각된다. 또한 100여 개의 많은 기준에서 특별안전교육을 규정하고 사업장 감독과정에서 교육실시 여부를 최우선적으로 조사하고 있다. 단, OSH Act 및 그 규칙의 알 권리 관련 규정은 순수한 공법적 규정으로서 사법적 효력을 가지고 있지 않기 때문에 사용자의 동 규정 위반에 대해서는 사법적으로 다툴 수 없는 한계를 안고 있다.

일본에서는 근로자의 알 권리가 주지·게시 및 표시를 받을 권리와 교육받을 권리 등을 중심으로 보장되고 있다. 이들 권리는 공법인 「노동안전위생법」에서 사용자에의 의무부과를 통하여 근로자에게 부여된 법률상의 권리(공법상의 권리)임과 동시에 사용자 의무의 사법적 효력에 의해 사법적 성격도 가지는 권리이다. 이들 중 교육을 받을 권리에 대해서는 광범위한 업종·규모 및 근로자를 대상으로 하여 벌칙을 수반한 특별히 많은 규정을 두고 있는 점이 특징적이다. 일본의 노안위법은 근로자 또는 그 대표에게 독일법에서 보이는 것과 같은 재해예방활동을 위한 폭넓은 정보수집권·자료수령권·자료접근권, 각종 검사 등에의 참관권 또는 미국법에서 보이는 것과 같은 각종 안전보건정보에의 접근권, 유해물질 노출 모니터링(또는 작업환경측정) 등에의 참관권 등과 같이 근로자에게 주체적 역할을 부여하는 적극적 성격의 알 권리는 발견되지 않는다. 즉 알 권리가 사용자의 의무를 통하여 보장된다는 의미에서 수동적 성격의 권리를 중심으로 보장되어 있다고 말할 수 있다. 그리고 감독기관 등이 사용자에게 명령한 재해예방조치, 당해 사업장의 재해발생상황 등을 사용자로부터 전달받을 권리를 부여하는 규정도 두고 있지 않다. 이러한 점에서 독일·미국법과 일본법 사이에는 커다란 차이가 있다고 할 수 있다.

우리나라의 경우, 외양적으로는 안전보건교육을 비롯하여 알 권리에 관한 다양한 규정을 나름대로 정비해 놓고 있다. 그러나 산안법에서 알 권리가 차지하는 의미에 대한 노·사·정 각 주체의 이해가 전체적으로 부족하고 알 권리에 관한 규정의 실효성이 낮아 그 활용이 저조하다는 문제를 안고 있다. 그리고 자료·기록에의 접근권 등 일부 알 권리는 비교대상국가, 특히 독일, 미국과 비교하여 입법 자체가 미흡하다. 또 정부의 알 권리의 중요성에 대한 인식과 관심이 미약하여 그동안 알 권리를 적극적으로 활용하는 정책이 생산·집행되어 오지 않았다. 게다가 알 권리를 현실적으로 가장 많이 행사할 수 있는 주체인 노조와 근로자대표가 구성·운영되고 있지 않은 사업장이 대부분이어서 근로자 스스로에 의한 알 권리 행사는 실제로 행사되는 데 본질적 한계를 안고 있다. 이 같은 알 권리의 보장 미흡은 결국 다른 권리의 실질적이고 활발한 행사에도 걸림돌로 작용하고 있다.[4]

또 하나 우리나라와 비교하여 주목할 만한 것은, 독일과 미국 양국 모두 많은 유해물질을 대상으로 노출 등 기록에 대한 보존의무를 장기간(약 30~40년) 부과하고 있을 뿐만 아니라, 개별근로자와 그 대리인에게 해당 기록에 대한 접근권까지를 보장하고 있는 점이다. 이것은 근로자의 건강장해와 관련된 알 권리의 실효성을 담보하는 데 있어 매

---

4) 최근 국민들의 의식향상에 따라 알 권리는 행정법학에서도 중요한 과제로 등장하고 있다. 일반국민의 알 권리에 대해서는 인간의 인격형성을 위한 전제이며, 개인의 자기실현을 가능하게 하는 권리로서 인간의 행복추구의 중요한 내용이 된다고 설명되고 있다(박윤흔·정형근, 『행정법강의(上)(개정30판)』, 박영사, 2009, 438쪽).

우 중요한 의미를 갖는 것이라고 생각된다.

V. 사용자의 의무위반의 사법적 효과

1. 안전배려의무의 법적 성격

미국은 안전배려의무를 불법행위 유형의 하나인 과실의 불법행위(negligence)가 인정되기 위한 요건인 주의의무로서 인정하고 있다. 따라서 안전배려의무에 대하여 계약법상의 책임을 묻는 것은 불가능하다.[5]

우리나라와 독일은 안전배려의무의 법적 성격에 대해 학설과 판례모두 신의칙에서 도출되는 부수적 의무로 보고 있는 것이 지배적인 입장이다. 그러나 법적 요건과 효과에 대해서는 두 나라의 학설상 논의상황과 판례법리의 전개양상은 사뭇 다르다고 할 수 있다. 독일에서는 1970년대부터 개별적 근로관계상의 권리의무를 일반계약법리에 접근시켜 의무론을 재구성하는 경향이 지배적으로 되면서 안전배려의무를 부수적 의무 또는 보호의무로 보면서도 이행청구권과 작업거절권을 채권법의 구조에서 도출하려는 시도가 다양하게 이루어지고 있는 반면, 우리나라는 학설상 이행청구권과 작업거절권을 인정하는 견해가 발견되고 있지만 이에 대한 이론적 근거는 충분히 제시되지 않고 있고 이 문제를 방증으로라도 설시하는 판례는 발견되지 않고 있다.

---

5) 영국에서도 안전배려의무는 초기에는 주의의무로서만 인정되었지만, 1950년대 후반의 귀족원 판결에 의해 안전배려의무는 고용계약상의 의무로서도 인정되었고 [Lister v. Ramford Ice and Cold Storage Co Ltd(1957) AC 555(HL)], 나아가 1959년의 항소원 판결은 안전배려의무 위반에 대하여 불법행위와 고용계약상의 묵시의 의무위반 중 어느 것을 소인(訴因)으로 해서도 소송을 제기할 수 있다는 것을 명확하게 판시하였다[Matthews v. Kuwait Bechtel Corp.(1959) 2 QB 57(CA].

일본의 경우, 안전배려의무를 다수설과 판례가 신의칙에서 도출하는 점은 독일 및 우리나라와 동일하다. 그러나 안전배려의무의 성격에 대하여, 판례는 대체로 부수적 의무로 이해하고 있는 데 반해, 학설은 최근에 들어와 부수적 급부의무를 포함하여 급부의무로 파악하는 견해가 우세한 가운데 부수의무로 파악하는 견해도 여전히 적지 않다.

안전배려의무를 급부의무로 구성하지 않으면서도 이행청구권이 일반적으로 인정되고 있는 독일의 이론적 상황을 참고하건대, 이행청구권을 이론적으로 긍정하기 위해 안전배려의무를 반드시 급부의무로 구성할 필요가 있는가라는 의문이 제기될 수 있다. 또한 작업거절권의 경우에도, 독일에서는 이에 대한 법적 근거를 채권법상의 이행거절권에서 찾을 수 있어 안전배려의무를 급부의무로 구성하지 않으면서도 채권법상 작업거절권을 인정하고 있으며, 일본에서는 채권법상의 이행거절권이 존재하지 않아 작업거절권에 대한 채권법상의 법적 근거를 동시이행의 항변권에서 도출하면서 이를 위해 안전배려의무를 급부의무로 구성하는 견해가 주장되고 있지만, 동 의무를 급부의무로 구성하지 않으면서도 다른 법적 근거를 통해 작업거절권을 인정하는 주장이 유력하게 제시되고 있는 상황이다. 독일과 일본의 이러한 이론적 상황은 우리나라의 안전배려의무에 대한 법적 성격 및 효과에 대한 향후의 이론 전개에 시사하는 바가 크다고 할 수 있다.

한편 독일과 일본에서는 산업안전보건법규가 규정하는 안전보건조치를 강구하여야 할 의무가 안전배려의무의 중요부분을 구성하지만, 안전배려의무가 산업안전보건법규의 내용으로 한정되지 않고 이를 초과하는 내용도 포함될 수 있다는 견해가 일반화되어 가면서, 동 의무의 내용이 점차 확대·고도화되어 가는 경향을 보이고 있다. 이 점 역시, 특히 일본의 사례는 우리나라에서 앞으로 안전배려의무의 내용을 구성하는 데 있어 반드시 참고하여야 할 점이라고 생각된다.

2. 이행청구권

독일에서 근로자가 사용자의 산업안전보건법규의 위반 및 현실의 산재위험에 대응하여 적극적으로 사용자에게 그 시정조치를 구하는 이행청구권에 대해서는 산업안전보건법규와 근로계약과의 관계 그리고 안전배려의무에 관한 판례·학설상의 전개로부터 당초에는 다툼이 있었지만 현재에는 이행청구권이 일반적으로 인정되어 이행청구권을 부정하는 견해는 거의 보이지 않는다. 특히, 직장에서의 흡연금지조치 청구소송의 판례에서는 이행청구권에 대해 일정한 법리를 형성하고 있다.

미국에서는 OSH Act에 근거해서는 이행청구소송을 하는 것은 불가능하지만, 보통법상의 사용자의 안전배려의무에 근거하여 이행청구소송을 주법원에 제소할 수 있다는 것은 현재의 판례·학설에 의해 일반적으로 승인되고 있다. 단, 이행명령청구권의 실제적인 행사에는 적지 않은 제약이 있을 것이라고 분석되고 있다.

일본의 현행 법규 및 통설·판례는 이행청구권을 일반적으로 인정하는 단계에는 도달하고 있지 않고, 이를 위한 이론적 도정(道程)을 명확히 하고 있는 것도 아니다. 그러나 일본에서도 안전배려의무의 구체적 이행내용을 확정하는 노안법규가 존재하는 부분에서는 이행청구권을 긍정하여야 한다는 견해가 다수설이고, 판례도 적어도 안전배려의무의 내용이 구체화되어 있고, 특히 벌칙이 수반되어 있는 규정 등에 대해서는 이행청구권을 긍정하고 있다고 해석할 수 있다.

우리나라에서는 안전보건조치의 이행청구권을 둘러싼 본격적인 논의는 사실상 이루어지고 있지 않지만, 결론적으로 이행청구권을 긍정하는 주장은 얼마간 찾아볼 수 있다.[6] 앞으로 안전배려의무의 성격과 관련하여 이행청구권의 행사요건·방법 등에 대한 구체적인 논증이

이루어져야 할 것이다.[7]

3. 작업거절권

독일에서는 유해위험한 직장에서의 작업을 거절하고 그 직장에서 대피를 할 수 있는 작업거절권에 대해서는 이것을 원리적으로 도출하는 민법전의 규정에 추가하여 사용자 의무의 형태로 작업장 이탈권을 규정하고 있는 「노동안전보건기본법」 제9조 제3항의 규정이 그 법적 근거로서 제시된다. 이 중 전자에 대해서는, 현재에는 채권법상의 이행거절권을 정하고 있는 「민법전」 제273조가 그 정당화 근거로서 언급되고 있다. 작업거절권을 채권법상의 이행거절권으로 구성하면, 사용자의 의무 위반을 전제로 근로자가 비교적 용이하게 작업거절권 행사가 인정되기 때문이다. 그리고 이러한 권리 행사의 효과로서 근로자의 임금채권의 보전은 「민법전」 제293조(수령지체), 제615조(수령지체 및 경영위험 시의 보수)를 근거로 인정되고, 나아가 작업거절권의 행사를 이유로 한 불이익취급의 금지가 「민법전」 제612a조(불이익처분 금지)를 근거로 보장되는 것에 대해서도 판례·학설상 지지를 얻고 있다.

미국에서의 작업거절권은 일찍이 OSH Act[제11조(c)] 및 그 해석규칙인 1973년 OSHA 규칙에 명시적으로 근거가 규정되어 있었는데, 동

---

6) 우리나라에서 안전배려의무에 대한 이행청구권을 부정하는 견해는 아직까지 제시되고 있지 않다. 그렇다고 이행청구권을 긍정하는 견해가 다수설이라고 하기에는 현재까지의 논의의 수준이 매우 낮은 상태이다.

7) 민사소송법 학자인 강현중 교수는 안전배려의무에 관한 설명은 아니지만 산업안전보건분야와 유사한 생활방해(공해)분야에서 피해자에게 가해자를 대상으로 한 작위청구와 부작위청구 형식의 이행청구소송을 폭넓게 인정하면서 소송요건을 자세히 설명하고 있다(강현중, 『민사소송법(제5판)』, 박영사, 2003, 338~339쪽 참조).

규칙은 1980년의 연방대법원에 의해 그 적법성이 지지되었다. 나아가 작업거절권은 NLRA 제7조, Taft Hartley법 제502조 등의 노사관계법을 근거로 인정되고 있다. OSHA 규칙에 관한 판례가 작업거절권의 요건으로서 근로자에게 현실적 위험의 객관적인 증거를 요구하는 등 독일에서의 채무법상의 그것보다는 엄격한 요건을 부가하고 있지만, 기본적으로 대피기간 중의 작업장 이탈을 정당화함과 아울러 사용자에 의한 불이익취급을 배제하고 작업거절기간 중의 임금을 보장하는 점에 있어서는 독일법과 동일하다고 할 수 있다.

일본에서는 작업거절권 그 자체와 그것의 규범적 효과를 부정하는 판례는 발견되지 않지만, 작업거절권에 관한 판례의 축적은 드물고, 그 판시는 반드시 정치하게 전개되어 온 것이라고는 말하기 어렵다. 그리고 작업거절권을 행사할 때의 요건·효과를 명확히 하였다고 말할 수 있는 판례는 아직 발견되지 않는다. 그러나 학설에서는 그 법적 근거와 구성에 대하여 여러 가지 이론이 활발히 전개되고 있고, 작업거절권에 대한 법적 근거와 구성을 무엇으로, 어떻게 하느냐에 따라 작업거절권 행사요건이 달라지겠지만 작업거절권의 존재 자체 및 법적 효과는 일반적으로 널리 인정되고 있다.

우리나라에서는 작업거절권과 관련하여 법적 근거, 요건, 효과 등에 대해 본격적인 이론전개가 이루어지고 있지 않다. 이러한 이론적 상황을 반영이라도 하듯이 노사는 작업거절권에 대한 이론적 근거를 제시하지 않고 주장을 하고 있는 상황이어서[8] 불필요한 노사분쟁의 씨앗이 될 가능성이 상존하고 있다.

---

8) 작업거절권은 오래전부터 노동계의 요구에 의해 단체협약의 내용으로 매년 고정적으로 반영되어 왔으나, 그것의 성격이나 행사요건 등에 대해서는 구체적인 언급이 없다.

4. 손해배상청구권

우리나라의 손해배상청구권은 일본의 제도와 마찬가지로 산업재해보상과 손해배상을 병존시켜 양자의 중복을 조정하는 제도를 채용하고 있다. 근로자는 우선적으로 산업재해보상을 수령하면서 손해배상을 청구할 수 있다. 이 점은 산업재해보상을 받는 경우 원칙적으로 「민법」상의 손해배상청구를 배제하는 독일·미국제도와 다른 구조이다. 우리나라와 일본의 병존주의제도는 원칙적으로 손해배상을 금지하는 독일·미국의 제도와 비교하면, 사용자에게 과실 또는 안전배려의무 위반이 있는 경우에 근로자가 손해배상법에 의해 완전보전을 받을 수 있는 장점을 가지고 있는 반면에, 배상을 받을 때까지 시간이 걸리는 점, 소송비용의 부담이 무거운 점, 결과가 불확실한 점 등의 결점이 있다.

양 제도 중 어느 쪽에 합리성이 있는지는 간단하게는 결론지을 수 없다고 생각된다. 왜냐하면 양자는 각각 일장일단을 가지고 있는데다가, 어느 방식이 보다 합리적인지는 손해배상제도 급부의 충족도에 대한 평가, 손해배상법이 안고 있는 결점과 보상의 신속성·확실성 중 어느 쪽을 보다 중요하게 볼 것인가 등의 점에 의해 좌우될 수 있어 용이하게 판단하는 것이 곤란하기 때문이다.[9]

VI. 근로자의 의무

비교법적으로 보았을 때, 독일, 일본에서의 근로자 의무는 우리나라 산안법이 주로 규율하고 있는 사용자에 대한 대응의무 성격의 주의의

---

[9] 岩村正彦 『労災補償と損害賠償』 東京大学出版会(1984年) 354頁 以下 参照.

무만이 아니라, 그 외에도 제3자 배려의무, 사용자 지원의무, 유해위험 상황 보고의무 등 근로자에 대한 다양한 의무가 있는 것으로 규정되어 있거나 해석되고 있다.

먼저, 독일은 근로자의 의무에 대해서도 'EU 산업안전보건 기본지침'을 국내법으로 받아들여 「노동안전보건기본법」 등을 비롯한 많은 규정에서 사용자에 대한 대응의무 외에 근로자 자신에 대한 주의의무, 동료 등 타인에 대한 주의의무, 사용자에 대한 지원(보조)의무, 고지(보고)의무 등 다양한 의무를 명시적으로 규정하고 있다.

그리고 일본은 근로자의 의무에 대하여 입법상의 규정 외에 판례에 의한 법리를 형성하고 있고, 이를 토대로 광범위한 계약상의 주의의무를 부과하고 있는데, 이 의무는 근로자에게 근로계약에 근거한 근로제공의무의 이행에 지장을 초래하지 않도록 휴양, 근로능력 회복 등의 자기 자신에 대한 건강관리를 해야 할 신의칙상의 의무를 포함한다.[10)]

한편, 미국은 독일·일본과 달리 근로자의 의무를 규정하고 있으면서도 위반에 대한 처벌규정을 두고 있지 않고, 계약법상으로도 근로계약의 부수적 의무로서 성실의무와 같은 개념은 제시되고 있지 않다. 그러나 판례법리에 의해 사용자로 하여금 근로자의 기준 위반을 방지하기 위한 안전보건규정을 제정하고 동 규정을 위반한 근로자를 반드시 징계하도록 하여 감독행정에 의한 처벌 이상으로 근로자의 안전보

---

10) 安西愈 「企業の健康配慮義務と労働者の自己保健義務」 季刊労働法 124号(1982年) 26頁 以下. 이러한 주장에 대하여, 이것은 근로자의 사생활에까지 사용자의 지배, 규제 등을 허용하는 결과가 되고, 무엇보다도 노무급무를 중심으로 한 계약관계로서의 근대적 노사관계의 관념과는 양립하지 않을 우려가 있다는 비판이 있다. 사용자에게 안전배려의무가 있다고는 해도 그것에 의해 근로자의 인격적 자율·자기결정의 영역에까지 지배·규제를 미치는 것은 허용되지 않는다는 것이다(片岡昇 『自立と連帯の労働法入門(補訂版)』 法律文化社(1999年) 111～112頁).

건규정 준수, 즉 의무 준수를 사실상 강제하고 있다.

우리나라의 경우, 산업안전보건에서의 근로자의 의무는 산안법의 이중적 성격에 기초하여 공법상의 의무와 계약상의 의무 양자의 성격을 가지는 것으로 이해할 수 있다. 그리고 계약상의 의무는 근로계약의 성격에서 유래하는 신의성실의 원칙에서도 도출될 수 있다고 본다. 이것은 일반적으로 사용자의 안전배려의무에 대응하는 성실의무라고 명명되고 있다. 우리나라의 법체계를 고려할 때, 독일과 일본에서의 근로자의 부수의무에 대한 논의는 우리나라에 그대로 적용될 수 있을 것으로 생각된다. 우리나라 산안법에 규정된 근로자의 의무는 사용자의 안전보건조치를 전제로 한 대응의무 중심이며, 사용자의 조치와는 무관계로 독립적으로 성립하는 의무는 거의 규정되어 있지 않고 소홀히 취급되고 있다. 그리고 근로자의 의무에 대해서는 근로자의 권리 이상으로 학설, 판례에서 논의가 전개되지 않고 있다. 근로자의 처벌 요건과 관련하여, 사용자의 안전배려의무 위반과 근로자의 의무 위반의 관계에 대해서도 이론적 소개조차 이루어지지 않고 있다. 이것은 근로자는 안전보건조치에 있어서 보호의 대상, 즉 수동적인 객체로만 파악하고 있는 현상을 반영한 결과로 생각된다. 산업안전보건문제는 취업규칙상으로 필수적 기재사항으로 규정되어 있고 단체교섭에서도 의무적 교섭사항으로 이해되고 있지만, 취업규칙과 단체협약에 근로자의 의무사항과 이에 대한 제재가 반영되는 경우는 매우 드문 것으로 파악된다.

한편 독일, 미국, 일본 3개국 모두 근로자 의무 위반이 있다고 하여 바로 사용자의 의무가 면제되고 있는 것은 아니라는 것을 알 수 있다. 개별적·구체적 사실관계의 문제로서, 사용자가 사전에 근로자의 의무위반을 방지하기 위해 노력했는지, 의무위반 사실을 인식하고 이에 충분히 대응하였는지 등을 추가로 파악하여 최종적으로 판단하는 구조를 취하고 있다. 그러나 우리나라의 경우 이에 대한 논의가 진행되고 있지 않으나, 이들 국가에서 형성된 이론적 논의내용은 우리나라에서의 사용자의 의무위반과 근로자의 의무위반의 관계에 대한 법리형성에 많은 참고가 될 것이다.

제2절 산안법 재구축을 통한 근로자의 법적 지위 정립방안

앞에서 분석한 우리나라 산안법상 근로자의 법적 지위를 둘러싼 법적 상황과 독일, 미국, 일본 3개국에 있어서의 근로자의 법적 지위에 대한 비교법적 고찰을 기초로 하여, 이하에서는 이것이 산업안전보건에서의 근로자의 법적 지위에 관한 우리나라의 법정책 및 법해석에 주는 과제에 대하여 살펴보기로 한다.

Ⅰ. 근로환경권에 입각한 근로자의 법적 권리 재구축

근로자의 근로환경권과 관련하여 우리나라에서 제시되고 있거나 제시될 수 있는 견해를 비판적으로 살펴보면 다음과 같다. 먼저, 산안법상 사용자의 의무는 근로계약에서 발생하지 않고 단지 노동보호법인 산안법이 국가를 대상으로 사용자에게 부과한 공법상의 의무라고 보는 견해가 있다. 이 견해는 사업장의 안전보건문제를 근로자의 사법상의 권리로서는 보지 않고 사용자와 정부의 관계로만 파악하는 한계를 가지고 있다. 이러한 관점에 서게 되면, 사용자가 산안법령에 정해진 최저기준을 준수하고 있으면, 이것 이상의 기준의 확립을 근로자가 권리로서 청구하는 것은 불가능하게 된다. 그러나 산안법령이 정하는 안전보건기준은 어디까지나 최저기준이고, 최저기준을 상회하는 내용을 근로자가 실현하는 것은 근로자의 권리로서 인정되어야 한다.

두 번째의 견해는, 근로자의 안전보건 확보를 근로계약의 내용으로 파악하지만 이것을 단지 사용자의 부수적 의무로 자리매김하고, 따라서 근로자가 안전보건을 요구하는 권리를 임금청구권보다 낮은 지위의 권리로 자리매김하는 견해이다. 이 견해는 근로계약의 특수성을 감안하지 않고, 그 결과 사용자의 안전보건 확보의무를 근로계약의 본질적 의무나 급부의무로 보지 않으면서 근로자의 사전적 예방청구권인 이행청구권과 작업거절권에 대해서는 이론적 관심을 갖지 않는 한계를 가지고 있다.

세 번째로, 사용자는 인간다운 생활권(생존권) 이념에 의해 구체화된 산안법상의 안전보건규정은 근로계약의 내용이 된다고 하고, 따라서 근로자는 그러한 내용의 권리를 사용자에게 주장할 수 있다고 보는 견해이다. 이 견해는 근로자의 안전보건을 요구하는 권리를 인간다운 생활권의 이념에서 찾으려고 하는 점에서 타당하다고 생각되지만, 이 권리가 산안법에 의하여 근로계약에 부여된 것이라고 보는 점에 한계가 있다. 이 견해는 안전배려의무의 범위를 산안법의 규정내용과 등치시킴으로써 실정법이 예정하고 있지 않은 사항이나 개별근로자의 특수한 사정 등을 보호할 수 없는 문제를 안고 있다.

네 번째 견해는, 산안법은 기본적으로 공법으로서 그 성격상 바로 근로계약상의 안전배려의무의 내용이 될 수 없고 안전배려의무의 내용을 검토하는 데 있어 판단 또는 해석기준으로 삼아야 한다는 주장이다. 이 주장은 논리적으로 이해할 수 없는 것은 아니지만, 이 주장에 의할 경우 사용자로서는 어떤 행위규범이 요구되는지가 불명확하게 되고, 산안법상의 사용자의 의무가 행정조직에 의한 감시·감독에만 의존하게 되고 근로자의 주체적 역할을 활용하지 못하는 난점을 갖고 있다.

이상과 같은 견해는 우리나라 헌법에서 도출되는 근로환경권의 취지와 내용을 법리적으로 충분히 담아내지 못하는 한계를 가지고 있다. 우리나라 헌법상의 근로환경권은 근로계약의 '본질적'이고 '기저적'(基底的) 권리로서, 산안법은 그 일부를 확인하는 내용을 벌칙을 수반하여 사용자에게 강제하고 있는 것이라고 보아야 한다. 따라서 근로환경권의 내용은 산안법상의 규정으로만 한정되는 것이 아니며, 산안법에 규정되어 있지 않은 내용이라 하더라도 근로환경권의 내용에 포함된다고 보아야 한다. 산안법이 정하는 안전보건기준은 최저기준에 지나지 않기 때문이다. 다시 말해서, 근로자는 근로환경권을 근거로 특별한 사정이 없는 한 산안법이 정하는 안전보건기준 이상의 안전보건 확보를 사용자에게 요구할 수 있는 것으로 해석되어야 한다.

II. 근로자의 관여권 확대

기업이 실효성 있는 적확한 안전보건대책을 강구하기 위해서는 현장의 유해위험에 가장 관계가 깊은 입장에 있는 근로자의 안전보건에 대한 지식·경험과 아이디어를 적극적으로 활용할 필요가 있을 것이다. 또한 근로자의 자발적인 재해예방활동을 유도하고 동 활동의 내용과 배경에 대한 근로자의 이해도를 높이기 위해서는 안전보건에 관한 계획·대책수립 및 집행과정에 근로자를 직접적으로 참가시키는 것이 매우 중요하다고 생각된다. 즉 산재예방활동의 효율성을 높이고 근로자의 협력적 자세를 기대할 수 있기 위해서는 근로자의 산재예방활동에의 관여가 필수적이라고 말할 수 있다.[11]

---

11) 영국 안전보건청(HSE)의 안전보건 활성화 전략에 의하면, 사업장에서의 안전보건 달성의 관건은 근로자의 효율적 참여이고, 이는 안전보건과 관련된 의사결정 과정에 근로자가 참여하는 것을 의미한다고 하면서 근로자 참여제도의 중요성을 강조하고 있다

지금까지의 분석을 통하여 알 수 있듯이, 근로자 관여제도의 점에 대하여 언급하면, 독일, 미국, 일본, 우리나라 중 우리나라의 제도가 가장 뒤처져 있다. 근로자의 관여제도의 결여, 이것이야말로 우리나라의 산안법 체제가 안고 있는 큰 문제 중의 하나라고 생각된다. 이 점에 대해 제1절에서의 분석결과를 토대로 다음과 같은 내용을 제언하고자 한다.

(1) 먼저, 근로감독관이 사업장을 감독하거나 재해조사할 때에 그 과정에서 근로자대표와의 면접을 의무 지우고 감독관에게 동행할 권한과 개시·종료회의를 열고 이에 참가할 권리를 제도적으로 근로자대표에게 부여하여야 한다. 그리고 근로자들에게는 감독기관 등에 의한 각종 감독 등의 결과가 사업장 내에 게시하는 방법 등을 통하여 통지되어야 한다. 근로자들은 평상시의 작업환경, 작업수행방법과 재해발생상황 등에 대해 누구보다도 잘 알고 있기 때문에, 당해 감독과 재해조사의 정확성과 내실화를 도모하는 데 적지 않은 기여를 할 수 있을 것이다. 이와 같은 것은 이미 언급하였듯이 독일법과 미국법에서 인정되고 있는 제도이다. 또한 독일의 예에서 볼 수 있는 것처럼 근로자대표에게 평상시 스스로 사업장의 안전보건상태를 점검할 권리를 부여하는 것에 의해 근로자들의 지식 및 아이디어 등을 적극적으로 반영·활용하는 한편, 사용자 측의 안전보건관리를 감시하게 할 필요가 있다고 생각된다. 나아가 근로자대표의 재해예방활동을 활성화하기 위해서는, 대부분의 사업장에서 근로자의 교섭력이 미약한 현실을 감안할 때, 그의 권한을 현행과 같은 청구권적 권리 형태에서 배타적 권리 형태로 전환·강화할 필요가 있다.[12]

(http://www.hse.gov.uk/aboutus/strategiesandplans/ strategy.htm).

[12] 현행 산안법은 근로자대표에게 안전보건에 관한 사항을 요구할 수 있는 권한을 부여하고 있을 뿐이다[예를 들면, 근로자대표는 안전보건에 관한 일정한 사항을 통지할 것을 사업주에게 요청할 수 있다(산안법 제11조 제2항 참조)]. 그러나 현

(2) 사업장 내의 안전보건문제에 주도적으로 관여하는 주체로서의 근로자대표는 현행 산안법상의 근로자대표와 명예산업안전감독관 제도를 안전대표(Safety Representative) 제도로 발전적으로 통합하되, 그 법적 지위와 역할을 명확히 하면서 강화할 필요가 있다.13) 안전대표는 사업장 규모(근로자 수)를 감안하여 그 수가 결정되어야 할 것이며, 안전대표가 사업장의 안전보건대표로서의 역할을 충실하게 할 수 있도록 안전대표의 지위, 활동내용 및 신분보장 등을 구체적으로 법정화하고, 그에게 학습·정보획득의 기회, 근로시간 내의 활동시간 등을 제도적으로 보장하여야 한다. 이를 통해 안전대표의 역할이 형해화되고 사용자의 노무관리 수단으로 전락하는 것을 방지할 수 있을 것이다.

(3) 산업안전보건위원회에 대해서는, 안전관리자, 보건관리자 등의 임면을 검토하고 근로자의 의견집약, 조사·심의 및 이를 위한 직장순시 등의 활동을 실질적으로 할 수 있도록 그 권한을 법적으로 명확히 하는 한편, 위원의 선출절차·신분보장, 위원회의 개최방법, 가용자원, 교육 등에 대해서도 상세한 규정을 정함으로써 동 위원회가 유명무실하게 되는 것을 방지하고 나아가 활성화될 수 있도록 하여야 한다. 특히 산업안전보건위원회가 실질적으로 기능할 수 있도록 위원회 위원에게 당해 사업장의 안전보건에 관한 정보가 다양한 방법으로 제공되는 것이 제도적으로 보장되어야 한다. 또한 일부 업종이 적용대상에서 제외되어 있는 산업안전보건위원회의 설치의무를 모든 업종으로 확대

실적으로 대부분의 사업장에서는 근로자 측의 교섭력이 미약하기 때문에 실제로 근로자대표가 안전보건에 관한 사항을 사용자 측에 요청하는 경우는 강한 노조가 조직되어 있는 사업장 외에는 찾아볼 수 없을 것이다.

13) 영국 안전보건청(HSE)의 안전보건 활성화 전략에 의하면, 노조의 안전대표와 노사 공동의 산업안전보건위원회가 있는 사업장에서의 재해자 수가 이러한 구조가 미비한 사업장보다 50% 이상 낮게 나타나고 있다고 분석하고 있다 (http://www.hse.gov.uk/aboutus/strategiesandplans/ strategy.htm).

하고, 적용규모에 있어서는 독일과 미국의 입법례와 같이 근로자 수 20인 정도 이상의 사업장으로 확대하거나 아니면 일본의 입법례와 같이 소규모사업장의 특성에 맞는 별도의 제도로서 직장간담회를 두도록 할 필요가 있다.

(4) 안전관리자, 보건관리자 등을 사용자로부터의 압력으로부터 배제하고 종업원의 생명, 건강을 지키는 일을 완수하도록 하기 위해서는 그 독립성 및 중립성의 확보, 신분상의 보장, 조사의 자유 기타 필요한 권한이 법제도적으로 보장되어야 한다. 이 경우 추상적이고 완곡한 규제가 아니라 벌칙 부과 등을 포함하여 그 위반의 효과를 시정절차에 이르기까지 명확하게 규제하는 동시에 근로자대표 또는 산업안전보건위원회의 관여 등에 의해 충실한 실효성이 담보되어야 할 것이다. 예를 들면, 안전·보건관리자를 자체 선임할 때와 안전·보건관리업무의 외부위탁기관을 선정할 때 사업장의 근로자대표와 동의 또는 협의를 하도록 할 필요가 있고, 안전·보건관리자를 자체 선임할지 아니면 외부기관에 위탁할지에 대해서도 근로자대표 또는 산업안전보건위원회와 공동결정 또는 협의를 제도화할 필요가 있다.

(5) 클린사업장 조성지원사업 등 재정지원 사업과 각종 안전보건 기술지원사업의 지원조건으로 사용자 측에 재해예방에 근로자의 참여를 의무화할 필요가 있다. 그 방안으로 사업계획서 제출 전에 근로자대표와의 협의를 거치도록 하는 것을 생각해 볼 수 있다. 그리고 안전보건 참여의 수범사례와 정보·노하우를 적극적으로 발굴·보급할 필요가 있다. 한편 산업안전보건위원회 위원이 전문적인 교육의 기회를 받을 수 있도록 하고 사용자 및 근로자를 대상으로 안전보건 참여 관련 규정(제도)에 대해 교육·홍보를 실시하여 안전보건 참여의 저변을 확대해 나갈 필요가 있다.

Ⅲ. 신고권의 활성화

신고제도는 감독관수의 부족 등 때문에 감독기관이 충분히 그 역할을 다할 수 없게 되어 있는 현상하에서, 현장 근로자의 눈과 귀에 의한 작업장 점검결과의 고지를 통하여 기준감독을 보완하는 의미를 가지고 있다고 할 수 있기 때문에 금일 한층 그 중요성이 재인식되어야할 것이다. 그러나 노동조합이 없거나 있더라도 조합이 경영에 유착되어 있는 곳에서는, 신고 후 사용자로부터 불이익취급을 받을 우려 때문에 실제로 감독기관 등에 신고하는 것은 근로자에게 많은 용기를 필요로 할 것이다. 현실적으로 감독기관 등에 신고하는 근로자는 해고 등으로 퇴사한 근로자나 해고가 사실상 결정된 근로자들에게서나 찾아볼 수 있다.

따라서 노동조합의 조직률이 낮거나 노동조합이 노사협조로부터 벗어나지 않는 한, 이 신고제도가 사업장 현실에서 제대로 작동하는 것은 기대하기 어려울 것이라는 현실적 제약을 감안하여 근로자가 신고제도를 적극적으로 활용할 수 있는 다양한 법제와 여건을 조성하는 것이 매우 중요하다고 생각된다. 즉 자신의 권리가 침해되었다고 판단할 때에는 아무라도 거리낌 없이 관계당국에 신고를 하거나 소송을 제기할 수 있어야 한다. 이러한 관점에서 정부는 근로자의 신고와 소송을 지원하고 소송을 어려움 없이 제기할 수 있는 환경을 조성할 필요가 있다. 특히 신고권이 현실적으로 행사될 수 있도록 신고권 행사를 이유로 하는 불이익취급을 강력하게 제한할 필요가 있다.

이 점에 있어서는 미국의 제도가 시사하는 바가 많다. 먼저, 행정기관에 대하여 신고근로자의 익명을 보장하는 의무를 명확하게 규정하고, 신고근로자의 성명이 아니라 서명만으로도 유효한 신고로서 인정되어야 할 것이다. 그리고 정부로 하여금 산업안전보건법령 위반에 대한 신고가 근로자의 권리임을 다양한 방법을 통하여 널리 알리게 하는 것도 신고 활성화에 도움이 될 것이다. 또한 근로자에게 감독관의 사업장 점검 때뿐만 아니라 다양한 방법으로 감독관과 접촉하는 것을 허용하다든지, 근로자가 사업장 외부에서 감독관과 비밀리에 만나는 것을 가능하도록 한다든지 또는 익명의 정보제공과 같은 비공식적인 신고도 감안한다든지 하는 것이 생각될 수 있을 것이다.

그리고 법 위반이 객관적으로 존재하는 경우뿐만 아니라 미국, 독일과 같이 법위반이 존재한다고 판단될 때에도 신고를 할 수 있도록 산안법상의 신고요건이 확대되어야 한다. 물론 현행 규정하에서도 법해석에 의해 법위반이 있다고 판단되는 경우를 포함하는 것으로 할 수 있지만, 근로자의 신고제도에 대한 이해를 높이고 나아가 신고를 활성화하기 위해서는 이를 명시적으로 기술하는 것이 타당할 것으로 생각된다.

한편, 소송비용, 소송문화 등 근로자의 소송제기에 유리한 법적 환경을 조성하는 것도 근로자의 자구노력과 이를 통한 산안법의 준수를 촉진하는 부분이라고 말할 수 있다.

IV. 알 권리의 확대 및 실효성 강화

사회 전반적으로 알 권리에 관한 의식의 향상에 동반하여, 근로자도 자신에 관한 직장의 유해위험정보를 사용자 측으로부터 제공받는 것을 당연하다고 생각하는 경향이 강해지고 있다. 다른 한편, 산업안전보건법제가 정비되었다 하더라도 작업장의 유해위험요인에 대한 정보가 널리 근로자에게 제공되지 않는 한 산재예방의 실효를 충분히 거두는 것은 불가능할 것이다. 다시 말해서, 근로자에게 산재예방활동의 일익을 담당하도록 하기 위해서는 근로자에게 유해위험정보가 효과적이고 충분히 전달되고 근로자 자신이 높은 수준의 안전의식을 확보·유지하는 것이 필요불가결한 전제조건이라고 할 수 있다. 특히, 작업장의 유해위험요인이 복잡 다양화하고 있는 금일에는 사용자 일방에 의한 재해예방은 본질적으로 한계를 안고 있기 때문에 재해예방활동에서 근로자의 적극적이고 적절한 협력을 얻기 위해서는 근로자가 가급적 많은 유해위험정보를 제공받을 수 있도록 하여야 할 것이다. 근로자에게 유해위험정보가 충분히 제공되지 않는 상황하에서는, 사용자가 근로자로부터 얻을 수 있는 협력의 정도와 질도 낮은 수준에 그칠 것이기 때문이다.

따라서 근로자 또는 그 대표가 사용자 주도에 의해 실현되는 권리로서 주지받을 권리, 교육을 받을 권리 등과 같은 간접적 권리 이외에, 유해위험정보를 직접적이고 용이하게 수집·이용할 수 있도록 할 적극적 권리도 가질 수 있도록 할 필요가 있을 것이다. 물론, 사용자에게 그 제공이 의무로서 부과되는 정보가 근로자의 산재예방활동 시 가장 기본적인 정보가 되는 것은 앞으로도 변하지 않을 것이지만, 근로자가 산재예방활동을 하는 데 있어서는 사용자로부터 제공받지 않은 정보 또는 기본적으로 제공되었지만 보다 상세한 정보, 재검토·조사가 필요한 정보를 근로자가 적극적으로 수집·이용하는 것 또한 반드시 필요하다고 생각된다. 특히, 유해위험요인의 다양화에 수반하여 이에 대한 정보제공의무를 법령에서 모두 구체적으로 규정하기 어려운 오늘날에는 이와 같은 적극적 권리를 부여할 필요성이 한층 높다고 생각된다. 이와 같은 적극적 권리가 근로자에게 법적으로 보장되지 않는다면, 이것을 전제로 하는 근로자의 참가적 활동뿐만 아니라 신고권, 작업거절권, 이행청구권 등 근로자의 다른 권리의 행사도 현실적으로 곤란하게 될 것이다. 단, 이러한 적극적 성격의 알 권리는 이것의 남용가능성, 기업비밀 보호 등과 관련하여 그 내용·방법 등에서 일정 정도 제한될 필요는 있을 것이다.

그리고 근로자 또는 그 대표가 사용자에 의한 작업환경의 은폐 및 유해위험요인에 대한 오진을 지적함과 함께, 자신들이 행하는 재해방지활동에 대한 지침을 얻을 수 있기 위해서는, 근로자 또는 그 대표의 요청에 관계없이 그들에게 재해조사 및 유해물질의 모니터링 또는 샘플링 과정 등에 참관하여 감시할 기회가 부여되어야 할 것이다.

나아가 근로자 또는 그 대표가 그들의 역할을 다하기 위하여 기본적으로 알아야 할 극히 중요한 정보라고 할 수 있는 당해 사업장의 산업재해·직업병에 관한 기록에 대해서도 근로자 또는 그 대표가 사용자로부터 통지받거나 게시받을 수 있도록 현행 법제도의 보완이 이루어져야 할 것이다.

또한 현행 산안법령 중 유명무실화되어 있는 규정을 실효성 있게 정비하여 할 것이다. 예를 들면, 사용자가 근로자에게 정보제공하는 방식을 현행 제11조 제2항과 같이 근로자대표의 요청에 위임하는 방식이 아니라 정보제공대상을 명확히 하여 일정한 경우에는 사용자가 의무적으로 근로자 또는 근로자대표에게 정보를 제공하도록 하는 방식으로 전환함으로써 본 규정이 사업장에서 현실적으로 작동되도록 할 필요가 있다. 그리고 산업안전보건위원회와 안전보건관리규정 조항의 적용업종은 외국의 입법례를 참고하여 모든 업종으로 확대하고 적용규모도 현행보다 확대하여 산업안전보건위원회 회의결과와 안전보건관리규정의 주지(周知)를 보다 많은 근로자가 향유할 수 있도록 하여야 할 것이다.

한편, 알 권리를 행사한 것을 이유로 하는 불이익취급의 금지를 미국과 같이 명시적으로 산안법에 규정함으로써 근로자가 알 권리, 특히 적극적 성격의 알 권리[14]를 실질적으로 행사할 수 있도록 여건을 조

---

14) 근로자 또는 그 대표의 사업장의 안전보건에 관한 각종 자료(정보)수집권·접근권

성하여야 한다.

그리고 사용자를 대상으로 정보제공 등 알 권리 관련 규정의 준수 여부에 대한 감독과 교육·홍보, 특히 감독을 대폭 강화함으로써 당해 규정이 현장에서 실질적으로 준수되도록 할 필요가 있다. 감독의 경우, 감독기관부터 알 권리 관련 규정의 취지에 대한 정확한 이해를 바탕으로 당해 규정의 외형적인 준수 여부가 아니라 실질적인 준수 여부에 초점을 맞추어 이루어질 필요가 있다. 즉 근로자에게 해당 사항이 단지 전달되었는지가 아니라 근로자로 하여금 해당 내용을 이해하게 하였는지까지를 확인함으로써 알 권리 관련 규정이 현장에서 실제로 작동될 수 있도록 하여야 한다. 알 권리 관련 규정이 준수되고 있지 않거나 형식적으로 준수되고 있는 것은 이에 대한 정부의 감독이 제대로 이루어지지 않고 있는 데 주로 기인하기 때문이다.

Ⅴ. 안전배려의무의 확장을 위한 법리 구성

우리나라 학설과 판례는 안전배려의무의 근거를 신의칙에서 도출하고 있는바, 이것 자체에 대해서는 이론(異論)은 없지만, 신의칙의 의의에 대한 이해 여하에 따라서는 의무의 내용에 영향을 미칠 가능성이 있다. 근로관계에서의 신의칙의 적용에 관해서는, 근로관계의 특질뿐만 아니라 노동보호법 이념과의 정합성에 충분한 배려가 이루어져야 한다. 다시 말하면, 인간다운 생활권에 입각한 근로계약 개념하에 근로자의 생명, 건강은 가장 중요한 보호대상이고, 사용자는 신의칙상 근로의 수령 또는 지휘명령권의 행사에 있어 근로자의 생명, 건강의 보호에 대한 고도의 보호(배려)의무를 부담한다고 하여야 할 것이다.

(access right), 검사·측정(모니터링) 참관권 등을 말한다.

그리고 근로관계에서의 안전배려의무는 물적 설비의 위험성에 유래하는 산재사고의 경우로 한정되지 않고 폭넓게 노무관리, 건강관리 등 광범위한 사정범위를 가지고 있다(직업병의 예방, 과로사의 문제 등도 사정권에 들어온다).

환언하면, 자기가 공급한 물건 또는 자기의 행위로부터 상대방의 생명·건강 등에 피해가 발생하지 않도록 주의하는 것[모든 계약유형의 안전배려의무(보호의무)의 공통적인 기준]으로 한정되지 않고 근로자의 건강관리 면에서 적극적으로 여러 가지 조치를 취하는 것까지를 포함하기 때문에 다른 계약유형에서 볼 수 있는 일반적인 안전배려의무(보호의무)의 내용 또는 한도를 초과하는 것이라고 보아야 한다. 이러한 취지에서 안전배려의무의 내용은 근로관계의 단순한 부수의무가 아니라 급부의무라고 보는 것이 타당하다고 생각된다. 다만, 안전배려의무를 급부의무로 구성하지 않더라도 이행청구권과 작업거절권은 긍정될 수 있다고 생각된다. 즉 이행청구권과 작업거절권 인정 여부가 안전배려의무의 급부의무·부수의무의 의무구분을 필연적으로 전제조건으로 하는 것은 아니라고 본다. 특히 근로자가 허용한도를 넘는 위험을 피하기 위해 작업을 거절할 권리는, 안전배려의무가 사회적 역관계의 차이에 의해 근로자가 위험에 노출되는 것을 방지하기 위해 고용을 둘러싼 공(公)의 질서의 관점에서 인정되는 것임을 감안할 때[15] 인격권에 근거해서도 인정될 수 있을 것이다. 오히려 이렇게 포착하는 것이 안전배려의무의 성격에 합당하다고 말할 수도 있다.

한편, 산안법은 근로자의 안전과 보건을 유지·증진하기 위하여 필요하다고 생각되는 각종 안전보건조치를 강구하는 것을 사용자에게 의무

---

15) 그렇다고 안전배려의무가 안전보건의 확보를 위하여 이루어져야 할 조치의 구체적 내용과 그 실현의 보장에 대하여 당사자 간에 협의하고 경우에 따라서는 작업을 거절한다는 식으로 교섭을 통하여 규율되는 요소가 존재한다는 것을 부정하는 것은 아니다.

화하고 있다. 산안법의 준수는 사용자의 안전배려의무의 최저한도의 내용을 이루고 있지만, 이 조치만 강구하고 있다고 하여 안전배려의무를 다하고 있다고 말할 수는 없다. 다시 말해서, 산안법이라는 노동보호법에 근거한 안전보건조치의무는 근로계약상의 안전배려의무를 벌칙을 동반하여 구체화한 것으로서, 근로계약상의 안전배려의무는 산안법의 벌칙을 동반한 안전보건조치의무에 한정되는 것은 아니다. 유해위험물질, 유해위험기계·기구 등을 취급하는 작업과 관련하여 산안법에 규정되어 있는 사항으로부터뿐만 아니라 산안법에 규정되어 있지 않은 사항에 대해서도 무수한 구체적 안전배려의무의 내용이 파생될 수 있다.

이와 같이 산안법을 준수하는 것은 안전배려의무의 최저한도의 내용을 이루고 있는 것으로서, 이 최저한도의 의무를 전제로 하여 개별 사안에 있어서는 안전배려의무를 매개로 사용자에게 더욱 고도의 또는 특별한 의무가 부과된다. 산업안전보건기준의 강화는 사용자의 안전배려의무의 최저한도의 내용의 대상을 확대하는 동시에 그것을 고도화하는 기능을 한다. 즉 산안법에 의한 사용자의 의무 강화는 근로자의 근로환경권을 강화하는 중요한 기능을 한다고 말할 수 있다.

산업안전보건기준의 확보를 위해서는 산안법의 제도적 정비와 정부의 감독행정의 충실화가 절대적으로 중요하다는 데 이견은 없을 것이다. 그러나 산안법이 정비된다고 하더라도 제도적으로 완전할 수 없고 감독행정 역시 현실적인 문제로 사업장의 안전보건 위반에 철저할 수 없는 한계를 가지고 있는 점을 감안하면, 산업안전보건에 관한 근로자의 권리를 보장하는 장치는 산안법과 감독기관에만 의존할 수는 없고 사법적 채널을 포함한 여러 가지 수단이 준비되어 있는 것이 바람직하다. 그리고 산업재해의 적극적인 예방을 위해서는 근로자의 주체적인 작용이 불가결하다는 점도 고려되어야 할 것이다. 게다가 산업안전보건법제는 산업기술과 공법, 사용물질 등의 급속한 변화로 어느 분야보다도 자주 변화될 필요성을 안고 있지만, 실정법은 그 특성상 이에 신속하게 대응하는 데 한계가 있을 수밖에 없기 때문에 근로자 보호의 필요성 측면에서는 항상 그 규정 내용이 불충분한 한계를 가지고 있다. 따라서 이러한 입법적 공백에 대해서는 안전배려의무 법리를 통한 사법적(私法的) 수단을 통해 메울 필요가 있다고 생각된다.

VI. 사전예방조치권의 명확화

개별적 근로관계법은 근로자보호법과 근로계약법이라는 두 개의 가능성을 내포한다는 것을 확인해 둘 필요가 있다. 보호법적 규제에 편중되게 되면 규제의 수단이 한정되게 되고, 그 결과 필요한 룰을 설정할 수 없는 문제가 발생한다.[16] 이 점을 감안하건대, 근로자의 안전보건에 관한 권리도 공법상의 감독과 병행하여 사법상의 수단에 의해서도 확보될 수 있도록 하여야 할 것이다.

이를 위해서는 먼저 안전배려의무를 입법적으로 명문화할 필요가 있다. 안전배려의무가 근로계약에 근거한 사용자의 부수적인 의무라는 것에 대해서는 판례상 확립되어 있지만 민법 등의 규정으로부터 명확하게 도출되는 것은 아니고, 일반 사용자와 근로자에게도 거의 주지되어 있지 않아 안전배려의무를 강구하지 않은 것에 의해 채무불이행책임이 추급되어 사후적으로 불측의 사태가 발생할 우려도 있기 때문이다. 독일에서 안전배려의무를 일찍이 민법전에서 규정한 것과 일본이 최근에 제정된 노동계약법에서 안전배려의무가 명문으로 규정된 점을 참고할 필요가 있다.

한편, 현재 우리나라에서는 손해배상청구권이 사법상의 수단으로서

---

16) 村中孝史「勞働契約槪念について」『京都大學法學部創立百周年記念論文集(3)』有斐閣(1999年) 511~512頁.

이론 없이 인정되고 있지만, '자각한 법치국가'(bewusster Rechtsstaat)에서는 손해배상이라는 간접적인 구제로는 만족할 수 없다.[17] 안전하고 위생적인 직장에서 일할 권리가 충분히 실현되도록 하기 위해서는 사용자가 안전하고 위생적인 직장을 제공하지 않은 경우 근로자에게 사후적인 손해배상청구권 외에 작업거절권과 이행청구권, 이른바 '사전예방조치권'도 적극적으로 인정되어야 한다.

비교법적으로 볼 경우, 우리나라의 법제는 독일과 같이 공동결정권을 비롯한 다종다양한 관여권, 광범위한 알 권리 등을 보장하는 규정을 두고 있는 것도 아니고, 또는 미국과 같이 감독 및 집행과정에의 참가법제나 벌칙이 수반되어 있는 일반의무규정, 엄한 벌칙제도 등을 두고 있는 것도 아닌 점을 감안하면, 특히 우리나라에서는 사전예방조치권이 근로자에게 인정되어야 할 필요성이 크다고 말해야 할 것이다. 이 사전예방조치권은 이것을 실제로 행사하는 건수는 어떻든 간에 소송제기 등의 권리 행사의 가능성을 드러내 보이고 이를 배경으로 근로자가 작업환경에 관하여 각종 개선의견을 제시할 수 있게 됨으로써 근로자가 사용자에 대하여 갖는 의무위반 시정의 교섭력은 현격히 제고될 것이다. 특히 안전배려의무의 내용이 산안법의 조치를 초과하는 내용을 포함하는 것으로 법리구성을 하게 되면, 사전예방조치권을 통해 산안법의 규정에 한정하여 집행되는 감독행정의 한계를 극복할 수 있어 그 독자적인 존재의의는 더욱 커질 수 있을 것으로 생각된다.

그런데 이와 같은 사전예방조치권은 별도의 입법상의 조치가 취해지지 않더라도 현행 우리나라 법체계 내에서 법 해석에 의해 그 이론적 근거를 찾는 것이 충분히 가능하다고 생각된다. 이하에서는 우리나라의 현행 법체계에서 사전예방조치권으로서의 이행청구권과 작업거절권이 어떠한 요건하에서 어떻게 실현할 수 있는가를 중심으로 설명

---

17) Herschel, Zur Dogmatik des Arbeitsschutzrechts, RdA 1978, S. 73.

하고자 한다.

(1) 이행청구권의 경우 이행을 청구하는 내용을 근로자가 특정하여야 한다. 판례에 의하면, 안전배려의무의 내용은 구체적 사안에 따라 달리 특정되므로 근로자가 당해 구체적 상황에 맞추어 안전보건조치를 특정하여야 한다.[18] 많은 경우 안전배려의무의 구체적 내용은 산업안전보건법규에 규정되어 있는 의무에 의하여 특정될 수 있을 것으로 판단되는바, 이때 근로자가 이행청구권의 행사로서 이행을 청구할 수 있는 방법은 다음과 같은 3가지가 상정될 수 있다. ① 산업안전보건법규가 일정한 요건을 충족하지 않는 것의 사용을 금지하고 있는 경우에는, 사용자가 이들 규정에 위반할 때 근로자는 당해 행위의 중지를 청구할 수 있다. ② 어떤 기계·기구 등을 사용하고자 할 때 사고예방을 위해 일정한 안전장치를 설치하여야 하는 것이 규정되어 있는 경우에는, 근로자는 당해 안전장치의 설치를 청구할 수 있다. ③ 산업안전보건법규가 근로자를 위하여 사용자에게 일정한 작위의무를 부과하고 있는 경우에는, 근로자는 그 행위의 이행을 청구할 수 있다.

그런데 안전배려의무의 내용이 산업안전보건 관계법령에 의해 구체화할 수 없는 경우에는 이행청구하는 내용을 어떻게 특정하여야 할까. 문제는 당해 근로자의 입장에서 어떠한 안전보건조치를 강구하여야 하는가가 명확하지 않은 경우에 발생한다. 이러한 경우에는 사용자의 재량과 근로자의 이행청구권의 조정문제가 존재하게 된다. 일반적으로는 직장에서의 안전보건의 실현을 위하여 사용자와 근로자가 자율적으로 협의하여 적절한 조치를 도출하게 될 것이다. 따라서 근로자는 사용자에 대하여 당해 상황에서 어떠한 안전보건조치를 강구하여야 할 것인가를 재량적으로 판단한 후 적절한 조치를 근로자에게 제시하

---

18) 航空自衛隊芦屋分遣隊事件·最二小判 1981.2.16. 最高裁判所民集判例集 35卷 제1호 56頁 参照.

고 협의하도록 이행청구하는 것이 가능할 것으로 해석된다.[19]

한편, 이행청구권이 실체법상 인정된다고 하더라도, 판례에서는 이 신청 또는 청구의 취지를 구체화하고 특정하여 가처분, 소송 등의 재판을 구하는 것이 필요하다. 이 경우, 어느 정도 특정하여야 할 것인가는 개개의 사안별로 근로자에게 주어진 구체적 상황, 산안법규의 취지 및 사회통념 등을 종합적으로 고려하여 판단하여야 할 것이다. 그리고 사용자가 특정한 조치를 선택하고 이것을 실행하였음에도 불구하고 근로자가 이것에 이의를 가지고 있는 경우에는, 재판에서 사용자가 자기의 재량을 하자 없이 행사하였는지가 심사되게 될 것이다. 그리고 사용자가 근로자의 이행청구권에 응하지 않은 경우에는, 사용자가 안전배려에 대하여 자기의 재량을 행사하지 않은 것이기 때문에 근로자는 사용자에 대하여 구체적인 안전보건조치의 이행을 청구할 수 있다고 해석하여야 할 것이다. 단, 안전보건조치가 복수 존재하는 경우에는 통상은 특정한 조치를 취하라는 작위청구가 아니라, 사용자는 근로자에 대하여 '하게 해서는 안 된다'는 부작위청구가 취해지게 될 것이다. 다른 한편, '안전보건조치를 제시하고 협의하라'는 재판상의 청구는 교섭이라는 사항의 성질상 급부내용을 특정하는 것이 곤란하기 때문에 이와 같은 청구를 강제이행의 대상으로 하는 형태로 재판의 도마 위에 올리는 것에는 의문이 있다고 지적되고 있다.[20] 그러나 이 경우, 사용자가 협의에 응할 지위에 있다는 확인을 구하는 확인청구 또는 근로자가 협의를 구하는 지위에 있는 것을 임시로 정하는 가처분 신청을 하는 것은 가능할 것이다.[21]

---

19) 鎌田耕一 「安全配慮義務の履行請求」『水野勝先生古希記念論集 労働保護法の再生』信山社(2005年) 396～397頁 參照.

20) 山本隆司 「学校事故と安全配慮義務」 法律時報 55巻 1号(1983年) 210頁.

21) 鎌田・前揭注(19)論文 397頁 以下 參照.

다만, 안전배려의무의 이행청구권은 근로자 측에 의해 남용될 우려가 있기 때문에 사용자의 작위 또는 부작위에 의해 현실적으로 근로자의 생명·건강이 침해되고 있거나 근로자에 대한 현실적인 위험이 존재하는 것이 그 요건이 되어야 할 것이다.[22]

(2) 작업거절권의 경우, 우리나라의 법제하에서 작업거절권이 인정된다고 하더라도 중요한 것은 그 근거와 법적 요건이라 할 수 있다.

먼저, 법적 근거와 관련하여 산안법 제26조의 규정에 의한 작업거절권과 채권법상의 구성에 의한 작업거절권의 관계가 문제로 될 수 있다. 산안법 제26조의 규정은 일응 사용자의 공법적 의무를 정한 규정이지만 사법(私法)적 효력도 아울러 가지고 있기 때문이다. 이것에 대해서는 산안법 제26조의 규정이 민법 이론 등으로부터 인정되는 작업거절권과 달리 사용자의 의무위반 유무에 관계없이 일정한 기준을 일탈하는 위험에 대하여 배타적으로 부여되는 작업거절권을 규정한 것이라고 해석함으로써 양자는 구분될 수 있다.

그리고 채권법상의 구성에 의해 도출될 수 있는 작업거절권의 근거에 대해서는 우리나라의 학설과 판례에서는 어떠한 이론도 전개되고 있지 않지만, 사용자의 안전배려의무는 근로자의 노무급부의무와 대가적인 견련관계에 있는 것은 아니라 하더라도 노무급부의 특수성으로부터 근로자 보호를 위하여 양자에 이행상의 견련관계를 긍정하는 방식으로 작업거절권을 도출하는 것이 법리적으로 가장 정합성을 가진다고 생각된다.[23] 다시 말해서, 동시이행의 항변권(「민법」 제536조)

---

22) 京都簡易保険事務センター(嫌煙権)事件 京都地判 2003.1.21. 労働判例 852号 38頁 参照.

23) 이은영, 『채권각론(제5판)』, 박영사, 2005, 168~189쪽; 대법원 1992.8.18. 선고 91다30927 판결 참조. 특히 이은영 교수는 당사자가 부담하는 각 채무가 쌍무계약에 있어 고유의 대가관계가 있는 채무가 아닌 '부수의무'에 불과하더라도, 구체적인 계약관계에서 각 당사자가 부담하는 채무에 관한 약정내용에 따라 그것이 대가적 의미가 있어 이행상의 견련관계를 인정하여야 할 사정이 있는 경

은 공평의 관념과 신의칙에 근거하는 것이므로 이것을 폭넓게 적용할 수 있는 것으로 하여 작업거절권을 인정하는 것, 즉 작업거절권을 동시이행의 항변권의 일종으로 보거나 이것과 유사한 계약상의 권리의 성질을 가지고 있는 것으로 보고 이것으로부터 작업거절권을 도출하는 것이 타당하다고 판단된다. 여기에서는 기본적으로 이와 같은 입장에 서서 작업거절권의 법적 요건을 시론적으로 제시하고자 한다.

먼저, 산재발생의 위험이 현실적으로 존재하고 있는 것이 제1의 요건이다. 이것과 관련하여 문제가 되는 것은 그 위험의 정도이다. 이에 대해 미국의 OSHA 규칙은 '사망 또는 중대재해의 현실적 위험', 독일의 「노동안전보건기본법」은 '직접적이고 중대한 위험', 그리고 일본의 노안위법과 우리나라의 산안법은 '급박한 위험'이라고 각각 규정하고 있다. 이러한 산업안전보건법규, 즉 공법상의 규정만으로 판단하면, 경미한 위험의 경우에는 작업거절권은 행사할 수 없다고 해석될 수 있다. 그러나 우리나라의 해석론으로서는, 근로계약상 근로자는 노동력을 사용자에게 제공하여야 할 의무는 있지만 휴식·휴게 등에 의해 회복할 수 없는 신체적 또는 정신적 손상을 입는 것은 그 의무내용으로 되어 있지 않으므로 경미한 정도의 위험도 작업거절의 이유가 될 수 있을 것이다. 경미한 위험을 간과하고 근로를 계속하는 것이 사망 또는 중대재해로 연결될 수 있기 때문이다. 우리나라(산안법 제26조)를 포함한 위험의 정도에 관한 각국의 위 요건은 공법상의 최저기준에 지나지 않는 것이라고 보아야 할 것이다. 또한 동시이행의 항변권을 법적 기초로 하는 채권법상의 구성에 의해서도 근로자는 산재발생의 위험이 급박하거나 중대한 상황에 이르지 않은 경우, 즉 경미한 위험의 경우라 하더라도 작업거절을 할 수 있다고 말할 수 있을 것이다.

우에는 동시이행의 항변권이 인정된다고 하여, '부수의무'에 대해서도 동시이행 항변권을 명시적으로 인정한다.

다만, 동시이행의 항변권이 공평의 관념과 신의칙이라는 관점에서 인정된 제도라는 것을 감안하면, 산재발생의 위험이 현실적으로 존재하지 않는 사용자의 사소한 안전배려의무의 위반을 이유로 작업거절권을 행사하는 것은 근로자 측에 허용되지 않는다고 생각된다. 다시 말해서, 작업거절권의 법적 근거를 동시이행의 항변권으로 한다 하더라도 작업거절권의 행사를 위해서는 산재발생의 위험이 현실적으로 존재하여야 한다고 본다.

다음으로, 근로자의 위험성의 존재에 대한 판단과 관련해서는, 근로자가 위험이 있다고 생각하기에 상당한 이유가 있으면 충분하다고 해야 할 것이다. 이것은 사전의 판단이고 사후적인 판단은 아니다. 다시 말해서, 사후적으로 사고가 발생하지 않더라도 무방하고 사전적 판단으로서 산재가 발생할 것이라고, 즉 위험이 존재한다고 신뢰하기에 상당한 이유가 있으면 충분하다고 해석하여야 할 것이다. 이 경우, 이 상당한 이유에 대한 판단은 개별 근로자의 이성적 판단이어야 한다. 이 점에 대하여 우리나라의 산안법 제26조는 언급하고 있지 않지만, 미국 법령에서는 이에 대해 '합리적인 근로자'로 규정하고 있고, 일본의 후생노동성 통달 역시 '개별 근로자'의 판단으로 충분하다는 것을 시사하고 있다.[24] 근로자에게는 숙련, 경험, 감성 등에 개인차가 있기 때문에 평균적인 근로자의 이성적 판단이 아니라 개별 근로자의 이성적 판단으로 족하다고 해석하여야 할 것이다.

마지막으로, 산재발생의 위험이 급박한 경우에는 근로자가 산안법 제26조의 규정을 기다릴 것까지 없이 사용자의 허가를 얻지 않고 그의 자율적 판단에 의하여 작업중지 및 대피를 하는 것이 허용된다고 해석된다. 그러나 산재발생의 위험이 급박하지 않은 경우에는, 근로자는 동시이행의 항변권의 요건상 작업거절 전에 사용자에게 안전배려

---

24) 野原石松 『新版わかりやすい労働安全衛生法』 労務行政研究所(1979年) 123頁.

의무의 이행을 요구하고 사용자가 이것에 응하지 않는 경우에 비로소 작업거절을 할 수 있다고 해석하여야 할 것이다.[25] 다시 말해서, 급박한 상황이 아닌 통상적인 상황에서는 사용자가 위험을 제거할 기회를 가질 수 있도록 근로자가 작업거절권을 행사하기 전에 사용자에게 안전배려의무의 이행을 청구하고 이를 불이행할 경우에 작업을 거절한다는 통지를 하는 것이 '균형' 또는 '형평'의 원칙상 필요하다고 본다.

한편, 작업거절권은 근로자의 '권리'이지 '의무'가 아니다. 따라서 위험발생을 사전에 예측할 수 없었던 경우는 물론이고 그것을 어느 정도 예측하면서 감히 작업한 결과 사고발생에 이른 경우에도 손해발생에 대해 근로자에게 고의 또는 중대한 과실이 없는 한 사용자의 안전배려의무의 면책이나 책임경감 또는 과실상계의 대상이 되는 것은 아니라고 보아야 할 것이다.

(3) 손해배상청구권에 있어서는, 일본에서는 안전배려의무 위반을 묻는 손해배상청구 소송이 직장의 안전보건 확보에 긴장감을 주고 결과적으로 근로자의 작업환경을 향상시켜 온 측면이 있다. 이러한 의미에서 안전배려의무의 내용을 결과채무에 근접시키고 그 위반에 관련되는 근로자의 입증책임을 경감하는 것에 의해 사용자의 의무범위, 즉 근로자의 권리범위가 확대되는 결과가 도출되어 온 것은 의의가 있는 일이라고 생각된다. 장시간근로와 직무스트레스 등이 만연되어 있는 우리나라에서도 이 문제의 해결수단의 하나로 손해배상청구소송에서 안전배려의무의 내용을 확대 구성하기 위한 법리가 학설·판례에 의해 적극적으로 전개되는 것이 요구되고 있다.

---

25) 채무자가 상대방의 이행청구를 거절하기 위해서는 '상대방이 채무를 이행할 때까지 자신의 채무를 거절한다'는 취지의 주장을 하여야 한다(山本敬三 『民法講義Ⅳ 1』 有斐閣(2005年) 84頁).

Ⅶ. 근로자 의무의 다양한 구성

우리나라 산안법은 사용자의 의무에 편중되어 규정되어 있고 집행 또한 사용자에 초점을 맞추어 이루어져 왔다. 그러나 전술한 바와 같이 산업안전보건은 근로자의 역할이 없이는 재해예방이라는 목적을 온전히 달성할 수 없다. 이 경우 근로자의 역할로서는 사용자의 조치에 따를 대응적 역할 외에 필요에 따라서는 사용자의 의무와는 관계없이 수행해야 할 독립적 역할도 필요할 것이다. 근로자의 입장에서, 사용자에 대한 대응적 의무는 사용자의 의무에 대응하는 수동적인 의무라고 한다면, 제3자 배려의무, 사용자 지원의무, 보고(고지)의무는 능동적인 의무라고 할 수 있다.

근로자가 사용자와 더불어 실질적으로 재해예방의 주체로 위상을 정립하기 위해서는, 우리나라도 독일, 일본과 같이 근로자에 대해 사용자 의무에 대응하는 의무 외에 제3자 배려의무, 사용자 지원의무, 보고(고지)의무 등 독립적인 의무 또한 실정법에 명시적으로 부과하거나 이에 대한 일정한 법리를 적극적으로 구성할 필요가 있다.

한편 우리나라의 산안법은 전체적인 틀에 있어서는 선진국의 산안법과 유사한 체계를 갖추고 있지만 사용자 의무내용, 특히 기준(standard)의 충실성, 현실적합성 및 정교성 등의 측면에서는 선진국에 비해 많은 제도적 허점을 가지고 있는 점을 감안할 때, 사용자의 의무는 앞으로 상당 부분 새롭게 추가·보완되어야 하는바, 이 경우 근로자의 의무도 이에 상응하여 많은 사항이 새롭게 추가·보완되어야 할 것이다. 또한 계약법적 측면에서도 근로계약법상의 안전배려의무가 확장·고도화됨에 따라 계약법상의 근로자의 협력의무(주의의무) 또한 이에 상응하여 불가피하게 확대되는 측면이 있을 것이다.

그러나 이 경우 근로자의 의무는 산재예방을 위하여 근로자의 행위가 객관적으로 요구되는 경우에 한정되어야 할 것이다. 특히 근로자의 의무를 계약법적으로 구성할 때 근로관계의 신의칙의 중요성을 강조한 나머지, 근로자의 성실의무를 포괄적인 의무로 인정·해석하는 것은 근로자의 인격을 훼손하고 그 발전을 부당하게 제약하는 구성이 될 수 있으며 의무내용을 부당하게 확장하고 불명확하게 할 우려가 있다. 따라서 안전보건상의 근로자의 계약상의 의무는 일률적으로 정해서는 안 되고 근로자가 차지하고 있는 직무와 직위 등을 고려하여 개별·구체적으로 확정하여야 할 것이다.

이 경우에 근로자의 의무위반의 범위에서 사용자의 안전배려의무가 면책된다는 의견이 제시될 수 있다. 그러나 근로자의 의무위반으로부터 바로 사용자의 면책을 인정하는 것은 너무 성급하고 적당하지 않다고 생각된다. 원칙적으로 근로자의 안전보건상의 의무 준수 여부가 사용자의 안전배려의무에 영향을 미치는 것은 아니다. 사용자는 근로자에 대하여 충분한 지도, 교육(설명) 등을 행하는 것이 여전히 필요하고, 이것을 다한 경우에만 비로소 사용자의 안전배려의무 위반을 부정하는 처리가 타당하다고 할 것이다. 다만 사용자의 안전배려의무 준수가 근로자의 의무 준수를 전제로 하는 경우26)에는, 사용자는 그것에 대응하는 범위에서 안전배려의무의 일부 또는 전부가 면제될 수 있다. 그리고 근로자의 의무 위반은 사용자의 사법상의 손해배상책임에 있어서 과실상계의 요소가 될 수 있다(「민법」 제396조).

공법상의 사용자의 의무와 근로자의 의무의 관계에 있어서도, 양자의 의무의 내용은 엄격히 볼 때 서로 다르고 구분되기 때문에 기본적으로 양자의 이행 여부는 별개로 판단되어야 한다. 즉 공법상의 근로

---

26) 예를 들면, 사용자에게는 근로자에 대하여 건강진단을 실시할 의무가 있는데(산안법 제43조 제1항), 건강진단을 받을 의무가 있는 근로자(산안법 제43조 제3항)가 건강진단의 수진을 거부한 경우가 이에 해당한다.

자의 의무위반이 직접적으로 사용자의 의무위반을 감경하거나 면책하게 하는 효과는 발생하지 않는다.

한편 근로자의 건강에 대한 배려에 대해서는 근로자의 프라이버시, 자기결정에 관한 영역이 출현한다. 근로계약관계에서 그 보호의 중요성이 증대하고 있는 것을 부정하는 것은 아니지만, 그것이 지나치게 강조되면 사용자의 안전배려의무의 축소와 근로자 자기책임의 확대로 연결될 수 있다. 근로자의 안전보건에 배려할 책임은 일차적으로 사용자에게 있는 것을 소홀히 하는 형태로 근로자의 자기책임을 강조하는 것은 신중하여야 할 것이다.

최근 근로자의 고령화 현상으로 일반건강진단에서 유소견율을 가지고 있는 근로자가 증가하고 있다. 특히 고혈압, 고지혈증, 심전도 이상의 생활습관병은 뇌·심장질환의 발증 또는 악화에 밀접하게 관련되어 있다. 또한 최근 직장환경이 실적, 성과를 중요시하는 방향으로 변화하고 있는 가운데 스트레스를 느끼는 근로자가 증가하고 정신건강 문제도 그 중요성이 증가하고 있다. 즉 최근 업무상 질병은 유기용제, 발암성 물질, 분진 등 유해물질로부터 생활습관병, 스트레스 등 무형의 유해인자로 문제가 변화하고 있다. 그런데 이러한 질병은 업무적 요인과 개인적 요인이 복합적으로 작용하여 발병하는 특징을 가지고 있다. 이 경우 사용자의 안전배려의무와 근로자 주의의무 간의 경계가 불명확하여 어디까지를 근로자의 의무로 설정할 것인지가 문제가 될 수 있다. 앞으로 이에 대한 해석론 차원의 대응이 필요하다고 본다.

제6장 결론

제1절 요 약

독일과 미국의 산업안전보건법제는 근로자의 안전의식을 높이고 근로자도 주체적이고 적극적으로 산재예방활동에 참가할 수 있도록 입법적 조치로서 많은 근로자 관여권 규정을 두고 있다. 특히, 독일의 산업안전보건법제는 근로자를 직장의 안전보건 확보를 위한 적극적 법주체로서 파악하고 근로자 권리의 법구조를 선구적으로 구성하고 있다는 것을 알 수 있다. 이에 반해, 일본의 노안위법은 사용자가 부담하여야 할 의무를 기축으로 구성되어 있고 근로자가 산재예방활동을 실시하기 위하여 어떠한 권능을 가지는가를 거의 명기하고 있지 않는 등 근로자 관여적 관점에서 구성되어 있지 않다. 일본은 근로자 관여적 관점에서의 이러한 불충분을 정교하고 실효성 있는 법체계와 충실한 감독행정체제 및 안전배려의무의 확대법리 등으로 메우고 있는 것으로 분석된다.

우리나라의 산안법제는 형식적으로는 근로자 관여를 위한 규정을 다수 포함하고 있지만, 근로자의 감시력의 '실효성'을 확보하기 위한 조치가 규정되어 있지 않아 결과적으로 근로자의 관여가 명목상의 것에 머물러 있다고 하여도 과언이 아니다. 다시 말해서, 우리나라의 산안법에는 일본법과 같이 기본적으로 근로자를 단순히 보호대상으로 포착하고 근로자에게 산안법제의 운용책임의 일단을 위임하는 발상은 발견되지 않는다. 게다가 우리나라의 경우 대표적인 근로자 관여기구인 산업안전보건위원회의 설치·운영이 일부 업종과 규모로 한정되어 있는 한계를 가지고 있다.

한편, 산안법의 각 규정은 직접적으로는 국가와 사용자 간의 공법상의 관계를 규율하는 것이지만, 그 내용이 기본적으로는 근로자의 안전과 건강의 확보에 있는 것을 감안하면, 산안법상의 상당수의 규정은 사용자가 근로자에 대한 사법상의 안전배려의무의 내용을 정하는 기준이 된다고 보아야 할 것이다. 즉 산안법상의 규정은 원칙적으로 사법상의 효력을 갖는다고 해석하는 것이 타당하다.

사용자의 안전배려의무 위반에 대한 근로자의 법적 구제수단과 관련하여, 독일에서는 근로자가 유해위험에 직면하여 구체적 행동을 취하는 이행청구권, 작업거절권이 학설·판례에 의해 일반적으로 인정되고 있다. 그 결과, 독일에서는 근로자의 안전보건을 공법상의 감독·제재와 병행하여 사법상의 수단에 의해서도 확보할 수 있도록 되어 있다. 그리고 일본에서는 이행청구권의 경우 학설·판례가 사법상의 권리로서 그 근거 및 요건·효과 등에 대해 일정한 전개를 보이고 있지만 학설·판례상 아직 정착된 단계에 달하고 있다고는 말하기 어렵고, 작업거절권에 대해서는 법적 근거·요건에 있어 의견의 합치를 보지 못하고 있지만 작업거절권 그 자체는 이견 없이 인정되고 있으며 법적 효과에 대해서도 의견의 합치가 이루어지고 있다. 한편 미국법제는 안전배려의무를 계약상의 책임으로 파악하고 있지 않고, 이 때문에 동 의무 위반에 대한 계약법상의 효과는 발생하지 않는다. 그러나 미국에서는 상기의 권리가 독일·일본과 다른 방법으로 보장되어 있다. 즉 손해배상청구권은 과실의 불법행위(negligence)를 근거로 인정되고 있고, 이행청구권은 사용자의 안전배려의무에 관한 주(州)의 보통법에 근거하여 주법원에 청구할 수 있으며, 작업거절권은 OSH Act 해석규칙, 노사관계법 등의 실정법규에 그 근거가 규정되어 있다.

이에 반해, 우리나라는 근로자에 대해 독일과 같은 광범위하고 다양한 관여권, 알 권리 등이 충분히 보장되어 있지 않으며, '사전예방조치권'으로서의 이행청구권과 작업거절권에 대해서는 학설상의 논의도 부족하고 이를 방증으로라도 인정한 판례가 보이지 않는 등 법적 근거 및 요건·효과 등에 대한 법리 형성이 아직 맹아 단계에 머물러 있다.

그리고 우리나라는 미국법제에서 발견되는 감독 및 집행과정에의 참가법제, 벌칙을 수반한 사용자 일반의무규정, 충실한 알 권리 및 강력한 벌칙제도 등을 운영하고 있지 않다. 또한 일본과 같은 정교한 법체계와 충실한 감독행정체제를 구비하고 있지 못하고 있고 안전배려의무의 확대·고도화 현상도 지체상태를 벗어나지 못하고 있으며 안전보건기준도 최저기준 중심에서 벗어나지 못하고 있는 실정이다. 게다가 감독행정이 양적인 면과 질적인 면 모두에 있어 취약하고 노동조합의 조직률·기능 저하가 가속적으로 나타나고 있다. 노동조합을 부분적으로 대신하여 안전보건에 관한 근로자 이익의 대표기능을 할 수 있는 근로자대표기구 역시 제도적 불비의 영향으로 기능과 역할 모두에 있어 허약한 상태이다.

이상과 같은 점을 감안하면, 특히 우리나라에서는 사전예방조치권이 근로자에게 인정되어야 할 필요성이 크다고 말해야 할 것이다. 이 사전예방조치권은 이것을 실제로 행사하는 건수는 어떻든 간에 소송제기 등의 권리 행사의 가능성을 드러내 보이고 이를 배경으로 근로자로 하여금 작업환경에 관하여 각종 개선의견을 제시할 수 있도록 함으로써 근로자가 사용자에 대하여 갖는 의무위반 시정의 교섭력을 현격히 제고시킬 수 있을 것이다. 특히 안전배려의무의 내용이 산안법상의 조치를 초과하는 내용을 포함하는 것으로 법리구성을 하게 되면, 사전예방조치권을 통해 산안법의 규정에 한정하여 집행되는 감독행정의 한계를 극복할 수 있어 그 독자적인 존재의의는 더욱 커질 수 있을 것으로 생각된다.

제2절 정책적 과제

근로조건으로서 산업안전보건기준의 확보를 위해서는 감독행정이 중요하다는 데에는 이견이 있을 수 없지만, 현실적으로 감독행정만으로는 사용자를 감시하고 견인하는 데 한계가 있을 수밖에 없다. 그렇다고 협약자치의 기능의 활성화를 기대하는 것 또한 현실적으로 많은 제약을 가지고 있다.

산업안전보건에서의 우리나라의 문제상황을 고려하건대, 근로자가 근로환경권의 권리 행사의 주체로서 산재예방활동에 있어 적극적이고 능동적인 역할을 다할 수 있도록 법적 토대와 환경을 마련·정비할 필요가 있다. 이를 위해서는 우선적으로 근로자 자신이 유해위험에 대한 많은 정보에 용이하게 접근하고 이를 입수하는 것이 가능하도록 근로자의 알 권리를 확충하는 것이 그 전제조건으로 필요하다. 이러한 정보 접근 및 입수 등을 통해 알 권리가 근로자에게 제대로 보장되어야만 이것을 전제로 하는 근로자의 참가적 활동뿐만 아니라 신고권, 작업거절권, 이행청구권 등 다른 근로자의 권리도 실질적으로 행사될 수 있고 산재예방에 대한 근로자의 적극적인 자세를 촉진시키는 효과도 기대할 수 있을 것이다.

그리고 산재예방활동의 의사결정과정과 집행과정에 참여토록 하는 관여권과 산안법 위반 발견능력과 대응감도(對應感度)를 제고할 수 있는 신고권 등 공법(법률)상의 권리 또한 강화·확대되어야 한다.

또한 근로자가 안전하고 쾌적한 직장에서 일할 권리가 충분히 실현될 수 있도록 사용자가 안전하고 위생적인 직장을 제공하지 않은 경우 근로자에게 사후적인 손해배상청구권 외에 작업거절권과 이행청구권과 같은 사전예방조치권도 적극적으로 인정되어야 한다. 이 경우 이행청구권과 작업거절권은, 안전배려의무를 매개로 근로자의 계약상의 권리로 전환되는 사용자의 공법상의 의무(근로자의 간접적인 권리)를, 근로자가 사용자를 상대로 안전보건조치의 실현을 실제로 요구(행사)할 수 있는 '살아 있는' 권리로 전환시켜 주는 기능과 역할을 한다. 그리고 적극적인 산재예방을 위해서는 근로자가 법령상의 내용을 포함하여 사업장의 안전보건에 대한 다양한 대책과 의견을 제시하는 것이 필요한 점, 안전보건의 확보는 근로자의 생존과 직결되어 있는 점, 근로자에게 사법적 권리를 부여함으로써 근로자가 산안법에 관한 자신의 권리를 인식할 수 있게 되는 효과를 기대할 수 있는 점 등을 감안할 경우 사전예방조치권으로서의 이행청구권과 작업거절권의 인정 필요성은 더욱 커진다.

그리고 사회 전반적으로 안전배려의무에 대한 인식 강화를 위하여 동 의무를 입법적으로 명문화할 필요가 있다. 안전배려의무가 근로계약에 근거한 사용자의 부수적인 의무라는 것에 대해서는 판례상 확립되어 있지만 민법 등의 규정으로부터 명확하게 도출되는 것은 아니고, 사용자와 근로자를 포함하여 사회 전반적으로 이에 대한 인식이 낮은 수준이며, 안전배려의무를 강구하지 않은 것에 의해 채무불이행책임이 추급되어 사후적으로 불측의 사태가 발생할 우려도 있기 때문이다.

한편 안전배려의무의 확장·고도화는 손해배상청구권뿐만 아니라 이행청구권과 작업거절권의 행사범위를 넓히는 효과를 발휘할 수 있다. 이때 산안법령의 개정은 안전배려의무의 최저한도의 의무내용의 대상을 넓히는 동시에 이것을 보다 고도화해 나가는 기능을 하게 된다. 따라서 산업안전보건에 관한 근로자의 권리를 강화·확대하기 위해서는 산안법의 노동보호법적 내용을 확대하는 한편, 근로계약법적 성격을 강화하는 방향으로 개편하고 해석해 나가는 것이 필요하다. 따라서 산안법에 있어서는 노동보호법과 근로계약법은 상호 대체적 관계가 아니라 상호 보완적 협동관계를 이룬다.

산안법 위반에 대하여 감독기관에의 신고와 다른 권리의 적극적인 행사를 유도하기 위해서는 이들 권리행사를 이유로 한 불이익으로부터의 보호장치가 두텁게 마련될 필요가 있다. 또한 소송비용·문화 등 근로자의 소송제기에 유리한 법적 환경을 조성하는 것도 사용자의 안전배려의무 위반에 대한 근로자가 적극적인 권리행사를 유도하는 데 있어 중요한 부분이라고 생각된다.

사용자는 근로자의 성실(주의)의무 위반에 대해 민사적 손해배상책임을 추급할 수 있을 뿐만 아니라 해고·징계, 퇴직금 부지급·감액이라는 불이익조치로 이행의 확보를 도모할 수 있는 실질적인 '무기'를 가지고 있는 반면, 근로자에게는 사용자의 안전배려의무 위반에 대해 징계처분 등의 자력구제적 이행확보수단이 없다. 따라서 근로자가 사용자의 안전배려의무 위반에 대해 손해배상이라는 결과책임만 추급할 수 있다는 것은 불공평하다고 할 수 있다. 근로자에게 작업거절권을 인정함과 아울러 현실적 위험을 제거하기 위한 안전보건조치 이행청구권을 인정하는 것이 노사 간에 공평의 이념('무기대등의 원칙')을 실현하기 위해서도 필요하다고 본다.

우리나라는 전체적으로 노조조직률이 매우 낮고 노조가 대기업을 중심으로 조직되어 있는데다가 사업장의 규모가 작을수록 노조가 조직되어 있지 않은 사업장이 대부분이다. 이 점을 감안하면, 산업안전보건 분야에서의 근로자 측의 집단적 목소리로서 기능할 수 있는 근로자대표기구를 충실히 하기 위한 법적 정비가 조속히 이루어져야 할 것이다.

한편 근로자의 안전보건에 대한 책임성을 강화하기 위하여 기업질서 준수의무 차원에서 사업장 내부의 작업규칙이 적극적으로 활용되도록 할 필요가 있다. 미국의 예에서 확인할 수 있었던 바와 같이 사업장 내부에서 근로자 안전수칙을 제정하여 이를 준수하도록 교육·

지도하고 이를 위반할 경우 제재규정을 정하여 집행될 수 있도록 정책적 여건을 조성할 필요가 있다. 근로자 의무준수는 사업장 외부의 감시보다는 사업장 내부의 감시를 통해 보다 효과적으로 확보될 수 있다고 생각된다.

그러나 근로자의 책임을 강조한다는 명분으로 사용자의 책임이 근로자의 책임으로 전가되거나 사용자의 책임이 약화되는 결과로 귀결되어서는 안 된다. 이와 관련하여 구성요건상 근로자의 의무위반이 성립되는 것만을 이유로 근로자의 의무위반을 바로 근로자에 대한 벌칙(과태료) 부과로 연결시키는 것은 법리상 문제가 있다. 근로자의 의무위반에 대해서도 불법구성요건 외에 책임요건의 충족 여부까지도 동시에 확인하여야 한다. 근로자의 의무에는 그 성질상 사용자 의무에 대한 대응적 성격의 의무도 많은 만큼, 그 위반이 확인된 경우에 관련된 사용자의 의무, 예컨대 보호구 지급의무, 안전교육 실시의무 등의 위반 여부도 아울러 확인할 필요가 있다. 근로자 의무에 대한 강조가 사용자에게 불합리하게 면죄부를 주는 결과로 이어지는 것은 산안법의 입법취지에도 맞지 않고 근로자의 안전과 건강 확보에도 결코 도움이 되지 않을 것이기 때문이다.

〈참고문헌〉

1. 국내문헌

【단행본】

강경근, 『헌법(신판)』, 법문사, 2004.

강현중, 『민사소송법(제5판)』, 박영사, 2003.

곽윤직, 『채권각론(제6판)』, 박영사, 2005.

권영성, 『헌법학원론(개정판)』, 법문사, 2010.

김철수, 『헌법학개론(제17전정판)』, 박영사, 2005.

김형배, 『노동법(제20판)』, 박영사, 2011.

_____, 『채권각론(신정판)』, 박영사, 2001.

_____, 『채권총론(제2판)』, 박영사, 1999.

박두용 외, 『산업·고용구조의 변화에 따른 산업안전보건법 체계 및 규율 방법의 변화 필요성에 관한 연구(학술연구보고서), 한국산업안전공 단 산업안전보건연구원, 2005.

박윤흔·정형근, 『행정법강의(上)(개정30판)』, 박영사, 2009.

박종희 외, 『산업안전보건법 집행의 효율성 강화를 위한 개선방안에 관한 연구(학술연구보고서)』, 한국산업안전공단 산업안전보건연구원, 2006.

박지순 외, 『우리나라 단체협약 적용률에 관한 실태파악과 외국사례(학술연 구보고서)』, 고용노동부, 2010.

박홍규, 『고용법·근로조건법(제2판)』, 삼영사, 2005.

성낙인, 『헌법학(제9판)』, 법문사, 2009.

양 건, 『헙법강의』, 법문사, 2009.

이승우, 『헌법학』, 두남, 2009.

이영희, 『노동법』, 법문사, 2001.

이은영, 『채권각론(제5판)』, 박영사, 2005.

_____, 『채권총론(제4판)』, 박영사, 2009.

이 정, 『노동법 강의』, 한국외국대학교출판부, 2009.

임종률, 『노동법(제9판)』, 박영사, 2011.

장영수, 『헌법학(제4판)』, 홍문사, 2009.

전삼현, 『독일의 감사회와 근로자 경영참여』, 한국경제연구원, 2004.

정종섭, 『헌법과 기본권』, 박영사, 2010.

한수웅, 『헌법학』, 법문사, 2011.

허 영, 『한국헌법론(전정6판)』, 박영사, 2010.

홍성방, 『헌법학(개정3판)』, 현암사, 2009.

【논문】

류재남, 「민법상 안전배려의무에 관한 연구(동아대 박사학위논문)」, 1992.

송오식, 「사용자의 안전배려의무」, 법률행정논총, 제23집 제1호, 2003.

박일훈, 「안전배려의무의 적용실태와 약간의 검토」, 노동법논총 제3권, 2000.

윤용석, 「안전배려의무」, 재산법연구 제19권 제1호, 2002.

이은영, 「산업재해와 안전의무」, 인권과 정의 1991년 9월호, 변호사협회, 1991.

전광석, 「근로의 권리의 실현구조」, 『허영 박사 화갑기념 논문집 – 한국에
　　　　서의 기본권 이론의 형성과 발전』, 박영사, 1997.

최창렬, 「안전배려의무에 관한 연구」, 부동산법학 제10집, 2004.

하경효, 「민법 제655조 주해」, 『주석민법[채권각칙(4)](제3판)』, 한국사법행
　　　　정학회, 1999.

황준욱, 「ILO의 '일다운 일'에 대한 발전적 논의」, 월간 노동리뷰 2005년 4월
　　　　호, 2005.

【그 밖의 자료】

고용노동부, 『전국 노동조합 조직현황』, 2011.

노동부, 『산업재해 분석』, 2009.

한국경영자총협회, 『2011년 산업안전보건 단체협약 체결지침』, 2011.

한국노동조합총연맹, 『2011년도 한국노총 공동임단투 지침』, 2011.

전국민주노동조합총연맹, 『2010 민주노총 요구와 과제』, 2010.

2. 독일문헌

【단행본】

Anzinger/Bieneck, Kommentar zum Arbeitsschutzgesetz, Verlag Recht und Wirtschaft, Heidelberg, 1998.

Brox/Rüthers/Henssler, Arbeitsrecht, 16. Aufl., Verlag W. Kohlhammer GmbH, Stuttgart/Berlin/Köln, 2004.

Bücker/Feldhoff/Kohte, Vom Arbeitsschutz zur Arbeitsumwelt. Europäische Herausforderungen für das deutsche Arbeitsrecht, Verlag Luchterhand (Hermann), Neuwied, 1994.

Däubler, Das Arbeitsrecht 2: Leitfaden für Arbeitnehmer, 10. Aufl., Verlag rororo, Hamburg, 1995.

Däubler/Kittner/Klebe(Hrsg.), Betriebsverfassungsgesetz mit Wahlordnung Kommentar für die Praxis, 9. Aufl., Bund Verlag, Köln, 2004.

Fabricius, Einstellung der Arbeitsleistung bei gefährlichen und normwidrigen Tätigkeiten, C.F. Müller Verlag, Heidelberg, 1997.

Fabricius/Kraft/Wiese/Kreutz/Oetker/Raab/Weber, Betriebsverfassungsgesetz, Gemeinschaftskommentar, 7. Aufl., Luchterhand Verlag GmbH, Neuwied/ Kriftel/Berlin, 2002.

Fitting/Kaiser/Heither/Engels, Betriebsverfassungsgesetz, Handkommentar, 21. Aufl., Verlag Vahlen Franz GmbH, München, 2002.

Giese/Ibels/Rehkopf, Kommentar zum Arbeitssicherheitsgesetz, Verlag Recht und Wirtschaft GmbH, Heidelberg, 1984.

Hanau/Adomeit, Arbeitsrecht, 10. Aufl., Verlag Luchterhand, Neuwied, 1992.

Kittner/Pieper, Arbeitsschutzrecht, Kommentar für die Praxis, 3. Aufl., Bund Verlag, Berlin, 2006.

Klebe/Ratayczak/Heilman/Spoo, Basiskommentar mit Wahlordnung, 11. Aufl., Bund Verlag, Frankfurt am Main, 2003.

Koll/Mozet/Janning, Arbeitsschutzgesetz Kommentar für die betriebliche und behördliche Praxis, Verlag Kohlhammer W., Stuttgart, 1998.

Kollmer, Arbeitsschutzgesetz und –verordnungen: Ein Leitfaden für die betriebliche Praxis, 3. Aufl., Verlag C. H. Beck, München, 2008.

Kollmer/Vogl, Das Arbeitsschutzgesetz, 2. Aufl., Verlag C. H. Beck, München, 1999.

Kollmer/Klindt(Hrsg.), ArbSchG Arbeitsschutzgesetz mit Arbeitsschutzverord nungen, 2. Aufl., Verlag C. H. Beck, München, 2011.

Lorenz, Arbeitssicherheit, Verlag Luchterhand(Hermann), Neuwied, 2000.

Löwisch, Arbeitsrecht, 8. Aufl., Werner verlag, Köln, 2007.

Müller Glöge/Schumidt/Preis(Hrsg.), Erfurter Kommentar zum Arbeitsrecht, 11. Aufl., Verlag C. H. Beck, München, 2011.

Nipperdey, Arbeitssicherheit(Losenblatt Ausgabe), Band II, Verlag C. H. Beck, Berlin, 1995.

Pieper, Arbeitsschutzrecht, Kommentar für die Praxis, 4. Aufl., Bund Verlag, Frankfurt am Main, 2009.

Pieper/Vorath, Handbuch Arbeitsschutz, Sicherheit und Gesundheitsschutz im Betrieb, 2. Aufl., Bund Verlag, Frankfurt am Main, 2005.

Richardi/Wißmann/Wlotzke/Oetker(Hrsg.), Münchener Handbuch zum Arbeits recht, 3. Aufl, Verlag C. H. Beck, München, 2009.

Richardi/Wlotzke(Hrsg.), Münchener Handbuch zum Arbeitsrecht, 2. Aufl., Verlag C. H. Beck, München, 2000.

Schaub, Arbeitsrechts Handbuch: Systematische Darstellung und Nachschlagewerk für die Praxis 11. Aufl., Verlag C. H. Beck, München, 2004.

Schüren, Arbeitnehmerüberlassungsgesetz(AÜG), 2. Aufl., Verlag C. H. Beck, München, 2003.

Schüren/Brors/Hamann, Arbeitnehmerüberlassungsgesetz, 2. Aufl., Verlag C. H. Beck, München, 2007.

Söllner, Grundriss des Arbeitsrechts, 13. Aufl., Verlag Franz Vahlen, München, 2002.

Ulber, Arbeitnehmerüberlassungsgesetz und Arbeitnehmer-Entsendegesetz: Kommentar für die Praxis, 2. Aufl., Bund Verlag, Frankfurt am Main, 2002.

Wank, Kommentar zum Technischen Arbeitsschutz, Verlag C. H. Beck, München, 1999.

Westermann(Redakteur), Schuldrecht, Besonderer Teil, Münchener Kommentar zum Bürgerlichen Gesetzbuch Bd. 3, 1. Halbbd., 2. Aufl., Verlag C. H. Beck, München, 1988.

Zöllner/Loritz/Hergenröder, Arbeitsrecht, 6. Aufl., Verlag C. H. Beck, München, 2008.

【논문】

Herbst, Betriebsrat und Arbeitsschutz, AiB 1993.
Herschel, Zur Dogmatic des Arbeitsschutzrechts, RdA 1978.

3. 미국문헌

【단행본】

B. A Fellner/D. W. Savelson, Occupational Safety and Health Law and Practice, Practising Law Institute, 1976.

G. Z. Nothstein, The Law of Occupational Safety and Health, The Free Press, 1981.

J. B. Hood, et al., Workers Compensation and Employee Protection Laws, Thomson/West, 1990.

J. R. Chellius, Workplace safety and Health: The Role of Workers' Compensation, American Enterprise Institute, 1977.

J. L. Hirsch, Occupational Safety and Health Handbook, 4th ed., LexisNexis, 2007.

L. L. Byrum et al., Occupational Safety and Health Law Handbook, Government Institutes, 2001.

M. A. Bailey et al., Occupational Safety and Health Law Handbook. 2nd ed., Government Institutes, 2008.

M. A. Rothstein, Occupational Safety and Health Law, 2006 ed., Thomson/West, 2006.

M. A. Rothstein, Employment Law, 3rd ed., Thomson/West, 2004.

R. A. Buchholz, Public Policy Issues for Management, 2nd ed., Prentice Hall Inc., 1991.

R. S. Rabinowitz et al., Occupational Safety and Health Law, 2nd ed., The Bureau of National Affairs Inc., 2002.

S. A. Bokat et al., Occupational Safety and Health Law, The Bureau of National Affairs Inc., 1988.

【논문】

A. W. Blumrosen et al., "Injunctions against Occupational Hazards: The Right to Work under Safe Conditions", 64 Calif. L. Rev., 1976.

D. L. Morgan/M. N. Duvall, "Forum: OSHA's General Duty Clause: An Analysis of its Use and Abuse", 5 Industrial Relations Law Journal, 1983.

H. D. Thoreau, "Occupational Health Risks and the Worker's Right to know", 90 The Yale Law Journal, 1981.

John Zalusky, "The Worker Views the Enforcement of Safety Laws", 26 Lab. L.J. 224, 1975.

Larry Drapkin, "The Right to Refuse Hazardous Work after Whirlpool", 4 Industrial Relations Law Journal 49~50, 1980.

【그 밖의 자료】

OSHA, Field Inspection Reference Manual(FIRM), 1994.

_____, OSHA Strategic Plan(1997~2002), 1997.

_____, "Standards Interpretation Letter Employee access to MSDSs required by 1910.1200 vs. 1910.1020", 1999.

_____, Training Requirements in OSHA Standards and Training Guidelines, 1998.

4. 일본문헌

【단행본】

青木宗也・片岡曻 編 『労働基準法Ⅱ』 青木書林 1995.

荒木尚志 『労働法』 有斐閣 2009.

安西愈 『労働災害の民事責任と損害賠償(中巻)』 労災問題研究所 1979.

井上浩 『最新労働安全衛生法(第10版)』 中央経済社 2010.

岩出誠 『論点・争点 現代労働法(改訂増補版)』 民事法研究会 2008.

岩村正彦 『労災補償と損害賠償』 東京大学出版会 1984.

宇賀克也 『行政法概説Ⅰ 行政法総論(第2版)』 有斐閣 2006.

大橋範雄 『派遣労働と人間の尊敬』 法律文化社 2007.

奥田昌道『債権総論(上)』筑摩書房 1982.

奥田昌道 編『注釈民法(10)債権(1)』有斐閣 1987.

片岡昇『自立と連帯の労働法入門(補訂版)』法律文化社 1999.

_____『労働法(2)(第4版)』有斐閣 1999.

_____ (村中孝史補訂)『労働法(1)(第4版)』有斐閣 2007.

_____ (村中孝史補訂)『労働法(2)(第5版)』有斐閣 2009.

金子正史・西谷敏 編『労働基準法(第5版)』日本評論社 2006.

桑原昌宏『労働災害と日本の労働法』法律文化社 1971.

厚生労働省労働基準局安全衛生部 編『わかりやすい労働安全衛生法』労務行政 2002.

小西國友・渡辺章・中島士元也『労働関係法(第5版)』有斐閣 2006.

潮見佳男『契約規範の構造と展開』有斐閣 1991.

島田陽一 外『欧米の社会労働事情』日本ILO協会 2005.

芝池義一 外編『行政法の争点(第3版)－ジュリスト増刊』有斐閣 2004.

菅野和夫『労働法(第9版)』弘文堂 2010.

砂田卓士・新井正男 編『英米法原理(新訂版)』青林書院 1992.

角田邦重・毛塚勝利・脇田滋 編 『新現代労働法入門(第4版)』 法律文化社 2009.

高橋真『安全配慮義務の研究』成文堂 1992.

田中英夫『英米法辞典』東京大学出版会 1991.

田中成明『法理学講義』有斐閣 1994.

土田道夫『労働契約法』有斐閣 2008.

所伸之『ドイツにおける労働の人間化の展開』百桃書房 1999.

西谷敏『労働法』日本評論社 2008.

西谷敏・萬井隆令 編『労働法2(第5版)』法律文化社 2005.

西村健一郎・高木紘一・安枝英のぶ・長渕満男・林弘子・今野順夫 『労働法講義3(新版)』有斐閣 1990.

野原石松『新版わかりやすい労働安全衛生法』労務行政研究所 1979.

畠中信夫『労働安全衛生法のはなし』中央労働災害防止協会 2006.

保原喜志夫・山口浩一郎・西村健一郎 編 『労災保険・安全衛生のすべて』有斐閣 1998.

松岡三郎『安全衛生・労災補償』ダイヤモンド社 1980.

三柴丈典『労働安全衛生法序論』新山社 2000.

宮本健蔵『安全配慮義務と契約責任の拡張』信山社 1993.

山川隆一『雇用関係法(第4版)』新世社 2008.

山本敬三『公序良俗論の再構成』有斐閣 2000.

_____『民法講義Ⅳ 1』有斐閣 2005.

労働省労働基準局安全衛生部 編『実務に役に立つ労働安全衛生法』中央
　　　労働災害防止協会 2000.

労働調査会出版局 編『労働安全衛生法の詳解(改訂3版)』労働調査会 2009.

渡辺章『労働法講義(上)』信山社 2009.

【논문】

安西愈 「労働基準監督行政と申告権」季刊労働法 159号 1991.

_____ 「企業の健康配慮義務と労働者の自己保健義務」季刊労働法 125号
　　　1982.

伊藤博義 「健診項目を明示しない受診命令の効力」労働判例 386号 1982.

今野順夫 「精密検査受診義務と医師選択の自由」労働旬報 114巻 6号 1986.

岡村親宜 「過労死と労働契約の法理」法学新報 101巻 9・10号 1995.

奥田昌道 「安全配慮義務」石田・西原・高木三先生還暦記念論文集刊行
　　　委員会 編『損害賠償法の課題と展望』日本評論社 1990.

岡村親宜 「労災における企業責任論の課題」労働法律旬報 839号 1972.

小畑史子 「労働安全衛生法規の法的性質(1)(2)(3)」法学協会雑誌 112巻 5号 1995.

鎌田耕一 「安全配慮義務の履行請求」『労働保護法の再生』信山社 2005.

_____ 「ドイツにおける使用者の安全配慮義務と履行請求」釧路公立
　　　大学社会科学研究 6号 1994.

岸井貞男 「頸肩腕症候群総合精密検診の受診義務」ジュリスト 935号 1988.

北川善太郎 「債務不履行の構造とシステム」下森定 編『安全配慮義務法
　　　理の形成と展望』日本評論社 1988.

桑原昌宏 「危険有害業務拒否権」労働判例 425号 1984.

国井和郎 「安全配慮義務についての覚書」判例タイム 364号 1978.

_____ 「裁判例から見た安全配慮義務－契約責任論の体系的素描」下
　　　森定 編『安全配慮義務法理の形成と展開』日本評論社 1988.

下森定 「国の安全配慮義務」下森定 編『安全配慮義務の形成と展開』日本
　　　評論社 1988.

品田充儀 「使用者の安全・健康配慮義務」日本労働法学会 編『講座21

世紀の労働法(7)』2000.

中央労働災害防止協会 編『改正労働安全衛生法のあらまし』中央労働災害防止協会労働調査会 2005.

辻村昌昭 「使用者の健康配慮義務と労働者の検診受診義務 - 電電公社帯広局事件(札幌高判(1983.8.25.)」労働判例 442号 1984.

土田道夫「安全配慮義務の最近の動向」経営法曹 110号 1995.

中嶋士元也 「使用者の付随的義務を実現させる労働者の権利の可否」『労働関係法の現代的展開』信山社 2004.

西谷敏「労働基準法の二面性と解釈の方法」『労働保護法の研究』有斐閣 1994.

林弘子 「アメリカにおける労災補償法責任の法理と保険制度の生成」『労働災害補償法論』法律文化社 1985.

前田達明「債務不履行責任の構造」判例タイム 607号 1986.

宮本建蔵「雇用・労働契約における安全配慮義務」下森定 編『安全配慮義務法理の形成と展望』日本評論社 1988.

村中孝史 「労働契約概念について」『京都大学法学部創立百周年記念論文集(3)』有斐閣 1999.

籾井常喜「保安闘争の正当性」日本労働法学会誌 25号 1965.

山本隆司「学校事故と安全配慮義務」法律時報 55巻 1号 1983.

吉村良一「民法学からみた公法と私法の交錯・協働」立命館法学 32巻 2号 2007.

脇田滋「労働条件個別化と過労死促進の法改正」経済 135号 2006.

渡辺章「健康配慮義務の意義および基本的性質について」花見忠先生古稀記念論集刊行委員会『労働関係法の国際的潮流』新山社 2000.

_____ 「労働法理論における法規的構成と契約的構成」日本労働法学会誌 77号 1991.

和田肇「安全(健康)配慮義務論の今日的課題」日本労働研究雑誌 610号 2010.

【그 밖의 자료】

日本労働弁護団・労働契約法制委員会 「労働契約法制立法提言」 2005.

정진우

서울대학교 자연과학대학 치의예과 수료
서울대학교 치과대학 본과 2년 수료 자퇴
고려대학교 노동대학원 노동경제학과 졸업(경제학석사)
일본 교토대학교 대학원 법학연구과 법정이론과정(사회법) 졸업(법학석사)
고려대학교 일반대학원 법학과 박사과정(사회법) 졸업(법학박사)
행정고시 합격
노동부 고용정책실·노정국·산업안전보건국 등 사무관 역임
노동부 산업안전보건국·고용정책실 서기관 역임
고용노동부 근로자건강보호과장, 산업보건과장,
제조산재예방과장, 산재예방정책과장, 성남고용노동지청장, 국제협력담당관 역임
현) 서울과학기술대학교 안전공학과 교수

『산업안전보건법 국제비교』
『위험성평가 해설』
『산업안전관리론』 등 저서 다수
「사상병시 소득보장제도에 관한 비교법적 고찰—독일과 일본을 중심으로—」
「외국에서의 작업거절권에 관한 법리와 그 시사점」
「산업안전보건법상 알 권리에 관한 비교법적 연구」
「사내하도급 근로자에 대한 도급사업주의 안전배려의무와 산안법상 안전보호조치의무」
「산업안전보건법의 한계와 민간기준의 활용에 관한 연구」
「우리나라의 사업장 위험성평가 제도 실시에 관한 연구」
「사망재해 발생 기업에 대한 형사책임 강화—영국의 '법인 과실치사법'을 중심으로—」
「미국 산업안전보건법에서 일반의무조항의 제정배경과 운용에 관한 연구」 등 논문 다수

산업안전보건법론

초판 1쇄 발행 2014년 5월 7일
초판 2쇄 발행 2024년 12월 9일

지은이 정진우
펴낸이 채종준
펴낸곳 한국학술정보㈜
주소 경기도 파주시 회동길 230(문발동)
전화 031) 908-3181(대표)
팩스 031) 908-3189
홈페이지 http://ebook.kstudy.com
전자우편 출판사업부 publish@kstudy.com
등록 제일산-115호(2000. 6. 19)

ISBN 978-89-268-6199-8 93360